Mosaik

Ein Mosaik-Werkstattbuch

Waldemar Herrmann

Kindermöbel aus Naturholz selber bauen

Mit Zeichnungen von Astrid Clasen

Mosaik Verlag

Konstruktionszeichnungen: Waldemar Herrmann
Einbandgestaltung: Mascha Blömer
Buchgestaltung: Hubert K. Hepfinger, Freising
Redaktion: Gerhard Kebbel

Der Mosaik Verlag ist ein Unternehmen der Verlagsgruppe Bertelsmann

©1990 Mosaik Verlag GmbH, München/5 4 3 2 1
Satz: Fotosatz Gerhard Haas, Goldach
Druck und Bindung: Mohndruck Graphische Betriebe, Gütersloh
Printed in Germany   *   ISBN 3-570-2878-X

INHALT

Grundlagen

DAS AUSGANGSMATERIAL

Schöne Möbelstücke mit möglichst geringem Aufwand selber bauen zu können, ohne zuvor eine komplette Tischlerlehre zu durchlaufen — das ist sicher ein Wunschtraum so manchen ambitionierten Heimwerkers. Zu zeigen wie dies funktioniert, ist das Ziel dieses Buches.

Notwendig dafür ist, zunächst einmal jene Arbeiten fortzulassen, zu deren einwandfreier Ausführung sehr viel Übung nötig ist. Dazu zählen in erster Linie Säge- und Hobelarbeiten an großen Teilen. Als Ausweg wird öfters, z.B. in den Bauanleitungen vieler Zeitschriften, auf die Arbeit mit vorgefertigten Platten zurückgegriffen, meist mit Spanplatten, neuerdings gar auf die MDF-Platten, die sich wie absolut »totes« Material verhalten, denen man alle »Unarten« des natürlich gewachsenen Holzes genommen hat.

Das wiederum ist meine Absicht nicht. Mir geht es darum zu zeigen, daß man mit handelsüblichem Naturholz ansprechende, in jeder Hinsicht einwandfreie Massivholz-Möbel bauen kann.

Hobeldielen

Seit wieder Hobelware aus Kiefer angeboten wird, sind gute Voraussetzungen für ein solches Unterfangen vorhanden. Wegen der größeren Festigkeit und der meist interessanteren Maserung ist Kiefer weitaus geeigneter als die vorher ausschließlich angebotene Fichte. Nicht zuletzt wegen der Preiswürdigkeit bieten sich *Hobeldielen* skandinavischer Herkunft aus Kiefer an (Abb. 1), dann auch

sogenannter *Rauhspund*, eine der Hobeldiele ganz ähnliche Ware, die jedoch laut Definition nur etwas geringeren Ansprüchen genügen muß und noch etwas Baumkante haben darf. Der Preis liegt durchweg nicht anders als der für ordentliche Fichtenware.

Das geeignete Ausgangsmaterial ist damit genannt. Notwendig sind nun natürlich auch gute Entwürfe, die von den Dimensionen des Materials ausgehen, also einer Stärke von etwa 22 mm und einer Breite von etwa 100 mm, falls Nut und Feder dieser Bretter nicht benutzt werden.

Dazu muß man wissen, daß gespundete Ware für Verlegezwecke (damit haben wir es hier zu tun) speziell für diesen Zweck als Fußboden- oder Dachbelag hergestellt wird. Man fräst deshalb die später unten liegende Wange so weit zurück, daß beim Zusammenpressen der Dielen zunächst nur die oben liegende Wange »dicht« wird (Abb. 2). Unten verbleibt etwa »Luft«, was beim Belag in keiner Hinsicht stört. Außerdem ist die obere Wange dicker als die untere. Nut und Feder sitzen also nicht in der Mitte der Schmalseite, was bei stärkerer Abnutzung der Dielenböden von Vorteil ist.

Wenn nun aber aus Hobeldielen Möbel gebaut werden sollen, muß das Material so bearbeitet werden, daß von beiden Seiten keine sichtbaren Fugen bleiben. Das Problem läßt sich auch ohne Maschinenbenutzung leicht lösen, indem mit einem scharfen Simshobel, der ohnehin zu jeder Tischlerausrüstung gehört, die obere, breitere Wan-

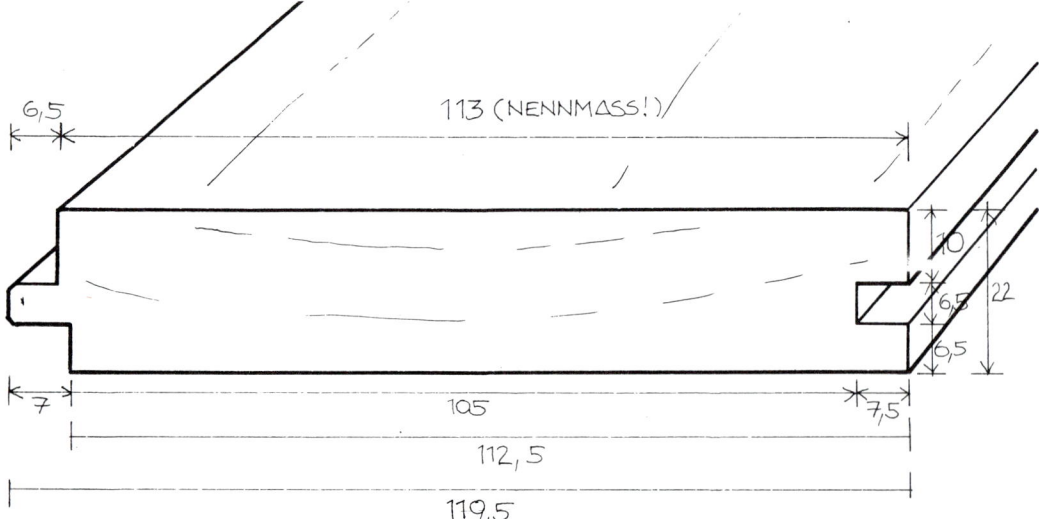

Abb. 1: So sehen Hobeldiele oder Rauhspund im Querschnitt aus.

ge über der Feder soweit weggehobelt wird, daß sie mit der unteren wieder übereinstimmt. Je nach Hobeleinstellung ist das mit 2-3 Hobelstrichen erledigt und ergibt bei auch nur etwas Übung dann beidseitig dichte Fugen.

Allerdings zeigt sich bei manchen Verwendungen doch ein anderer Mangel, denn die Federn sind vorsätzlich etwas kürzer als die Tiefe der Nuten (Abb. 3). Grund ist wieder, daß ja nur die obere Fuge beim Fußboden dicht sein muß. Die verbleibende Lücke stört nicht, solange die Hirnholzkanten der verleimten Platten nicht sichtbar sind. Dort, wo das nicht zu vermeiden ist, muß deshalb auf andere Art verleimt werden: man schneidet sowohl Feder als auch Nut ganz weg, fügt die jetzt »stumpfe« Fuge neu und verleimt sie. In anderen Fällen können Keile eingeleimt werden, die die kleinen Fugen verschließen.

Leimholz- und Tischlerplatten

Eine andere Material-Alternative sind *Leimholzplatten* (Abb. 4). Meist ebenfalls skandinavischer Herkunft, bestehen sie aus schmalen Leisten, die maschinell zu größeren Platten verleimt wurden und im Werk auf gleichmäßige Dicke geschliffen werden. Scheinbar ein problemloses Material für den Massivholz-Liebhaber. Dennoch gibt es begründete Vorbehalte. Da ist zunächst die Dicke der Platten, die fast ausschließlich in 18/19 und 28 mm Dicke angeboten werden. 18/19 mm bedeutet, daß es da doch ganz erhebliche Schwankungen in der tatsächlichen Dicke gibt, die teilweise noch weit über den genannten einen Millimeter hinausgehen. Außerdem ist die Festlegung auf diese beiden Stärken häufig störend. 18 mm ist oft mindestens optisch zu dünn, 28 mm aber für den gleichen Zweck zu klobig. Nachhobeln aber kann man

HINTERSCHNITT

Abb. 2: Dieser Hinterschnitt muß ausgeglichen werden.

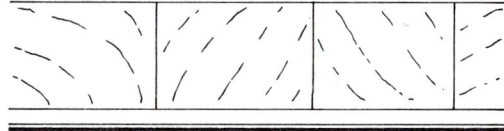

Abb. 5: 5-fache Tischlerplatte.

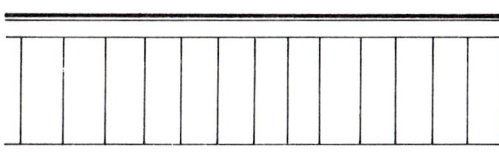

Abb. 5a: 5-fache Stäbchenplatte.

Abb. 3: Falls der Querholzschnitt sichtbar ist, verschließt man die Lücken durch passende eingeleimte Keile.

Abb. 4: 19 mm Leimholz im Querschnitt.

die Dicke nur schlecht, weil die Vielzahl der angeschnittenen Äste das sehr erschwert.

Optisch stört häufig auch die Ast-Vielzahl, von denen die meisten halbiert oder anders angeschnitten sind, so daß sich kein natürliches Holzbild ergibt. Aber noch ein weiterer Umstand stört: das Holz ist meist »butterweich«, weil es sich um ganz junges Holz handelt, durchweg von ganz dünnen Bäumchen, die speziell für diese Verwendung in riesigen Plantagen gezüchtet werden, wo fast alles maschinell erfolgt, vom Setzen und Düngen bis zur Ernte und Verarbeitung. Dazu dann die Vielzahl der Leimfugen, gegen die ebenfalls Vorbehalte bestehen.

Trotzdem gibt es Fälle, in denen auch ich auf dieses Material zurückgreife. Sie werden das bei den Baubeschreibungen finden.

Noch etwas mehr Leim findet sich in den sogenannten Tischlerplatten (Abb. 5) und den ähnlichen *Stäbchenplatten* (Abb. 5a). Beide enthalten im Gegensatz zu Spanplatten keine Späne, sondern Leisten als Mittellage, und beidseitig ein Sperrfurnier, auf das dann kreuzweise Deckfurniere geleimt sind. Letztlich bestehen diese Platten auch aus Holz, doch mit höherem Leimanteil als die Leimholzplatten, aber entschieden weniger als Spanplatten. Preislich liegen sie unterhalb der Leimholzplatten.

Rauhspund

Die von mir vorgeschlagene *Rauhspundware* besteht dagegen vorwiegend aus dem Holz weit älterer Bäume und ist deshalb härter und strapazierfähiger. Die vorhandenen Äste sind meist als vollstän-

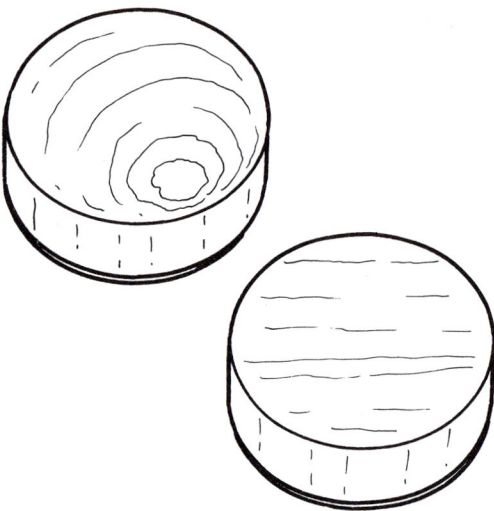

Abb. 6: Astdübel und Querholzplättchen. Mit ersterem sind unsichtbare Ausbesserungen möglich, mit letzterem aufgrund der Maserung fast nie.

diges Astbild ohne Anschnitt vorhanden, was die Flächen ungemein belebt.

Wie bei den Leimholzplatten, deren Qualität in den vergangenen Jahren laufend schlechter geworden ist, wird leider auch die Rauhspund-Sortierung immer schlechter. Fand ich vor zwei Jahren noch häufig völlig astfreie Bretter darunter, so ist das inzwischen die große Ausnahme. Vor allem aber kommt immer mehr sogenannte schwarzästige Ware auf den Markt, von der angenommen wird, daß sie zum erheblichen Teil aus unserem Gebiet stammt und nur zur Verarbeitung den Umweg über die skandinavischen Hobelwerke macht. Diese schwarzen Äste sind es, die die Verarbeitung so sehr erschweren, zusammen mit dem häufigen Blaufäule-Befall, der besonders bei unsachgemäßer Trocknung auftritt.

Aber auch dafür gibt es Lösungen: Bei kleinen Werkstücken schneidet man die Nutzlängen so aus den Brettern, daß die unschönen Äste im Abfall landen. Bei größeren bohrt man die schwarzen Äste mit speziellen Bohrern bis zu einer bestimmten Tiefe heraus und setzt dann sogenannte Ast-Dübel ein (Abb. 6), die gleichfalls aus Kiefernholz bestehen, nur eben aus Ästen, und deren ganz typische Struktur haben. Wenn das geschickt gemacht wird, ohne die natürlichen Faserverläufe zu unterbrechen, erkennt selbst ein Fachmann die nachgebesserte Stelle nicht. Von den Herstellern werden dazu Sortimentskästen mit den verschiedensten Größen angeboten.

Später wird vermutlich der Wunsch auftauchen, auch andere als diese 22 mm starke Ware zu verarbeiten. Dann aber ist der/die Hobby-Tischler/in vermutlich auch so weit, daß mehr Übung vorhanden ist und die Anschaffung einer für diese Arbeiten notwendigen kleinen kombinierten Hobelmaschine sinnvoll wird.

Zunächst aber will ich Sie anhand der Bauanleitungen in die Kunst des Tischlerns mit Massivholz einführen und Ihnen zeigen, daß auch Ihnen trotz des vorgegebenen Materials Möbel gelingen können, die handwerklich und im Design einwandfrei sind. Allerdings geht das nur, wenn Sie nicht sofort mit den schwierigsten Arbeiten anfangen, sondern vorsichtig beginnen, vielleicht mit einem Kinderhocker, der entsprechenden Bank oder dem Hängeregal. Sie bekommen dann schon einmal das nötige Gefühl für den Umgang mit Holz und riskieren recht wenig Kapitaleinsatz, weil Sie mit wenig Holz und Werkzeug auskommen. Und auch die investierte Zeit ist hier noch sehr gering. Alles Gründe, um damit zu beginnen, auch dann, wenn Ihnen der Sinn nach Höherem steht.

DAS HANDWERKSZEUG

Als Grundausrüstung benötigen Sie schon für die ersten Arbeiten einige gute Werkzeuge. Mit ungenügendem Werkzeug ist davon auszugehen, daß in fast allen Fällen auch unbefriedigende Ergebnisse herauskommen.

Die Grundausstattung

Nehmen wir als Beispiel eines der leicht herzustellenden Stücke aus dem 2. Teil dieses Buches, wie vielleicht den Kinderhocker (S. 85) oder auch das Hängeregal (S. 120).

Da brauchen Sie: Einen *Zollstock* (Gliedermaßstab) (Abb. 1), *Bleistift* (Abb. 2) und einen *Anschlagwinkel* (Abb. 3). Zum Ablängen der ausgesuchten Stücke dann einen *Fuchsschwanz* ohne Rücken, größeres Modell (Abb. 4), und zum Zusammenpressen während des Anreißens 2 kleinere *Schraubzwingen* (Abb. 5) wenigstens 80 x 200 mm.

Ohne eine brauchbare *Werkbank* in irgendeiner geeigneten Form wird Ihnen das Hobeln der Kanten sehr schwer fallen. Man kann sie aber selbst improvisieren (s. S. 18).

Dann ist natürlich ein ordentlicher *Hobel* notwendig. Ich würde einen sehr guten *Putzhobel* (Abb. 6) wählen, wenn möglich auch einen Langhobel, eine sogenannte *Rauhbank* (Abb. 8), die bei längeren Stücken günstiger ist. Außerdem brauchen Sie zum Nachhobeln der hinterschnittenen Flanken einen *Simshobel* (Abb. 7); der abgebildete Doppelsimshobel ist für den Anfänger wohl sicherer. Zum Verleimen sind auch noch einige weitere *Schraubzwingen* (Abb. 5) angesagt, vielleicht mit 500 mm Spannweite.

Zum Dübeln benötigen Sie die elektrische *Bohrmaschine* (Abb. 9) und einen guten *Holz-Spiralbohrer* mit Zentrierspitze und Vorschneidern, 8 mm Ø (Abb. 10), sowie einen Tischler- oder auch Schlosserhammer, ca. 300 g (Abb. 11). Zum Bohren sollten sie unbedingt eine ordentliche *Bohrhilfe* (Abb. 12) verwenden.

Schließlich müssen auch einfache Möbel zum Schluß geschliffen werden. Sie brauchen also einen *Schleifkork* (Abb. 13) und gutes *Schleifpapier* in den Körnungen 80, 100 und 120. Handlicher ist der »Stickfix« von Festo, bei dem Schleifleinen mit Klettbefestigung verwendet wird.

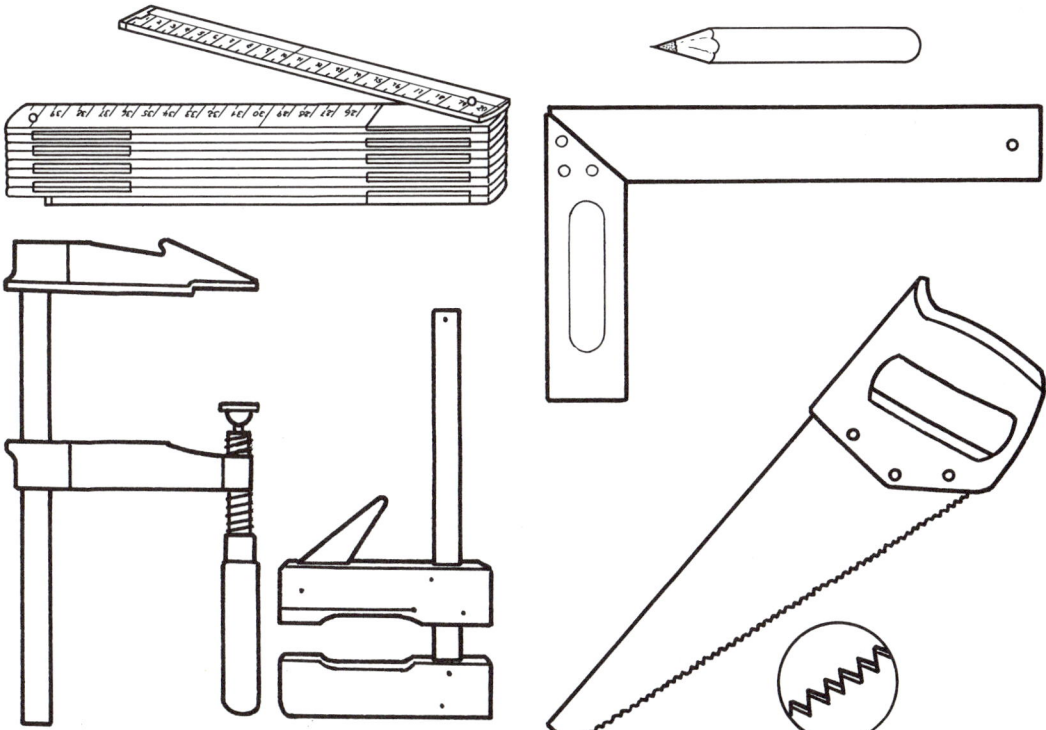

Abb. 1-5 (im Uhrzeigersinn): Zollstock (Gliedermaßstab), Bleistift Härte 2-3, Anschlagwinkel, Fuchsschwanz, Klemmzwinge und Schraubzwinge.

Ein Hauch von sinnvollem Luxus wären zwei *Schraubknechte* (Abb. 14) vielleicht mit 1200 mm Ausladung, vor allem zum Verleimen der Bauteile. Eine geeignete Zange schließlich werden Sie sicherlich in Ihrer Heimwerker-Ausrüstung haben. Man braucht sie u. a. zum Herausziehen kleinerer Nägel und trocken eingeklopfter Holzdübel. Eine normale *Beißzange* (Abb. 15) ist ebenso geeignet wie eine *Kombizange* (Abb. 16).

Für den Anfang genügen diese 16 Werkzeuge. Da es nicht so viele sind, sollten Sie sich nur Qualitätsware leisten. Keinesfalls sparen dürfen Sie beim Putzhobel. Zwar gibt es da Sonderangebote für wenige Mark, doch das verleidet Ihnen den Spaß an der Sache garantiert. Nehmen Sie ein wirklich gutes Stück, z.B. einen Reform-Putzhobel von ECE mit Wendemessern. Der kostet zwar mehr als eine Bohrmaschine, hält aber ein Leben lang und braucht lediglich gelegentlich eine neue Klinge. Er erspart Ihnen dafür das Schleifen des Hobeleisens, was gerade für den Anfänger wichtig ist, denn das erfordert doch ein erhebliches Maß an Übung. Es ist besser, Sie lernen es zunächst an schmaleren Schneiden, wie z.B. den Stecheisen.

Den Simshobel, den Sie zum Nachhobeln der Dielenspundung brauchen, gibt es nicht mit Wendeeisen. Es ist jedoch viel schmaler und deshalb leichter zu schärfen. Außerdem liefert mindestens das Fabrikat ECE die Hobeleisen bereits gebrauchsfertig geschärft, so daß Sie die ersten Schritte sofort damit tun können. Ich selbst arbeite übrigens fast ausschließlich mit der einfachen Ausführung ohne Doppel, doch muß man mit der Faserrichtung sehr aufpassen. Dafür geht er viel leichter durch das Holz.

Den Fuchsschwanz empfehle ich für den ersten Anfang, weil die etwas überlegenen Gestellsägen weitaus mehr Übung verlangen. Sie sind zwar auch relativ billig, doch empfehle ich die Anschaffung erst dann, wenn Sie etwas Erfahrung gesammelt haben. Für feinere Arbeiten kommt dann noch eine Feinsäge (gerade Ausführung) hinzu (Abb. 17), doch benötigen wir sie bei den ersten Möbelstücken noch nicht.

Über die Qualität der Bohrmaschine habe ich mich im Abschnitt »Handarbeit oder Maschinenbenutzung?« genauer ausgelassen (S. 16). Dazu gehören die Bohrer. Ich würde einen preiswerten Satz Metallbohrer in einer Blech-Kassette kaufen. Als Holzbohrer für größere Löcher eignen sich aber ausschließlich die etwas teureren speziellen Holzspiralbohrer mit Vorschneidern, meines Wissens die einzige Sorte, mit der man wirklich ausrißfreie Löcher bekommt, solange sie einigermaßen scharf sind. Außerdem »verlaufen« sie auch im Hirnholz weit weniger.

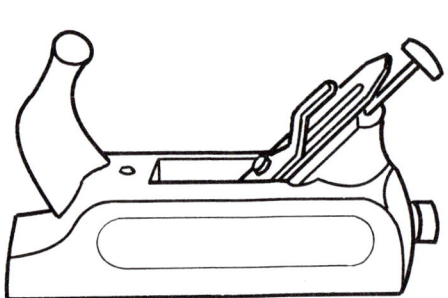

Abb. 6: Reformputzhobel mit Wendemessern.

Abb. 7: (Doppel-)Simshobel.

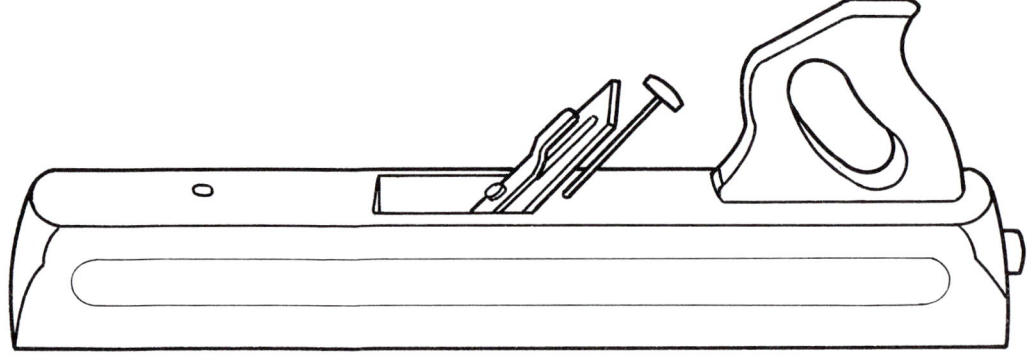

Abb. 8: Rauhbank mit Feineinstellung.

Bei den Hämmern kann ich nicht viel Unterschiede entdecken, weil sie bei unserer Arbeit kaum belastet werden. Erst wenn dies in größerem Maße geschieht, werden vermutlich Qualitätsunterschiede deutlich (Meißelarbeiten u.a.).

Ergänzungen

Vorausgesetzt, Sie haben gebrauchtsfertig geschärfte Hobeleisen gekauft (die Wendemesser sind es in jedem Fall) und entsprechende Sägen dazu, dann brauchen Sie die folgenden Schärfwerkzeuge erst, nachdem mindestens 2 kleine Möbelstücke unter Ihren Händen entstanden sind. Nötig sind dann eine *Sägenfeile* (s. S. 27) passend zur vorhandenen Säge (Fachhändler fragen!), und ein *Abziehstein* (Abb. 18) — eine Seite mittel, eine Seite fein —, den Sie für Simshobel und Stecheisen brauchen, bei einfachem Putzhobel und Rauhbank auch dafür.

Eine *Schleifmaschine mit Schmirgelstein* (Abb. 19) brauchen Sie zunächst noch nicht, sondern erst dann, wenn Ihre Werkzeuge tiefere Gebrauchsspuren zeigen, z.B. wenn Sie Nägel gehobelt oder durchgestemmt haben. Das Feilen der Säge erfordert zusätzlich einen Schraubstock oder eine spezielle *Sägenkluppe* (Abb. 20), die man auch selbst anfertigen kann (s. S. 26). Der Abziehstein kann eine Halterung bekommen, unbedingt notwendig ist das aber nicht.

Erst bei anderen Möbelstücken, bei denen Rundungen hinzukommen, brauchen Sie dann eine *Gestell-Schweifsäge* (Abb. 24) oder eine elektrische Stichsäge, dazu *Halbrund-Holzraspel* und entsprechende *Holzfeile* (Abb. 21) mit passendem Heft (Griff). Stemmarbeiten habe ich nur in geringem Umfang vorgesehen, so u.a. beim Babybett (S. 126) und dort, wo gezinkt werden sollte. Hierfür benötigen Sie ordentliche *Stecheisen* (Abb. 23).

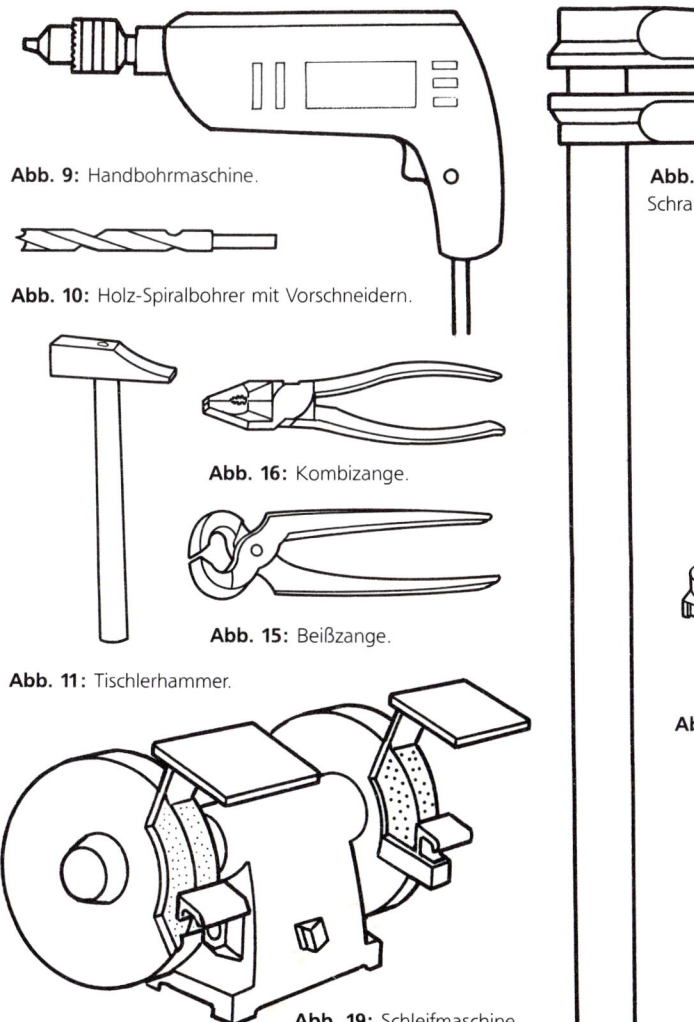

Abb. 9: Handbohrmaschine.

Abb. 10: Holz-Spiralbohrer mit Vorschneidern.

Abb. 16: Kombizange.

Abb. 15: Beißzange.

Abb. 11: Tischlerhammer.

Abb. 19: Schleifmaschine.

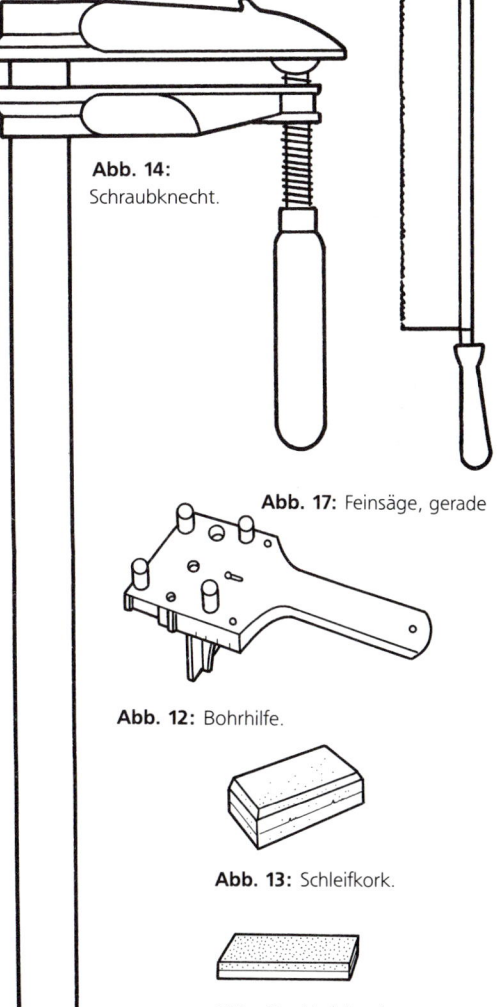

Abb. 14: Schraubknecht.

Abb. 17: Feinsäge, gerade

Abb. 12: Bohrhilfe.

Abb. 13: Schleifkork.

Abb. 18: Abziehstein.

Kaufen Sie lieber nur die unbedingt erforderlichen Eisen einzeln statt einen der billigen Sätze aus besserem Blech, bei dem Sie sich später nur ärgern, weil sie ständig schärfen müssen statt zügig arbeiten zu können. Dabei sollten Sie einen *Holzhammer (Knüpfel)* (Abb. 25) verwenden oder wenigstens einen größeren Gummihammer, denn der normale Eisenhammer beschädigt rasch die Schlagköpfe der Eisen.

Wenn Sie erst richtig Spaß an der Tischlerei gefunden haben, kommt der Wunsch nach weiteren Werkzeugen ganz von selber auf. An erster Stelle auf Ihrer Liste sollten beispielsweise ein *Streichmaß* (Abb. 26), größere und kleinere *Anschlagwinkel* und eine *Schmiege* (verstellbarer Winkel) (Abb. 22) stehen. Dann die kraftsparenden *Gestellsägen mit Blatt zum Absetzen* (fein) und *Schlitzen* (grob), die auch zum Ablängen so praktisch sind wie für Längsschnitte, bei denen man nicht extra die Maschine anwerfen will. Und dafür, daß die Wünsche auch dann noch nicht ausgehen, sorgt schon der Fachhändler.

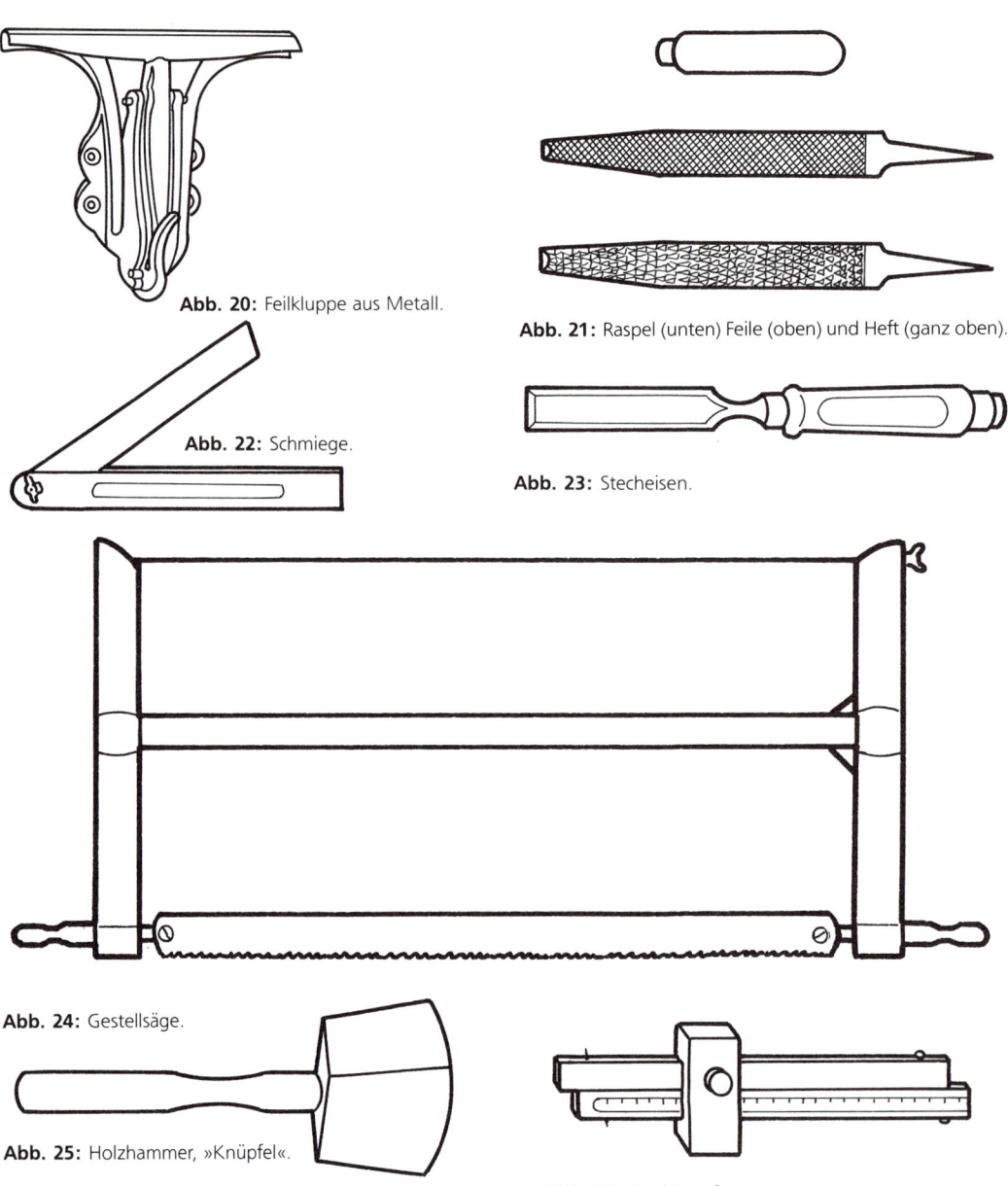

Abb. 20: Feilkluppe aus Metall.

Abb. 21: Raspel (unten) Feile (oben) und Heft (ganz oben).

Abb. 22: Schmiege.

Abb. 23: Stecheisen.

Abb. 24: Gestellsäge.

Abb. 25: Holzhammer, »Knüpfel«.

Abb. 26: Streichmaß.

HANDARBEIT
ODER MASCHINENBENUTZUNG?

Tischlerei als Hobby bedeutet, Möbelstücke in immer wieder anderen Größen, anderen Formen, für andere Zwecke zu bauen. Im Gegensatz zum berufsmäßigen Tischler (heute vielfach nur noch »Holzmechaniker« und angelernte Hilfskräfte) sind Sie also nicht gezwungen, unbedingt rationell mit großer Geschwindigkeit Teile herzustellen, was modernste, womöglich computergesteuerte Großmaschinen erfordert. Das dafür geeignete Material sind vorwiegend Spanplatten aller Art.

Genau das will der Hobbytischler aber nicht. Er sucht Entspannung von seiner Erwerbsarbeit, Erfolgserlebnisse bei der Tätigkeit seiner Hände *und* seines Kopfes, sucht den Gegensatz zur automatisierten Arbeitswelt. Trotzdem soll der Zeitaufwand natürlich nicht zu groß sein, denn wenn gar zu viel Zeit vergeht, ehe das gewünschte Möbelstück fertig ist, verschwindet häufig auch der Spaß an der Sache. Sie artet in harte Arbeit aus.

Für vernünftig halte ich deshalb die Verwendung einiger guter Maschinen, die dem Hobbytischler die relativ groben Arbeiten abnehmen, zusammen mit der zunehmenden handwerklichen Geschicklichkeit also gestatten, teilweise bereits uralte handwerkliche Techniken in relativ kurzer Zeit auszuführen und so Möbel zu bauen, später auch selbst zu gestalten, die Freude machen. Daß dabei der geschickte Umgang mit den traditionellen Handwerkszeugen nicht vernachlässigt werden darf, versteht sich von selbst.

Ebenso selbstverständlich ist es inzwischen andererseits geworden, für den größten Teil der Sägearbeiten Maschinen zu benutzen, und auch bei vielen sonst schweißtreibenden Hobelarbeiten setzen etwas fortgeschrittene Hobbytischler heute elektrische Hobelmaschinen ein, ohne daß ihre Arbeit deshalb weniger interessant wäre.

Die Grundausstattung

Für den Anfang geht es aber auch ohne größere Maschinen-Anschaffungen. Es reicht bereits eine ordentliche Bohrmaschine. Wobei die Betonung

Abb. 1: Die »Erika« von Mafell.

auf »ordentlich« liegt, denn leider entspricht das, was auch große Firmen auf den Markt bringen, durchaus nicht immer den Anforderungen, die ein Hobbytischler daran stellen muß. Achten Sie also insbesondere bei den sogenannten Hobby-Maschinen darauf, daß die Bohrmaschine kugelgelagert ist statt der billigen Gleitlager, die bei häufiger Benutzung noch nicht einmal ein Jahr präzise rundlaufen. Es gibt im Gegensatz dazu für fast den gleichen Preis sehr ordentliche Ausführungen.

Gleiches gilt für alle anderen Maschinen auch. So ist es relativ sinnlos, sich eine der sehr billig angebotenen elektrischen Stichsägen oder Handkreissägen zu kaufen, denn das, was diese Maschinen leisten, können Sie bei auch nur etwas Übung mit einer Handsäge genausogut, wenn nicht besser. Den geringen Zeitvorteil gleicht die nötige zusätzliche Nacharbeit wieder aus.

Anders dagegen, wenn Sie sich zu einer Maschine entscheiden, die wirkliche Präzisionsarbeit zu leisten vermag. Erfahrung habe ich in dieser Hinsicht insbesondere mit der »Basis Plus« von Festo; der »Erika«, einer Unterflur-Zugkreissäge von Mafell (Abb. 1), und den Handkreissägen mit Führungssystem, wieder von Festo. Alle genannten Maschinen liefern Arbeitsergebnisse, wie sie von Hand oder gar mit billigen Maschinen nicht erreichbar sind, Schnitte, die meist keiner Nacharbeit bedürfen und so ganz wesentlich zur Beschleunigung der Arbeit beitragen. Ähnlich gut sind die Ergebnisse mit Handoberfräsen, die freihändig oder in den passenden kleinen Maschinentisch eingebaut verwendet werden, bei Festo auch mit dem gleichen Führungssystem wie die Handkreissäge. Auch hier rate ich dringend, sich die angebotenen Maschinen vor dem Kauf gründlich anzusehen.

Es müssen nicht sündhaft teure Profi-Maschinen sein, aber erst recht keine Wegwerf-Maschinen, die zwar billig sind, aber zu nichts nütze.

Eine Wunschliste

Da von mir sicher vielfach erwartet wird, daß ich einen entsprechenden Rat gebe, möchte ich wie folgt zusammenfassen: *Die erste* Maschine sollte

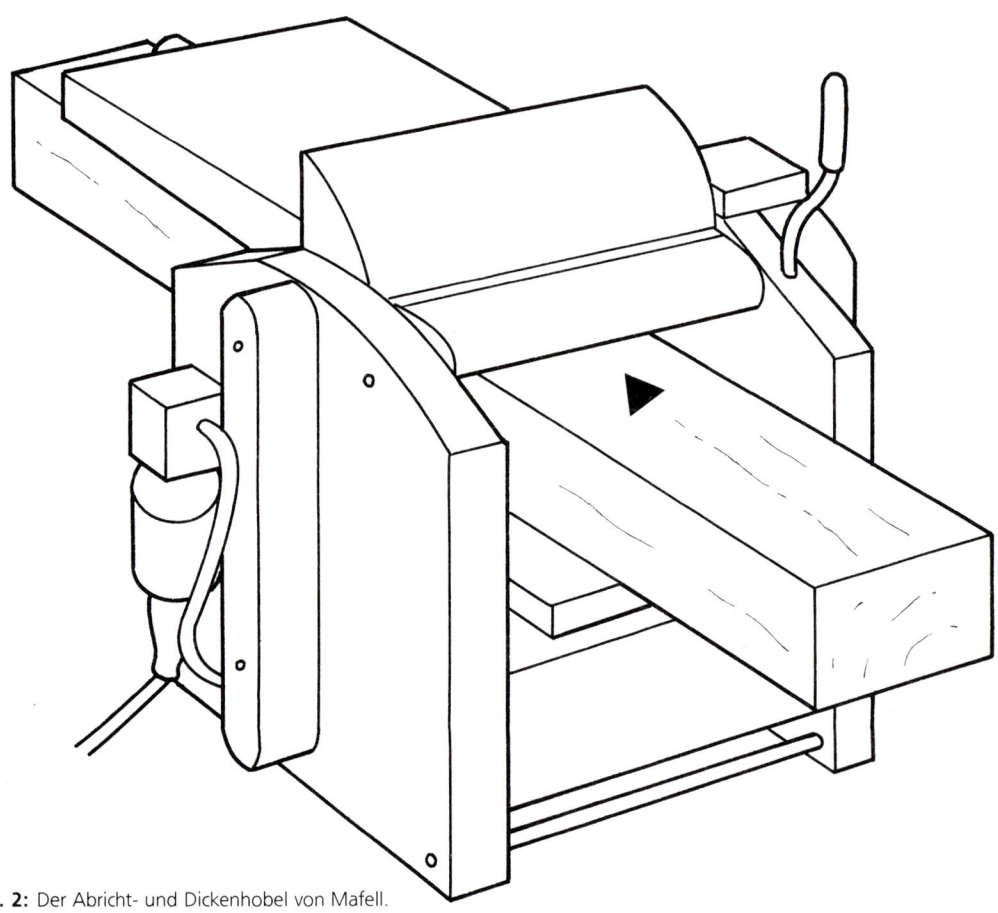

Abb. 2: Der Abricht- und Dickenhobel von Mafell.

eine gute *Bohrmaschine* sein, auf jeden Fall kugelgelagert, wenn möglich mit 2 mechanischen Gängen, und, wenn's der Geldbeutel erlaubt, zusätzlich noch mit elektronischer Drehzahlregelung. *Als zweites* würde ich mir eine *Handkreissäge mit Führungsschiene* von Festo kaufen, ausgerüstet mit einem Vielzahn-HM-Sägeblatt, denn dieses System kann mehr, als manche weit teurere stationäre Maschine, dazu gleich oder später den passenden Sägetisch.

Als drittes wäre es bei mir die *Unterflurzugsäge »Erika« von Mafell* (Abb. 1), wenn eben möglich mit zwei Tischverbreiterungen und den angebotenen Anschlägen.

Erst als viertes käme dann eine *Handoberfräse* in Betracht, wenn erschwinglich mit dem gleichen Führungssystem von Festo. Beide Maschinen können übrigens auch im *System »Basis plus«* in Maschinentische eingebaut und stationär verwendet werden, was für viele Anwendungen ausgesprochen praktisch ist. Das wäre dann mit Sicherheit *die fünfte* Anschaffung.

Spätestens dann werden Sie aber so weit sein, daß Sie sich nicht mehr an vorgegebene Maße halten, sondern auch andere Holzformate bearbeiten wollen. Dementsprechend wäre meine *sechste* Anschaffung die kleine kombinierte *Abricht- und Dickenhobelmaschine* von Mafell mit Wendemessern (Abb. 2 bzw. 3), die kaum Wünsche offen läßt.

Ein ordentlicher *Schwingschleifer* (Rutscher) mit ausreichender Motorleistung und der Fähigkeit genügenden Materialabtrags müßte spätestens jetzt folgen, besser vielleicht schon als Drittes, weil vielen Tischlern ordentliches Schleifen von Hand schwerfällt. Ich selbst scheue den Rutscher etwas, weil er dazu verleitet, nur noch mit ihm zu arbeiten und den Handschliff längs zur Faser zu vernachlässigen. Deshalb hier sein Platz erst an *siebter Stelle*.

Schließlich fehlt noch eine elektrische *Stichsäge*, das beliebteste Werkzeug aller Pfuscher. Sie hat nur Sinn, wenn Sie sich eine wirklich gute leisten können, und die ist leider nicht billig. *Als achtes* folgt also eine Stichsäge, am besten passend zum Führungssystem von Festo.

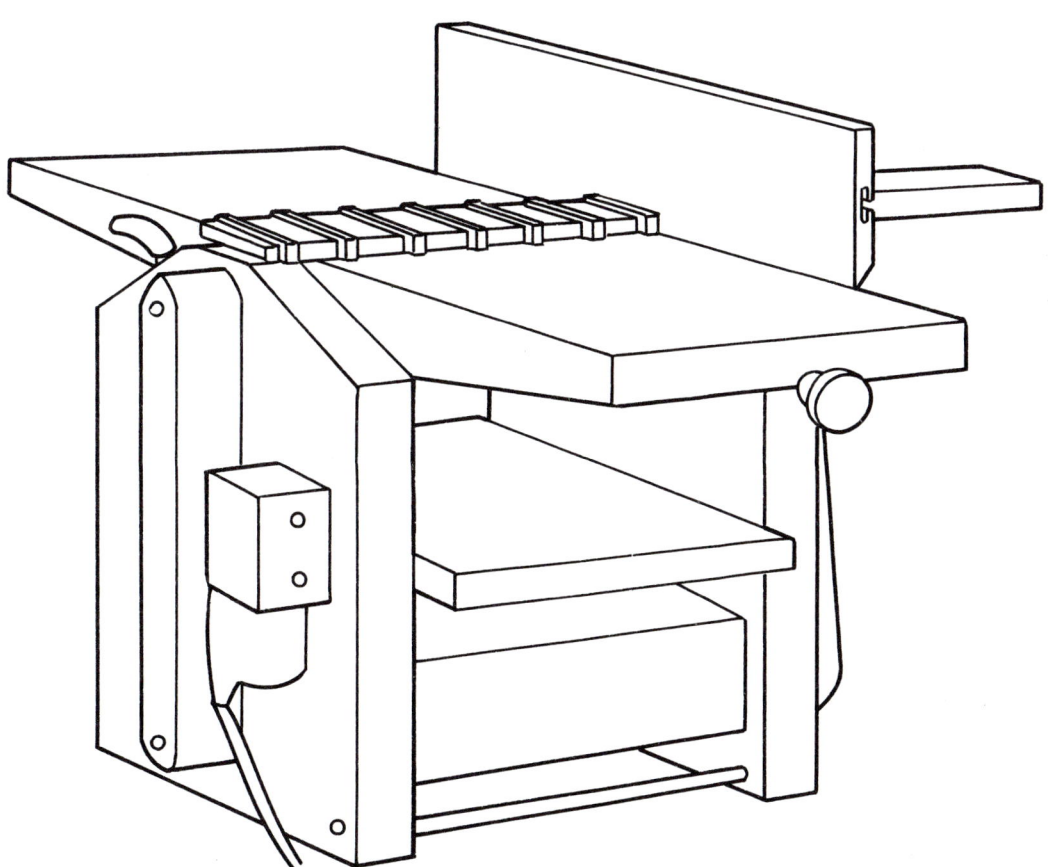

Abb. 3: Der Dickenhobel, hier als Abrichte hergerichtet.

DIE WERKSTATTEINRICHTUNG

Nach wie vor ist die *Hobelbank* (Abb. 3) die komfortabelste Lösung. Je größer, desto besser. Zu kleine Modelle lassen fast immer auch die Standfestigkeit vermissen, auf die es aber gerade ankommt. Bevor Sie eins der Super-Sonderangebote in ungenügender Qualität kaufen, behelfen Sie sich lieber vorläufig mit einem *stabilen Tisch* oder einer *Werkbank*.

Wenn möglich, montieren Sie eine stabile Latte im Format einer starken Dachlatte, aber möglichst aus Buche oder anderem Hartholz, an die vordere Kante (Abb. 1). Dann kann man, wie bei der Hobelbank, in der Vorderzange Bretter mit der Kante parallel zur Tischfläche mittels Schraubzwingen befestigen und recht gut hobeln und, aufrecht eingespannt, auch sägen sowie vor allem bohren, was zum Dübeln sehr wichtig ist. Schrauben und leimen Sie die Latte gut fest, genau bündig mit der Vorderkante.

Die Schraubzwingen und ihre langen Brüder, die Knechte, verlangen noch einer Aufhängung, besonders wenn mehrere vorhanden sind. Und auch das übrige Werkzeug sollte nach Möglichkeit seinen festen Platz bekommen, damit nicht die halbe

Abb. 1: Ein preiswerter Werktisch mit dicker Multiplexplatte.

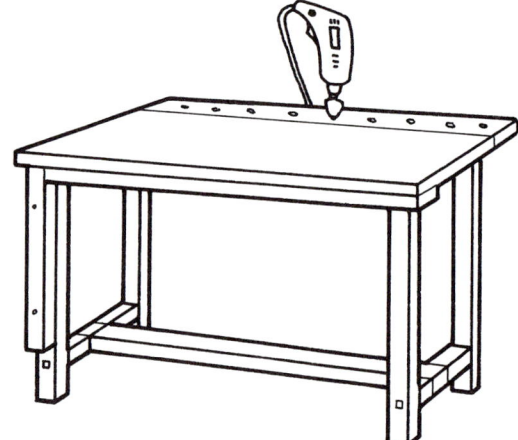

Abb. 2: Hier wurde der Tisch ergänzt mit einem Klotz zum Hirnholzhobeln (links) und einer zweckmäßigen Werkzeugablage (hinten).

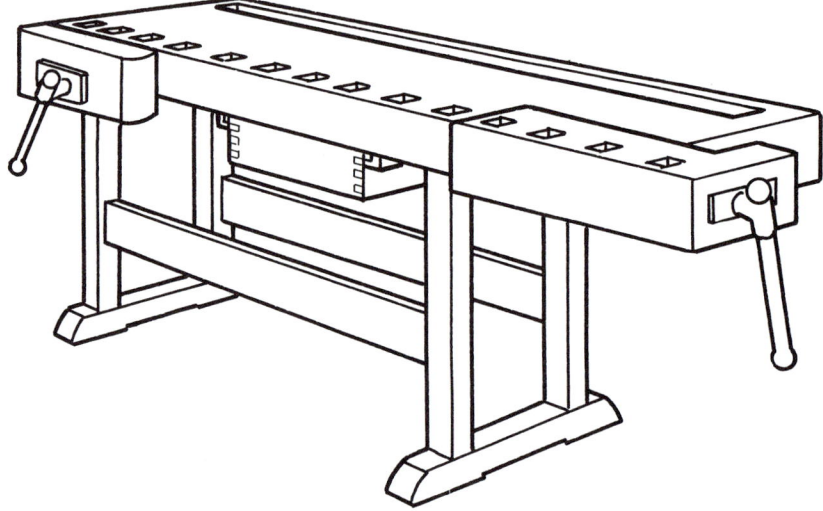

Abb. 3: Die klassische Hobelbank mit französischer Vorderzange und deutscher Hinterzange.

Arbeitszeit beim Suchen verloren geht. Man kann das recht gut im traditionellen *Werkzeugschrank* vereinigen, indem man unten einen kräftigen Bügel für die Zwingen untermontiert (Abb. 5 und 4). Er muß keine Türen bekommen, sondern kann auch offen sein oder mit einem Rollo gegen Staub geschützt werden.

Bei der Arbeit ist es auch eine große Hilfe wenn die Hobelbank oder der Werktisch so tief ist, daß hinten passende *Aufnahmelöcher oder Halter* für die ständig benutzten Handmaschinen eingebaut werden können. Besonders die Bohrmaschine sollte während der Arbeit stets griffbereit sein, bereits in die Steckdose eingesteckt, mit dem häufigst gebrauchten Bohrer im Futter. Das spart viel Zeit. Ein *kleines Regal,* den Raummaßen angepaßt, nimmt Kleinzeug auf wie z.B. die Bohrer, Fräseinsätze, Kartons, Behälter usw. in passenden Halterungen (Abb. 5). Wichtig ist natürlich auch die richtige Beleuchtung. Hell muß es sein, um die Augen zu schonen, aber auch nicht zu grell. Obwohl ich die Leuchtstoffröhren nicht sehr schätze: hier sind sie zweckmäßig, weil sie wenig harte Schatten ergeben und recht gleichmäßig ausleuchten. Schließlich die *elektrische Installation:* es wäre sehr gut, wenn Sie einen Zentralschalter vorsehen könnten, der den ganzen Raum (oder den benutzten Teil davon) mit einem Griff ein- oder ausschalten kann. Das vermeidet vergessene, eingeschaltete Geräte, die zu Bränden führen können, wie Bügeleisen, Leimkocher, aber auch defekte Bohrmaschinen und ähnliche Brandursachen. Weitere *Steckdosen* an den strategisch richtigen Punkten des Raumes helfen mit, üble Stolperfallen zu vermeiden.

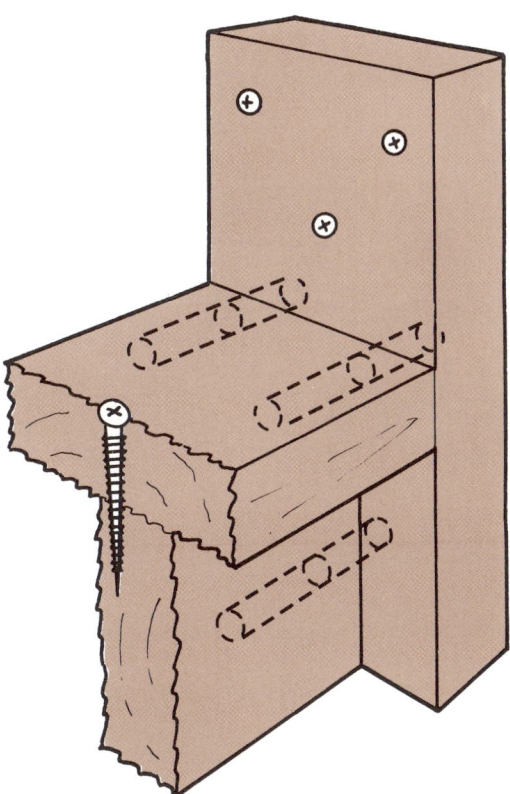

Abb. 4: Der Zusatz zum Aufhängen von Zwingen und Knechten im Schnitt.

Bisher unbesprochen blieb die *Art des Raumes* selbst. Natürlich müssen sich viele mit dem begnügen, was zufällig zur Verfügung steht oder wenigstens zeitweise benutzt werden kann. Haben Sie

Abb. 5: So sieht ein zweckmäßiger Werkzeugschrank aus. Daneben das Hängeregal (S. 120) als »Materiallager« mit Zwingenhalter.

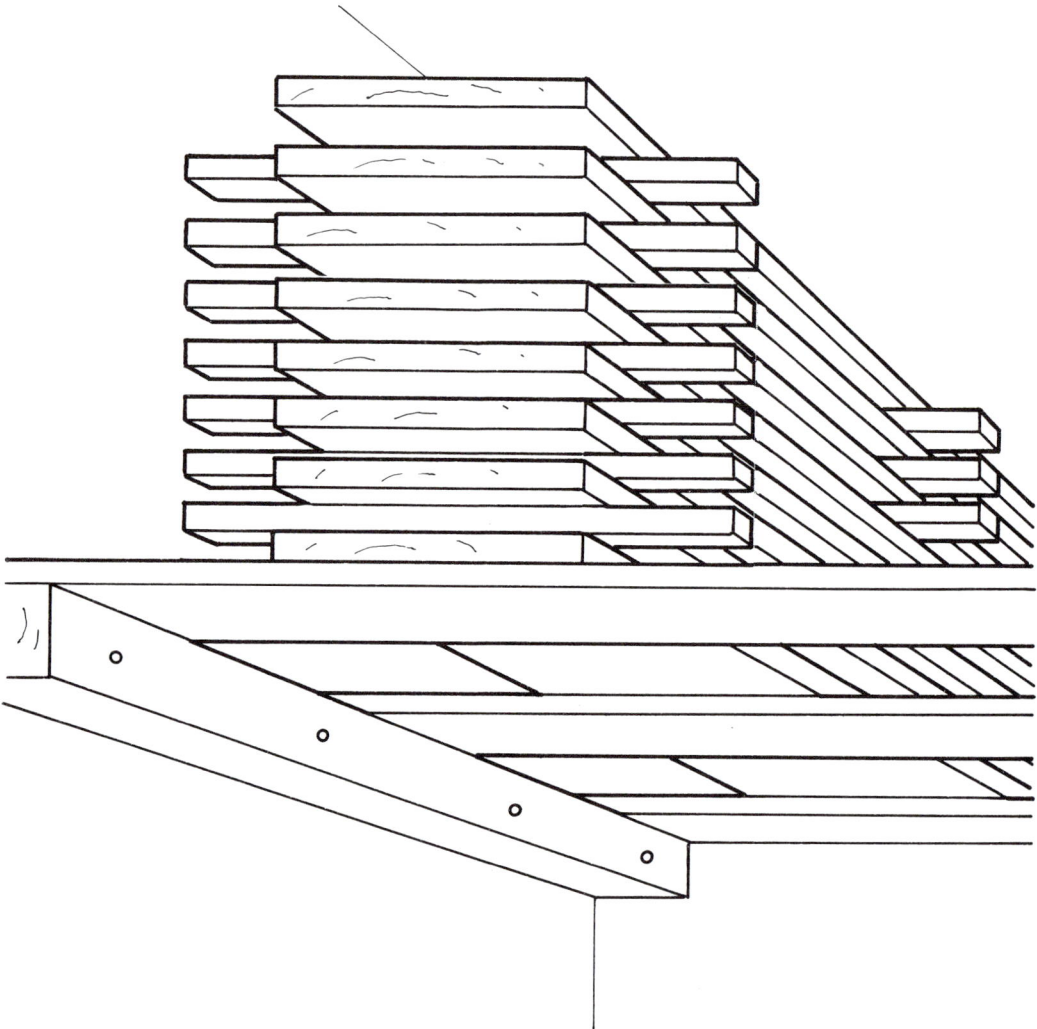

Abb. 6: Wenn die Raumhöhe es zuläßt, ist solch eine »Hänge« zum Trocknen des Holzes eine feine Sache.

aber die Wahl, dann nehmen Sie einen luftigen Raum, nicht feucht, beheizbar, im Sommer nicht zu warm. Sie haben dann den großen Vorteil, daß Sie das Holz nicht anderweitig unterzubringen brauchen, sondern Ihren Vorrat z.B. auch unter der Decke auf einer sogenannten »Hänge« trocknen können (Abb. 6).

Sind Sie dagegen gezwungen, mit einem relativ feuchten Keller- oder Garagenraum vorlieb zu nehmen, dann können Sie dort nur die gerade anfallenden Arbeiten ausführen. Das Holz selbst darf weder vor noch nach der Verarbeitung dort bleiben, sondern muß jedesmal in einen luftigen, trockenen Raum geschafft werden, sonst haben Sie innerhalb weniger Stunden wieder zu feuchtes Holz. Schließlich muß der Raum irgendwie heizbar sein, falls Sie auch bei Außentemperaturen unter etwa

10° C. arbeiten wollen. Sonst wird ebenfalls wieder das Holz zu feucht, aber auch der Leim nimmt das übel.

Zur kompletten Werkstatteinrichtung gehören auch wenigstens *zwei stabile Werkböcke.* Baumärkte ebenso wie kleinere Fachhändler bieten inzwischen ordentliche klappbare Werkböcke aus Buche für wenige Mark an, so daß der Selbstbau kaum noch lohnt. Diese hohen Böcke werden vorwiegend mit aufgelegter Bauplatte verwendet und entlasten die Werkbank.

Andere Zwecke erfüllen *niedrigere Böcke,* von denen möglichst auch zwei Stück vorhanden sein sollten; sie sind ebenfalls im Fachhandel erhältlich. Sie dienen insbesondere zum Ablängen von Brettern und Bohlen, aber auch für Längsschnitte mit Handsäge, Fuchsschwanz oder Kreissäge.

Ratschläge für Ihre Sicherheit

Kleinere, leider auch größere Unfälle kommen gelegentlich vor, sowohl im Haushalt wie im Beruf, folglich auch beim Hobby. Ohne deshalb nun ängstlich zu sein, sollte Ihr eigenes Verantwortungsbewußtsein Sie dazu veranlassen, für den Notfall vorzusorgen.

Ich empfehle deshalb, folgende Dinge griffbereit zu haben:

1. Eine kleine *Hausapotheke*, z.B. einen Auto-Verbandskasten, dessen Inhalt Sie aber auch von Zeit zu Zeit überprüfen sollten. Beispielsweise nützen Pflaster nichts, wenn Sie durch zu lange Lagerung nicht mehr kleben.

2. Eine ausreichende Zahl angepaßter Wundpflaster (strips).

3. Eine gute, spitze Pinzette zum Herausziehen von Splittern.

4. Eine gut lesbare Anleitung für die Erste Hilfe.

5. Name, Adresse und Telefon-Nr. mehrerer Unfall-Ärzte in Ihrer Nähe.

Und schließlich noch ein paar Tips zur Vermeidung der häufigsten Unfälle beim Tischlern:

● *Schraubenzieher:* Halten Sie niemals in der einen Hand einen kleineren Gegenstand, an dem Sie mit der anderen Hand mittels Schraubenzieher unter größerem Druck arbeiten. Die Werkzeuge rutschen gar zu gern ab, hinein in die Handfläche oder Finger.

● *Stecheisen:* Hier gilt genau das Gleiche! Aber auch beim Stemmen und ähnlichen Arbeiten niemals in Richtung des Körpers arbeiten. Böse Stichverletzungen im Leib können die Folge sein.

● *Hammer:* Hier will der Umgang gelernt sein. Besonders allzu Ängstliche schlagen sich auf die Finger. Das Treffen von Stecheisen oder Meißelkopf muß geübt werden, bis man es »blind« kann.

● *Elektrische Defekte:* Nur wenn Sie solche Störungen sicher beheben können, dürfen sie es selbst machen. Das setzt Fachkenntnisse voraus. Haben Sie die nicht, lassen Sie die Finger davon und geben die Arbeit einem Fachmann zur Ausführung.

● *Elektrische Sicherungen* schmelzen nicht durch, weil Sie Spaß daran haben. Es ist immer ein Grund dafür vorhanden! Solange Sie diesen Grund nicht kennen, meist ein Kurzschluß in einem Ihrer Geräte, dürfen Sie die Sicherung nicht ersetzen. Ziehen Sie alle Stecker im Raum heraus und setzen Sie erst dann eine neue Sicherung ein, bzw. schalten Sie die schaltbaren ein. Durch vorsichtiges Ausprobieren der verschiedenen Geräte, die beteiligt sein könnten, stellen Sie das defekte Gerät fest und geben es zur Reparatur. Und arbeiten Sie mit elektrischem Gerät *niemals* auf feuchtem Fußboden!

● *Stolperfallen:* Sorgen Sie dafür, daß die Kabel Ihrer Maschinen Durchgänge nicht zu Fußfallen machen. Holzreste können die gleiche Wirkung haben.

● *Leitern:* Intakte, stabile Leitern verwenden!

● *Gäste und Zuschauer:* Jeder Eindringling ist selbst gefährdet und gefährdet zugleich auch Sie, besonders dann, wenn Sie an Maschinen arbeiten. Vermeiden Sie, z.B. durch entsprechende Aufstellung der Maschinen und Arbeitstischen, daß jemand unbemerkt in den Raum betreten kann und Sie von hinten anspricht. Ein ganz wesentlicher Teil aller Unfälle in der Werkstatt hat diesen Anlaß. Eine Ablenkung von Sekundenbruchteilen genügt, um mit den Händen in die Kreissäge zu gelangen oder ein Holzstück loszulassen, das dem Gast dann mit Wucht entgegengeschleudert wird. . .

● *Splitter* in den Fingern sind der häufigste kleine Arbeitsunfall bei Tischlern. Mit etwas Umsicht kann man sie fast immer sofort mit der Pinzette in der gleichen Richtung entfernen, in der sie eingedrungen sind. Aber niemals im *Auge!* Diese Fälle sofort zum Arzt. (Vorbeugen lassen sich Unfälle dieser Art übrigens durch eine Schutzbrille).

● *Schnittverletzungen:* Kleine Schnitte heilen schnell, wenn kein Schmutz hineingelangt. Deshalb erst ein klein wenig bluten lassen, vielleicht sogar etwas dabei nachhelfen. Dann ein frisches Wundpflaster drauf. Größere Schnitte sollten nach der Ersten Hilfe vom Arzt versorgt werden, um eine Narbenbildung zu vermeiden.

HILFSKONSTRUKTIONEN FÜR DIE WERKSTATT

Um vernünftig pressen zu können, kommen Sie um die Anschaffung von mindestens 4 kleineren *Schraubzwingen* nicht um hin. Sie sollten wenigstens 80 mm Ausladung und eine Spannweite von 120-200 mm haben, und bitte nicht die allerbilligste Qualität. Angenehm ist es, wenn man über weitere mit 500 mm Spannweite verfügt und dazu noch einige sogenannte *Knechte* in verschiedenen Längen, z.B. in 1200 mm und 1500 mm Spannweite. Mehr als je 4 Stück davon werden Sie nicht benötigen.

Pressen mit Keilen

Eine andere, selbsterstellbare Möglichkeit zum Pressen bietet die *Bauplatte* (s. auch S. 37). Insbesondere die Ausführung mit ringsum aufgeleimten Latten bietet sich für die Verwendung von Holzkeilen an, mit denen man ganz gewaltig pressen kann. Bei Unvorsichtigkeit mehr, als die Platte aushält…

Legen Sie sich rechtzeitig vor dem Verleimen die nötigen Beilegeklötze und Holzkeile bereit. Die Keile werden jeweils paarweise benötigt, mit einer Steigung von etwa 1:10, also 10 mm auf 100 mm Länge, wie es Abb. 1 zeigt.

Sie benötigen zum Keilen einen zweiten, schweren Hammer, mindestens 300 g. Er wird mit der einen Hand hinter einen der Keile gehalten, der andere wird mit einem leichteren Hammer (200 g) gegen den ersten getrieben. Dabei bleiben sie fast völlig am vorgesehenen Ort, beginnen aber durch die parallele Verschiebung kräftig zu pressen. Selbst große Fußböden werden so gepreßt. Aber bitte nicht zuviel!

Eine andere Methode der Keilanwendung benützt kräftige Spannbretter mit Widerlagern. Ich empfehle den in Abb. 2 dargestellten Typ, den Sie leicht aus Reststücken der Hobeldielen anfertigen können. Für die Platten der Wickelkommode (S. 117) zeigen die Abb. 2a-c die richtigen Maße. Bei anderen Maßen kann man Beilegeklötze oder durchgehende Bretter einlegen, oder neue mit anderen Maßen anfertigen. Teuer sind sie ja nicht gerade. Zum Verleimen legen Sie die zwei oder drei Spannbretter sauber ausgerichtet auf Querleisten über Ihre Böcke, schieben die Bretter nach der Leimangabe in der angezeichneten Reihenfolge hinein, schieben schließlich die nötigen Beilagen hinein und beginnen mit dem Zusammenschlagen der Doppelkeile mit 2 Hämmern, wie beschrieben.

Wenn Sie ordentlich gefügt haben, reichen 3 Stück für die vorkommenden Platten bis ca. 1600 mm Länge.

Um das Anleimen der Hilfskonstruktion an die Platten zu vermeiden, sollte mindestens die Innenfläche rechtzeitig vorher lackiert werden, oder auch kräftig geölt und gewachst. Sie sparen bei diesen Leimhilfen auch noch die Beilagen zur Verhinde-

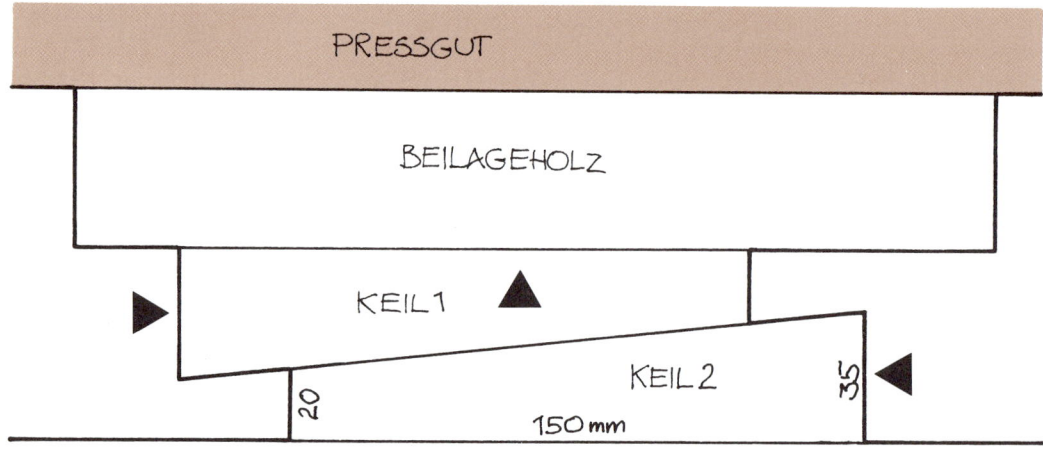

Abb. 1: Keile und Beilagen sind einfache, aber wirkungsvolle Hilfsmittel.

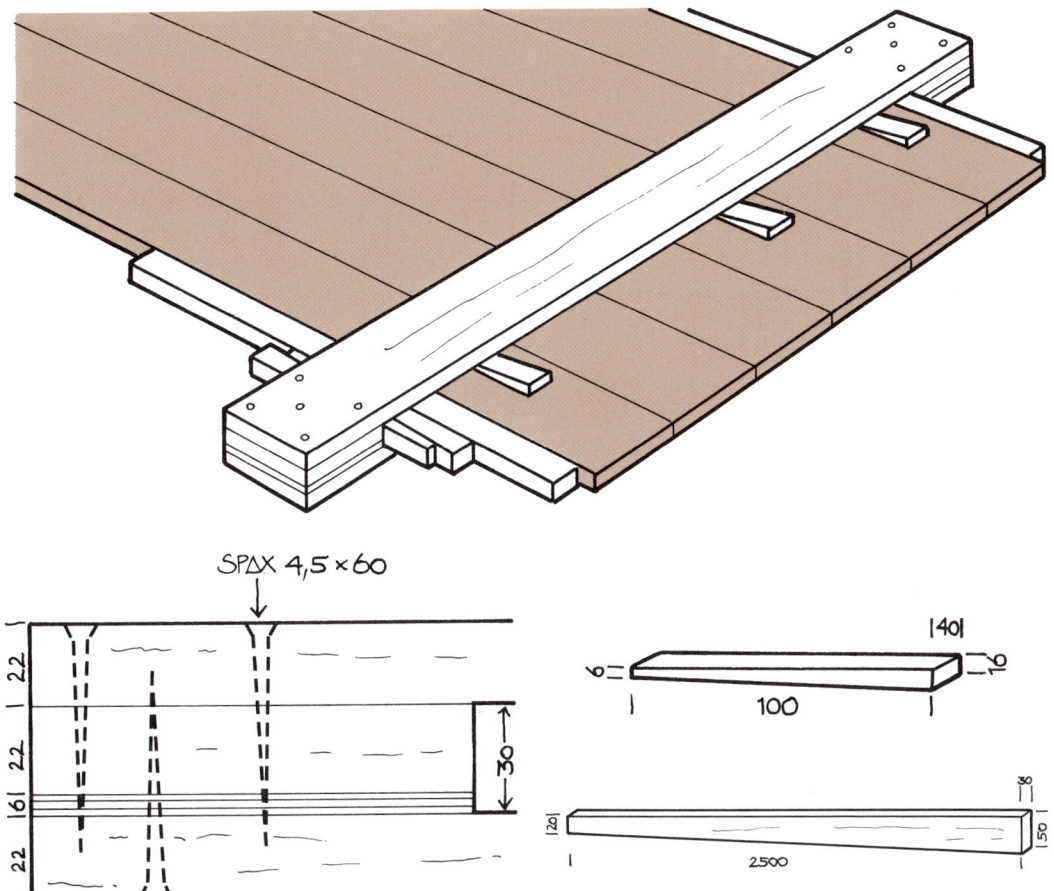

SPAX 4,5 × 60

Abb. 2: Doppel-Spannbrett. **Abb. 2a** zeigt die Verbindung der einzelnen Teile des Spannbrettes, mittels Schrauben und Leim, **Abb. b und c** die verwendeten unterschiedlichen Keile.

rung des Durchbiegens und die dazu nötigen Zwingen, wenn Sie einige schlanke Holzkeile bereithalten, die Sie vor dem Anziehen der Keile leicht zwischen Hilfsbrett und Leimgut hineinschieben. Nicht gerade auf der Leimfuge, weil sie sonst ankleben. 6-8 Stück dürften reichen.

Spanngurte
Eine andere recht preiswerte Möglichkeit sind die käuflichen Spanngurte aus Perlon oder Nylon-Material, die insbesondere auch bei Reparaturen an Stühlen, Sesseln usw. sehr gute Dienste leisten, insbesondere, wenn sie mit Schonern für die Möbelecken ausgestattet sind.

Um Kommodenplatten u.ä. zu pressen, benötigen Sie einige kräftige Kanthölzer, 80x80 mm oder größer, für jede Spannstelle 4 Stück davon mit etwa 700-800 mm Länge sowie zwei kurze von etwa 100-200 mm Länge. Abb. 3 zeigt, wie sie angesetzt werden. Häufig wird dabei noch ein Kantholz benötigt, das im Inneren des Möbels den Druck zwischen unterem Boden und z.B. dem Schubkastenzwischenstück aufnimmt, das unter die Platte geleimt werden soll.

Die vielen Kanthölzer sind kein Luxus. Verwenden Sie nur zwei, also oben und unten je eins, dann besteht immer die Gefahr, daß die Beilagen nur an den Enden drücken, nicht aber in der Mitte, wo der Druck wirken soll.

Um die Handhabung zu vereinfachen, sollten Sie jeweils die 3 Teile mit passenden Nägeln zusammenheften, natürlich so, daß sie das Möbel nicht beschädigen können. Dann kommt man damit auch allein zurecht. Sonst geht's nicht ohne einen aufmerksamen Helfer.

Zirkel
Ein weiteres, immer wieder gebrauchtes Hilfswerkzeug ist ein großer Zirkel. Bei den folgenden Werkstücken reichen die käuflichen nicht immer aus, so etwa für die Rundungen an der Wiege und am Schreibtischsessel.

Der einfachste Zirkel besteht aus einer langen Leiste, an der mit einer Klemmschraube Spitze und Bleistift befestigt werden. Halterungen gibt es auch im Fachhandel. Ein zweischenkliger Zirkel für die mittleren Maße kann ebenfalls leicht selbst gebaut werden. Abb. 4 zeigt seinen Aufbau bei etwa 420 mm Schenkellänge.

Wichtig ist bei beiden Versionen der verlängerte Schlitz hinter den Halterungen von Spitze und Bleistift, am besten so wie gezeigt mit einer kleinen Bohrung am Ende. Sie verhindert, daß das Holz dort unkontrolliert weiterreißt. Die Druckschraube kann auch neben der Bleistift- bzw. Spitzen-Bohrung eingebohrt werden.

Sägetisch

Der von der Firma Festo angebotene Säge- und Frästisch zur Verwendung mit dem Führungsschienen-System hat mich zu einem selbstgebauten Sägetisch angeregt, der in mehreren Baubeschreibungen angewendet wird (s. S. 137)! Der Nachbau ist relativ einfach: Da die längsten vorkommenden Teile des Kleiderschrankes (S. 13) 1310 mm lang sind, reicht eine einstellbare Länge von 1400 mm. Für den Längenanschlag und die Auflage abfallender Stücke habe ich nochmals 400 mm zugegeben und deshalb den Tisch 1800 mm lang gemacht.

Ähnliche Überlegungen habe ich hinsichtlich der nutzbaren Breite angestellt, die nur selten über

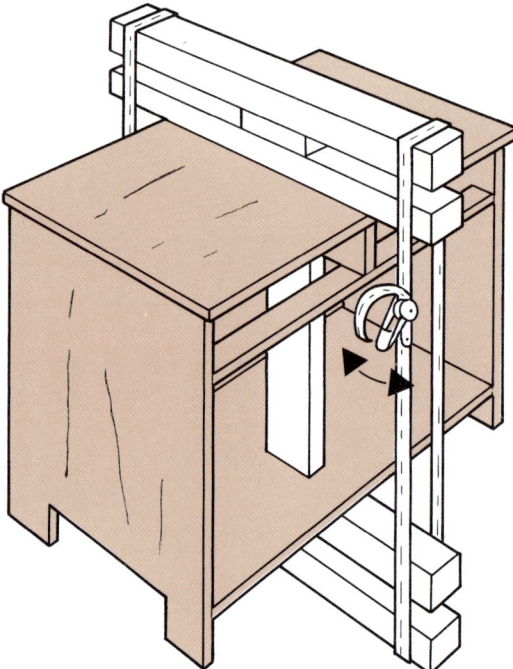

Abb. 3: So preßt man mittels Spanngurten und kräftiger Beilagen auch sperrige Möbelteile.

600 mm liegt. Für die beiden Anschlagleisten kommen je 50 mm hinzu, so daß mein Sägetisch 750 mm breit ist, wobei die 50 mm Differenz zugegeben wurden, um gegebenenfalls die zu sägenden Platten mit Keilen andrücken zu können.

Als Grundlage dient auch hier eine 19 mm-Spanplatte, als Anschlagleisten habe ich Spanplattenstreifen aus dem Rest der großen Platte verwendet. Das verhindert Spannungen bei Feuchtigkeitsänderungen, die bei so langen Platten doch zum Durchbiegen führen, falls Massivholz mit Spanplatte verleimt wird. Die Innenkanten müssen natürlich absolut gerade sein! Notfalls lassen Sie sie vom Tischler nachhobeln.

300 mm vom oberen Rand zeichnen Sie einen sehr genau überprüften Winkelriß über beide Randleisten und befestigen dann auf den Randleisten zwei Anschläge aus 4-5 mm starkem Sperrholz. Dieser Winkel muß deshalb so genau überprüft werden, weil von ihm alle späteren zu sägenden Winkel abhängen!

Zusätzlich können Sie noch, ausgehend von einem ersten Probeschnitt der Kreissäge, ein Maßband auf die hintere Anschlagleiste kleben. Nullpunkt ist der Beginn des Sägeschnittes. Dann brauchen Sie späterhin lediglich den links unten gezeigten Anschlagklotz so zu verschieben, daß das gewünschte Längenmaß freibleibt, und sichern ihn dann in dieser Position durch eine kleine Zwinge. Schneiden Sie nur mit einem wirklich scharfen Vielzahn-Sägeblatt, etwa mit 40 Zähnen HM, damit jede Nacharbeit überflüssig wird. Wenn Sie bei der Tiefeneinstellung der Säge aufpassen und stets nur 1-2 mm tief in die Unterlage schneiden, hält die Platte für lange Zeit. Sonst müssen Sie sich etwas einfallen lassen, um an der Schnittstelle den Spanplattenstreifen auswechselbar zu machen. Schwierig ist das nicht, doch denken Sie bitte daran, daß das Sägeblatt keinesfalls mit Schrauben etc. in Berührung kommen darf, andererseits aber dieses Einsatzstück unbedingt gegen Wegschleudern durch das Sägeblatt geschützt werden muß.

Falls doch einmal längere Stücke abzulängen sind, Bettseiten z.B., kann man eine Verlängerungslatte mit Zwingen unter den hinteren Anschlag klemmen und darauf das Sollmaß anzeichnen.

Beim Schneiden schmaler Stücke drückt man sie fest gegen die hintere Anschlagleiste. Breitere Platten sollten Sie mit Beilagen und Keilen fest dagegendrücken. Achten Sie aber unbedingt vor jedem Schnitt darauf, daß keine Späne das Anlegen an die Anschläge verfälschen! Denn sonst nützt auch die genaueste Hilfskonstruktion schlicht und einfach gar nichts.

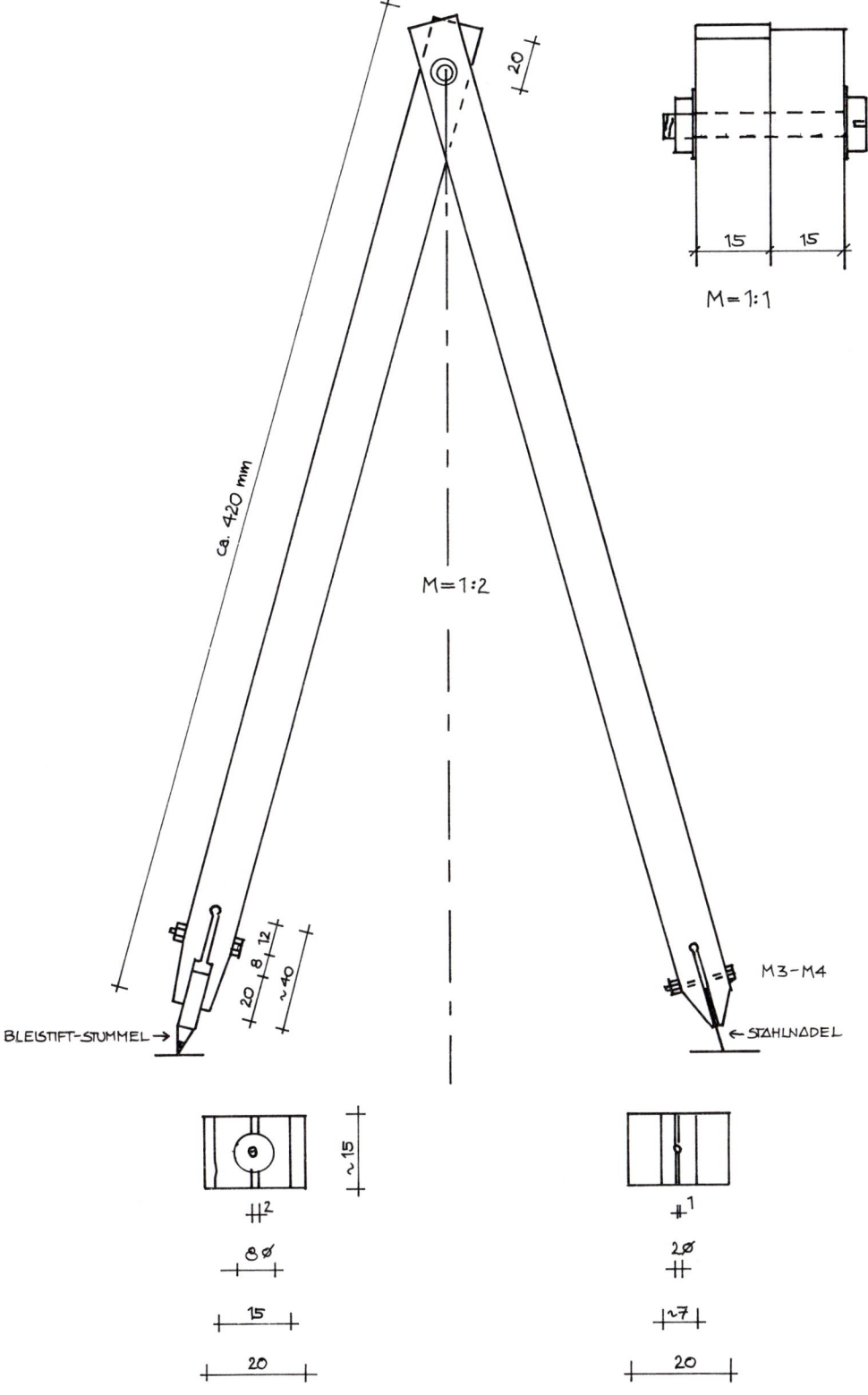

M = 1:1

ca. 420 mm

M = 1:2

20

BLEISTIFT-STUMMEL →

20 8 12

~40

M3–M4

← STAHLNADEL

~15

2

8 ⌀

15

20

1

2 ⌀

~7

20

Abb. 4: Einfach nachzubauen: Der zweischenklige Zirkel für mittlere Maße.

DAS SCHÄRFEN DER WERKZEUGE

Vielfach werden abgestumpfte Werkzeuge nicht mehr geschärft, sondern einfach weggeworfen. Für einen richtigen Tischler ist das so ähnlich, wie alle paar Jahre die gesamte Wohnungseinrichtung auf die Straße zu stellen, um Platz für eine neue zu bekommen. Sinnvolle Verwendung der Ressourcen ist es gewiß nicht, und das Schärfen ist relativ einfach zu erlernen.

Andererseits gibt es Werkzeuge, bei denen es sich wirklich nicht lohnt, z.B. die schmalen Blätter der Puk-Sägen, die zerbrochenen der Laubsäge oder der Bandsäge, Wendemesser der schmalen Sorte für Hobel und, leider, meistens auch die Feilen, weil es kaum noch Werkstätten gibt, die sie instandsetzen können.

Das Schärfen von Sägen erfolgt überwiegend mit Dreikantfeilen und kann wirklich nervtötende Geräusche erzeugen, weil der Zugriff der einzelnen Feilenzähne die Sägen zu kräftigen Schwingungen anregt, wenn man dagegen nichts unternimmt. Deshalb mein Rat, zunächst eine recht universelle *Feilkluppe* anzufertigen. Man kann sie zwar ähnlich auch kaufen, doch sind die aus Metall und dämpfen das Quietschen nur ungenügend.

Die selbstgebaute Kluppe (Abb. 1) dagegen besteht aus geeignetem Holz. Es kann dickeres Sperrholz sein, etwa 15-18 mm dick. Auch verleimte Reststücke sind dafür gut brauchbar: kreuzweise verleimen. Sogenannte Waggonplatten ist gut geeignet, aber es geht auch mit gut trockenem Massivholz, Fichte oder Kiefer, ebenfalls etwa 18 mm dick. Ich selbst benutze solch ein uraltes Exemplar, das immer noch seinen Dienst tut. Es hat unten noch nicht einmal Scharniere, sondern ist verleimt und geschraubt und elastisch genug, um die dünnen Sägeblätter aufzunehmen. Weil fester Druck besonders am oberen Rand benötigt wird, sind dort an beiden Seiten Leisten als Drucklippen angeleimt. Die beiden seitlich außen angebrachten Leisten dienen der Auflage in der Hobelbank-Zange, so daß die Kluppe gleich in der richtigen Höhe hängt.

Außen können Sie die Kluppe beliebig behandeln, ölen, lackieren oder wie Sie wollen. Die Lippen lassen Sie besser unbehandelt.

Die angegebenen Maße bewirken die Vielseitigkeit: Fuchsschwänze und Feinsägen brauchen nur einmal umgespannt zu werden, um die ganze Län-

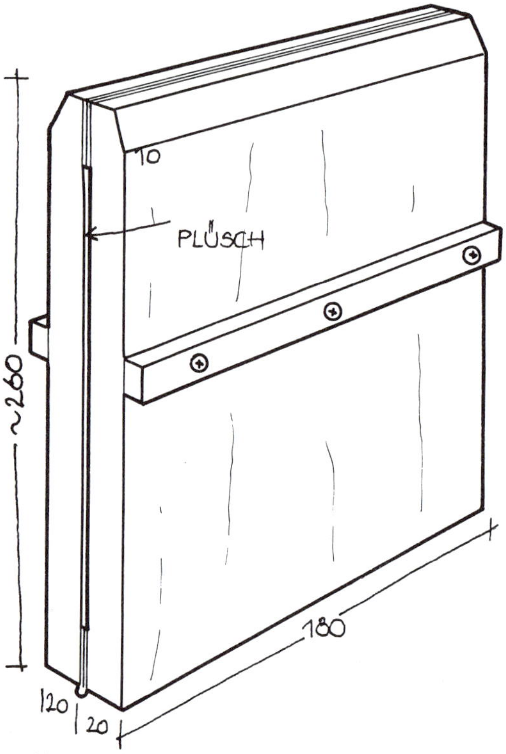

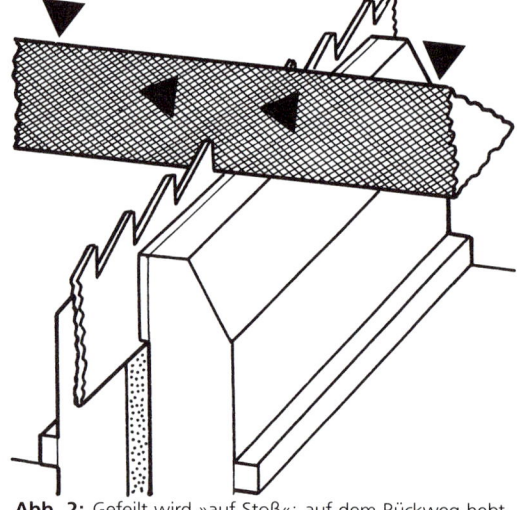

Abb. 2: Gefeilt wird »auf Stoß«; auf dem Rückweg hebt man die Feile leicht an. Die Länge der ganzen Feile ausnützen!

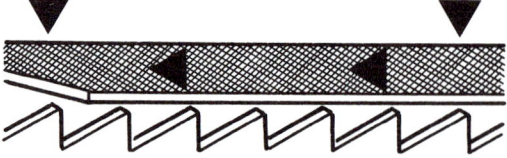

Abb. 3: Stark verfeilte Zähne zunächst egalisieren.

Abb. 1: Selbstgebaute schalldämmende Feilkluppe.

ge zu bearbeiten. Kreissägeblätter bis etwa 250 mm Durchmesser werden ebenfalls sicher gehalten, genau wie die langen Blätter der gespannten Sägen (Gestellsägen).

Dämpft die lange Einspannung die Geräusche schon erheblich, so können Sie das noch erheblich verstärken, wenn Sie innen dünnen Schaumstoff oder Filz, Plüsch oder Teppichreste hineinkleben, die aber das Schließen der Kluppe nicht zu sehr erschweren dürfen. Da die Kluppe unten ohnehin enger ist, werden so besonders Kreissägeblätter sehr wirkungsvoll am Kreischen gehindert, aber natürlich auch alle anderen.

Das Nachfeilen von Sägen ist recht einfach, wenn man damit nicht zu lange wartet. Völlig abgenutzte Zähne lassen sich nur mit viel Mühe und Können wieder brauchbar machen. Vernünftiger ist es, die Arbeit schon dann zu machen, wenn die Schärfe der Säge nachläßt. Man merkt es daran, daß man für gleiche Arbeiten viel mehr Kraft braucht als zu Anfang, und auch die Motorsäge muß dann viel stärker arbeiten. Mit bloßem Auge erkennt man dann, daß die ursprünglich ganz scharfkantigen Zähne leicht abgerundet wurden und Glanz auf diesen Flächen zeigen. Wer etwas Gefühl dafür hat, kann's auch mit dem Finger fühlen, z.B. bei der Feinsäge mit ihren sehr feinen Zähnchen, für die man sonst eine Lupe braucht.

Nur nebenbei: Hartmetall-Sägen kann man natürlich nicht feilen. Die bearbeiten eher die Feile selbst. Man muß sie zum Schärfen über den Händler an Spezialfirmen geben.

Außer der Feilkluppe brauchen Sie natürlich auch die passende Feile, zum jeweiligen Sägetyp passend. Es sind ausdrücklich als Sägenfeile bezeichnete Dreikantfeilen. Nur sie sind hart genug. Achten Sie bitte unbedingt auf die Zahnform der zu schärfenden Säge: es gibt Typen, die nur mit abgerundeten Feilen geschärft werden dürfen (Bandsägen z.B. fast immer)!

Mit drei Größen sollte man auskommen: eine ganz feine für die Feinsägen, eine etwas dickere für Fuchsschwänze und Absetzsägen, eine mittlere für Schlitzsägen und Kreissägen.

Gefeilt wird nur »auf Stoß«, also von Ihnen weg (Abb. 2). Rückwärts immer etwas anheben, damit sie länger scharf bleibt. Dabei aber die Hände an die Kluppe angelehnt lassen, damit Sie nicht vor jedem Feilenstrich neu den zuletzt gefeilten Zahn suchen müssen. Meistens reicht ein einzelner Feilenstrich bereits aus. Allenfalls sollten es zwei sein. Sind mehr nötig, haben Sie viel zu lange gewartet und es besteht die Gefahr, daß die Geometrie Ihrer Säge durcheinander gerät. Sie müssen dann ganz

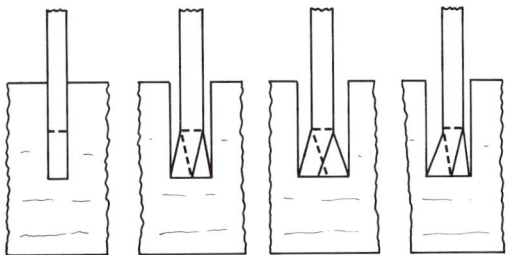

Abb. 4: Links die ungeschränkte Säge, die stets klemmt, mitte links die richtig, symmetrisch geschränkte Säge, mitte rechts eine zu stark geschränkte Säge, die unnötig schwer »geht«, ganz rechts unsymmetrisch geschränkt. Damit sägt man »um die Ecke«.

besonders sorgfältig feilen und aufpassen, daß die Zähne wieder genau gleichhoch ausfallen. Nofalls »abrichten«, also flach über alle Zähne feilen, nur ganz leicht, bis alle Zahnspitzen gerade eben gestreichelt werden (Abb. 3). Danach dann alle Zähne, die stärker abgeflacht wurden, auf gleiche Tiefe der Zahnlücken feilen. Es geht, ist aber wirklich mühsam.

Vor allem aber ist dann mit Sicherheit auch die Schränkung zerstört. Abb. 4 zeigt, warum sie so wichtig ist und zur Dicke der Sägeblätter wie auch zur vorgesehenen Arbeit passen muß. Um sie wieder herzustellen, gibt es verschiedene Werkzeuge und Maschinen. Für uns kommen vor allem die Schränkeisen und die Schränkzange in Betracht, wobei die Zange in guter Ausführung das Denken abnimmt. Sonst muß man scharf aufpassen, daß die Schränkung gleichmäßig ausfällt, weil die Säge sonst gern »um die Ecke« sägt.

Am häufigsten muß ich meine Feinsägen schärfen, weil ich sie u.a. auch benutze, um Sperrholz für die Rückwände zuzuschneiden, ebenso für Schubkästenböden und andere Zwecke. Ich habe darin inzwischen soviel Übung, daß ich die Teile insgesamt schneller fertig habe als meine Gesellen, die gern die elektrische Stichsäge benützen und dann viel Zeit brauchen, um die ausgefransten Kanten gerade zu hobeln. Mein Schnitt paßt sofort ohne Nacharbeit. Voraussetzung ist aber, daß man nicht zu faul zum Schärfen und Schränken ist. Wobei ich zum Schränken eine ganz primitive Methode verwende: Weil eine Zange dafür nicht erhältlich ist, nehme ich einen fast nur dafür benutzten Schlitzschraubenzieher(-dreher) mit harter, recht dünner Klinge und etwa 5 mm Breite. Er wird senkrecht von oben zwischen die Zähne der eingespannten Feinsäge gedrückt und immer gleichmäßig um einen bestimmten Winkel gedreht. Dabei werden gleichzeitig zwei Zähne verformt, der eine nach rechts, der andere nach links. Nach etwas Übung bekommen Sie so eine ganz gleichmäßige Schränkung, deren seitliche Ausladung dem gewünschten Schnitt entspricht, eng für die eine, die ich zum »Dichtschneiden« nehme, weiter für meine Sperrholzsäge. Die Arbeit geht schnell, da nur jede zweite Zahnlücke angesteuert werden muß. Insgesamt dauert das Schärfen solch einer Säge etwa 20 Minuten. Sie dankt das, indem die folgende Sägearbeit fast mühelos möglich ist. Man kann die Methode auch bei größeren Zähnen anwenden, doch ist eine Zange natürlich genauer.

Bei stark verfeilten Sägen kann das Schränken nur nach dem Feilen erfolgen. Sonst soll man es vorher machen, weil die Schränkzange den erwünschten feinen Feil-Grat an den Zähnen unwirksam macht. Bei der Schraubenzieher-Methode kann ich keinen Unterschied feststellen.

Schärfen durch Schleifen

Stecheisen, Hobeleisen, Messer und andere Werkzeuge werden bekanntlich durch Schleifen statt Feilen geschärft. Mit speziellen Einrichtungen kann man auch Sägen so schärfen!

Meistens ist die Schneide nur wenig abgestumpft, so daß das Nachschärfen auf dem Abziehstein ausreicht.

Der sogenannte Keilwinkel des Eisens soll 25° betragen (Abb. 5). Wenn das zu schärfende Eisen ein wenig hohl geschliffen ist, kann man diesen Winkel auch beim Abziehen leicht einhalten. Bei ganz flach geschliffenen Schneiden muß entweder die ganze Fläche soweit abgetragen werden, bis wieder ein feiner Grat entsteht, oder man nimmt einen etwas größeren Winkel in Kauf.

Zweckmäßig ist ein guter Abziehstein, der eine feine und eine grobere Seite hat. Ich verwende sie mit

Wasser, andere ziehen Ölsteine vor. Da die Abziehsteine relativ leicht und klein sind, verschieben sie sich leicht und ergeben dann andere Schleifwinkel als geplant. Deshalb fertigt man sich ein Brett an, in das der Stein vertieft eingearbeitet wird (Abb. 5). Um die Verschmutzung durch Staub, Späne usw. zu vermeiden, kann auch ein passender Deckel dazu angefertigt werden; eine beliebte Übung im Stemmen. Notfalls spanne ich den Stein in die Vorderzange der Hobelbank.

Versuchen Sie nun, nachdem der Stein gut angefeuchtet wurde, die Schräge der Schneide mit dem Eisen auf der Fläche des Abziehsteines zu erfühlen. Haben Sie diese Stellung ertastet, können Sie mit dem eigentlichen Schleifvorgang beginnen, indem Sie bei gleichbleibendem Winkel zum Stein vorsichtig kreisend schleifen (Abb. 7a). Immer mal

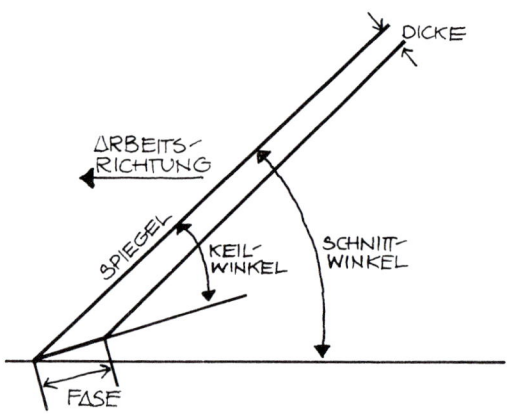

Abb. 5: Die Geometrie des Hobeleisens. Die Bezeichnungen gelten auch für ähnliche Werkzeuge, z.B. Stecheisen.

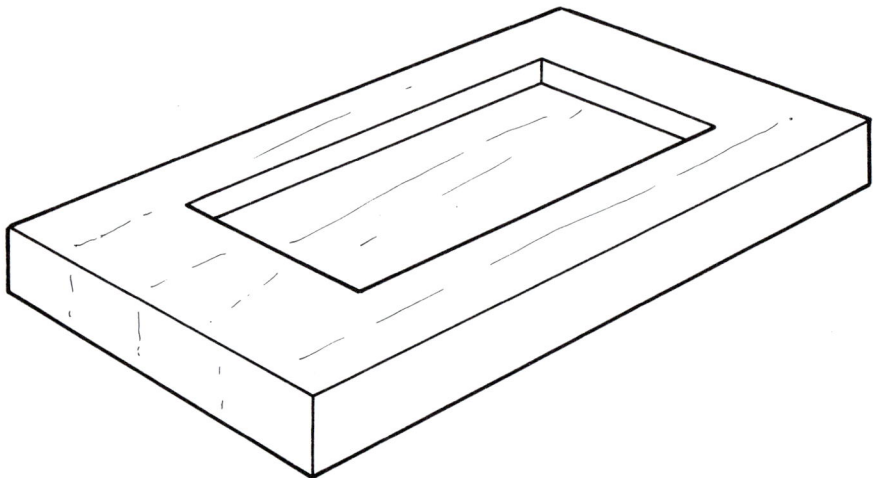

Abb. 6: Das Aufnahmebrett für Ihren Abziehstein muß nach seinen Maßen angefertigt werden.

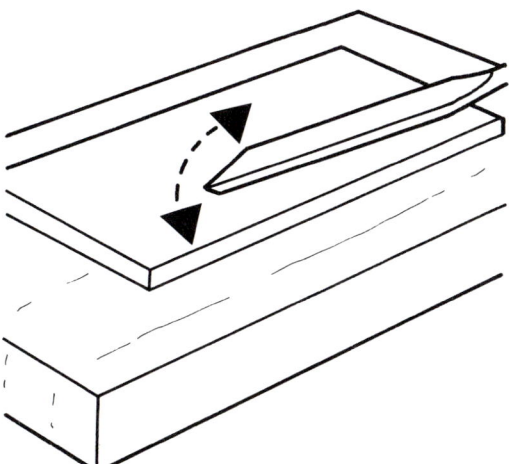

Abb. 7a: Schleifen der Fase;

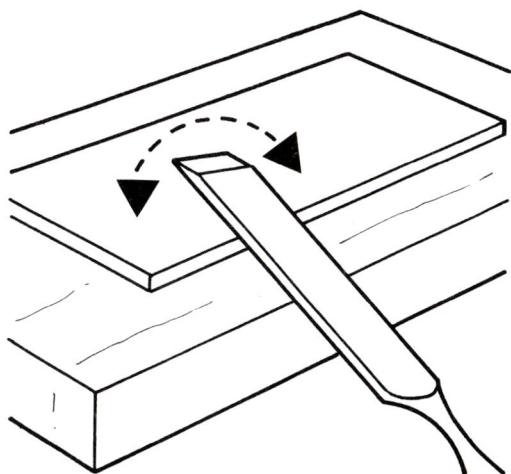

Abb. 7b: Schleifen des »Spiegels«.

wieder die flache Auflage der Schneide ertasten und mit den Augen das Ergebnis überprüfen! So bekommen Sie bald ein Gefühl für das richtige Vorgehen und schleifen nur solange, bis die kleine, blanke Rundung der Abstumpfung verschwunden ist und sich ein ganz feiner Grat an dieser Stelle zeigt.

Dann wird das Eisen gewendet und die Oberseite ganz flach aufgelegt ebenfalls durch kreisende Bewegungen geschliffen (Abb. 7b). So verschwindet der Grat auf der Oberseite. Durch mehrfaches Bearbeiten jeweils von der anderen Seite erreicht man schließlich einen so feinen Grat, daß er mit

den Augen nicht mehr sichtbar ist. Spezialisten haben dann noch einen feineren Stein, mit dem eine spiegelblanke Schneide erreichbar ist. Allerletzte Schärfe bekommt man nur durch weitere Bearbeitung auf einem Lederriemen.

Für die grobere Bearbeitung gibt es die Schleifmaschinen mit Schmirgelsteinen. Je nach Art des Anschlages ist die Arbeitsweise dabei leider recht unterschiedlich.

Zu Anfang ist es sicher besser, wenn Sie sich die Arbeit von einer Werkstatt machen lassen und nach Möglichkeit dabei zusehen, um es auch selber zu erlernen.

HOLZEINKAUF UND HOLZTROCKNUNG

Schon beim Holzeinkauf entscheiden Sie weitgehend über das spätere Aussehen Ihrer Möbel. Deshalb lohnt sich hier besondere Sorgfalt!

Die meisten Händler lassen Sie aus ihrem großen Vorrat geeignete Bretter heraussuchen. Dürfen Sie nicht selbst auswählen, müssen Sie mit einem wesentlich größeren Anteil unschöner, wenn nicht gar ungeeigneter Bretter rechnen! Dann hilft nur die Wahl eines anderen Händlers, oder Sie müssen entsprechend mehr nehmen.

Dielen mit Blaufäule scheiden aus, ebenso solche mit vielen riesengroßen Ästen, besonders Flügelästen. Kleinere, fest verwachsene braune Äste stören dagegen überhaupt nicht. Sie sind vielmehr zur Flächenbelebung erwünscht! Allerdings sollen auch sie möglichst nicht auf den Kanten sitzen (Abb. 1). Falls Sie nur Ware mit sehr dunklen, fast schwarzen Ästen bekommen können, müssen Sie sich die auf S. 10 genannten Ast-Dübel beschaffen, um die schwarzen Äste durch eingebohrte gesunde zu ersetzen. Das macht zwar zusätzliche Arbeit, ist aber oft die einzige Lösung. Die Wahl von Holz für kleine Möbel ist leichter, weil man meist unschöne Äste herausfallen lassen kann. Sie verschwinden im abfallenden Brennholz. Auch die gelegentlich vorkommenden Dielen mit Drehwuchs sind für unsere Zwecke unbrauchbar. Man erkennt sie relativ leicht, wenn man von einem Ende her über das Brett schaut.

Ein weiterer, besonders im Sommer häufig vorkommender Mangel gerade bei den sonst schönsten Brettern ist starke Rißbildung durch Wärme oder gar Sonne. Zumindest die Partie mit den Rissen ist wieder Abfall.

Wenn Sie die genannten Punkte bei der Auswahl berücksichtigen, kommen Sie mit etwa 20% »Verschnitt« aus. Zu Anfang wird es bei Ihnen vermutlich mehr sein, so daß Sie nicht zu knapp kaufen sollten.

Holztrocknung

Eigentlich müßte es genauer »Holz-Nachtrocknung« heißen, denn Sie bekommen Dielenware, Rauhspund und andere Schnitthölzer im Holzhandel durchweg mit einer Holzfeuchte um 15%. Sägefrische Ware aus der Sägerei hat dagegen oft 100%. Was wir als Hobelware kaufen, ist also bereits kräftig vorgetrocknet.

Trotzdem können wir es so nicht verarbeiten, denn für Möbel in Innenräumen muß die verbleibende Holzfeuchte zwischen 6 und 10% liegen, besser noch zwischen 6 und 8%, da sonst spätere Schäden durch Nachtrocknung im verarbeiteten Zustand nicht zu vermeiden sind. Lassen Sie vom Holzhändler die Holzfeuchte messen! Er hat ein elektronisches Meßgerät, das den Prozentsatz recht genau anzeigt.

Für den Transport eignet sich am besten ein Dachgepäckträger. Je länger, je besser. Falls Sie den nicht haben (und sich trotz der erschwinglichen Preise auch keinen zulegen wollen), müssen Sie bereits beim Händler kürzen, so daß die Teile in den Wa-

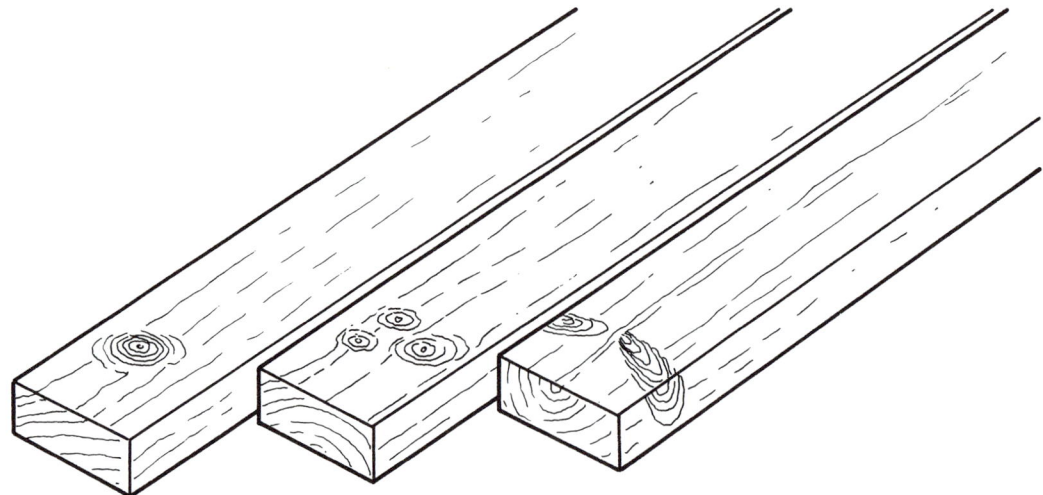

Abb. 1: Großer runder Ast, Astgruppe und Flügeläste in besäumtem Holz.

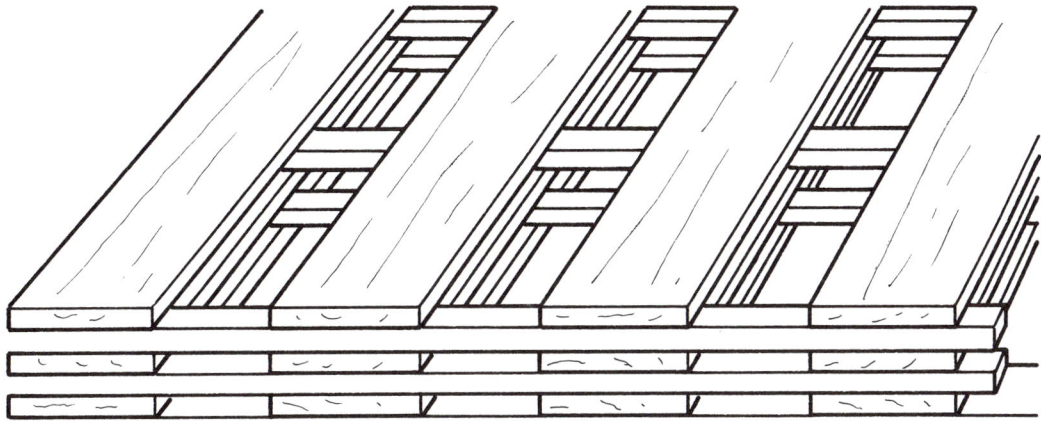

Abb. 2: Auch bereits weitgehend trockenes Holz soll so luftig gestapelt werden, damit alle Teile gleiche Feuchte haben.

gen gehen. Ich kürze meistens auf 2,10, 3,30 oder 4,20 Meter. Das hängt natürlich auch von den Längen ab, die Ihr Möbelstück verlangt. Die größte Länge plus 10-20 cm Zuschlag sind meistens richtig. Aber auch Ihr Platz daheim spielt eine Rolle, denn zum Trocknen muß man die gewählte Länge ja unterbringen können.

Sie müssen Ihr Holz wenigstens 14 Tage vor der Verarbeitung einkaufen, wenn Sie über einen Raum zur Trocknung verfügen können, der luftig und trocken ist, im Winter etwas geheizt, aber nur schwach (15-18°C). Sonst dauert das Nachtrocknen natürlich länger. Weitere Voraussetzung ist, daß die Luft auch überall an die Bretter heran kann. Deshalb wird wie bei der Vortrocknung im Sägewerk mit zwischengelegten Stapelleisten gearbeitet (Abb. 2): Leisten schön sauber genau übereinander, nicht zu große Abstände, etwa 1 m, Leisten gleich dick.

Man kann die Stapelleisten gut aus Dielen-Abfällen schneiden, indem man den Anschlag der Kreissäge genau auf die Dicke von 22 mm einstellt. Das gibt zwangsläufig dann quadratische Querschnitte von etwa 22 x 22 mm.

Zur Kontrolle des Trockenvorganges gibt es mehrere Methoden. Die bekannteste arbeitet mit gabelförmig eingeschnittenen Stücken, an deren Krümmung man erkennen kann, ob der Wasserentzug zu schnell erfolgt (Abb. 3).

Wenn Sie meinen Rat befolgen und in einem luftigen, nicht überheizten Raum im Laufe von etwa 2 Wochen nachtrocknen, können Sie darauf verzichten. Zweckmäßig ist es auch, daß Sie eines der Bretter genau auf 1000 mm Länge schneiden und wiederholt exakt zu wiegen (Haushaltswaage

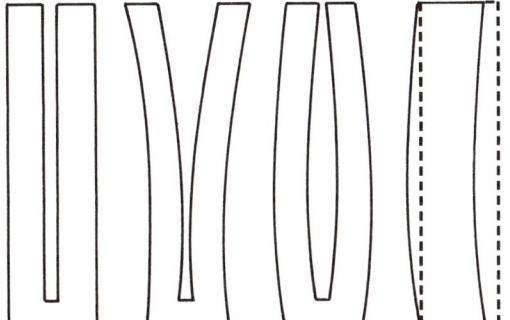

Abb. 3: Eingeschnittene Hölzer verraten den Verlauf des Trocknungsvorganges. Links gleichmäßiger Feuchteentzug, mitte links zu schnell getrocknet, mitte rechts trockener als außen und rechts schließlich die Folge, wenn man nicht ganz trockene Stücke einseitig stark abhobelt (Wölbung je nach Zustand nach innen oder außen).

reicht aus). Nehmen Sie dazu ein Brett, daß etwa dem Durchschnitt der eingekauften Ware entspricht und notieren Sie sich das Gewicht genau, am besten direkt auf dem Brett. Bei regelmäßigem Nachkontrollieren können Sie dann den Wasserverlust deutlich am veränderten Gewicht verfolgen. Für gut DM 100,— bekommen Sie aber auch schon ein brauchbares Feuchte-Meßgerät und können dann elektrisch messen. Sobald Sie jedoch versuchen, den Trocknungsvorgang zu beschleunigen, durch Heizlüfter z.B., durch stärkeres Heizen oder auch nur durch starkes Durchlüften mit einem Gebläse, müssen Sie mit Komplikationen rechnen, da dann den äußeren Schichten die Feuchte wesentlich schneller entzogen wird, als der Feuchtetransport von innen nach außen nachkommt. Das kann im Extrem zu so starken Spannungen im Holz führen, daß es unbrauchbar wird.

HOLZAUSWAHL

Sobald Ihr nachgetrocknetes Holz einen Wert zwischen 6 und 8 Prozent Holzfeuchte erreicht hat, können Sie mit der Holzauswahl beginnen.

Obwohl Sie bereits beim Einkauf sorgfältig ausgewählt haben, steht Ihnen diese Arbeit erneut vor dem Zuschneiden der Stücke für jedes einzelne Möbelstück nach der Trocknung bevor.

Der Grund liegt darin, daß sich durch den Entzug von ca. 8% Holzfeuchte, also mehr als der Hälfte gegenüber dem Kauf, nochmals erhebliche Kräfte im Holz freigesetzt haben. In günstigen Fällen erfolgt das innerhalb des Holzes ganz gleichmäßig, so daß das Brett hinterher wie zu Anfang völlig eben ist. Nur in allen Richtungen etwas kleiner ist es immer geworden.

Da aber die einzelnen Holzschichten, je nach ihrer Lage im Stamm mehr oder weniger stark »schwinden«, muß man besonders bei Brettern aus den äußeren Teilen des Stammes damit rechnen, daß sie »rund« geworden sind, wie das Abb. 1 und 2 a-d zeigen. Haben Sie trotz Sorgfalt bei der Vorauswahl Bretter aus drehwüchsigen Stämmen dabei, sind sie nun gewiß windschief geworden, was durch Peilen über die Hirnenden deutlich wird (Abb. 3). Bedenken Sie, daß sich die Windschiefe bei kurzen Stücken nicht so stark auswirkt, wie es im ersten Augenblick beim Betrachten des langen Brettes scheint. Bei Teilen für den Kindersessel von 35 cm Länge etwa macht es nur ca. $\frac{1}{7}$-tel dessen aus, was das 220 cm lange Brett aufweist, meistens also weniger als 1 mm, vielleicht 0,5 mm. So kleine Windschiefen verschwinden schon optisch fast ganz. Den Rest erledigen Sie mit Hobel und Schleifklotz; Dickenverlust also nur dieser halbe Millimeter.

Anzeichnen

Sie achten vielmehr nach dem Aussortieren der geschädigten Bretter erst einmal auf die Lage der Äste, ihre Größe, ihr Aussehen (Abb. 4). Aus der Stückliste sehen Sie, welche Längen in welcher Stückzahl gebraucht werden und zeichnen nun mit leichten Bleistiftstrichen auf den Brettern an, wo Sie abtrennen wollen, wobei Sie bekanntlich mindestens 2 cm in der Länge zugeben müssen, weil jetzt beim Grobzuschnitt noch nicht so ganz genau geschnitten werden kann.

Um ansehnliche Möbel zu bauen, dürfen häßliche Äste nicht im Nutzholz verbleiben. Versuchen Sie also, die Zuschnitte auf den langen Stücken so zu

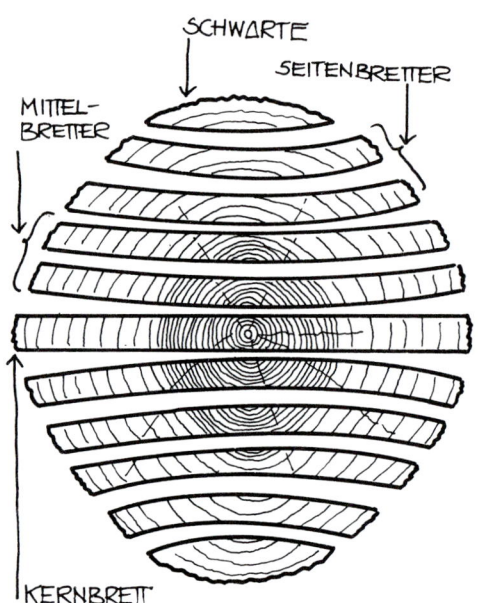

Abb. 1: So bezeichnet man die einzelnen Bretter, die beim Aufschneiden eines Stammes entstehen. Gut ist zu erkennen, wie sie sich beim Trocknen unterschiedlich verformen!

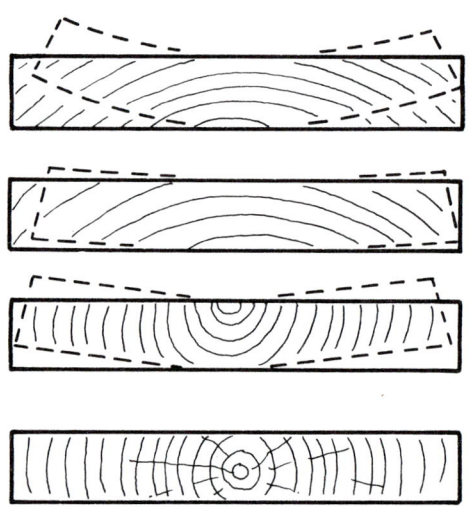

Abb. 2: Hier noch einmal die Verformung beim Trocknen an besäumten Brettern:
a) Seitenbrett, wölbt sich kräftig nach außen, vom Kern weg;
b) Mittelbrett, wie a), aber nicht so stark;
c) hier liegt der Kern einseitig, ergibt meist starke Verformung;
d) das ideale Mittelbrett (Wagenschottbrett) verformt sich am wenigsten. Trotzdem muß meistens der Kern herausgetrennt werden, da er Risse zeigt.

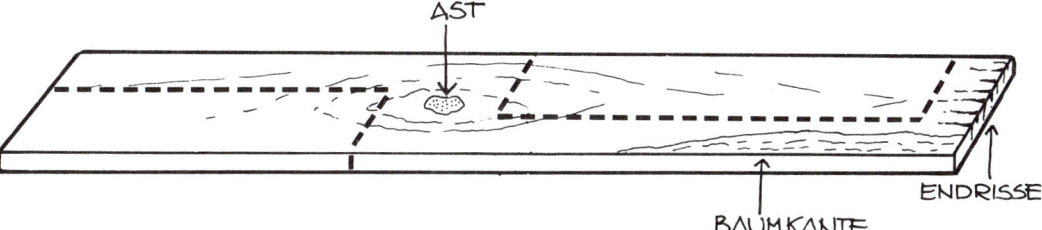

Abb. 3: Windschiefe Bretter erkennt man leichter mit aufgelegten Richtleisten.

legen, daß die häßlichen Äste in jenen Bereichen liegen, die abfallen.

Weil das Auswählen der längsten Stücke Ihrer Stückliste am schwierigsten ist, müssen Sie diese unbedingt zuerst auswählen, solange die Auswahlmöglichkeit noch groß ist. Mit abnehmender Länge wird die Auswahl leichter.

Aber selbst bei großer Sorgfalt werden Sie hinterher feststellen, daß man doch besser dieses Stück günstiger aus jener Länge, andere besser aus dieser geschnitten hätten! Warten Sie desshalb mit dem Abschneiden noch und korrigieren Sie alles noch einmal von vorne durch. Dabei hilft Ihnen, wenn Sie zunächst nur mit leichtem Strich angezeichnet haben. Die Mühe lohnt sich fast immer!

Ablängen

Das Abschneiden macht der geübte Tischler mit der großen Gestellsäge mit grobem Blatt. Sie ist von den mir bekannten Handsägen jene Sorte, die die wenigste Kraft erfordert, weil das Blatt infolge der Spannung über das Gestell sehr dünn sein kann. Andererseits erfordert ihre Handhabung einige Übung.

Deshalb empfehle ich dem Anfänger auch den Fuchsschwanz ohne Rücken, der zwar wegen des dickeren Blattes etwas schwerer sägt, andererseits aber leichter zu führen ist und leichter gerade Schnitte ergibt.

Wegen der geraden Schnitte und der Vermeidung unnötigen Verschnitts zeichnen Sie die gültigen Querrisse mit dem Anschlagwinkel an. Sie wissen dann genau, wo zu sägen ist, können die Richtung korrigieren und kommen mit wenig Zugabe aus.

Recht gut geht dieses Zuschneiden auf halbhohen Böcken, weil man dann auf dem verbleibenden Rest knien kann und er so sicher eingespannt ist. Das abfallende Stück wird mit der linken Hand gesichert, bei Linkshändern entsprechend mit der rechten. Macht man das nicht, brechen zum Schluß stets »Schwänze« heraus, die erheblichen zusätzlichen Verschnitt darstellen. Bei langen abzutrennenden Stücken kann ein dritter Bock sehr nützlich

Abb. 4: So kann man auch aus schlechteren Brettern gute kurze Stücke gewinnen.

Abb. 5: So wird der Sitz nicht verwechselt!

sein, um das lange Stück abzustützen, bis es endgültig abgetrennt ist.

Da das Holz nach der Trocknung sofort wieder Feuchtigkeit aufnimmt, falls Sie ihm Gelegenheit dazu geben, belassen Sie es bitte nach dem Zuschnitt in dem Raum, in dem sie es getrocknet haben oder bringen es wieder dorthin zurück bis zur Weiterverarbeitung!

Noch ein Tip: Schreiben Sie ruhig mit Bleistift auf die Stücke, wozu sie bestimmt sind, und notieren Sie auch die Länge, also z.B. beim Kindersessel »Hockersitz 350« (Abb. 5). Diese Angaben ersparen späteres Nachmessen und Verwechslungen.

VON DER TECHNISCHEN ZEICHNUNG ZUR ORIGINALGRÖSSE

Der/die Hobby-Tischler/in muß in der Lage sein, technische Zeichnungen zu »lesen«, um ihnen alle notwendigen und mühsam hineingearbeiteten Angaben auch entnehmen zu können. Für einen kompletten Zeichen-Lehrgang für Tischler reicht der Platz in diesem Buch leider nicht. Deshalb im Folgenden nur eine Kurzabhandlung mit den Grundbegriffen.

Der Mensch sieht mit beiden Augen und ist deshalb in der Lage, räumlich zu sehen, Entfernungen abzuschätzen, Formen zu erkennen. Räumlich sehen bedeutet aber, unsere Umwelt dreidimensional zu erleben, in Breite, Höhe und Tiefe, noch dazu »in Stereo«, also mit beiden Augen zwar aus verschiedenen Positionen, aber im Gehirn zu einem einzigen Bild vereint.

Auf dem Papier ist gegenüber der Wirklichkeit eine gewisse Abstraktion unvermeidlich. Gestützt auf das trainierte menschliche Hirn erscheint uns dennoch eine perspektivische Zeichnung recht räumlich. Einer flächigen Zeichnung kann jedoch nur der

etwas geübte Handwerker ohne große Mühe die gleichen oder sogar noch mehr Einzelheiten entnehmen. Die schematischen Zeichnungen auf dieser Doppelseite zeigen Ihnen die Ansichten, die Sie im 2. Teil dieses Buches jeweils am Ende der Bauanleitungen finden. Oben links zeige ich Ihnen meistens die *Vorderansicht* des Möbelstückes, und zwar ohne die natürlichen Größenveränderungen, die zwischen nahebei und weiter entfernten Teilen bestehen und beispielsweise im Foto bei genauem Hinsehen deutlich zu erkennen sind. Zeichnerisch bleibt das der perspektivischen Ansicht vorbehalten; die aber finden Sie nicht auf der Doppelseite der technischen Zeichnung, sondern eingestreut in die Bauanleitung.

Unter der Vorderansicht findet die *»Aufsicht«* ihren Platz, also jene Ansicht, die senkrecht von oben zu sehen ist. Bei Möbeln ist sie allerdings häufig genug entbehrlich. Deshalb habe ich sie fortgelassen, wenn durch sie keine wichtigen Informationen vermittelt werden.

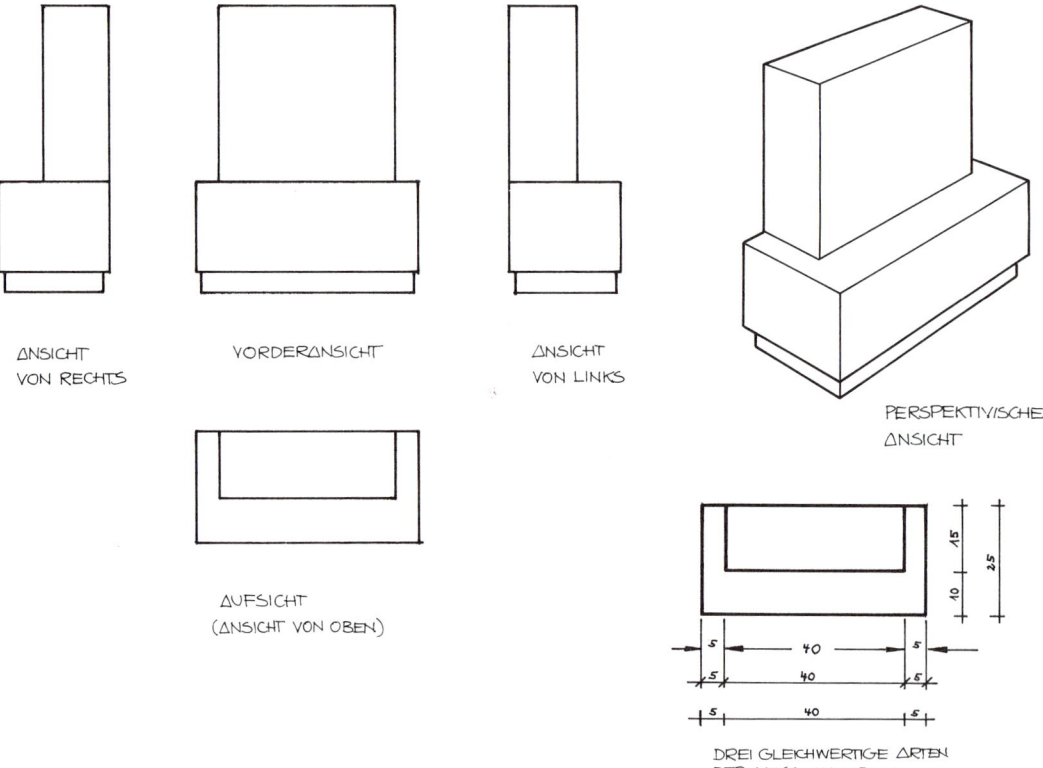

ANSICHT VON RECHTS

VORDERANSICHT

ANSICHT VON LINKS

PERSPEKTIVISCHE ANSICHT

AUFSICHT (ANSICHT VON OBEN)

DREI GLEICHWERTIGE ARTEN DER MASS-ANGABEN

Neben die Vorderansicht zeichne ich die *Ansicht von der Seite*. Nur eine, wenn sich beide Seiten gleichen, sonst beide. Alle durch die Seiten verdeckten Teile sind hier natürlich nicht zu sehen. Wenn sie aus Gründen der besseren Verständlichkeit doch angedeutet werden müssen, zeichne ich sie als gestrichelte Linien hinein.

Was zwischen den Seiten vorhanden ist, wird mit den sogenannten *Schnitt-Zeichnungen* dargestellt, so, als ob man das Möbelstück an den gekennzeichneten Stellen quer oder längs durchgeschnitten hätte. Dabei sind natürlich die Schnittflächen das Auffälligste. Sie zeigen deutlich z.B. die Lage von Sockel, Abdeckplatte oder Einlegeböden vor dem Hintergrund der jetzt von innen gesehenen Seite.

Waagerechte Schnitte sind üblich, wo dies zur besseren Verständlichkeit beiträgt, und oft mehrere Schnitte, wenn die Teile unsymmetrisch sind. Ergänzt wird das Ganze durch die *Detail-Zeichnungen,* die, meist vergrößert, die komplizierten Dinge nochmals als Ansicht oder Schnitt darstellen.

Alle wichtigen *Maße* sind in der Zeichnung direkt angegeben. Das ist weitaus sicherer als das Übertragen aus maßstäblichen Zeichnungen ohne Maßangaben, denn die dort auftretenden Meßfehler sind ganz beträchtlich und für unsere Zwecke unbrauchbar.

Bekanntlich ist die Holzstruktur bei jedem neuen Holzstück anders als bei ähnlichen. In der technischen Zeichnung wird deshalb die Struktur vereinfacht und stellt lediglich dar, ob es sich um Langholz (Richtung der Fasern) handelt oder um Hirnholz. Wo Teile zusammengeleimt werden, schraffiert man sie möglichst gegensätzlich, um die Mehrteiligkeit zu verdeutlichen.

Die unterschiedliche Art der Maßangaben bedarf ebenfalls einer Erklärung. Bis vor einiger Zeit arbeiteten die Tischler vorweigend mit Maßpfeilen (→←), die relativ umständlich zu zeichnen sind. Aus anderen Berufen wurden dann die Schrägstriche übernommen, die ebenfalls eine deutliche Kennzeichnung jener Strecke zulassen, auf die sich die Maßangabe bezieht.

Neuerdings sieht man recht häufig auch Maßangaben ganz ohne Pfeile, Schrägstriche oder Klammern, nur gekennzeichnet durch die eigentliche Maßlinie und die dünnen Querlinien, die als Begrenzung dienen. Auch diese Art der »Bemaßung« kann deutlich sein, wenn sie sorgfältig angeordnet wird, so daß sich keine Verwechslungsmöglichkeiten eröffnen.

Etwas schwieriger als die Reproduktion von Teilen mit geraden und rechtwinkligen Begrenzungen aufgrund der angegebenen Maße ist das Zeichnen von gebogenen Formen in der Originalgröße. Soweit es sich um Teile von Kreisbögen handelt, habe ich den Mittelpunkt und den tatsächlichen Radius eingezeichnet. Bei anderen Kurven ist ein Gitternetz unterlegt, mit dessen Hilfe die Rekonstruktion des ursprünglichen Kurvenverlaufes ebenfalls leicht möglich ist.

Man überträgt in diesem Fall nach dem Zeichnen des Gitternetzes zunächst nur Punkte = die Schnittpunkte der Kurven mit den Linien des Gitternetzes. Anschließend werden diese Punkte mit einem biegsamen Kurvenlineal verbunden. Gut bewährt hat sich dafür statt der käuflichen, meist zu kurzen biegsamen Lineale eine dünne, gerade Leiste aus gut biegsamen Holz, z.B. Buche oder Esche. Aber auch gerade gewachsene, engjährige Leisten aus Kiefer und Fichte sind geeignet.

Biegen Sie die Leiste zwischen beiden Händen so, daß sie mindestens 3-4 Punkte im Gitternetz in harmonischem Schwung verbindet und bitten Sie einen Helfer, mit weichem, aber spitzem Bleistift eine gut sichtbare Linie entlang der Leiste zu ziehen. Dann verbinden Sie auf die gleiche Art zwei der bereits erfaßten Punkte mit möglichst vielen weiteren neuen. Maßfehler, die sich als »Ausreißer« kenntlich machen, werden nachträglich verbessert.

Nach Abschluß dieser Arbeit schauen Sie ganz flach über das Papier in Richtung der gezeichneten Kurve. Aus dieser Perspektive werden selbst kleine Abweichungen verstärkt sichtbar und können noch nachgearbeitet werden. Die gleiche Methode wenden Sie auch bei der praktischen Bearbeitung des Holzes an, um Buckel odere andere Ungenauigkeiten in den Kurven zu vermeiden!

Und verzweifeln Sie nicht gleich, wenn's mal nicht sofort klappt. Radiergummi ist preiswert, und Können kommt von Üben.

KENNZEICHNEN UND ANREISSEN

Bei der Holzauswahl nach dem Trocknen haben Sie bereits den Verwendungszweck der einzelnen Brettabschnitte berücksichtigt. Die Entscheidung, welche der beiden großen Flächen und welche Längskante Sichtfläche werden soll, fällt jetzt als nächster Arbeitsgang, falls die Teile mit Spundung verarbeitet werden. Sonst wird zunächst »auf Breite« oder »von Breiten« geschnitten (je nach Landstrich ist die Bezeichnung unterschiedlich), bzw. bei ungehobelter Ware herausgehobelt, bevor die Kennzeichnung von Fläche und Kante mit dem Winkelzeichen φ (der griech. Buchstabe Rho) erfolgt (Abb. 1), das hierfür seit den Zeiten der alten Dombaumeister traditionell verwendet wird.

Sind alle Teile einer Fläche vorbereitet, legt man sie so zusammen, wie sie später fest eingebaut werden und kennzeichnet die Lage der Teile zueinander durch das »Zusammenzeichnen«, meist ein Bleistift-Dreieck, wie es die Abb. 2 zeigt. Falls es sehr schlank ausfällt, weil es aus vielen Teilen besteht, werden diese zusätzlich nummeriert. Bei nur zwei oder drei Teilen ist das überflüssig, bei mehreren gleichen Seiten umso wichtiger.

Sind so alle Teile eines Möbels vorbereitet, wird auch ihre Lage im ganzen Baukörper durch Dreiecke gekennzeichnet. Abb. 3 zeigt das deutlicher als tausend Worte. Diese Kennzeichnung mit Teilen von Dreiecken ist bei allen Bauweisen anwendbar und bei richtiger Anwendung »idiotensicher«, läßt

also Fehler nur bei grober Unachtsamkeit zu. Aber trösten Sie sich: auch anderen Leuten passiert's gelegentlich trotzdem, besonders dann, wenn man nicht zügig arbeiten kann, sondern oft und lange unterbrechen muß.

Außer der Gefahr von Irrtümern nach längeren Arbeitsunterbrechungen bekommt das auch den Hölzern gelegentlich nicht so gut. Besonders bei Witterungsänderungen etc. müssen Sie die Teile vor der Weiterverarbeitung nochmals überprüfen, ob sich nichts nachträglich verzogen hat oder rund bzw. hohl geworden ist. Besser ist es also in jedem Fall, wenn man zügig begonnene Arbeiten beenden kann.

Anreißen

Der als *Anreißen* bezeichnete Arbeitsgang stellt den nächsten Schritt dar. Er erfordert zunächst nochmals genaueste Betrachtung jeden einzelnen Stückes, um zu entscheiden, an welchem Ende der *Verschnitt* abgetrennt wird — z.B. Äste und kleine Risse. Danach wird meistens zu Paketen zusammengefaßt, damit alle Stücke, die gemeinsame Maße erhalten müssen, so auch gemeinsam angerissen werden, was Differenzen vermeiden hilft. Das Anreißen erfordert ganz besonders gute Konzentration auf die Arbeit und ist deshalb bei einigen aufwendigeren Bauanleitungen ausführlich dargestellt, so u.a. auf den S. 146 und 154.

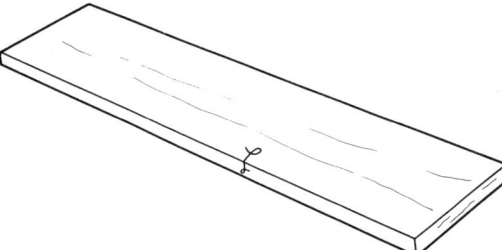

Abb. 1: Die schönere Fläche und die schönere Kante erhalten das Winkelzeichen.

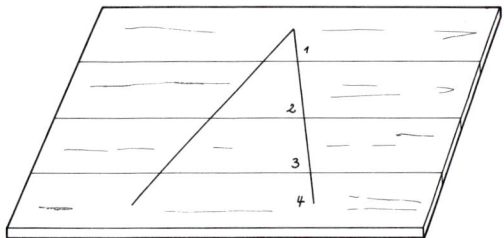

Abb. 2: Um die Reihenfolge beim Verleimen zu erhalten, wird mit dem Dreieck gezeichnet. Zusätzlich kann numeriert werden.

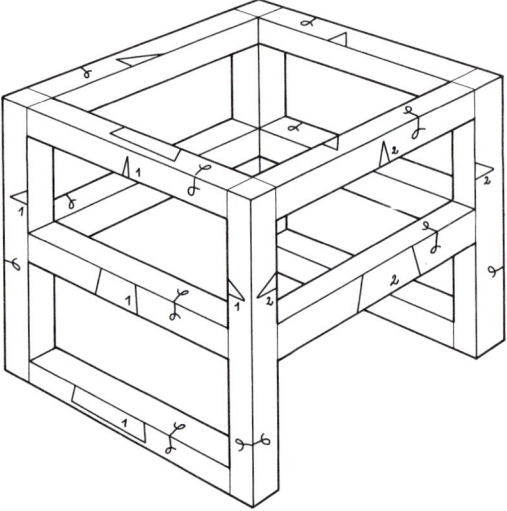

Abb. 3: Nur auf den ersten Blick verwirrend: Hier sind alle Teile ganz eindeutig gekennzeichnet, wie es bei handwerklicher Anfertigung ohne Schablonen sein muß.

BAUPLATTEN

Bauplatten aus 19 mm dicken Spanplatten mit fest aufmontierten Anschlagleisten in der für die jeweilige Arbeit zweckmäßigsten Größe gehören zu den sinnvollsten Hilfsmitteln für den Hobbytischler. Als Anschlagleisten verwendet man einigermaßen astfreie Lattenstücke, sauber gerade abgerichtet und winklig glatt gehobelt von allen vier Seiten. Befestigt werden sie mit Spanplattenschrauben und Leim, um sie wirklich unverrückbar fest zu verankern.

Der eigentliche Witz der Sache ist der Winkel dieser Leisten zwischen linker und oberer Kante: hier ist äußerste Sorgfalt angezeigt, damit wirklich ein exakter 90 Grad Winkel entsteht.

Am einfachsten machen Sie es wie die alten Ägypter und verwenden ein festes Zahlenverhältnis, z.B. 3:4:5. Teilen Sie also wie in Abb. 1 gezeigt von der oberen Ecke ausgehend den waagerechten Schenkel in drei gleiche Teile ein, z.B. jeweils 15 cm, insgesamt also 45 cm, den senkrechten linken Schenkel in 4 Teile gleicher Länge (insgesamt 60 cm) dann muß, wenn Sie genau gearbeitet haben, die Diagonale durch die Endpunkte der beiden Schenkel exakt 5 Teile lang sein, also genau 75 cm.

Für den Fall, daß Sie nicht über ausreichend lange Knechte verfügen, machen Sie die Platten in jeder Richtung 5 cm größer, so daß auch die rechte und die untere Kante mit einer Anschlagleiste der beschriebenen Art ausgerüstet werden können; Sie

können den nötigen Anpreßdruck dann viel einfacher und billiger wie auf S. 22 beschrieben mittels einiger Holzkeile erzeugen.

Da das wenige Geld für die Bauplatten den Etat nicht wesentlich belastet, werden die Platten für jedes Werkstück, insbesondere für jede Tür, genau passend angefertigt und eine exakte Zeichnung im Maßstab 1:1 direkt darauf gezeichnet. Auf diese Weise kommt man noch mit normalen Zwingen an alle Ecken heran und kann sie auf die Platte pressen, was eine weitere Fehlermöglichkeit beseitigt (Abb. 2).

Sofern Sie Teile bauen wollen, die oben breitere Kopfstücke haben, wie z.B. die Häupter der Kinderbetten, schneiden Sie aus der aufrechten Leiste ein entsprechendes Stück heraus oder lassen diese Leiste erst später beginnen, so daß der seitliche Überstand Platz findet (Abb. 3).

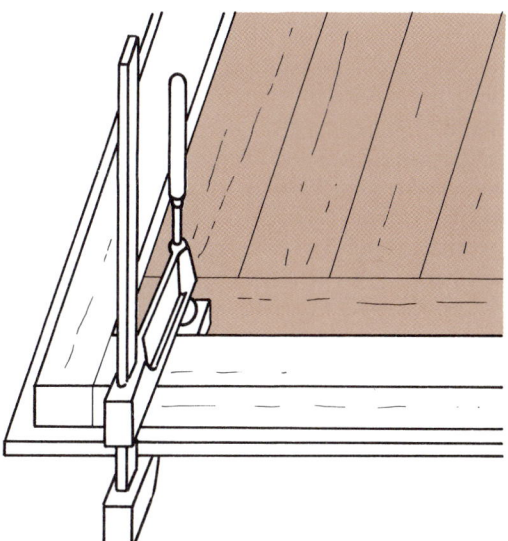

Abb. 2: Die Ecken der gepreßten Werkstücke in der Bauplatte müssen immer niedergedrückt werden!

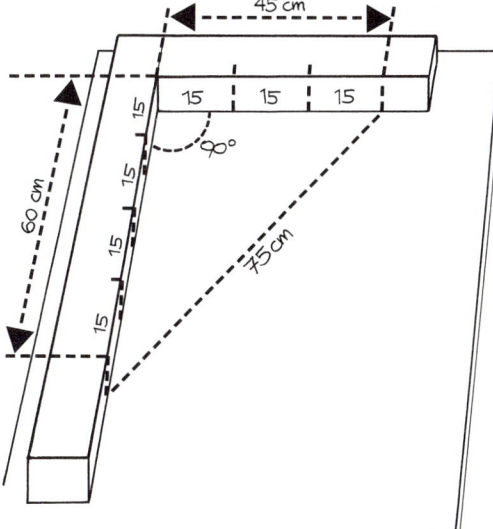

Abb. 1: So kontrollierten schon die alten Ägypter ihre rechten Winkel!

Abb. 3: Wo es erforderlich ist, läßt man Lücken oder schafft Aussparungen für überstehende Teile. Oft kann man auch einfach Beilagen verwenden.

SÄGEN

Zum Zerteilen von Holz werden Sägen der verschiedensten Art benutzt. Hier interessieren nur jene, die zum Sägen relativ trockenen Holzes gebraucht werden, denn feuchtes oder gar nasses Holz verlangt andere Typen und Schränkungen.

Aber auch Holzfeuchten unter 15%, wie sie beim Möbelbau vorkommen, stellen noch recht unterschiedliche Anforderungen je nach Schnittrichtung in Bezug zur Faserrichtung des Holzes.

Unter dem Stichwort »Schärfen von Werkzeugen« (S. 26) finden Sie Angaben darüber, wie die unterschiedlichen Schnittbreiten der Sägen entstehen und wie sie wieder instandgesetzt werden können.

Hier soll jetzt mehr interessieren, wie der eigentliche Sägevorgang mit Handsägen erfolgt, denn der Anfänger hat meist erheblichen Respekt davor. Nicht ganz ohne Grund, denn Verletzungen sind zu Anfang nicht ganz selten.

Am häufigsten ist das Ablängen von Dielenbrettern bei den Bauanleitungen dieses Buches erforderlich, also Schnitte quer zur Faserrichtung. Unsaubere Schnitte entstehen dabei, ebenso wie beim Sägen in Langholz, vor allem durch das sogenannte Springen der Säge. Es ist darauf zurückzuführen, daß das Holz oder die Säge durch den Schneidevorgang in Schwingungen gerät.

Das Schwingen oder Federn des Holzes vermeiden Sie am einfachsten, indem Sie die Teile fest einspannen oder, wie beim Ablängen längerer Bretter, auf einer geeigneten Unterlage fest aufliegend

mit Ihrem Körpergewicht festhalten (Abb. 1). Vorsichtshalber sollten Sie bei allerersten Versuchen doch lieber zwei Schraubzwingen zuhilfe nehmen.

Der kritischste Moment ist das sogenannte »Ansägen«, also die Herstellung der ersten Millimeter des Schnittes, weil die Säge dann noch keinen seitlichen Halt im Holz hat. Es ist dabei unvernünftig, besonders bei grobgezahnten Sägen sofort in der späteren Arbeitsrichtung, also vom Körper weg

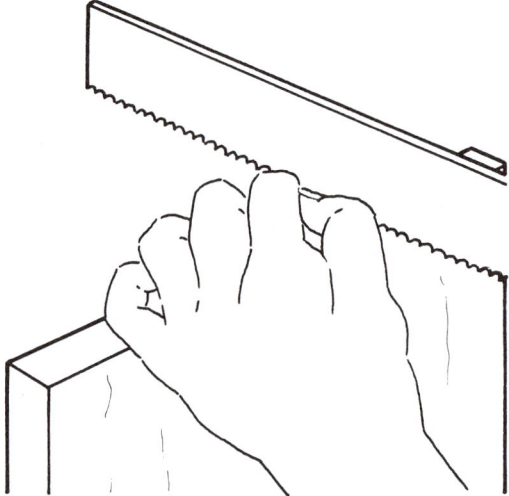

Abb. 2: So setzt man die Feinsäge, aber auch die große Gestellsäge an. Führung gegen seitliches Wegrutschen durch den Daumen in dieser oder gestreckter Haltung. Zunächst ziehen!

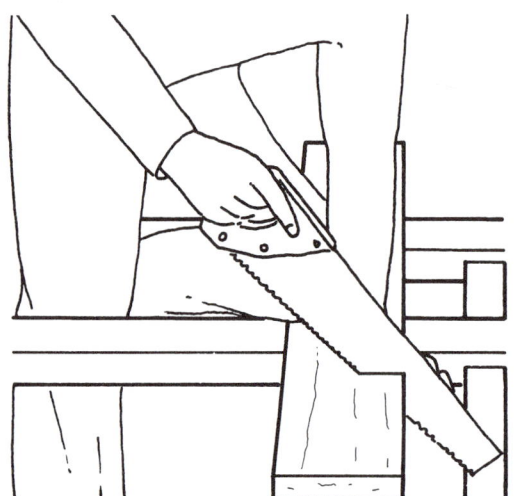

Abb. 1: Die richtige Halterung beim Sägen: so ist das Brett sicher eingespannt.

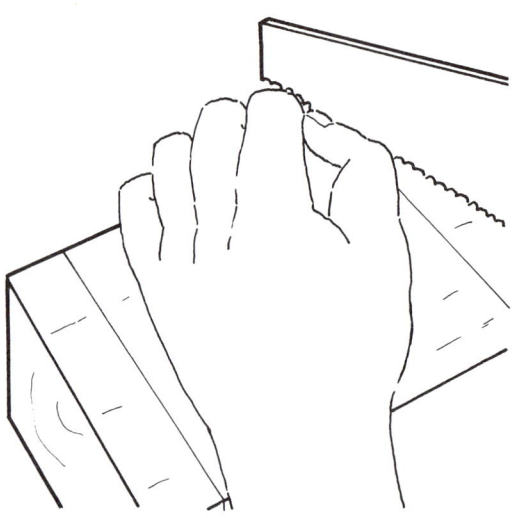

Abb. 3: Mit dem Fuchsschwanz arbeiten Sie genauso.

»auf Stoß« zu sägen, weil die Säge dann fast immer springt und die Holzfasern im ganzen Bereich beschädigt.

Richtig ist es, die Säge unter leichtem Druck bzw. bei größeren Sägen nur unter ihrem Eigengewicht so anzusetzen, daß Sie sie rückwärts ziehen können, also auf Ihren Körper zu. Die Zähne schneiden dann mit einem relativ ungünstigen Winkel in das Holz und arbeiten deshalb langsam und sicher. Die seitliche Führung übernimmt dabei Ihre freie Hand, die sie fest, aber unverkrampft neben dem Schnitt auf das Holz legen und zwar so, daß Sie mit dem angeknickten Daumen das Sägeblatt stützen, die Säge also ganz leicht in dieser Richtung an den Daumen drücken und dies natürlich so, daß der Schnitt der Säge genau auf dem Riß liegt, bzw. je nach Anwendungsfall auf der einen oder der anderen Seite des Risses (Abb. 2).

Wenn Sie so zwei- oder dreimal die Säge rückwärts ziehen, bildet sich bereits ein kleiner Schnitt im Holz, der nun die weitere Führung übernehmen kann, nur ganz zu Anfang noch vom Daumen unterstützt. Der Sägentyp ist hierbei ganz unwichtig, die Methode ist bei allen gleich (Abb. 3). Die weitere Arbeit erfolgt nun auf Stoß, also vom Körper weg und schafft im Gegensatz zum Ansägen ganz erheblich mehr.

Entsprechend mehr müssen Sie aufpassen, daß Ihr Schnitt auch wirklich dort erfolgt, wo Sie ihn haben wollen. Als Rechtshänder mache ich es bei Querschnitten meistens so, daß der lange Teil des Brettes links unter meinem Knie liegt, das abzutrennende Stück rechts. Liegt auch die »Nutzlänge« rechts, dann muß ich links vom Riß sägen, damit die angezeichnete Länge des Brettes auch erreicht wird. Sonst fehlt die Dicke des Sägeschnittes! Ist es dagegen z.B. der erste Schnitt, der rechts nur das rissige Ende abtrennen soll, dann muß natürlich mein Schnitt rechts vom Riß liegen.

Man reißt zweckmäßig nicht nur auf der Oberfläche des Brettes genau an, sondern auch an den senkrechten Kanten, damit man die Winkligkeit des Schnittes auch in dieser Ebene verfolgen und notfalls korrigieren kann. Dieses Korrigieren der Richtung ist nur dann möglich, wenn sich die Säge »freischneidet«, wenn also die Schränkung so groß ist, daß sie beidseitig von der Blattdicke etwas Luft schafft. Klemmende Sägen sägen immer auch schief, weil die Steuermöglichkeit fehlt.

Zu Anfang wird Ihnen besonders die große Gestellsäge gern springen, weil ihr Gewicht für das Ansägen noch zu groß ist, auch ohne Druck Ihrer Hand. Man muß sie stattdessen sogar leicht anheben, um einen ruhigen Schnitt zu erzielen.

Ganz übel wird es, wenn das Holz nur ungenügend eingespannt werden kann. Frei über der Hobelbank stehende Brettenden von mehr als 30 cm Länge sind selbst bei dickeren Hölzern noch Leichtsinn. Spannen Sie in solchen Fällen immer mehrere Stücke mit Zwingen fest zusammen, um Unfälle zu vermeiden, notfalls eben mit einem stärkeren Beilegeholz (Abb. 4).

So gesichert, ist auch das Langholzsägen nicht schwieriger als das Querholzsägen. Lange Langholzschnitte auf den Böcken sollten Sie immer nur mit einer starken Unterlage ausführen, einem kräftigen Kantholz zum Beispiel (Abb. 6).

Ein anderer Punkt ist das vollständige Abtrennen bei beiden Sägerichtungen. Bei Ablängen greift man mit der freien Hand über die Säge, bei Gestell-

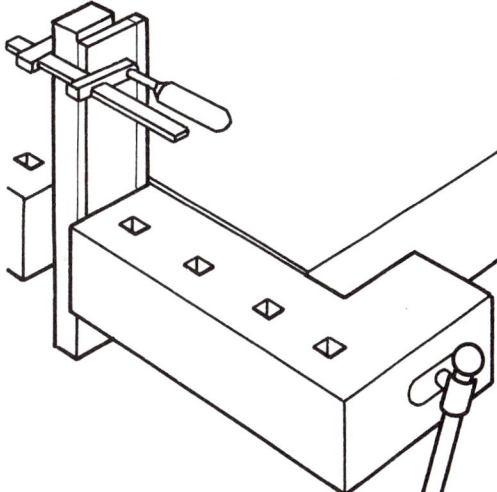

Abb. 4: Kräftige Beilagen verhindern das Schwingen des Werkstückes.

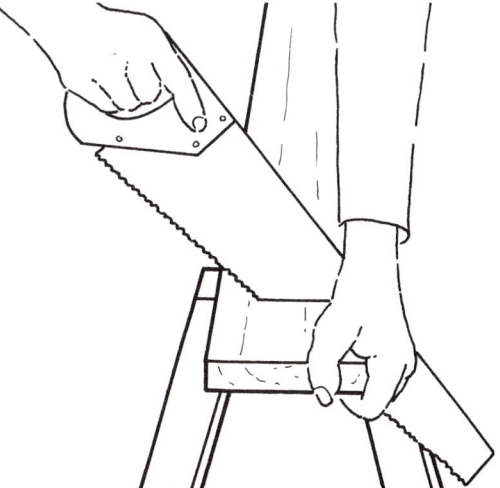

Abb. 5: Abfallende Enden, sei es Abfallholz oder Nutzstücke, unterstützt man mit der freien Hand.

sägen durch das Gestell, und hält das abfallende Stück fest, bis es wirklich ganz abgetrennt ist (Abb. 5). Sonst reißen sogenannte Schwänze heraus, die die Teile ganz unbrauchbar machen können. Sind die Teile dafür zu lang, schaffen Sie vorher eine gute Unterlage, so daß der restliche Schnitt nicht abbrechen kann. Das gilt entsprechend auch bei Langholzschnitten.

Die geschilderten Schwierigkeiten beim Ansägen nehmen mit der Größe der Sägezähne zu. Mit der Feinsäge spürt man das kaum und sägt lediglich mit ganz geringem Druck an. Aber auch hier erreicht man den genauen Schnittpunkt noch leichter, wenn zunächst auf Zug gesägt wird. Versuchen Sie, möglichst die ganze Länge des Sägeblattes auszunützen, damit sich die Säge gleichmäßig abnützt. Sonst müssen Sie unnötig oft schärfen und abrichten.

Maschinensägen

Bei den Maschinensägen haben sie diese Probleme nicht, dafür aber andere. So ist es zum Beispiel bei allen Maschinensägen unumgänglich, die mitgelieferten und vorgeschriebenen Schutzeinrichtungen auch sinngemäß zu benutzen, weil sonst Unfälle bereits vorprogrammiert sind. Und sie verlaufen weniger friedlich als mit Handsägen!

Insbesondere bei *Kreissägen* werden die Teile bei unsachgemäßem Arbeiten derartig stark beschleunigt, daß die wegfliegenden Teile wirklich gefährlich sind, für alle Körperteile, besonders aber natürlich für die Augen. Beachten Sie deshalb unbedingt die jeweils beigefügten Gebrauchsanweisungen. Spaltkeil und Späneschutz müssen benutzt werden! Muß man sie bei besonderen Arbeiten doch einmal abnehmen, gibt es einfach keine Entschuldigung, sie danach nicht sofort wieder zu montieren. Man gewöhnt sich sonst daran bis zum nächsten Unfall.

Kappsägen und ähnliche arbeiten ebenfalls mit Kreissägeblättern und sind keineswegs weniger gefährliche Instrumente.

Bandsägen arbeiten dagegen bekanntlich mit Sägen in Bandform. Man hat bei dieser Konstruktion weniger Probleme mit dem Beschleunigen von Teilen und herausgeschleuderten Ästen etc., dafür können die Blätter aber schon einmal reißen. Um dabei mögliche Unfälle zu vermeiden, müssen auch hier unbedingt die Schutzvorrichtungen benutzt werden.

Abb. 6: Auch auf den Böcken bewährt sich bei dünnen Werkstoffen das Unterlegen von kräftigen, ebenen Beilagen.

HOBELN

Zum Glätten der gesägten Holzflächen werden Hobel verwendet. Bei den hier vorliegenden Bauanleitungen sind die großen Flächen bereits vom Hobelwerk sauber gehobelt, so daß nur Nacharbeit bei verleimten Flächen nötig wird. Die restlichen Unebenheiten, besonders die sogenannten Hobelschläge der Hobelmaschine, werden durch Schleifen entfernt.

Dagegen müssen die Kanten der Hobeldielen/des Rauhspunds meistens gehobelt werden, entweder beim Fügen mit dem Simshobel oder, bei bereits abgetrennten Nuten oder Federn, mit Rauhbank und Putzhobel. Und schließlich hobelt man auch die bei den Querschnitten entstehenden Hirnholzkanten.

Handhobel

Sie sollten beim Kauf der Handhobel keinesfalls zu sehr sparen wollen und relativ einfache und damit billige Hobel kaufen, auch wenn es scheinbar Markenfabrikate sind. Über die sogenannten Bastlerhobel verliere ich hier ohnehin nicht mehr Worte, als unbedingt nötig. Vergessen Sie sie!

Falls Sie es nur irgendwie verkraften können, kaufen Sie sich bitte nur allererste Qualität! Denn den gesparten Hundertmarkschein zwischen einem einfachen und einem wirklich guten Hobel werden Sie vielfach bereuen, sobald Sie Spaß an der Sache bekommen und mehr als nur wenige Hobelstriche machen. Spaß daran bekommt man aber nicht, wenn's von vornherein eine Schinderei ist! Und auch der Besitz einer guten Hobelmaschine ändert daran nichts. Viele Arbeiten erfordern trotzdem den Handhobel.

Die große Vielfalt der Hobel wie beim berufsmäßigen Tischler brauchen Sie nicht. Es genügt ein guter *Putzhobel*, ein ebensolcher *Simshobel* und eine kleinere *Rauhbank*, dazu noch ein sogenannten *Schabhobel* (Schinder) und allenfalls ein *Grundhobel*, falls Sie Grat-Arbeiten ausführen wollen.

Ich empfehle sowohl für den *Putzhobel* wie für die *Rauhbank* die gleiche Eisenbreite von 48 mm, weil man dann beide mit Feineinstellung und Wendemessern ausstatten kann (Abb. 1). Schon bei der Besprechung der Werkzeuge habe ich erwähnt, daß ich dafür das Fabrikat ECE bevorzuge, weil die Wendemesser nicht nur relativ preiswert sind, sondern auch außerordentlich schnitthaltig und dazu wegen ihrer etwas größeren Maße auch noch recht gut abziehbar.

Durch die Feineinstellung der Spandicke mittels der Einstellschraube und die waagerechte Ausrichtung mittels des Justierhebels wird der Hobel ganz ohne Hammerschläge eingestellt, was seiner Lebensdauer und Unversehrtheit zugute kommt (Abb. 2 a und b). Schauen Sie sich mal ältere Hobel daraufhin an.

Auch der Mehrpreis für die Pockholz-Sohle lohnt sich, denn die Gleitfähigkeit und Lebensdauer wiegen den Mehrpreis weit auf. Mit dem so ausgerüsteten Putzhobel werden Sie keine Schwierigkeiten haben, Unebenheiten zu beseitigen, stärkere Hobelschläge zu glätten, Fasen anzuhobeln und Hirnenden an Brettern und Platten zu bestoßen. Den Vorteil der Wendemesserverwendung gibt es beim *Simshobel*, den Sie zum Fügen gespundeter Bretter benötigen, leider noch nicht. Er ist aber ebenfalls mit der Feineinstellschraube und einer Pockholzsohle erhältlich. Wählen Sie besser den Doppelsimshobel (Abb. 3). Sie vermeiden damit größere Ausrisse, falls Sie versehentlich gegen die Faser hobeln. Allerdings »geht« er schwerer als der einfache ohne Doppel. (Den es nicht mit Feineinstellung gibt).

Gute Hobel werden gebrauchsfertig geliefert, so daß Sie nur noch die Spanstärke einstellen und die Waagerechte der Klinge überprüfen müssen, bevor Sie loslegen. Dennoch sollten Sie stets etwas Nähmaschinenöl oder ein Stückchen Speckschwarte bei der Hand haben, da auch noch so gute Hobel besser laufen, wenn die Sohle von Zeit zu Zeit etwas gefettet wird.

Durch den geringeren Kraftbedarf schonen Sie nicht nur Ihre untrainierten Muskeln, sondern arbeiten auch präziser, weil Sie sich nicht verkrampfen. Und die Klinge bleibt länger scharf, weil sie ebenfalls etwas vom Öl profitiert.

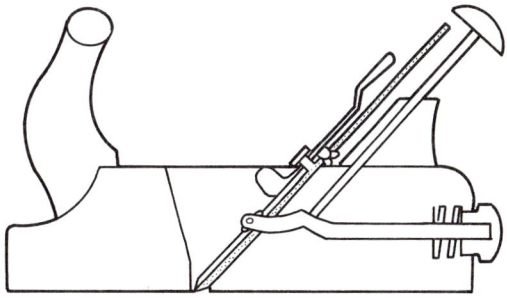

Abb. 1: Schnitt durch einen feineinstellbaren Hobel von ECE.

Bei allen drei Hobeltypen ist es wichtig, daß Sie Ihre Kraft richtig einsetzen. Abb 4 a-c zeigt, daß beim Ansetzen der Druck zunächst weit vorne liegt, damit der vordere Teil der Hobelsohle bereits flach auf dem Werkstück aufliegt, wenn das Hobeleisen zu schneiden beginnt. Sonst nimmt man an der Kante leicht zuviel weg und der Hobel »stottert« über die Fläche. Nach dem Anhobeln schiebt man ihn mit gleichmäßig verteiltem Druck weiter und verlagert gegen Ende des Hobelstriches den Druck auf das hintere Ende, entlastet ihn also vorne völlig, damit die Hobelsohle bis zum Ende fest aufliegt und das Eisen dementsprechend auch bis zum Ende des Brettes einen gleichmäßigen Span abnimmt.

Die Feineinstellung der Spandicke will geübt sein. Der Anfänger stellt fast immer einen zu dicken Span ein: die Schneide des Hobeleisens steht zu weit über die Gleitfläche des Hobels vor. Die Folge ist, daß die Sache nicht nur sehr anstrengend ist, sondern daß man auch kaum in der Lage ist, die dazu nötige Kraft über den gesamten Hobelstrich aufzubringen. Daraus ergibt sich, daß an wenigen Stellen auf volle Tiefe gehobelt wurde, das Eisen dann aber wieder nur die Oberfläche gestreift hat usw. Insgesamt also ein ganz ungenügendes Ergebnis.

Eine zu feine Einstellung hat zwar nicht solche unsauberen Flächen zur Folge, doch faßt das Hobeleisen mindestens zu Anfang nur gelegentlich, bis Höhen und Tiefen ausgeglichen sind. Das hat ruckweise Beanspruchung der Muskeln zur Folge, was sehr unangenehm ist.

Die richtige, mittlere Einstellung ergibt bei ordentlich vorgearbeiteten Flächen sofort eine durchgehende Spanabnahme, die infolge ihrer geringen Dicke relativ leicht abzuhobeln ist und die Muskeln gleichmäßig belastet. Gelegentliche »Täler« haben nicht die unangenehme Wirkung wie bei der zu geringen Spanabnahme.

Die größere Länge der *Rauhbank* überbrückt die Unebenheiten der gesägten Fläche besser und dient deshalb besonders zum Fügen, wo völlig ebene Flächen benötigt werden. Ihre größere Masse gleicht auch die zunächst ungleichmäßige Spanabnahme besser aus, so daß die Muskulatur wenig durch Stöße belastet wird.

Die geschilderte Art der Druckverteilung ebenso wie die genaue Einstellung der Spandicke ist bei allen Hobelarten gleich. Hinsichtlich der Spandicke ist noch hinzuzufügen, ebenfalls für alle Typen, daß sie auch über die Hobelbreite gesehen gleich sein muß! Also links nicht mehr oder weniger als rechts. Bei den ECE-Hobeln dient zum Ausrichten der Justierhebel. Bei den einfachen Typen macht man's mit dem Hammer oberhalb des Keiles. Statt des eisernen sollte es schon ein Kunststoffhammer sein, damit Eisen und auch der Körper des Hobels nicht beschädigt werden.

Den *Schabhobel* (Abb. 5) benötigt man, um Rundungen zu hobeln, falls man es nicht vorzieht, sich dafür einen eigenen Schiffshobel (Abb. 6) anzuschaffen, der den Etat aber ganz erheblich bela-

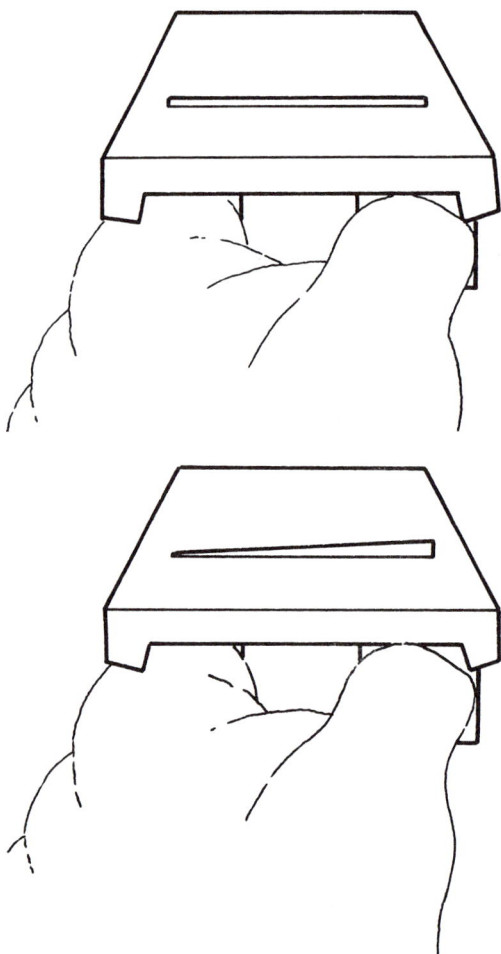

Abb. 2: So peilen Sie von vorn über die Hobelsohle und stellen das Hobeleisen genau parallel zur Sohle ein.

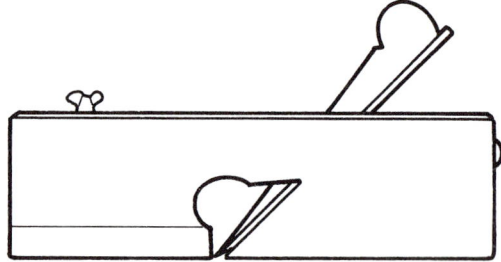

Abb. 3: Der Simshobel mit einfachem Eisen und verstellbarer Maulöffnung.

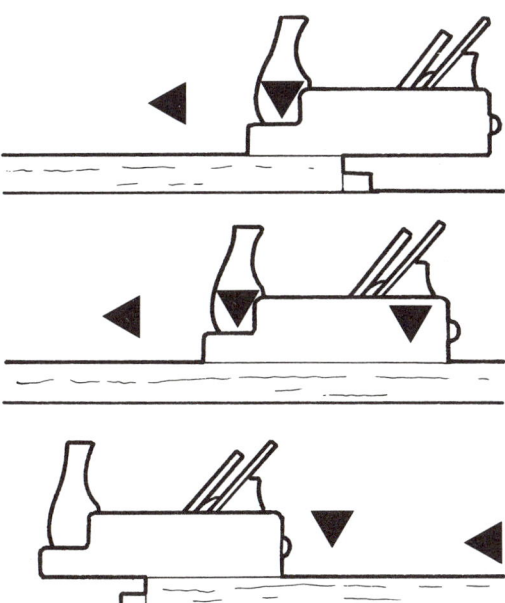

Abb. 4: Beim Ansetzen liegt der Druck ganz vorn **(a)**, auf der Fläche gleichmäßig auf der ganzen Hobelsohle **(b)** und schließlich nur noch ganz hinten **(c)**.

stet. Man muß einmal öfter flach über die gekurvte Fläche schauen, um Löcher und Buckel zu erkennen. Letzte Sicherheit gibt erst die über die ganze Kurve streifende Hand. Geübte Fingerspitzen signalisieren selbst so winzige Fehler, die mit dem Auge kaum auszumachen sind. Dabei müssen Sie aber unbedingt ganz vorsichtig tasten, um sich dabei keine Splitter einzuhandeln.

Eins der größten Probleme für den Anfänger ist die Winkligkeit der Hobelflächen zum Holz, besonders beim Fügen, auch und besonders mit dem Simshobel. Bei der stumpfen Fuge gibt es einen einfachen Ausweg, denn man spannt einfach beide zusammengehörigen Bretter in die Hobelbank und fügt die Fuge in einem Arbeitsgang. Dann entsteht zwangsläufig an beiden Fügeflächen der gleiche Winkel, der sich, wieder umgedreht, ebenso

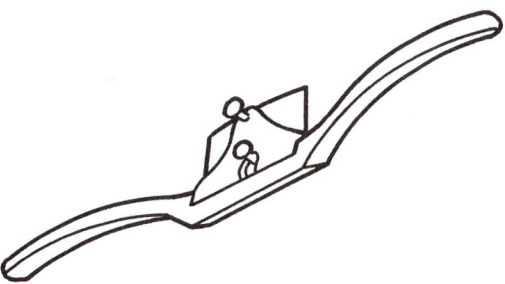

Abb. 5: Schabhobel oder »Schinder« gibt es in vielfältigen Formen.

zwangsläufig zu 180° ergänzt, also zur Senkrechten. Voraussetzung ist allerdings, daß Sie den Winkel über die ganze Länge gleichmäßig beibehalten... genau das aber muß geübt werden!

Bei der Verwendung des Simshobels haben wir diese Möglichkeit nicht. Man kann sich aber zu Anfang leicht einen provisorischen Anschlag seitlich anschrauben, der in der gleichen Art wirkt wie bei elektrischen Handhobeln. Man muß sich lediglich angewöhnen, einige Finger dazu zu benutzen, den Anschlag möglichst weit unten leicht gegen das Brett zu drücken. Übrigens ist das auch beim Elektrohobel sinnvoll, denn wenn der Anschlag nicht fest anliegt, ist auch keine Führungswirkung vorhanden. Aber Vorsicht vor der Hobelwelle!

Bei einer mittleren Spaneinstellung genügen fast immer zwei Hobelstriche, um den Hinterschnitt auszugleichen. Hat man versehentlich zuviel weggenommen, muß auch die schmale Flanke einen Strich bekommen.

Der Schabhobel wird genau wie ein Putzhobel etc. eingestellt, meist mit leichten Hammerschlägen, da die feineinstellbaren englischen Modelle hier nicht zu bekommen sind. Vor seiner Anwendung sollte man allerdings schon etwas Übung im Hobeln haben, da die Auflageflächen zur Führung doch entscheidend kleiner sind und das weitgehend durch die richtige Handhaltung ersetzt werden muß. Sonst »hackt« der Schabhobel auch bei richtiger Einstellung.

Der *Grundhobel* (Abb. 7) schließlich sieht zwar völlig anders aus, wirkt aber letztlich auf die gleiche Art. Er hat nur ein einfaches, abgewinkeltes Eisen und dient ausschließlich dazu, aus Nuten das zu entfernende Holz heraus zu hobeln. Bei schmaler Kasse kann man auf ihn auch verzichten und die Arbeit mit dem passenden Stecheisen verrichten, nur etwas langsamer. In den Werkstätten wird er heutzutage fast völlig von der Handoberfräse verdrängt.

Maschinenhobel

Zum Hobeln mit elektrisch angetriebenen Maschinen, Abrichte, Dicken-Hobel und Handhobelmaschine muß ich auf die zu den jeweiligen Geräten gehörigen Gebrauchsanleitungen verweisen. Die für das Handhobeln genannten Grundsätze gelten auch hier, neu hinzu kommt die Beachtung der Vorschriften für die Unfallverhütung. Ein Stück vom Finger hobelt sich ebenso leicht wie ein Stück Holz. Deshalb also bitte nicht ängstlich, sondern vorsichtig arbeiten!

Einen Trick möchte ich noch nennen. Er gilt sowohl für Handhobel wie Maschinenhobel: Wenn sich stark verwachsene oder ästige Teile nicht ohne Ausrisse hobeln lassen, hilft es oft, das Hobelmesser einfach schräg angreifen zu lassen, mit mehr »ziehendem Schnitt«. An der Abrichte also das Holz schräg auf die Arbeitsfläche legen und so parallel über die Messerwelle schieben. Daß dabei die Spanabnahme sehr gering sein muß und die Hobelmesser wirklich haarscharf, versteht sich natürlich von selbst.

Genauso funktioniert das mit den Handhobeln: Nur hält man hier den Hobel schräg und führt ihn dennoch parallel zu den Holzkanten über das Werkstück. Beim Bestoßen von Hirnholzkanten wendet man diese Technik grundsätzlich an. Bei Ihren eigenen Versuchen werden Sie schnell feststellen, daß es in den meisten Fällen die einzige Möglichkeit ist, den großen Widerstand beim Anhobeln zu überwinden, ohne »Rattermarken« zu hinterlassen.

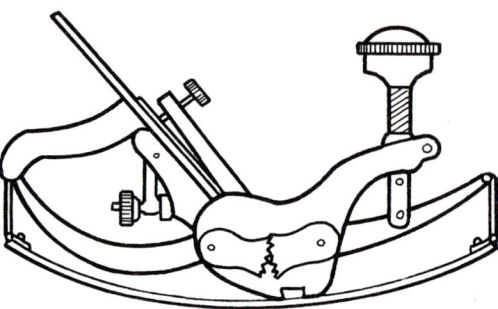

Abb. 6: Schiffshobel.

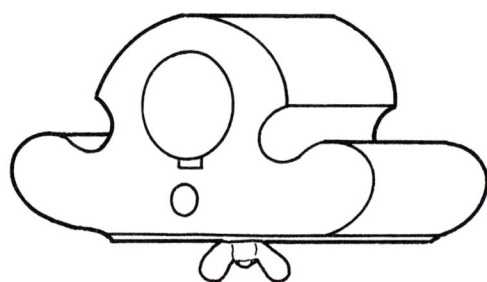

Abb. 7: Grundhobel in deutscher Form.

ANFASEN UND ABRUNDEN

Wenn nur wenige Fasen anzustoßen sind, mache ich das mit dem Putzhobel. An Hirnholz muß dabei die Schneide aber erstklassig sein, sonst gibt es Ausrisse.

Vorsichtshalber sollten Sie vorher an beiden Enden und Kanten die gewünschte Breite anzeichnen, weil man sonst gern über das Ziel hinausschießt oder schief hobelt (Abb. 1).

Bei langen Kanten kann auch die Anwendung der Rauhbank sinnvoll sein. Stoßen Sie zuerst an den Hirnholzkanten die Fase an (wenn dort eine hin soll!) und erst dann an das Langholz. So beseitigen Sie die End-Ausrisse automatisch (Abb. 2).

Bei größerer Anzahl und dort, wo es auf hohe Gleichmäßigkeit ankommt, nehme ich die Oberfräse mit einem 45°-Fasenfräser mit Kugellager-Anlaufring (Abb. 3). Notfalls auch mit Anlaufzapfen, obwohl der leichter zum »Brennen« führt. Das funktioniert aber nicht bei gespundeten Brettern! Da hilft nur der Fasenfräser ganz ohne Anlaufhilfe (Abb. 4). Stattdessen kommt an die Oberfräse der Breitenanschlag und als Führung dient dann die Brettseite. Schneller als mit dem Putzhobel geht das auch nicht, ist aber exakter bei wenig Übung. Etwas flotter ist dagegen die Oberfräse im stationären Tisch eingebaut, Fräser auch ohne Anlauf. Man fräst dann zunächst alle Kanten ohne Feder, verstellt dann um die Federtiefe nach hinten und fräst die verbleibenden Kanten mit Feder. Arbeiten Sie nach Möglichkeit mit Andruckfedern von oben,

wenn möglich auch zusätzlich von der Seite her, damit die Sache wirklich ganz gleichmäßig wird. Leicht gebogene Bretter bekommen sonst ungleiche Fasen. Falls Fasen häufig vorkommen und Handarbeit angesagt ist, kann der Bau einer speziellen Hobellade dafür sinnvoll sein. In manchen Fällen muß man sogar den Simshobel verwenden, wenn die Feder im Wege ist.

Abrunden

Prinzipiell besteht eine Rundung aus einer großen Folge von Fasen, die in ihrer Steigung größer werden. Dementsprechend kann man tatsächlich mit dem Putzhobel zunächst eine 45°-Fase hobeln, diese dann beidseits halbieren und das gleiche Spiel wiederholen, bis eine fast perfekte Rundung erzielt ist (Abb. 6a und b). Den Rest erledigt der Tischler mit Schleifpapier in der hohlen Hand. Falls nur wenige und kurze Rundungen zu machen sind, ist das sicher die schnellste Methode.

Wie ausführlicher auf S. 46/47 behandelt, ist die Radiusgröße der Abrundung mindestens zum Teil eine Geschmacksfrage. Der andere Teil ergibt sich aus der Zweckmäßigkeit, aus dem Abwägen der Vor- und Nachteile größerer oder kleinerer Radien. Zweifellos sind scharfe Ecken fast immer eine größere Gefährdung beim Anprall eines Körperteiles als größere, weichere Rundungen.

Ganz besonders gilt dies für hervorstehende Teile an Möbeln, bei denen unsanftere Begegnungen

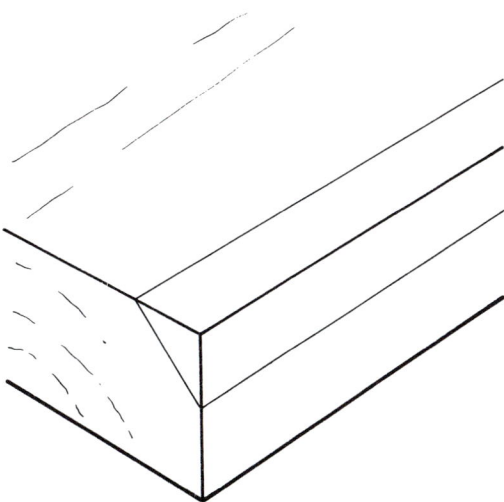

Abb. 1: Zu Beginn sollten Sie die Begrenzungslinien der Fasen deutlich anzeichnen.

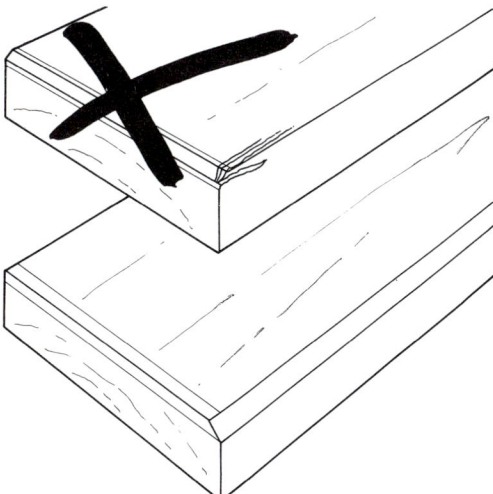

Abb. 2: Zuerst die Längsholz-Fasen anbringen, dann die Fasen am Querholz. So vermeiden Sie häßliche Ausrisse.

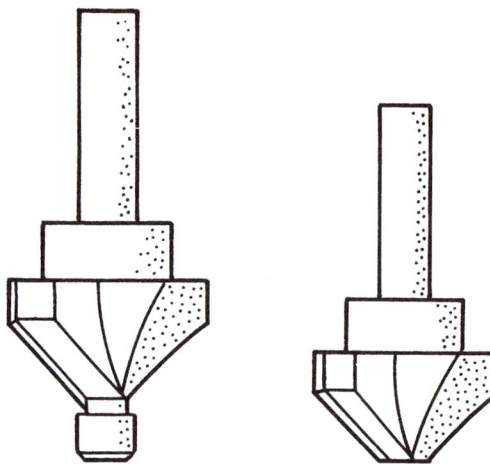

Abb. 3 (links)**:** 45°-Fräser mit Kugellager-Anlaufring;
Abb. 4 (rechts)**:** Fasenfräser ohne Anlaufhilfe.

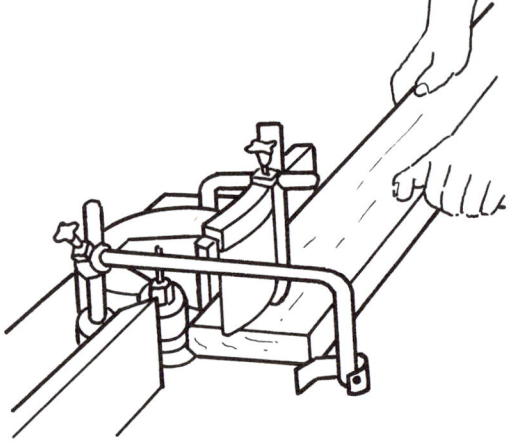

Abb. 5: Mit der Handoberfräse im Stationärtisch gelingen auch schwierige Fälle.

mit empfindlichen Körperteilen recht schmerzhaft ausgehen können.

Runden Sie deshalb solche Teile immer recht kräftig ab! Typische Teile dafür sind z.B. Tischecken, aber auch die oft in der Hinsicht zu wenig beachteten unteren Ecken an Hängeregalen, Hängeschränken, Türen von Hängeschränken und anderen Möbeln, die etwa in Kopfhöhe besonders unfallträchtig sind.

Natürlich ist die Abrundung allein auch noch keine Garantie gegen Unfälle. Bedenken Sie die übrigen Möglichkeiten, die sich aus der Anordnung der Möblierung ergeben: Ein Tisch oder ein Unterschrank unter einem Hängeschrank kann die Gefahr bannen, genügende Tiefe des Unterschrankes bei Küchen und anderen Arbeitsplätzen wirken in der gleichen Richtung.

Besonders dann, wenn gestalterisch eine recht strenge Lösung gewünscht wird, die weiche Rundungen ausschließt, wird der konstruktive und einrichtungsabhängige Unfallschutz besonders wichtig, aber allzuoft sträflich vernachlässigt.

Sind es mehr, lohnt sich das Herrichten der Oberfräse, also das Heraussuchen des passenden Fräsers mit Anlaufzapfen, oder, wenn das wegen vorhandener Nuten nicht geht, das Einstellen des Breitenanschlages und das Einstellen der Frästiefe.

Sie sehen schon, daß das wirklich für eine einzelne, kurze Rundung nicht lohnt. Deshalb liegen bei mir in der Werkstatt auch immer mehrere kleine Oberfräsen, in die die am häufigsten benötigten Fräswerkzeuge gebrauchsfertig eingespannt sind. Zwei Stück sind auch für den/die Hobby-Tischler/in sinnvoll, und sie sind ja relativ preiswert zu bekommen.

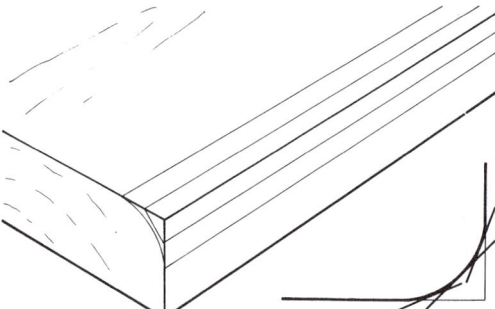

Abb. 6: Rundungen lassen sich über mehrere Fasen anlegen **(a)**, die aber ebenfalls genau angerissen werden sollten **(b)**.

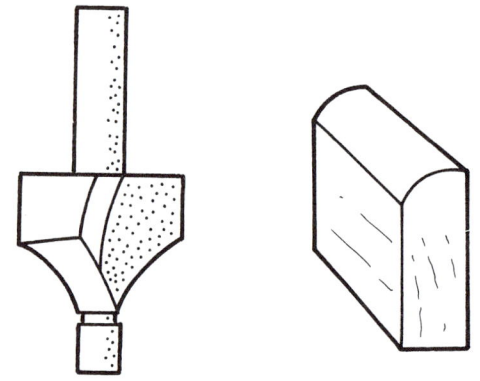

Abb. 7a: Abrundfräsen mit Anlaufzapfen; **7b:** das Ergebnis.

Natürlich geht das Abrunden auch in der stationär eingespannten Handoberfräse gut, wieder mit den zugehörigen Andruckfedern.

Welche Größe der Rundung sie wählen, ist mindestens zum Teil eine Geschmacksfrage. Ursprünglich

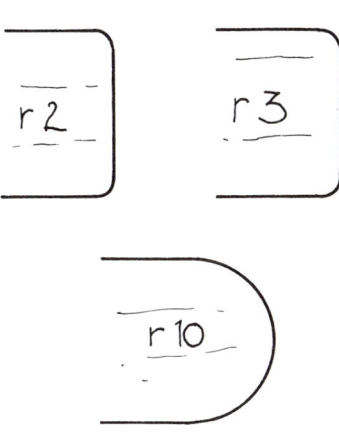

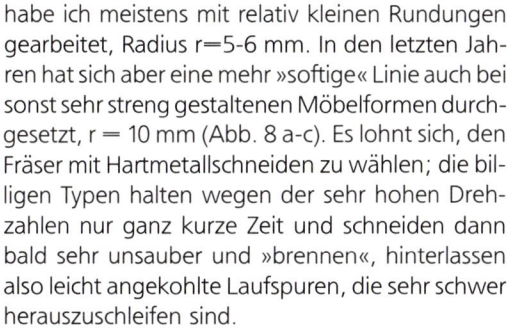

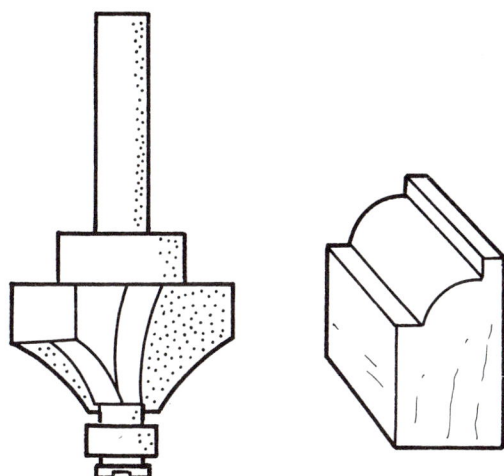

Abb. 8a-c: Die optische Wirkung der käuflichen Fräseinsätze mit unterschiedlichen Radien bei 22 mm Holzstärke.

Abb. 9: Viertelstabfräser mit Anlaufkugellager, ebenfalls zum Abrunden geeignet (links); mit kleinerem Kugellager oder bei ganz entfernter Anlaufhilfe entstehen außerdem Ansätze (Viertelstäbe — rechts).

habe ich meistens mit relativ kleinen Rundungen gearbeitet, Radius r=5-6 mm. In den letzten Jahren hat sich aber eine mehr »softige« Linie auch bei sonst sehr streng gestalteten Möbelformen durchgesetzt, r = 10 mm (Abb. 8 a-c). Es lohnt sich, den Fräser mit Hartmetallschneiden zu wählen; die billigen Typen halten wegen der sehr hohen Drehzahlen nur ganz kurze Zeit und schneiden dann bald sehr unsauber und »brennen«, hinterlassen also leicht angekohlte Laufspuren, die sehr schwer herauszuschleifen sind.

Die Fräser für das Abrunden heißen Viertelstab-Fräser, weil sich mit ihnen je nach Einstellung auch alte Zierformen herstellen lassen, mit einer oder zwei Anlaufflächen, wie es Abb. 9 zeigt. Kombiniert mit Fräsungen mittels eines Hohlkehlfräsers lassen sich die raffiniertesten Profile verwirklichen. Früher hatten die Tischler dafür ganz spezielle Handhobel, für jede einzelne Rundung und auch für solche Profilfolgen.

Ganz kleine Rundungen entstehen am einfachsten aus einer schwachen Fase, die von Hand leicht nachgeschliffen wird. Fertig.

Bei wirklich scharfen Fräsern und richtiger Schnittrichtung braucht kaum nachgearbeitet zu werden. In schwierigen Fällen richtet man sich ein passendes Kork- oder Holzstück als Gegenform her und legt Schleifpapier hinein. Die Arbeit ist recht schweißtreibend, so daß sich die Verwendung scharfer Fräser schon auszahlt. Die Händler nehmen auch abgenutzte Fräser und Kreissägen zum Schärfen an.

Wenn Tischecken und andere flächige Rundungen anschließend mit einer Kantenrundung versehen werden müssen, eine häufige Aufgabe, muß in jedem Fall zunächst die Rundung der Fläche fertig ausgeführt werden, weil diese Auflagefläche als Anschlag für den Anlauf des Fräsers dient. Jede Unebenheit zeichnet sich auch auf der Kante ab!

Die Abrundung der Fläche entwerfe ich zunächst freihändig, bis sie mir richtig erscheint. Dann nehme ich meistens eine Dose o.ä. mit passendem Durchmesser, bis hin zum Kuchenteller, und zeichne damit die Rundung exakt nach. Mit dem Zirkel geht das viel umständlicher: Mittelpunkt suchen, genau die Kanten treffen, Loch mit der Spitze in der guten Platte hinterlassen etc. Die Rundung säge ich dann mit einem Kurvensägeblatt in der elektrischen Stichsäge. Splitterschutz einsetzen und kein Pendelhub! Eine andere Möglichkeit ist die Bandsäge mit schmalem Blatt. Der Bleistiftstrich muß stehenbleiben, erst beim Nachschleifen mit 80er Schleifpapier auf dem Kork arbeitet man bis in ihn hinein; beim Nachschleifen verschwindet er dann ganz. Erst danach folgt die Kantenrundung mit der Oberfräse.

HIRNHOLZ BESTOSSEN

Wer über ganz erstklassige Sägemaschinen verfügt und es sich leisten kann, nur superscharfe Werkzeuge darauf zu verwenden, der ist fein heraus. Wir gewöhnlichen Sterblichen müssen damit leben, daß wir entweder keine so präzisen Maschinen haben, oder daß sie so stark benutzt werden, daß die Schnittflächen nicht mehr als 100%ig durchgehen können. Uns bleibt aber die Kunst des Hobelns, die uns auch bei Hirnholzflächen nicht verläßt.

Ist das Hobeln von Hand bei größeren Mengen ohnehin schon eine ausgesprochen wirksame Leibesübung, so erst recht, wenn jemand sich mit ungenügend geschärftem Hobeleisen an Hirnholzkanten wagt.

Trotz aller Mühe sehen sie in einem solchen Fall meist aus, als ob jemand daran genagt hätte, uneben, Kanten abgesplittert, einfach böse. Dabei ist das gar nicht so schwer, wenn man sich an die bewährten Rezepte hält.

1. Der Hobel muß einwandfrei sein, also keine ausgelaugte Sohle, mit fein einstellbarem Eisen. Eine Pockholzsohle ist nicht nur einige Zehner teurer, sondern auch besser. Ein neues Wendemesser muß eingesetzt oder

2. das Hobeleisen frisch geschärft und haarfein abgezogen sein (Schnittwinkel keinesfalls zu stumpf!).

3. Mit ganz spitzem Stift oder besser noch mit der Reißnadel ringsum exakt anreißen.

4. Ganz fest einspannen, womöglich mehrere Stücke in einem Block, auch das freie Ende mit Zwingen gesichert.

5. Die Spandicke darf nur sehr gering sein. Von einer Ecke her beginnend erstmal eine ganz feine Fase anhobeln, die gerade bis »Mitte Riß« herunterreicht. Dann kann man sich an die Fläche wagen, mit schräggehaltenem Hobel gerade über die Fläche fahren, aber keinesfalls bis zum gegenüberliegenden »Ufer«, sondern vorher bremsen. So Span für Span wegnehmen. Anschließend von der gegenüber liegenden Kante her, und zum Schluß noch in der Mitte soviel wegnehmen, daß wirklich eine »Fläche« entsteht, was mit einem Schenkel des Anschlagwinkels kontrolliert wird. Die Winkligkeit des Ganzen ist eigentlich schon durch das genaue Anreißen gesichert. Trotzdem nochmals oder sogar mehrfach mit dem — sauberen — Anschlagwinkel nachprüfen — denn: Vertrauen ist gut, Kontrolle ist besser.

Die Abb. 1-5 zeigen besser als noch viele Worte, wie das im einzelnen gehandhabt werden muß. Voraussetzung für ein einwandfreies Gelingen der Arbeit ist, daß beim Zuschnitt genügend Zugabe gemacht wurde, so daß die Spuren der Säge sicher entfernt werden können. Zuviel rächt sich ebenfalls, wie Sie bald feststellen werden.

Falls die Sache zu anstrengend wird, ist es sicher höchste Zeit, die Klinge zu wechseln oder das Hobeleisen noch einmal nachzuschärfen.

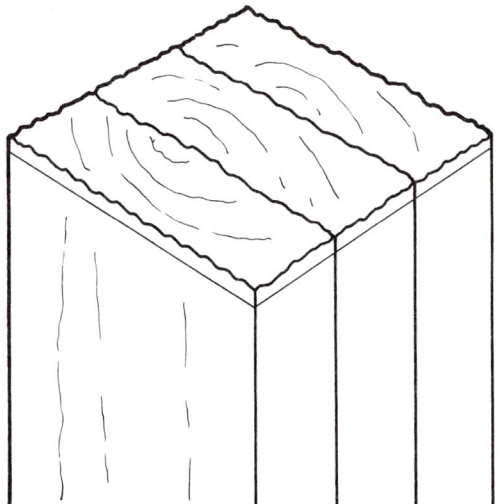

Abb.1: Das zusammen eingespannte »Paket« mit dem Ablängriss und Überstand.

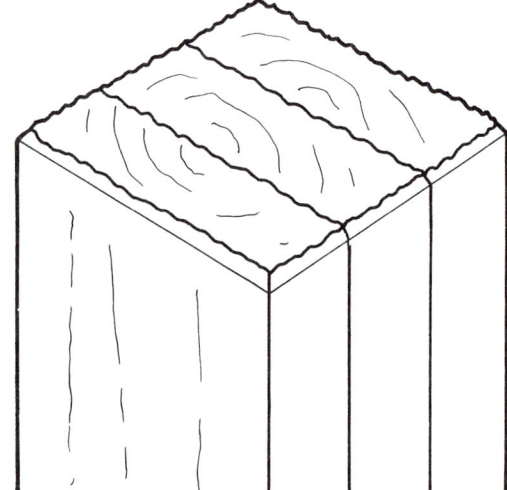

Abb. 2: Hier ist die empfohlene schmale Fase angestoßen, die die Gefahr des Aussplitterns vermindert.

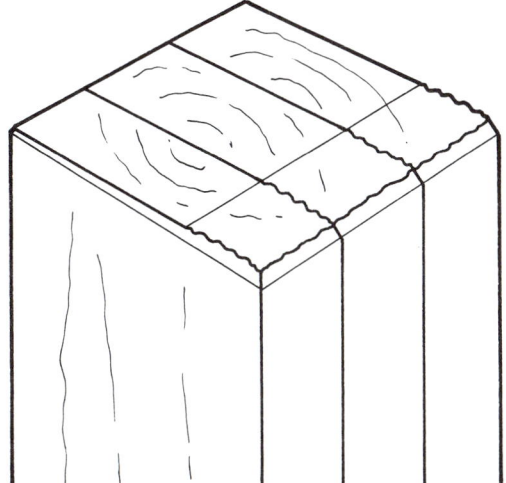

Abb. 3: Von hinten beginnt man, den Überstand wegzustoßen.

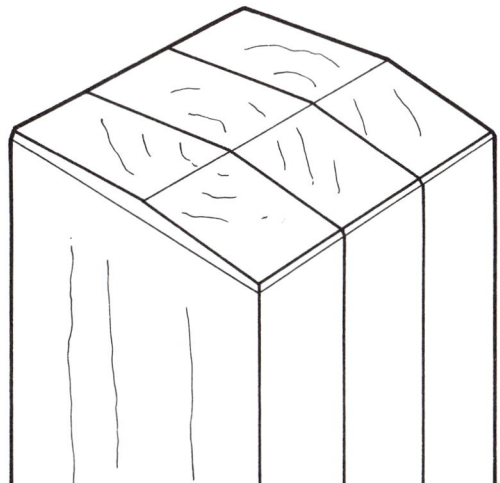

Abb. 4: Abwechselnd von vorn und von hinten bestoßen, so daß eine Art schwacher Dachschräge entsteht.

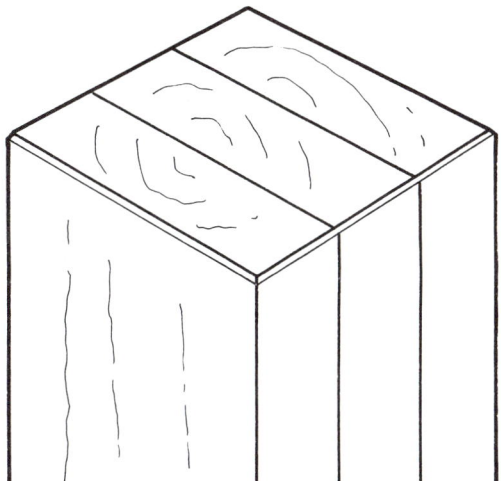

Abb. 5: Ein Zwischenergebnis, bei dem der Überstand bereits bis auf einen winzigen Rest weggestoßen ist. Bei den noch fehlenden Stößen noch vorsichtiger sein!

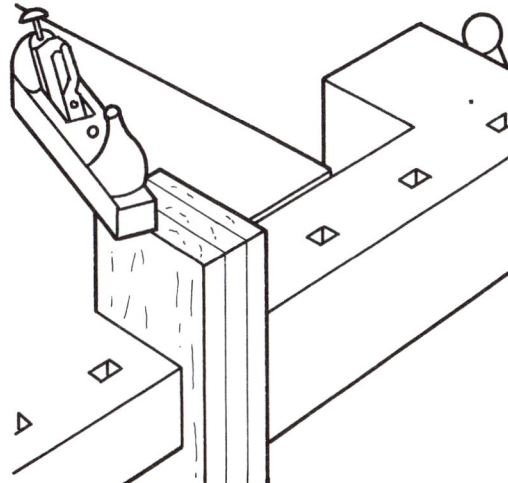

Abb. 6: Hier sieht man gut die Haltung des Hobels, der, ganz fein eingestellt, schräg mit ziehendem Schnitt über die Fläche gezogen wird. (Nehmen Sie das »Stoßen« nicht zu wörtlich).

Und noch ein kleiner Trick aus der Kiste: ein ganz kleines Tröpfchen Öl, auf der Hobelfläche verrieben, spart oft die halbe Kraft. Aber nehmen Sie einen Lappen und nicht den Finger. Auch Einreiben mit einem Stückchen Speckschwarte hat sich bewährt.

Solange Sie noch wenig Übung haben, sollten Sie auch dann einen Block bilden, wenn Sie nur ein einzelnes Stück zu bearbeiten haben. Halten Sie Hirnholz und Abfallstücke mit Zwingen zusammen und hobeln Sie so, daß allenfalls die Abfallstücke ausgerissene Kanten bekommen.

FÜGEN

Um Bretter oder Leisten zu Platten zusammenzufügen, genügt es nicht, nur die Kanten mit Leim zu bestreichen und die Teile dann zusammenzulegen, denn die handelsüblichen Leime halten nur dann gut, wenn auf die »Leimfuge« gleichmäßiger, kräftiger *Druck* ausgeübt wird.

Dann entsteht dort ein nur sehr dünner, aber außerordentlich haltbarer Leimfilm, der außerdem durch feinste Poren in die umgebenden Holzschichten eindringt und so eine Art von »Verdübelung« erzeugt.

Dieser gleichmäßige Leimfilm kann aber nur entstehen, wenn die gesamten Flächen gleichmäßig aufeinander gepreßt werden. Unter der Lupe, ja schon mit bloßem Auge erkennt man aber, daß eine nur »gerade« gesägte Holzkante in diesem Sinne durchaus nicht eben ist, sondern Berge und Täler aufweist. Dadurch entstehen beim Pressen Gebiete, auf die sehr starker Druck einwirkt, andere dagegen klaffen auseinander, so daß sich dort Teiche von Leim ansammeln, die schlecht trocknen und kaum Haltbarkeit ergeben.

Man spricht vom Fügen, wenn man die Vorbereitung der Brettkanten zum Verleimen meint; im weiteren Sinne oft auch den gesamten Vorgang einschließlich Verleimung. Das klassische Werkzeug für diese Arbeit ist die große Rauhbank, der Langhobel, der aufgrund seiner Abmessung in der Lage ist, Hügel und Täler einzuebnen. Als Maschinen werden Abricht-Hobelmaschinen bis zu Fügeautomaten benutzt, aber auch spezielle Hobelkreissägen, die so sauber schneiden, daß die entstehende Sägekante direkt als Leimfuge dienen kann. Für uns dürfte das jedoch kaum in Betracht kommen.

Solange Sie die empfohlenen Hobeldielen verwenden, hat Ihnen das Hobelwerk, in dem sie aus Halbfabrikaten hergestellt werden, bereits den größten Teil der Arbeit abgenommen. Allerdings mit Einschränkungen, denn Hobeldielen und Rauhspund sind von ihrer Herstellung her nicht zum Verleimen vorgesehen. Bekanntlich werden Fußböden daraus lediglich fest zusammengepreßt, damit Fugen möglichst vermieden werden. Zu diesem Zweck werden sie etwas »hinterschnitten«, will heißen, sie werden an der unteren Kante vorsätzlich etwas weiter weggehobelt (oder gefräst), so daß sich der Preßdruck voll auf die Oberseite auswirken kann (s. S. 9). Das ist nur der Bruchteil eines Millimeters, reicht aber bei unserer Verwendung aus, um dort eine haltbare Verleimung zu verhindern.

Nur scheinbar gibt es einen Definitionsunterschied zwischen der Fuge des Maurers und der des Tischlers. Immer ist es eine Trennlinie bzw. Trennfläche zwischen zwei »Bausteinen«. Für den Laien ist aber

Abb. 1a und b: Beim Fügen durch Nachstoßen der Spundflanke hilft diese einfache Hilfskonstruktion, den Simshobel senkrecht zu halten.

die Mörtelschicht des Maurers einfach »die Fuge«, so daß er oft annimmt, daß der Mörtel zwangsläufig dazugehört. Fügen, zusammenfügen, bedeutet aber dicht zusammenbringen, nicht auf Abstand. Falls Abstand gewünscht wird, spricht man von der »betonten Fuge«. In diesem Buch erscheint sie als V-Fuge, die durch die Schattenwirkung optisch betont wird.

Fügen mit dem Simshobel

Das Hobelwerk bringt den Hinterschnitt nur auf der schmaleren Brettwange neben der Feder an. Um ihn zu beseitigen, ist es die einfachste Lösung, die breitere Wange um den gleichen Betrag abzuhobeln, was mit einem scharfen Simshobel und etwas Übung ganz gut geht.

Die Übung ist nötig, weil man zu anfang gern den Hobel schief hält, so daß die Wange nicht mehr im 90° Winkel zur Brettseite steht. Die Folge wäre wie-

der eine offene Fuge, nur auf der »guten« Seite, wo sie gewiß nicht sein sollte. Ein Hilfsmittel zeigen die Abb. 1 a und b. Ganz ähnlich wirkt auch der Längsanschlag an einer elektrischen Handhobelmaschine, mit der man ebenfalls sehr dichte Fugen herstellen kann. Ohne Übung klappt aber auch das nicht sofort.

Theoretisch könnte man an der Fräsmaschine nacharbeiten, doch dauert das genaue Einstellen dort viel länger, als ich die Arbeit mit dem scharfen Simshobel erledige. Scharf und exakt eingestellt muß er aber sein.

Für einfache Möbel kann man die offene Fuge in vielen Fällen unberücksichtigt lassen, allerdings nur dann, wenn Sie keine V-Fuge verwenden. Die Abb. 2 a-f verdeutlichen die entstehende Verminderung der wirksamen Leimfläche. Die Nut bzw. die Feder tragen nur relativ wenig zur Haltbarkeit bei, sind aber unschätzbar bei der Ausrichtung der Bretter, die sonst meistens gegeneinander in der Dicke verrutschen. Eine unliebsame Folge ist, daß sie beim notwendigen Nachhobeln dann dünner werden.

Fügen mit der Rauhbank

Das Fügen normaler Bretter mit der Rauhbank verlangt etwas Übung (Abb. 3). Könner hobeln die Flächen eine Winzigkeit hohl, weil dann schon eine einzelne Schraubzwinge in der Mitte so gleichmäßigen Druck erzeugt, daß er fast auf die ganze Fugenlänge gleich ist. Keinesfalls darf die Fuge »rund«, ballig werden, weil man zwar die auseinandersperrenden Enden mit der Zwinge zusammendrücken kann, die Fugen dort aber später meisten wieder aufgehen.

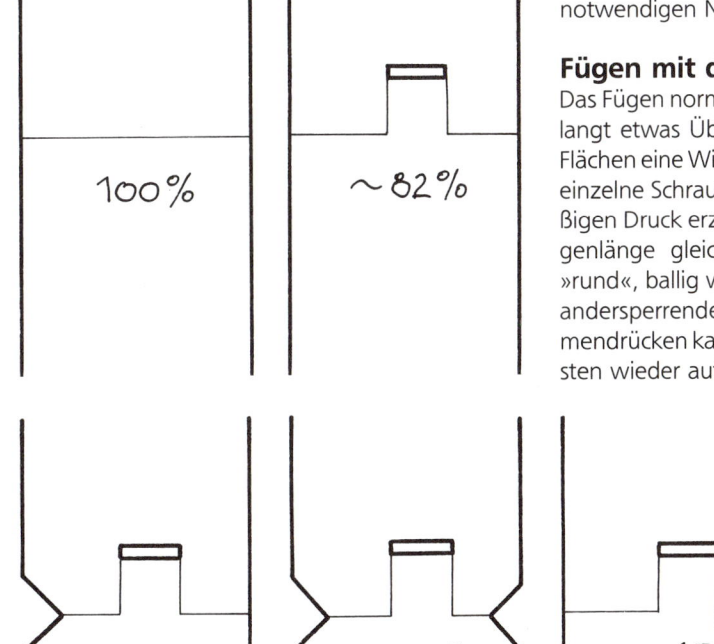

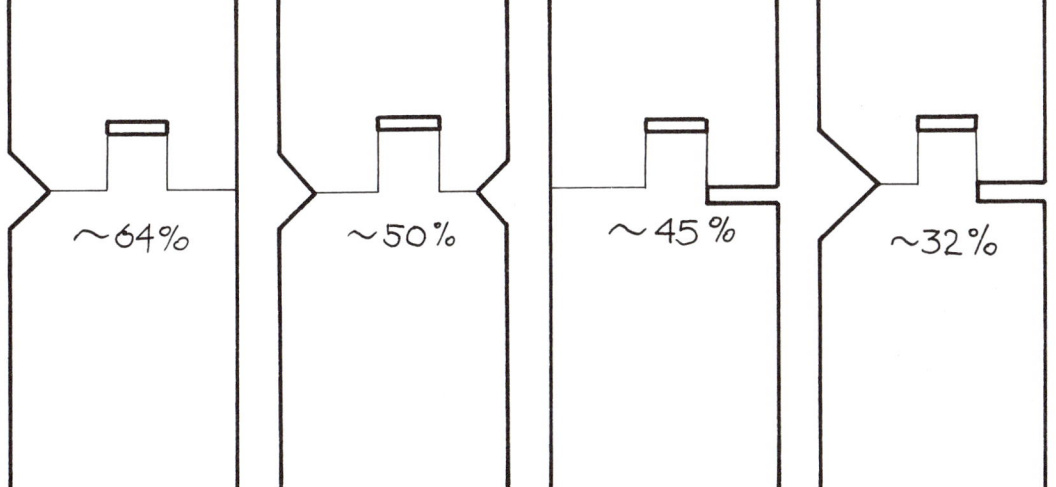

Abb. 2a-f: So vermindert sich die verfügbare Leimfläche bei unterschiedlicher Fugenausbildung.

Mit einer stationären Abrichtmaschine, scharf und richtig eingestellt, ist das natürlich kein Problem, und es gelingt auch mit der erwähnten elektrischen Handhobelmaschine mit Anschlag.

Man beurteilt die Fugenqualität vor dem Verleimen am besten, indem man die jeweiligen Stücke aufeinander stellt und gegen das Licht durch die Fuge zu blicken versucht. Winzigste Fehler werden dabei sichtbar.

Mein alter Meister nahm seinerzeit mein Erstlingswerk, noch mit Knochenleim verleimt, und knallte es zu meinem Entsetzen mit voller Kraft auf die Kante der Hobelbank. Hätte ich gepfuscht, hätte es mindestens ein Donnerwetter gegeben. Meine Arbeit war aber in Ordnung, die Fuge war »dicht«, so daß das Massivholz neben der Leimfuge zerbrach. Eine Folge der Verfestigung des Holzbereiches in unmittelbarer Nähe der Leimfuge durch das Eindringen des Leimes.

Obwohl ich gegenwärtig alle nötigen Maschinen zur Verfügen habe, greife ich doch oft genug nach einer etwas kleineren Schüler- oder Damen-Rauh-

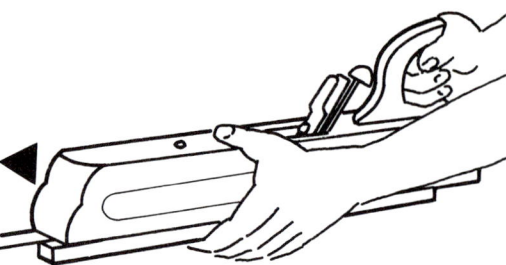

Abb. 3: Beim Fügen mit der Rauhbank ist die untergeklemmte Fügeleiste hilfreich, da so eine gleichmäßige Spanabnahme besser gesichert ist.

bank mit Wechselklingen und ganz fein einstellbarem Eisen, wenn es gilt, einer Fuge wirklich den letzten Schliff zu geben. Ich meine, daß dies Modell von ECE für den Hobbytischler voll ausreicht. Das größere Modell ist leider nicht mit Wechselklingen zu bekommen, wohl aber mit der Feineinstellung, auf die man keinesfalls verzichten sollte. Auch wenn solche Präzision doch einmal einige Zehner mehr kostet.

VERLEIMEN

Wichtig beim Verleimen von Hölzern ist, daß Sie *beide* Flächen dünn mit Leim einstreichen, etwa so, wie Sie Butter auf's Brot streichen. Die Fläche soll voll benetzt sein. Bei größeren Leimflächen legen Sie die Bretter zu einem Paket aufeinander und streichen Sie in einem Arbeitsgang ein (Abb. 1). Zu Anfang tragen Sie bitte lieber etwas zu dick auf, keinesfalls darf zu wenig aufgetragen werden. Die Menge ist richtig, wenn beim folgenden Pressen auf beiden Seiten der Fuge der Leim zunächst als Perlschnur, dann als kleiner Wulst austritt. Sobald er herabrinnt, war's zu reichlich. Das richtige Mittelmaß bekommen Sie bald heraus.

Mit viel Übung reicht oft auch einseitiger Leimauftrag, doch gibt es immer wieder Fälle, bei denen das zu Fehlverleimungen führen kann. Gewöhnen Sie sich deshalb lieber gleich an den empfohlenen beidseitigen Auftrag. Dann sind sie auf der sicheren Seite!

Weißleime

Als Leime kommen heute für die Möbeltischlerei praktisch nur die sogenannten *Weißleime* in Betracht, falls man nicht die Beschwerlichkeit der *tierischen Leime* in kauf nehmen will.

Die *Weißleime* (...col) werden in verschiedenen Qualitäten angeboten. Ich habe jahrelang die billigen Typen verwendet, bin aber doch in letzter Zeit dazu übergegangen, nur noch die besseren Typen zu benutzen, bei denen »B3«-Qualität garantiert wird. Das ist eine DIN-Festlegung und bedeutet,

daß der Leim bei Möbeln unter normalen Bedingungen wasserfest ist und allen vorkommenden Belastungen standhält. Nur kochen darf man ihn nicht. Das ist kein Witz, denn bei »B4« wird das verlangt, um unbeschränkte Haltbarkeit auch im Wasser nachzuweisen, wie es beim Bootsbau und auch bei Holzfenstern sinnvoll ist.

Der Vorteil der B3-Leime liegt darin, daß die Klebkraft doch gegenüber den einfachen Typen ganz wesentlich erhöht ist und daß er transparent wird, sobald er getrocknet ist. Kleine Leimreste sind deshalb in Ecken etc. praktisch unsichtbar und auch geleimte Fugen sehen besser aus. Für diese Vorteile ist der leider vorhandene Preisunterschied zu verschmerzen.

Die notwendige Arbeitstemperatur liegt je nach Fabrikat oberhalb 4° C, besser aber in der Praxis oberhalb 10° C, Damit kann man immerhin auch bei recht kühlen Außentemperaturen noch im Freien haltbare Verleimungen herstellen. Bei hohen Temperaturen ist daran zu denken, daß das enthaltende Wasser dann schneller verdunstet und die Teile deshalb schneller zusammengepreßt werden müssen.

Tierische Leime

Ganz anders verhalten sich die *tierischen Leime*, worunter Hautleime, Lederleime und Knochenleime zusammengefaßt werden. Sie werden aus den im Namen genannten Rohstoffen hergestellt und in verschiedenen Handelsformen geliefert.

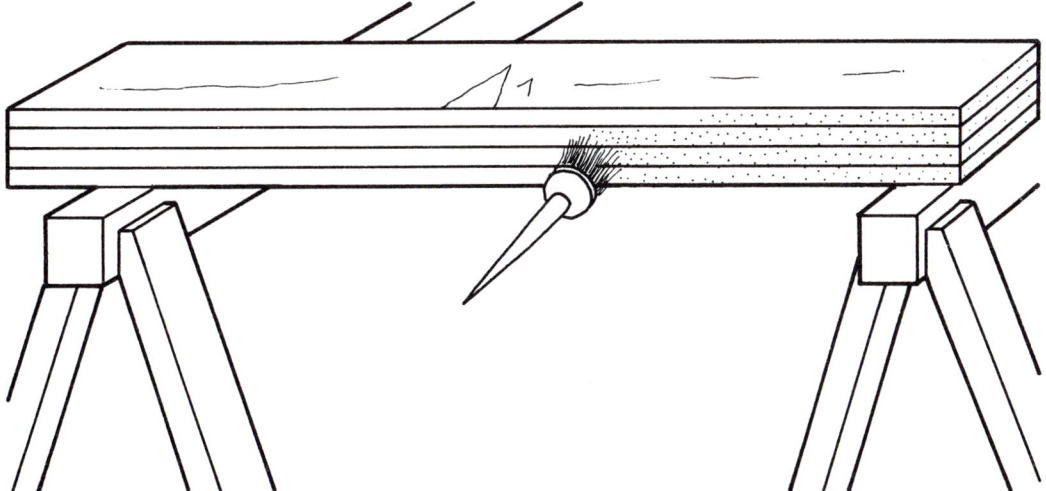

Abb. 1: Bei größeren Leimflächen legt man das Paket so und kann dann alle Fugen in einem Arbeitsgang beleimen.

Bekam man sie früher vorzugsweise in Tafeln und größeren Würfeln, so werden sie heute meistens als sogenannte Perlleime angeboten, Kügelchen von etwa 2-3 mm Durchmesser, die sich im Gegensatz zu den erstgenannten Handelsformen relativ schnell im Wasser lösen.

Diese tierischen Leime werden wegen der zur Verarbeitung nötigen Wärme auch als Warmleime bezeichnet, was wohl auch die tierische Herkunft verdecken soll, die dem einen oder anderen Verbraucher suspekt erscheinen könnte.

Da der Leim während der Verarbeitung ständig in ausreichender Menge und Temperatur griffbereit sein muß, gibt es dazu spezielle Leimkocher (Abb. 2). Früher ein integrierter Bestandteil der großen Leimöfen, ist das heute ein termostat-gesteuerter kleiner Schnellkochtopf, in den (im Wasserbad) ein Kupferkessel eingehängt ist. Wer sich zur Verwendung von Warmleimen entschließt, sollte diese Anschaffung riskieren. Kompromisse und Basteleien ergeben zu unterschiedliche Leimtemperaturen und damit die Gefahr von Fehlverleimungen.

Der Name »Leimkocher« ist übrigens mißverständlich, denn kochen darf der Leim auf keinen Fall! Deshalb ist das Wasserbad notwendig.

Um wirklich erstklassige Verleimung damit zu erzielen, müssen auch die zu verleimenden Hölzer vorgewärmt werden, wozu früher der meist riesige Leimofen mit seiner ebenen Eisenplatte diente. Man erwärmt die Leimflächen soweit, daß sie kaum noch mit der Hand anzufassen sind, streicht dann rasch den Leim als gleichmäßigen Film auf (wie beim Weißleim, aber einseitig) und preßt dann, solange der Leim noch flüssig ist. Trägt man dagegen heißen Leim auf kalte Flächen auf, kühlt er zu schnell ab und gibt ungenügende Fugenfestigkeit, weil die Leimflotte dann viel zu dickflüssig ist, um in die kleinen Poren des Holzes eindringen zu können. Die dabei entstehende »Verdübelung« gibt aber den Fugen erst die große Haltekraft.

Die »Verklebung« war unter Tischlern deshalb früher ein Schimpfwort, bezeichnet sie doch Verbindungen, die nur auf Kohäsion und Adhäsion beruhen, ohne die für Holzleime typische Verdübelung durch das Eindringen in die Poren (Abb. 2 a und b). Diese Unterscheidung wurde inzwischen verwischt durch die qualitative Verbesserung der verschiedenen chemischen Kleber.

Seine größten Vorzüge zeigt der Warmleim bei Furnierarbeiten verschiedenster Art. Gerade diese Arbeiten kommen aber bei Massivholzarbeiten, wie sie in diesem Buch vorgestellt werden, nicht vor.

Bei der Verleimung von Brettern und Konstruktionsverleimungen ist die Haltbarkeit keineswegs besser als bei guten Weißleimen, es sei denn bei Reparaturarbeiten, bei denen ursprünglich Warmleim eingesetzt wurde. Die bekommt man erfahrungsgemäß nur wieder einwandfrei in Ordnung, wenn die alten Leimreste weitgehend entfernt werden und für die neue Verleimung wieder Warmleim verwendet wird. Aus irgendeinem Grunde halten dort andere Leime nicht.

Falls alle diese Gründe nicht in Betracht kommen, bleibt nur die Abneigung gegen Kunststoffe insgesamt, denn daß Weißleime Kunststoffleime sind, steht außer Frage. Es bleibt also abzuwägen, ob die unbestreitbaren Verarbeitungserschwerungen

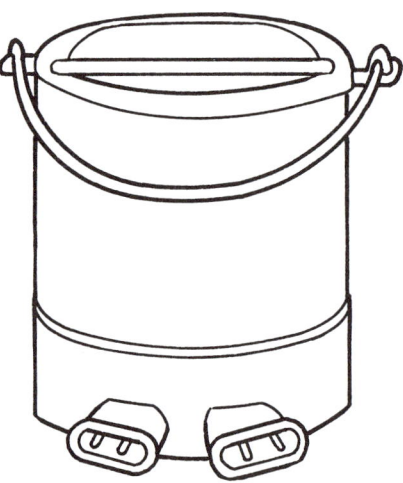

Abb. 2: Der Warmleim-»Kocher«.

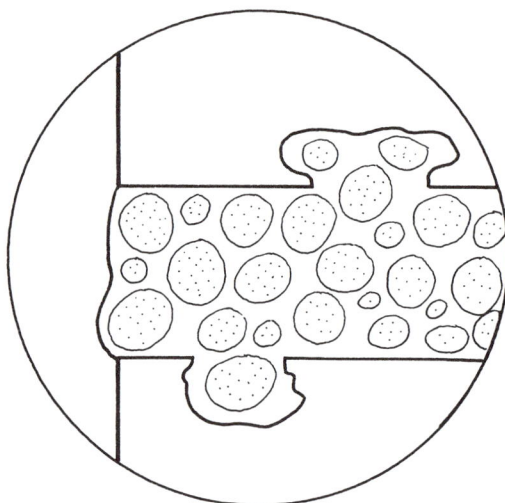

Abb. 3a: Feuchter Leim in der Fuge, sehr stark vergrößert;

durch Warmleime von den Kunststoff-Nachteilen der Weißleime aufgewogen werden.

Bedenken Sie dabei bitte, daß bei Konstruktionen der vorgestellten Art die insgesamt im Holz verbleibende Leimmenge ganz gering ist. Der größte Teil war ja Wasser, der nächstgrößere Teil ist beim Pressen herausgequollen und damit aus dem Möbel verschwunden. Bei furnierten und auch bei lamellierten Arbeiten sieht die Bilanz allerdings anders aus, weil dort die Leimanteile ungleich größer sind. Ich vertrete deshalb nach vielen Versuchen und Abwägungen die Meinung, daß gute Marken-Weißleime bei Massivholzmöbeln zu verantworten sind. Warmleime verarbeite ich darum nur bei den genannten Ausnahmen und dort, wo es meine Kunden ausdrücklich verlangen und den zusätzlichen Arbeitsaufwand honorieren.

Aus diesem Grunde beziehen sich auch die hier vorgestellten Arbeiten auf die Verwendung der Weißleime. Trotzdem ist es jedem Hobbytischler natürlich freigestellt, stattdessen Warmleim zu erproben und seine Erfahrungen selbst zu sammeln. Zu den häufig empfohlenen Dübel-Verbindungen ist noch anzumerken, daß auch hier grundsätzlich *beide* Leimflächen mit Leim versehen werden, also Dübel *und* Dübelloch. Der Verlust an Haltekraft bei einseitiger Leimangabe ist gerade hier eklatant!

Presstechniken

Beim Verleimen bereits gehobelter Bretter müssen Flächen und Kanten besonders geschützt werden. Vergißt man das, hinterlassen Zwingen und Knechte schlimme Druckstellen, die mit viel Zeitaufwand beseitigt werden müssen.

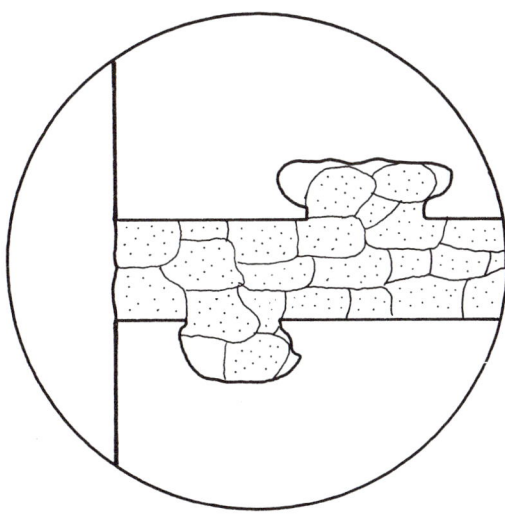

Abb. 3b: Die gleiche Fuge mit getrocknetem Leim, der sich auch in den Poren verankert hat.

Deshalb werden grundsätzlich sogenannte Beilagen oder Schonleisten untergelegt. Sie haben noch den zusätzlichen Vorteil, daß der Druck der Zwingen auf größere Flächen verteilt wird. Erst so wird es möglich, auch Stellen zu pressen, an die man sonst mit den üblichen Zwingenmaßen nicht heran kann; die Mitte größerer Platten zum Beispiel.

Wenn Hobeldielen verleimt werden, an deren Außenkanten aus irgendwelchen Gründen Nut oder Feder stehenbleiben müssen, ist die Verwendung passender Schonleisten besonders wichtig, denn die Knechte würden die Spundung total zerstören. Sammeln Sie deshalb beim Schmalerschneiden von Hobeldielen/Rauhspund unbedingt die Abfälle mit 20-30 mm Breite, sowohl mit Nut wie auch mit Feder und halten Sie sie griffbereit.

Im Kapitel »Fügen« (S. 50) ist ausgeführt worden, wie die zu verleimenden Fugen aussehen müssen. Das Zusammenpressen nach der Leimangabe erfolgt mit großen Zwingen, den Knechten oder ähnlichen Spannmitteln, auch mit Keilen auf der Bauplatte ist es möglich.

Neben den Schonleisten sind noch weitere Beilagen nötig, mit denen die Fläche eben gehalten wird. Das ist besonders bei großen Flächen aus vielen Teilen notwendig. Ich lege sie meistens unter die Hirnholzkanten, etwa 20 mm nach innen versetzt und drücke jedes Brett mit einer kleinen Zwinge auf die Leiste, die 30-50 mm hoch sein sollte. Die Knechte werden zunächst nur wenig angezogen, dann die kleinen Zwingen korrigiert und ebenfalls leicht angedreht. Erst wenn alles richtig ausgerichtet ist und die Hirnenden eine Gerade bilden, werden alle Zwingen fest angezogen, aber nicht »angeknallt«, wie man das oft beobachten kann. Fast immer ist das ein schlechter Notbehelf bei schlecht passenden Fugen, der nicht nur Knechte, Beilagen und die Haut auf den Händen ruiniert, sondern auch zu Ärger führt, denn derart zusammen-»gequälte« Fugen gehen später fast immer auf, entweder in der Leimfuge oder daneben. Mäßiges »sattes« Anziehen der Zwingen reicht völlig aus, wenn die Fugen in Ordnung sind. Während der Trocknung des Leimes müssen die verleimten Teile so stehen oder liegen, daß sie sich nicht etwa noch jetzt verziehen, windschief werden, nachdem Sie bei der eigentlichen Verleimung natürlich aufgepaßt haben, daß Ihre Unterlage wirklich eben ist. Ich arbeite meistens auf Böcken, über die ich zwei oder drei kräftige, gerade Leisten lege. Darauf kommen die hochkant gestellten Beilageleisten, die später mit den kleinen Zwingen das Durchbiegen verhindern. Erst darauf folgen dann die zu verleimenden Bretter (Abb. 4).

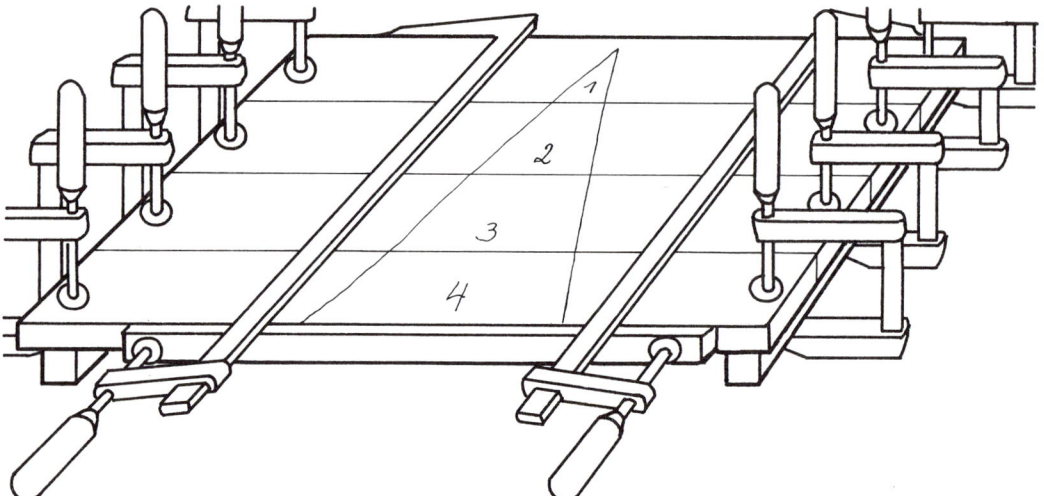

Abb. 4: Die Hilfsleisten liegen bereits ausgerichtet auf den Böcken, die Bretter der Fläche in der vorbereiteten Reihenfolge werden darauf ausgebreitet. Hier fehlt nur noch eine Knecht in der Mitte.

Dieses Vorgehen hat den Vorteil, daß man sowohl von oben wie im Bedarfsfalle auch von unten nach den Leimfugen sehen kann, daß abtropfender Leim nicht die Hobelbank verschmiert und daß die Leisten zum Geradehalten schon an der richtigen Stelle liegen.

Um ein Verkleben mit diesen Leisten zu vermeiden, habe ich immer vorbereitete Papierstreifen zur Hand, die auf die Halteleisten gelegt werden, bevor die Verleimung beginnt. Achten Sie aber darauf, daß sich das Papier beim Zusammenschieben der Bretter nicht dazwischen einklemmt. Kunststoffbeschichtete Beilagen sind auch keine schlechte Lösung; dort kann sich nichts verschieben, trotzdem können die Leisten mit den Flächen nicht verkleben.

Wenn beim Anziehen der Knechte Ihre Fläche stark zum Durchbiegen neigt, stimmen recht sicher die Winkel Ihrer Fugen nicht! Falls Sie mit Nut und Feder gearbeitet haben, ist zuviel oder zu wenig Hinterschnitt korrigiert, bei stumpfen Fugen haben Sie vermutlich den rechten Winkel zwischen Fläche und Kante nicht eingehalten. Auch das läßt sich nicht mit roher Kraft korrigieren. Die Fugen werden so nie wirklich überall »dicht«.

Es ist deshalb besser, bereits beim Fügen auf solche Mängel zu achten und die Flächen lieber probeweise ohne Leim zusammen zu legen und auch mal leicht zu pressen, um die Reaktion zu beobachten. Sie erkennen dabei recht deutlich auch kleine Fehler! Der lange Schenkel des Anschlagwinkels macht sie noch deutlicher.

DÜBELN

In diesem Buch wird als Eckverbindung vorzugsweise das Dübeln vorgeschlagen, weil es mit kleiner Werkstattausrüstung doch recht perfekt machbar ist und ausreichend stabile Verbindungen ergibt, wenn man nur die wichtigsten Grundsätze beachtet.

Um die Sache zu vereinfachen, bin ich durchweg von sogenannten Riffeldübeln aus Buche ausgegangen im Maß 8 x 50 mm, also 8 mm Durchmesser und 50 mm Länge. Wenn Sie davon ein Kilo kaufen, reicht das für viele Stücke und ist bedeutend billiger als Kleinpackungen.

Denken Sie daran, daß grundsätzlich der Leim sowohl an die Wandungen der Löcher wie auch an den Dübel gehört. Versuche haben gezeigt, daß mangelhafte Festigkeit von Dübelverbindungen fast immer ihre Ursache in einseitiger Leimangabe hat. Man soll auch ruhig etwas Zeit vergehen lassen bis zum Zusammendrücken, damit der Leim sich inzwischen etwas mit den Flächen verbindet. Sonst wird er nur abgestreift und sammelt sich am Grund des Loches.

Ideal ist eine Lochtiefe, die nur wenig über die Eintauchtiefe des Dübels hinausgeht. Dann drückt sich der Leim samt Luft zwischen Dübel und Lochwandung nach oben und erzeugt die gewünschte Leimfuge. Dabei darf man jedoch keinesfalls zu schnell zusammendrücken, weil der Leim etwas Zeit braucht, um die Fuge zu füllen. Zu schnelles

Pressen führt zum Aufplatzen des Holzes, der Leim tritt dann seitlich aus.

Neben dem richtigen Leimauftrag und der richtigen Lochtiefe muß natürlich auch Position und Richtung des Dübelloches in beiden Teilen stimmen. Da hilft dem Anfänger nur eine gute Dübelhilfe mit Bohrbuchse aus geschliffenem Stahl, die einen handlichen Griff hat und eine gute Auflagefläche, so daß sie satt und sicher auf oder an der Fläche anliegt (Abb. 1). Besser ist nur eine Maschine: für Bohrungen in Flächen und bei kleinen Höhen die Ständerbohrmaschine oder der Bohrständer, bei Hirnholzbohrungen nur spezielle, große, teure Konstruktionen.

Da sind die relativ preiswerten Bohrhilfen aus Kunststoff mit den Stahlbuchsen wirklich eine gewaltige Hilfe, obwohl ich mir sehr wünschen würde, daß es sie in noch exakterer Ausführung aus einem soliden Metall gäbe. Leider werden sie in der englischen, professionelleren Ausführung hier nirgends angeboten.

Zu berücksichtigen sind aber noch weitere Punkte. So dürfen die Dübellöcher nie zu nah an Hirnkanten angebracht werden, weil dann seitlicher Ausbruch fast unvermeidlich ist (Abb. 2). Vernünftiger ist es, die hiervon betroffenen Teile einfach etwas weiter überstehen zu lassen, so daß wenigstens 15 mm Hirnholz stehen bleiben, und sie erst nach dem Bohren auf die richtige Länge zu schneiden.

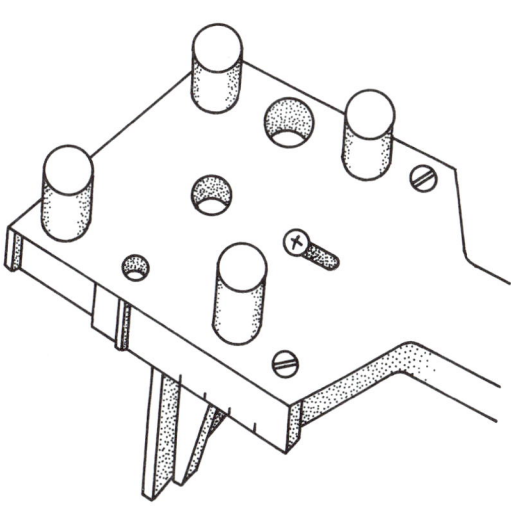

Abb. 1: Dübelhilfe für 6, 8 und 10mm mit Buchsen aus Stahl. Schlitz und Kreuzschlitzschraube in der Mitte habe ich selbst eingebaut, um den verschiebbaren Winkelanschlag besser zu stabilisieren.

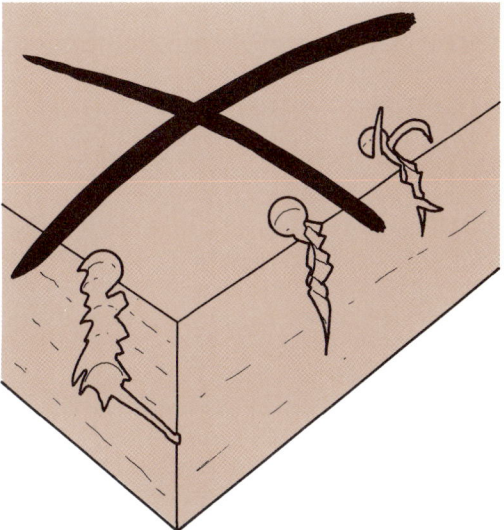

Abb. 2: Setzen Sie Dübellöcher zu dicht an die Kanten, sieht das so aus. Läßt sich's nicht vermeiden, dann zunächst das Holz länger lassen, bohren und erst dann abschneiden.

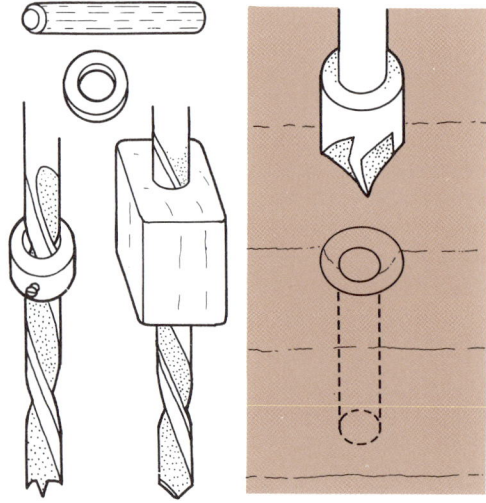

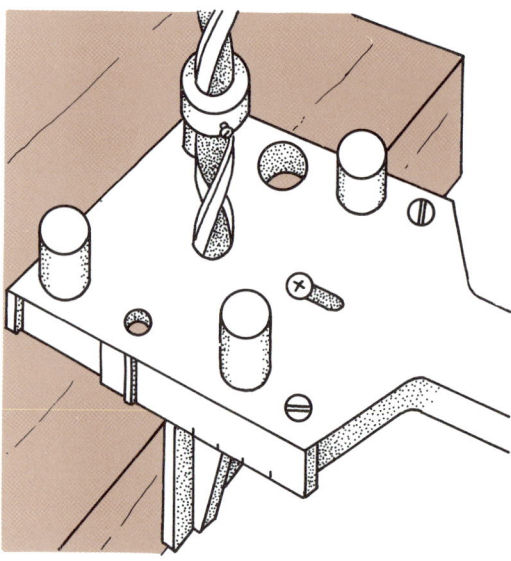

Abb. 3 (links)**:** Die Lochtiefe richtet sich nach der Dübellänge. Links ein Stellring mit Madenschraube **(a)**, rechts eine selbstgefertigte Bohrhülse als Tiefenbegrenzung **(b)**. Die Unterlegscheiben (c) verwendet man zur Korrektur bei abweichenden Lochtiefen. **Abb. 4** (rechts)**:** Einen solchen Krauskopf oder 90°-Senker benutzen Sie, um die Bohrlöcher ein kleinwenig anzufasen. Dann wird der Leim stärker mit ins Bohrloch gezogen, statt ihn abzustreifen.

Abb. 5: So wird der Winkelanschlag der Bohrhilfe benutzt, um den richtigen Abstand von der Kante zu erreichen. Die waagerechte Fläche der Bohrhilfe muß flach aufgedrückt werden, um eine senkrechte Bohrung zu erzielen.

Die Lochtiefe darf auch nicht zu gering sein, weil dann eine nennenswerte Haltekraft nicht gegeben ist. Man findet oft nur 10 mm lange Dübelstummel bei defekten Möbeln, obwohl bei etwas mehr Mühe 15-18 mm Platz gehabt hätten. Kritisch ist das besonders bei den Sacklöchern in dünneren Teilen wie Schubkastenblenden oder Schrankseiten. Wenn der Holz-Spiralbohrer mit Vorschneidern (Abb. 3), den Sie ausschließlich verwenden sollten, eine recht lange Spitze hat, dann verschenkt man hier leicht mehrere Millimeter aus Angst davor, bis zur Außenfläche durchzubohren. Vernünftig ist es, entweder die Spitze bis auf das wirklich notwendige Maß zu kürzen, also etwa 1 mm über die Vorschneider hinaus, oder sich einen zweiten Bohrer herzurichten, mit dem die angebohrten Löcher dann vertieft werden. Das nütze ich mit einem Bohrer ohne Vorschneider aus. Einer mit beschädigten Vorschneidern ist gut geeignet, sonst ein vorn recht stumpf angeschliffener Metall-Spiralbohrer ohne Führungsspitze.

Die käuflichen Dübelbohrersätze enthalten oft auch Ringe mit Feststellschraube für die Tiefenbegrenzung (Abb. 3 a und 5). Jene, die ich bisher in die Hand bekommen habe, saßen alle nicht fest genug, so daß sie sich bei stärkerem Aufdrücken nach oben verschoben und dann trotzdem durchgebohrt wurde. Kiefernholz bohrt sich leider sehr unterschiedlich. Mal muß man selbst bei scharfem

Bohrer viel Kraft aufwenden, mal geht es viel leichter als geschätzt. Besonders in solchen Situationen reicht die Bremsung der Ringe nicht aus.

Deshalb haben sich bei mir doch wieder die alten Distanzklötze aus Holz durchgesetzt (Abb. 3 b). Man nimmt einfach ein rundes oder auch quadratisches Stück Leiste, bohrt es mit dem betreffenden Bohrer schön mittig durch und kürzt es auf die Länge, die sich aus gewünschter Lochtiefe, Dicke der Bohrhilfe und Bohrerlänge ergibt. Nach einiger Zeit hat man eine kleine Sammlung, die für alle Fälle ausreicht. Für den Hobbytischler reicht Weichholz. Werden die Teile oft benutzt, nimmt man Buche oder ähnliches.

Um nicht für jede nur wenig abweichende Lochtiefe wieder extra einen Distanzklotz machen zu müssen, habe ich außerdem einige passende Unterlegscheiben von ca. 1 mm Dicke im Werkzeugschrank hängen (Abb. 3 c) die ich bei Bedarf zuerst auf den Bohrer stecke, dann das Distanzholz, dann die Bohrlehre.

Und bitte nach jeder Bohrung die Späne bei stillstehender Maschine entfernen! Sonst täuschen die eingeklemmten Späne die richtige Tiefe vor, obwohl sie noch nicht erreicht ist.

Schließlich sollte man die Löcher an den Oberkanten mit dem Krauskopf noch leicht ansenken (Abb. 4). Das vermindert ebenfalls das Abstreifen des Leimes am Dübel und verbessert so die Haltbarkeit.

ZINKEN

Das Zinken von Hand ergibt wohl die stabilste Eck-verbindung, die es im Möbelbau gibt. Versierte Tischler machen das so exakt, daß die Verbindung selbst ohne Leimangabe so zusammenhält wie andere erst mit Leim (Abb. 1). Deshalb machen Leute mit viel Übung auch keine »Trockenprobe«, sondern fügen die Teile gleich mit Leim zusammen. Wirklich stramm passende Zinken werden beim Probieren leicht beschädigt, eben weil sie so haargenau ineinander fassen. Für den Anfänger ist das natürlich Zukunftsmusik. Er wird froh ein, wenn die Sache ordentlich aussieht, selbst wenn hier und da etwas nachgebessert werden muß.

Aber auch solche noch nicht ganz perfekte Zinken haben eine ungewöhnliche Haltbarkeit im Vergleich mit anderen Verbindungen.

Außer der »offenen« Zinkung gibt es die halbverdeckte, die doppelt verdeckte und die Gehrungszinkung, doch will ich Ihnen das hier nicht alles vorführen, weil es den Rahmen des Buches sprengen würde und für die beschriebenen Möbelstücke nicht nötig ist.

Herstellen der Zinken

Abb. 2 zeigt Ihnen ein typisches Schubkastenvorderstück, auf dem gerade die Zinken angerissen werden. Bei der Planung müssen Sie immer überlegen, welche Kräfte auf die Verbindung einwirken werden. Beim Schubkasten sind es solche, die Vor-der- oder Hinterstück aus den Seitenteilen herausziehen wollen, während die seitlichen Kräfte nur minimal sind. Da diese »formschlüssige« Verbindung stets so beansprucht werden soll, daß sie auch ohne Leim halten würde, müssen Vorder- und Hinterstück die Zinken erhalten, die von den Schwalbenschwänzen durch ihre Formgebung festgehalten werden. Darum der Begriff »formschlüssig«. Üblich ist es, mit der Herstellung der Zinken zu beginnen, denen anschließend die Schwalbenschwänze angepaßt werden.

Vorweg gehen: Holzauswahl, Grobzuschnitt, Aushobeln, Zusammenzeichnen, Anreißen, Überwinkeln, Bestoßen bzw. fein auf Länge schneiden.

Auffällig ist für Sie hier vielleicht das Aushobeln, da ich die Anleitungen durchweg so verfaßt habe, daß die ungemein anstrengenden groben Hobelarbeiten wegfallen. Bei Schubkästen und einigen anderen Arbeiten läßt sich das aber nicht vermeiden, weil Züge aus dem meistverwendeten 22 mm starken Kiefernholz viel zu klobig und schwer werden. Im Kap. »Hobeln« (S. 41) finden Sie, wie das von Hand gemacht wird. Falls Sie über eine kleine Hobelmaschine verfügen, ist alles kein Problem. Sonst gehen Sie halt zu einem Tischler und lassen sich die vorbereiteten Stücke aushobeln. Lassen Sie — je nach Größe des Stückes — auf 14 bis 17 mm aushobeln! Bei Hartholz, z.B. Buche, könnten die Teile noch dünner sein.

Abb. 1: So sollen die Eckteile zum Schluß aussehen: senkrecht die Schwalbenschwänze, waagerecht die Zinken.

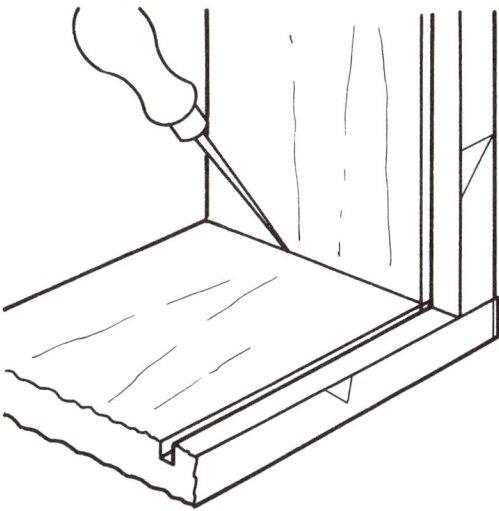

Abb. 2: Das »durchgenutete« Schubkastenseitenstück ist mit seiner Außenkante genau auf den Ablängriss des Vorderstückes aufgesetzt. An der Innenkante folgt der Anriß mit der Reißnadel.

Wenn Sie ohnehin zum Tischler gehen, dann lassen Sie auch gleich noch die Nuten für den Boden machen, passend zu der Sperrholzstärke, die Sie eingekauft haben (4, 5 oder 6 mm). Auf das »Einsetzen«, die Beendigung der Nut kurz vor der Brettkante, sollten Sie besser verzichten, weil das den Meister bei Ihren wenigen Stücken zu lange aufhält. Erwünscht ist das v.a. bei gedübelten Schubkästen damit die Nut nicht an den Außenseiten sichtbar wird, doch läßt sich das mit gut ausgesuchten und sauber eingepaßten Leistenstückchen leicht unsichtbar ausbessern.

Wieder in Ihrer Werkstatt, spannen Sie die Teile zu einem Paket zusammen und reißen Sie an, wie das auf S. 36 erläutert wurde (Abb. 3). Alle Teile erhalten *die vollen Maße des Fertigteiles,* da sich die Ecken ja bekanntlich beim Zinken durchdringen. Zusätzlich geben Sie an jeder Seite noch 0,5 mm zu, die erst nach dem Verleimen der Konstruktion weggeputzt werden.

Jetzt haben Sie schon vier Risse an jedem Stück. An den Riß für das Fertigmaß (also den zweiten von außen!) legen Sie nun ein Originalstück des zu verbindenden Teiles so an, daß Sie mit einem weiteren Riß, nach innen hin seine exakte Dicke übertragen. Benutzen Sie hierfür nie einen Zollstock oder ähnliches, denn hier spielen Ihnen kleinste Maßdifferenzen einen erheblichen Streich! Es muß wirklich jenes Teil sein, das hier später im rechten Winkel anstoßen wird, oder wenigstens eins, das zusammen mit ihm durch die Hobelmaschine gegangen ist und nicht durch späteres Nachputzen wieder verändert wurde.

Sobald das bei allen Stücken angerissen ist, übertragen Sie die Risse mit dem Anschlagwinkel jeweils auf alle vier Seiten der Teile und achten peinlichst darauf, daß sich die Risse dann wieder treffen. Was hier verpfuscht wird, läßt sich kaum später korrigieren!

Erst jetzt kommt die kleine, spezielle Zinkenschmiege zum Einsatz, die Sie sich nach der Abb. 4 anfertigen. Sie ist auch bei späteren Arbeiten ein

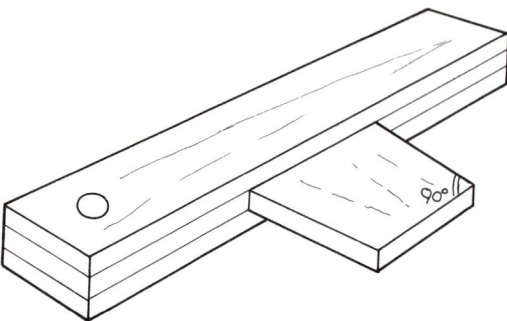

Abb. 4: Die Zinken-Anreißhilfe ist leicht selbst herzustellen.

praktisches Hilfsmittel und wird durch den zusätzlich vorhandenen rechten Winkel noch nützlicher für kleine Anreißarbeiten.

Vorher aber müssen wir die Teilung bestimmen. Im Grunde ist sie Geschmackssache. Manche lieben sehr schmale Zinken und breite Schwalben, ich ziehe eine gleichmäßige Teilung *an der Innenseite* vor (Abb. 5 a und b). Sie ist leichter berechenbar und ich mag sie auch optisch recht gern.

Legen Sie nun Vorder- und Hinterteil des Schubkastens so zusammen, daß später außen liegende Teile auch außen liegen; entsprechend kommen die Innenseiten direkt zusammen, alle Kanten bündig, Hirnflächen nach oben bzw. unten.

Da die durchgefrästen Nuten jetzt oben sichtbar sind, berücksichtigen Sie, daß sie an den Seiten vollkommen verdeckt werden. Das erreicht man, indem die an beiden Seiten entstehenden Halbzinken so breit werden, daß sie die Nut verdecken. Abb. 6 erläutert das. Da die Nut meist 8 mm von unten beginnt, reicht sie bei 4 mm-Sperrholz bis 12 mm. Also machen Sie die Halbzinken beide wenigstens 13, besser noch 14 mm breit. Messen Sie nun den verbleibenden Raum zwischen diesen Rissen und teilen Sie ihn durch eine *ungerade* Zahl so, daß etwa 16-22 mm herauskommen.

Nach Möglichkeit versucht man, die auszustemmende Breite den vorhandenen Stecheisen anzu-

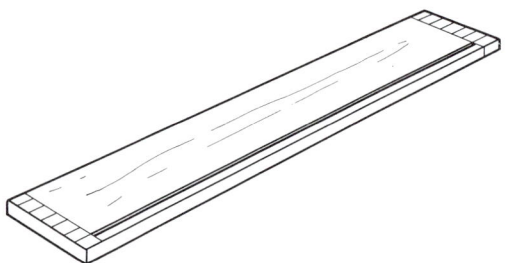

Abb. 3: Ein genutetes Schubkasten-Vorderstück, an dem die Zinkenteilung bereits angerissen wurde.

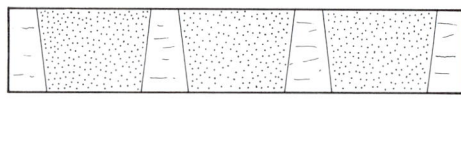

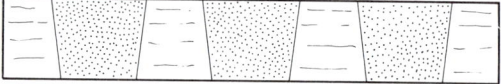

Abb. 5a und b: Die Teilung der Zinken ist Geschmacksfrage!

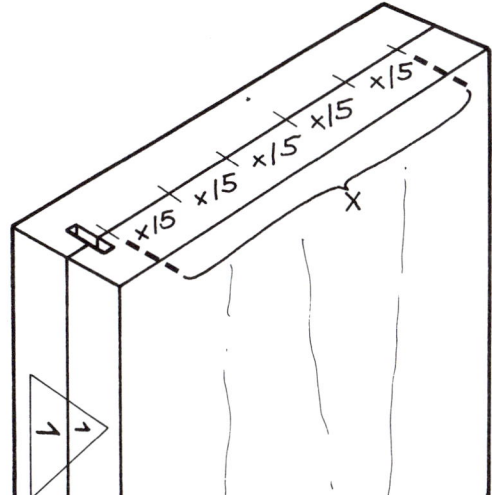

Abb. 6: So erfolgt die Festlegung der Zinkenteilung. Die hier durchgehenden Fräsungen für den Schubkastenboden in Vorder- und Hinterstück müssen später ausgeleimt werden.

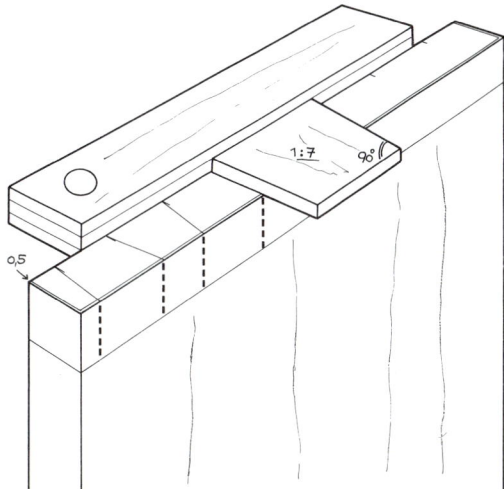

Abb. 7: Die Zinkenschmiege in Aktion. Der später zum Putzen benötigte Überstand in der Länge von ca. 0,5 mm ist deutlich zu erkennen.

passen, doch spielt das bei einzelnen Stücken keine so große Rolle. Nur schmaler als das schmalste Eisen darf's natürlich nicht werden. Es muß durch eine ungerade Zahl geteilt werden, weil sonst das Zusammenspiel zwischen Zinken und Schwalben nicht funktionieren kann.

Zeichnen Sie nun an der Fuge zwischen den beiden Teilen die gefundene Teilung exakt an (Abb. 6). Falls es doch nicht so ganz paßt, kontrollieren Sie nochmals, schleifen notfalls die ersten Risse wieder weg und zeichnen sie noch einmal richtig an. Dann nehmen Sie die Zinkenschmiege und zeichnen die Schrägen richtig herum an, immer einmal links, einmal rechts (Abb. 7). Schließlich schraffieren Sie jene Partien, die herausgestemmt werden müssen, und vergleichen nochmals, ob Ihnen kein Fehler unterlaufen ist.

Nehmen Sie nun die Teile einzeln und tragen Sie die rechten Winkel von den Endpunkten der Schrägen bis auf den Innenriß auf, innen und außen. Das muß äußerst genau erfolgen, wie alle Anreißarbeiten beim Zinken! Dann endlich greifen Sie zur Feinsäge und schneiden *in* den schraffierten Flächen entlang den Rissen so ein, daß genau der »halbe Riß« stehen bleibt (Abb. 8). Das hört sich leider leichter an, als es in der Praxis funktioniert. Üben Sie deshalb zunächst an Abfallstücken, die Sie aber bitte zuvor auf die gleiche Weise angezeichnet haben. Erst wenn das sicher gelingt, sollten Sie sich an die zugeschnittenen Originalteile wagen.

Am praktischsten für diese feine Arbeit ist eine gut geschärfte und geschränkte, gerade Feinsäge,

schon weil man dichter mit der Nase an das Werkstück heran kann, um wirklich genau hinzusehen. Der Könner macht das übrigens alles freihändig! Lassen Sie sich davon aber nicht entmutigen. Übung macht den Meister.

Um beim nachfolgenden Ausstemmen der Zinken die Innenkanten nicht zu beschädigen, muß man sich an die Regeln halten. Es hat sich bewährt, zunächst mit einem scharfen Schnitzmesser oder Stecheisen den Innenriß in jenen Bereichen einzuschneiden, die gestemmt werden müssen. Diese Bereiche werden dann mit dem Stecheisen zu einer V-Fuge erweitert, wie es Abb. 10 zeigt. Diese Kante dient nun bei den senkrechten Schnitten als Anschlagkante, von außen her nimmt man jeweils keilförmig das Holz weg. Keilförmig, damit die Außenkante als Auflage stehen bleibt (Abb. 11). Sie ist nötig, um anschließend, wenn etwa die Hälfte ausgestemmt ist, von der anderen Seite her den Rest auszustemmen, ohne daß er häßlich wegbricht.

Herstellen der Schwalbenschwänze

Der nächste Arbeitsgang besteht darin, die Form der hergestellten Zinken auf die Gegenstücke zu übertragen (Abb. 9), womit dann die Form der Schwalbenschwänze exakt den Zwischenräumen zwischen den Zinken entspricht, auch dann, wenn sie etwas unregelmäßig sind. Verwenden Sie nur notfalls einen harten, ganz spitzen Bleistift! Hier ist es sinnvoller, eine spitze Reißnadel zu nehmen! Die kurzen, deutlichen Risse mit dem Bleistift nur nachziehen, damit der »halbe Riß« sichtbar wird.

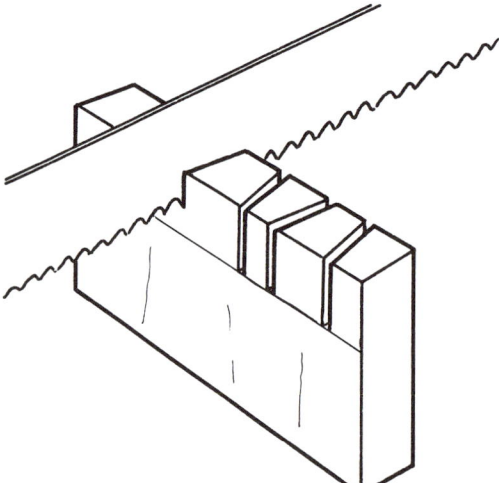

Abb. 8: Die Zinken werden exakt auf »halben Riß« eingesägt, Schnitt natürlich im wegfallenden Teil.

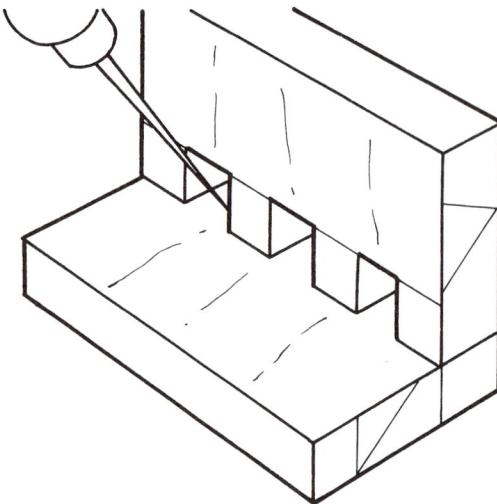

Abb. 9: Die Zinken dienen als Schablone zum Anreißen
der Schwalbenschwänze (mit der Reißnadel oder einem
ganzen spitzen, harten Bleistift!)

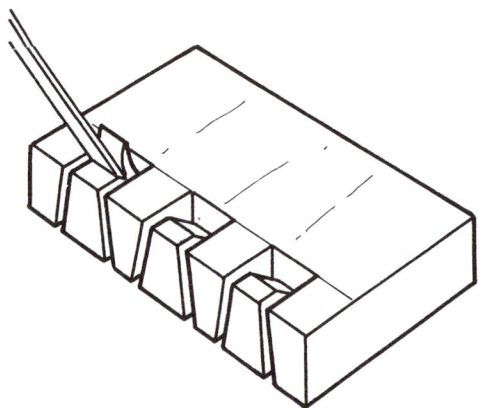

Abb. 10: Im ersten Stemmgang läßt man die Vorderkanten der herausfallenden Stücke durch schräges Stemmen
noch stehen.

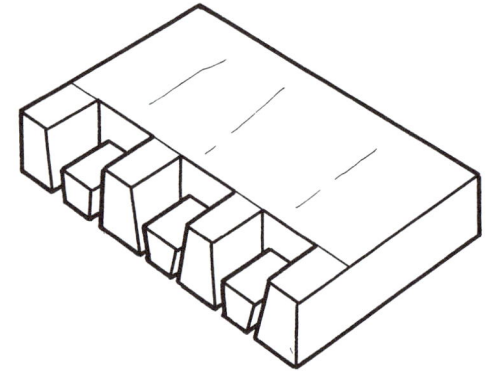

Abb. 11: Hier bilden sie, nicht sichtbar, die Unterlage
beim Stemmen der Gegenseite. So vermeidet man Aus-
brüche.

Auch hier überwinkeln Sie nun mit dem kleinen rechten Winkel so, daß Sie danach einsägen und stemmen können (Abb. 12). Sie haben die Form der Zinken aber nicht auf der Gegenseite, sondern müssen das insoweit freihändig machen. Auch die angezeichneten rechten Winkel auf dem Hirnholz dienen hier *nur als Hilfslinien*, denn in der Praxis sägen Sie so, daß die Schwalben hinten eine Winzigkeit breiter werden als vorn, wo Sie den übertragenen Riß haben. Bei 16-17 mm Brettdicke macht man den Keil etwa 0,5 mm, eher noch weniger. Damit erreicht man, daß sich die Schwalben beim Eindrücken in die Zinken nach außen hin ganz leicht verdicken und dadurch die Zinken etwas zusammendrücken (Abb. 13). Das ergibt erst den wirklich festen Sitz, der perfekte Zinkungen aus-

zeichnet. Die Fugen sind dann an keiner Stelle ringsherum »offen«, sondern fest geschlossen wie bei einer guten Leimfuge. Abschließend dann beidseitig leimen. Klopfen sollte man nur mit kräftigem Schonklotz (Abb. 14).

Sicher wird Ihnen das Zusammensetzen nicht sofort gelingen. Kleine Hilfen sind gut ausgesuchte, furnierdicke Keile, die in den noch frischen Leim mit eingedrückt werden. Die Richtung der Jahresringe muß aber zur Umgebung genau passen. Notfalls schneidet man nach dem Verleimen nochmals mit der Feinsäge dreieckig ein und gibt wiederum gut ausgewählte Furnierstückchen hinein. Vergessen Sie nur nicht, den Sperrholzboden *vor* der Verleimung einzupassen und auch wirklich einzulegen. Er benötigt nur ganz wenig Luft ringsher-

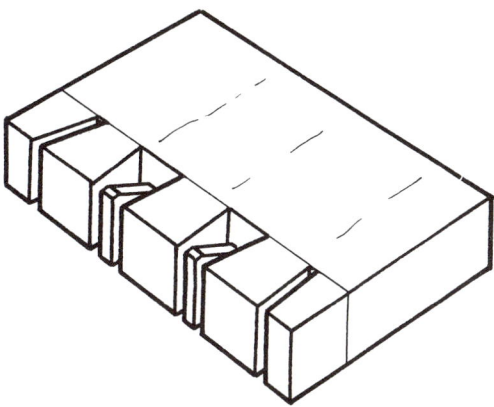

Abb. 12: Auch die Schwalben werden ganz sauber ausgestemmt und schließlich alle Ecken sorgfältig nachgestochen!

um, darf aber auch nicht zu groß sein; sonst bekommen Sie den Kasten nicht zusammen.

Nach dem Abbinden wird der Schubkasten oder was es sonst geworden ist vorsichtig geputzt. Entweder mit dem scharfen Hobel (immer nur von außen mit dem schräggehaltenen, aber gerade geführten Hobel;) oder, für Ängstliche, nur mittels Schleifen. Haben Sie an die beschriebene 0,5 mm-Zugabe gedacht, dann dankt Ihnen das Ihr Werk dadurch, daß Sie wirklich blitzsaubere Hirnholzflächen an den Zinken und Schwalbenschwänzen erhalten, die das ganze Stück zieren. Unsaubere Zinken versteckt man dagegen besser hinter Blenden. Breitere Stücke zinken sich nicht schwerer als schmale, während das bei verschiedenen maschinellen Methoden gern Ärger bereitet, wenn sich

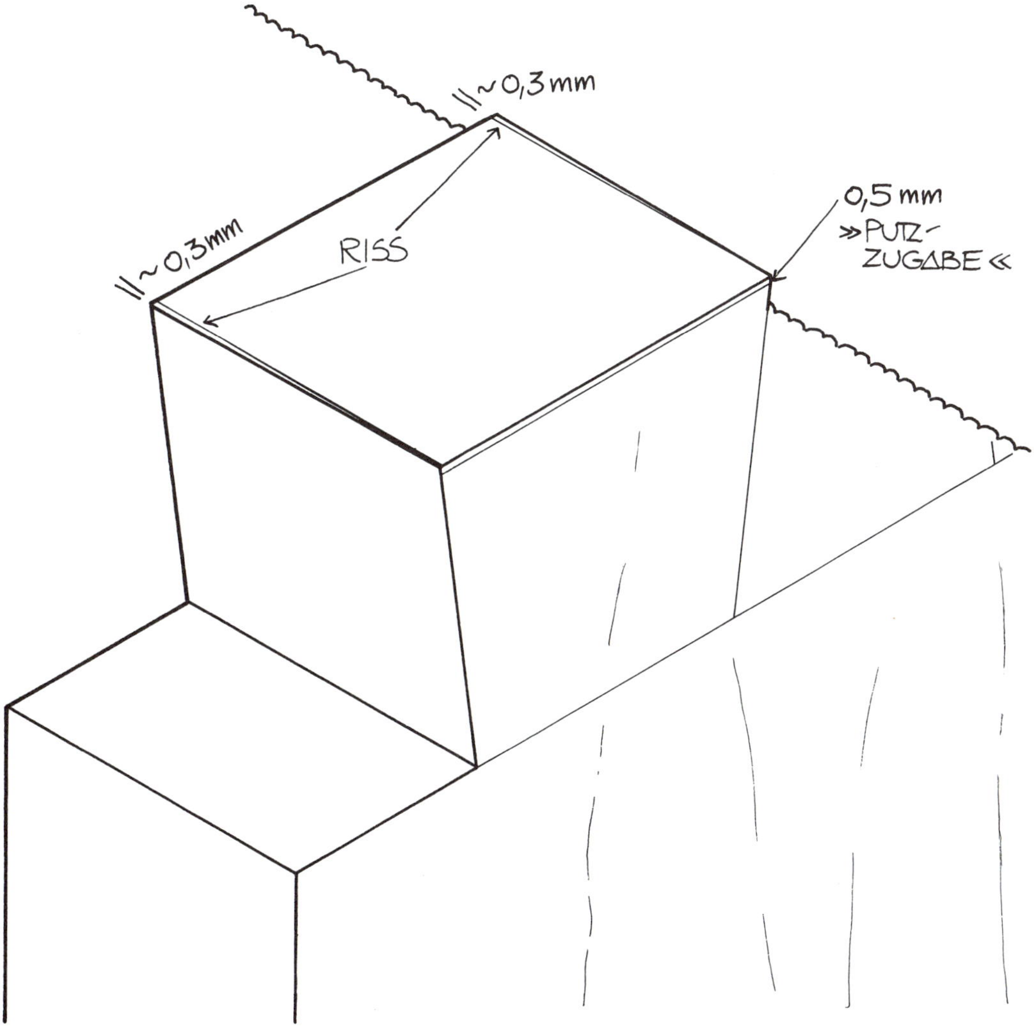

~0,3 mm

~0,3 mm

RISS

0,5 mm
»PUTZ-
ZUGABE«

Abb. 13: Der Fachmann schneidet die Schwalben einen Hauch keilig, also nur innen genau halber Riß, außen eine Winzigkeit breiter. So halten sie bereits ohne Leim!

die winzigen Differenzen addieren. Auch bei der Fingerzinkung ist das peinlich und läßt sich nur durch äußerste Perfektion verhindern.

Das Zinken kann regelrecht zur Leidenschaft werden, bei der man nach immer höherer Perfektion strebt. Schauen Sie sich daraufhin mal alte Möbelstücke an! Man kann deutlich sehen, wo im Akkord gearbeitet werden mußte und andererseits, wo ein Könner an der Arbeit war und sich Zeit gelassen hat. Regelrechte Zierzinken gibt es da, die allseitig aus der Fläche hervorstehen und kunstvoll beschnitzt sind.

In den letzten Monaten hatte ich Gelegenheit, aufgrund eines Entgegenkommens der Firma Festo deren kleines Zinkenfräsgerät zusammen mit der zugehörigen Handoberfräse eingehend zu erproben und habe seitdem meine zuvor eher ablehnende Haltung gegenüber diesem Gerät korrigieren müssen.

Zwar sind die damit herstellbaren Zinken nur 10 mm hoch, haben aber eine entsprechend feine Teilung und bei sorgfältiger Einstellung der Vorrichtung nach Gebrauchsanleitung eine Qualität der Passung, die mich bei aller langjähriger Erfahrung wirklich verblüfft hat.

Die halbverdeckten Zinken, wie ich sie hergestellt habe, haben durch diese außerordentlich genaue Passung und ihre hohe Zahl eine so gute Haltbarkeit der Verbindung bewirkt, daß sie einer Anfänger-Handzinkung mit Sicherheit überlegen ist. Für Werkstücke wie beispielsweise Schubkästen, Spielzeugkästen, Truhen kleinerer Ausmaße und tausend andere Kisten und Kästen bietet sich dieses System direkt an.

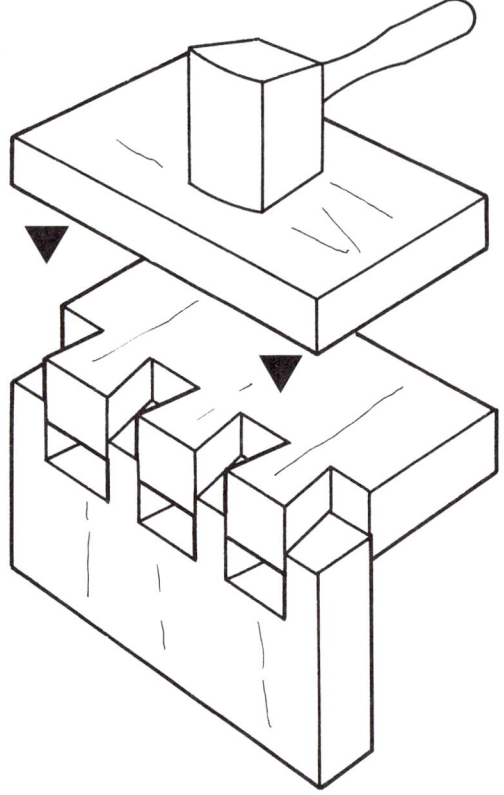

Abb. 14: Der spannende Moment!

Einmal richtig eingestellt, läuft man Gefahr, alles geeignete Holz damit zu verarbeiten, soviel Spaß macht es, so schnell geht die Arbeit von der Hand. Es sind wirklich nur noch Minuten, wofür ein geübter Tischler sonst Stunden benötigt.

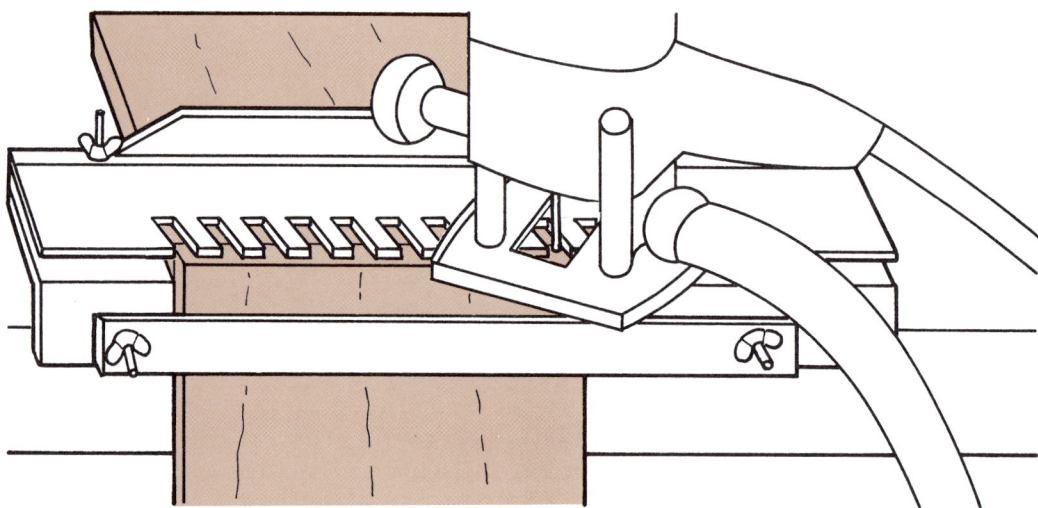

Abb. 15: Maschinelles Zinken mittels Schablone und Handoberfräse.

GRATEN

Wenn verleimte Massivholzplatten ohne Rahmen eben gehalten werden müssen, z.B. als Truhendeckel, Tisch- oder Schreibplatte, dann bieten sich die Anwendung von Gratleisten (Abb. 1 und 2) an. Aber auch für Schrank- und Kommodentüren ist ihre Anwendung sinnvoll, sofern die 30-40 mm Tiefenverlust zu verschmerzen sind.

Der Hauptvorteil liegt darin, daß sich wirklich völlig ebene Flächen herstellen lassen, ohne störende Fugen zwischen Rahmen und Füllung, wo sie auf Dauer nie ganz zu vermeiden sind.

Der Nachteil wurde schon angedeutet: sie brauchen auf der Rückseite Platz. Versucht man, die Gratleisten so niedrig zu bauen, daß sie gar nicht oder nur wenige Millimeter vorstehen, dann ist ihre Wirkung gering.

In vielen Fällen läßt sich die vorstehende Gratleiste aber als konstruktives Element nutzen und bildet so keine Beeinträchtigung der Nutzungsräume, z.B. dann, wenn sie als Träger von Beschlägen dient, die ohnehin benötigt würden, ganz davon abgesehen, daß sie bei sorgfältiger Gestaltung auch ein schmückendes Detail darstellt.

Die Wirkung der Gratleiste in Verbindung mit der passenden Gratnut erklärt sich daraus, daß sie einerseits den verbundenen Hölzern genügend Arbeitsmöglichkeiten beläßt, das Holz kann also

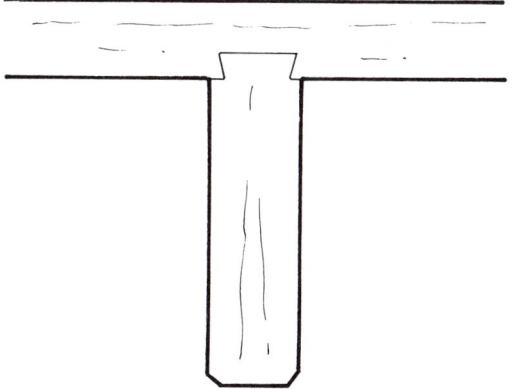

Abb. 1: Schmale, hohe Gratleiste.

Abb. 2: Breite, flache Gratleiste.

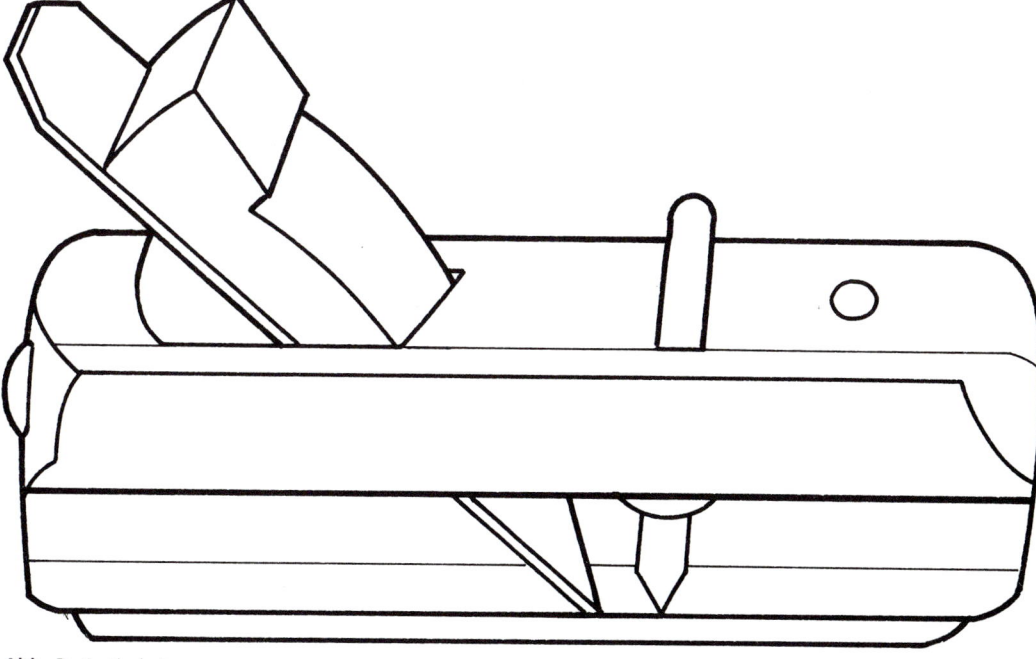

Abb. 3: Grathobel.

schwinden und quellen ohne zu reißen, andererseits aber durch die besondere Form des Schwalbenschwanzes die Teile dennoch fest verbindet.

Als Werkzeuge werden bei reiner Handarbeit benötigt: Eine Gratsäge (Abb. 5), ein Grathobel (Abb. 3) und ein Grundhobel (s. S. 44), ein Stecheisen von etwa 10 mm Breite, Feinsäge, Holzhammer und das übliche Anreiß-Werkzeug.

Zu beachten ist, daß die Gratnut genügend weit von den Hirnholzenden der Platte entfernt angeordnet wird, weil das Holz auf Abscherung belastet wird. Mindestens 50 mm sollen es sein, besser noch mehr; zweitens dürfen durch die Gratleisten die übrigen Funktionen des Möbels nicht behindert werden; drittens soll die Nut nicht durchgehend, sondern an den Enden verdeckt sein, weil keine gestalterisch befriedigenden Ausführungen bei sichtbaren Enden der Gratnuten bekannt sind, und viertens muß natürlich der konstruktive Zweck erreicht werden, also volle Arbeitsmöglichkeit des massiven Holzes und trotzdem einwandfreie Gerade-Haltung der Nutzflächen.

Bei unseren relativ kleinen Platten reichen zwei Gratleisten aus, bei längeren Bänken, Tischplatten usw. müssen entsprechend mehr Leisten eingesetzt werden, um die Haltewirkung gleichmäßig über die ganze Länge zu gewährleisten.

Wichtig ist schließlich noch die ausreichende Größe der Gratleiste: sowohl die Stärke wie auch die Höhe müssen dem Verwendungszweck entsprechen. Dabei muß eine ausreichende Stärke der Gratleiste verhindern, daß durch die Spaltwirkung des Schwalbenschwanzes der eigentliche Gratbereich von der übrigen Leiste abgespalten wird, während die Höhe der Leiste ausreichen muß, um die Biegekräfte der verleimten Platten sicher aufzufangen. Rechnerisch sicher keine ganz einfache Aufgabe, die der Tischler üblicherweise mit Erfahrungswerten löst und dabei lieber überdimensioniert, statt sich auf Experimente einzulassen. Außerdem wirkt eine kräftigere Leiste optisch meist erheblich besser als eine auf Minimum reduzierte, schwächlich erscheinende Gratleiste.

Zu beachten ist ferner, daß breite Gratleisten zwar rechnerisch niedriger sein können, dafür aber den Nachteil haben, daß sich auch bei ihnen das Schwinden und Quellen auf die Paßgenauigkeit auswirkt, die Gratleisten in dieser Ausführung deshalb meistens später zuviel Luft haben und die Platte ungenügend halten. Sie kann sich dann trotz Gratleiste verziehen.

Um das Maß vollzumachen, spielt auch noch die Bewitterung mit, denn eine Anwendung in der Wohnung stellt andere Anforderungen als die Verwendung in regengeschützter Außenlage oder gar ganz im Freien.

Herstellen der Verbindung

Fertigen Sie zunächst nach den angegebenen Maßen die Gratleisten an, sauber gehobelt, scharfkantig und winklig.

Die Höhe des Grates wird durch die richtige Einstellung des Grathobels (Abb. 3) festgelegt, dessen Hobeleisen scharf sein muß und richtig eingestellt, was Sie besser zunächst an einem anderen Reststück ausprobieren. Wie bei anderen Hobeln auch darf die Spanabnahme weder zu gering noch zu groß sein. Genau senkrechte Haltung des Hobels

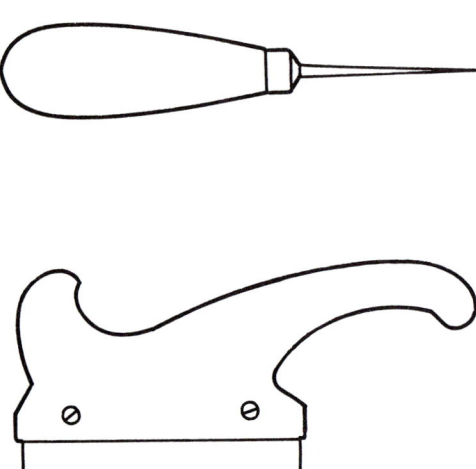

Abb. 4 (oben)**:** Spitzbohrer (Reißnadel mit Griff).
Abb. 5 (unten)**:** Gratsäge.

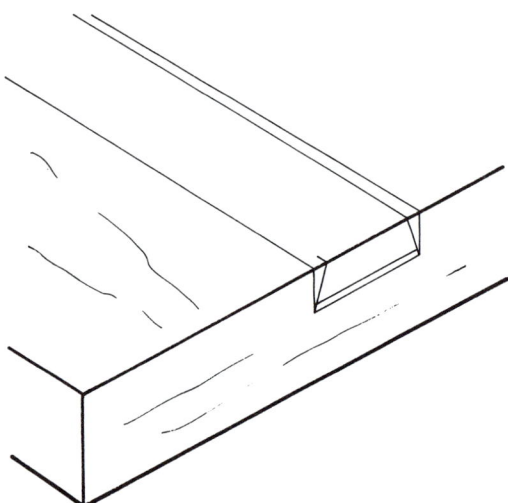

Abb. 6: Anreißen der Gratschräge an der Längskante nach der Gratleiste.

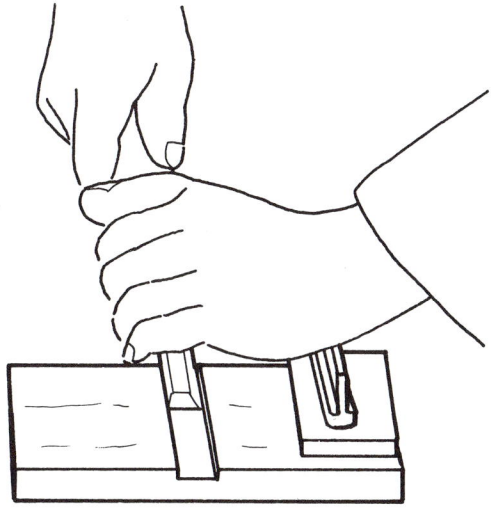

Abb. 7: Das Ausräumen der Gratnut mit dem Stecheisen.

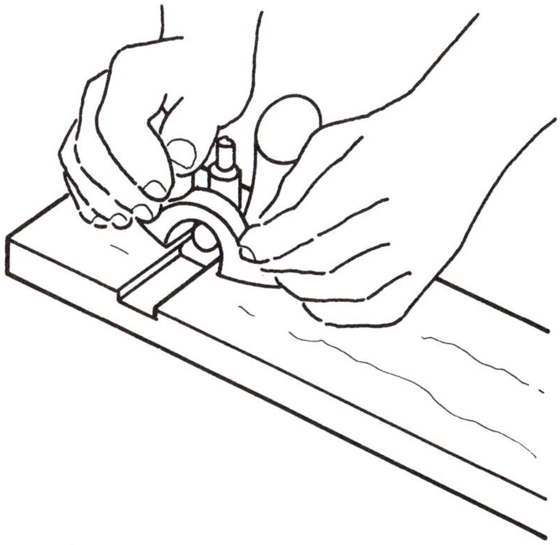

Abb. 8: Die bereits gesägte Gratnut wird mit einem Grundhobel (englisches Modell) ausgeräumt.

ist ebenfalls nötig, da Sie sonst den eingearbeiteten Winkel verfälschen. Er liegt immer um etwa 15° herum, mit Abweichungen bei älteren Werkzeugen.

Sobald Sie sicher sind in der Handhabung, stoßen Sie nun beidseitig an die ausgesuchte Kante den Grat an, und zwar so tief, bis das Eisen auch die außen zunächst stehenbleibende Fläche erfaßt hat. Dann hobele ich durch weiter nach innen versetztes Ansetzen des Hobels den Grat noch etwas konisch, wichtig ist dabei, daß beidseitig nur nach dem einen Ende gearbeitet wird!

Zeichnen Sie nun auf der Unterseite der Platte die gewünschte Lage der Gratleiste an, zunächst nur

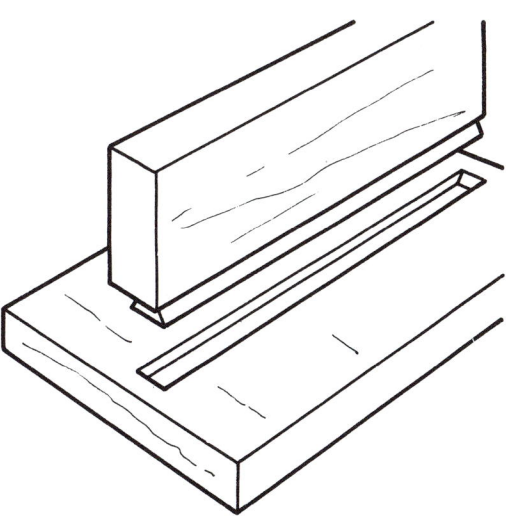

Abb. 9: So sollen Gratleiste und Gratnut später ineinandergreifen

ganz dünn mit dem spitzen Bleistift. Dann setzen Sie die fertige Gratleiste an der vorgesehenen Stelle sorgfältig auf (dünnes Ende nach vorne!), fixieren Sie am besten mit zwei kleinen Zwingen und übertragen die Umrisse mit einer Reißnadel (Spitzbohrer, Abb. 4) auf die Platte. Kennzeichnen Sie Platte und Leiste, denn die Leisten fallen meist doch etwas unterschiedlich aus.

Danach zeichnen Sie, ebenfalls mit der Reißnadel, den Abdruck der Hirnseite der Leiste auf die Kante der Platte, die später den verdeckenden Anleimer erhält (Abb. 6), wobei die Kanten der Leiste ganz exakt mit den bereits angelegten Rissen übereinstimmen müssen. Jetzt können Sie die Stahlzunge Ihres großen Anschlagwinkels oder ein anderes Stahllineal parallel zum ersten Nadelriß auf der Fläche so anlegen, daß ein neuer Riß möglich wird, der die schmalere, obere Öffnung der Nut bezeichnet.

Ich erwähnte, daß man an jener Schmalseite anreißt, die später einen Anleimer erhält. Das wurde zuvor nicht besprochen. Es zeigt aber eine einfache Möglichkeit auf, die Nut mittels der Gratsäge herzustellen, ohne an beiden Enden »einsetzen« zu müssen. Man kann die spezielle Gratsäge (Abb. 5), die auf Zug arbeitet, also zum Körper hin durchziehen und spart dadurch viel Kraft und Arbeitszeit. Das vordere Ende der Nut, dort, wo nicht durchgezogen wird, arbeitet man vor diesem Arbeitsgang mit Stecheisen und Hammer einige Zentimeter heraus (Abb. 7), um dort die Säge leichter ansetzen zu können.

Man kann aber auch beidseitig Anleimer vorsehen und hat dann die Möglichkeit, die Gratsäge voll

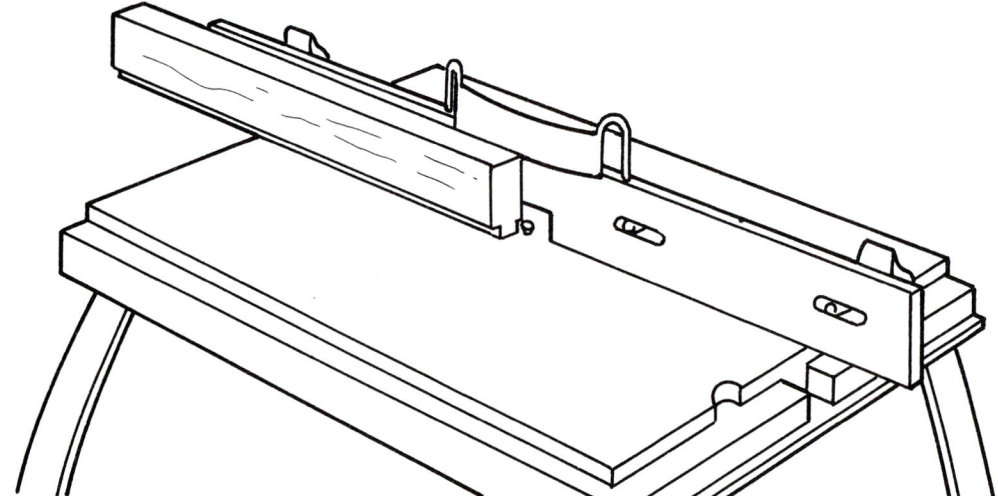

Abb. 10: Beim Herstellen der Gratleisten ist die Oberfräse im Stationärtisch eine große Hilfe.

durchzuziehen. Es ist sicher die einfachste Lösung, nur wünscht man oft vorn diese Leimfuge nicht. Wird sie aber sorgfältig ausgeführt, verschwindet sie in der Zeichnung des Holzes total, so daß ich für die nachfolgenden Bauanleitungen diese einfachere Lösung empfehle. Trennen Sie einfach das vordere Brett entsprechend ab, kennzeichnen Sie es und leimen es später wieder dort an. Dann stimmt die Zeichnung des Holzes fast hundertprozentig überein, nur um die Schnittverluste verschoben. Fügen Sie die Schnittfugen vor dem Graten, denn mit der eingeschobenen Gratleiste kommen Sie nicht mehr heran. Hinten verfahren Sie genauso.

Beim Ansetzen der Gratsäge gelten die gleichen Regeln wie bei anderen Sägen: zunächst vorsichtig ansägen, dann erst mit Kraft durchziehen und dabei exakt auf den Winkel achten, der durch das Anzeichnen an den Kanten festgelegt wurde.

Man hebt das beidseitig abgetrennte Holz zunächst mit einem passenden Stecheisen grob heraus und entfernt den Rest mit dem Grundhobel (Abb. 8), falls einer vorhanden ist. Sonst geht das auch bis zum Schluß mit dem Stecheisen, erfordert nur etwas mehr genaues Arbeiten damit.

Machen Sie die Gratnut etwa 0,5 mm tiefer als die Höhe des Grates an der Gratleiste! Sonst behindern kleinste Unebenheiten der quer verlaufenden Fasern am Nutgrund das Einschieben der Leiste.

Wenn Sie genau gearbeitet haben, wird das probeweise Einschieben ohnehin sehr schwer gehen (Abb. 9). Geben Sie als Gleitmittel ganz wenig trockene Kernseife an die Flanken der Gratleiste, dann geht's schon bedeutend leichter. Schlagen Sie die

Leiste trotzdem niemals mit Gewalt in die Nut: das gibt nur Bruch. Sie soll vielmehr relativ leicht hineingleiten und erst im letzten Drittel dann fester gehen, aber immer noch ohne rohe Gewalt. Sie erreichen das, indem Sie zunächst Ihre Nut genau inspizieren und Ungenauigkeiten mit dem haarscharfen, breiten Stecheisen beseitigen. Stellen, an denen die Leiste klemmte, erscheinen blanker als die übrigen.

Ist die Nut in Ordnung, hobeln Sie den Grat an den Gratleisten mit noch feinergestelltem Hobel vorsichtig nach, nur jeweils ein Hobelstrich, bis das geschilderte Verhalten beim Einschieben gegeben ist. Arbeiten Sie mit dem Gummihammer oder wenigstens mit einem kräftigen Beilegeklotz, wenn Sie den eisernen nehmen müssen.

Haben Sie das nun bei beiden Leisten geschafft, stehen diese über die Plattenbreite über. Man entfernt nun (oder auch schon vor dem endgültigen Einpassen) vorn und hinten einen Teil des Grates an den Leisten, und zwar soviel, daß vorn und hinten etwa 5 mm Luft entstehen. Das ist nötig, damit die Platte beim weiteren Schwinden schmaler werden kann, ohne daß die Gratleiste die Anleimer absprengt. Da nur der Schwalbenschwanz an den Leisten abgetrennt wird (Feinsäge und Stecheisen), wird das verbleibende Loch durch die überstehenden Teile der Gratleiste verdeckt. Sie ist länger als die gesamte Nutlänge, damit sie auch beim Quellen der Platte die Gratnut noch voll verdeckt, meist ebenfalls um 5 mm beidseits.

Denken Sie daran, daß nach dem Anleimen der zuvor abgetrennten und wieder gefügten Anleimer die Gratleisten weder eingeführt noch entfernt

werden können! Also vorher alles nochmals überprüfen, Risse wegschleifen und dann erst verleimen.

Ergänzen will ich noch eine Fehlermöglichkeit: Das
Putzen der Unterseite der Platte, um die Risse etc.
zu beseitigen, muß unbedingt *vor* dem endgültigen Einpassen der Gratleisten erfolgen, weil selbst
Bruchteile eines Millimeters in der Höhe der Gratnut die Leiste zu locker gehen lassen. Und dann ist
leider die Anfertigung neuer Gratleisten unvermeidlich!

Maschinelles Graten

Das maschinelle Graten erfolgt bei solchen Einzel-
anfertigungen fast immer mit der Handoberfräse,
wenn möglich bei den Leisten im stationären Tisch
(Abb. 10). Es geht aber auch ohne ihn, wenn die
Teile gut eingespannt werden.

Bei der Herstellung der Gratnut wird der gleiche
Fräser wie beim Fräsen der Gratleisten verwendet,
was den exakten Winkel sichert (Abb. 11). Probieren Sie vorher an einem Probestück, wie die Führungsleisten aufgespannt werden müssen, damit
die Fräsung auch genau mit dem Riß übereinstimmt. Es geht dabei um Bruchteile eines Millimeters! Sie brauchen hier immer zwei Anschlagleisten, falls Sie nicht mit dem Festo-System arbeiten
können, das automatisch nach beiden Seiten sichert (Abb. 12). Zeichnen Sie einerseits sehr genau
an (Reißnadel), machen Sie aber außerdem die Risse deutlich kenntlich, also mit dickeren Bleistiftstrichen wenigstens an den Enden, damit die Risse
nicht durch Späne oder Maschinenteile während
des Arbeitens verdeckt werden. Ein häufiger Grund
für Fehler!

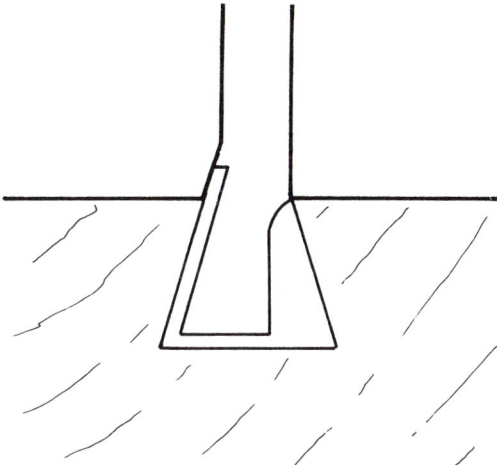

Abb. 11: So arbeitet der Gratfräser in der Fläche, um die
Nut auszufräsen.

Arbeiten Sie beim Herstellen der Nut so, daß Sie zunächst mit einem Finger- oder Nutfräser in der Mitte Luft schaffen. Der nachfolgende Gratfräser hat's
dann bedeutend leichter. Er muß von vorn herein
auf die endgültige Nuttiefe eingestellt werden,
und das führt zur Überlastung der doch sehr zierlichen Fräswerkzeuge, wenn nicht zuvor die Mitte
ausgeräumt wurde. Eine zweite Oberfräse zahlt
sich dabei aus, da sie das Umspannen der Einsätze
vermeidet bzw. das Umsetzen der Führungslinea-
le, was noch unangenehmer ist.

Umsetzen müssen Sie ohnehin schon genug, denn
die beiden Flanken der Gratnut verlaufen ja etwa 1
mm konisch zueinander.

Ebenso müssen Sie, falls kein Grathobel vorhanden
ist, auch beim Fräsen der Gratleisten auf dem sta-

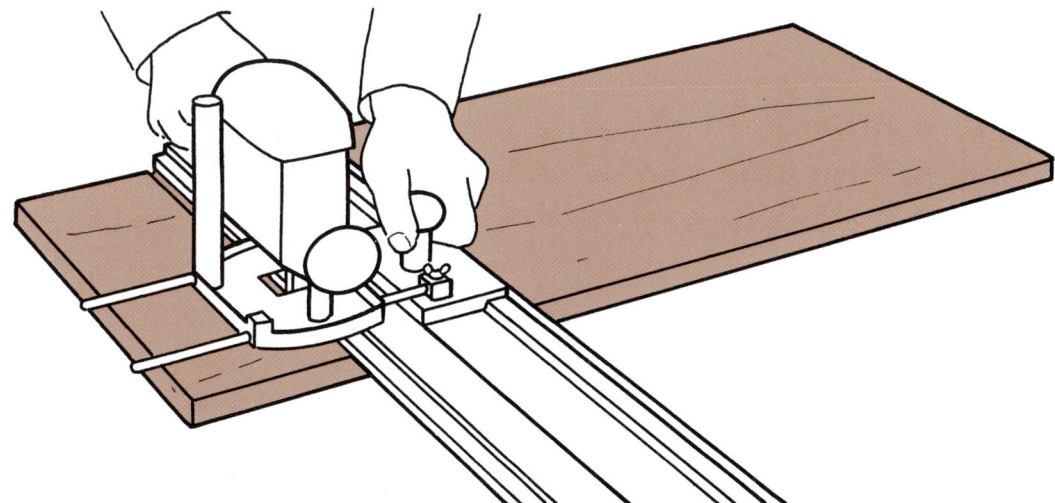

Abb. 12: Das Festo-Führungssystem mit der zugehörigen Handoberfräse erleichtert das exakte Arbeiten sehr.

tionären Tisch einen Trick anwenden, um die eine Flanke konisch zu fräsen. Ich mache das meistens so, daß ich die jeweils außen liegenden Kanten gerade lasse, die innen liegenden aber konisch fräse, indem ich am hinteren Ende, das dicker bleiben muß, einen schmalen Streifen selbstklebenden Furniers senkrecht anklebe und den Fräsanschlag um diese Stärke nach hinten verstelle. Dann greift der Fräser am hinteren Ende nicht an, weil der Furnierstreifen den Abstand einhält. Vorne greift der Fräser aber voll mit gleichmäßigem Verlauf nach hinten!

Sowohl beim Arbeiten von Hand wie mit der Oberfräse ist es hilfreich, bei nicht ganz durchgehenden Gratnuten vorn die Nut mit einem passenden Bohrer (Forstner o.a.) schon mal weitgehend auszubohren (Abb. 13) und nur noch die Feinheiten mit einem superscharfen Stecheisen nachzuarbeiten. Dann passiert es auch mit der Fräse nicht so leicht, daß zu weit durchgeschoben wird.

Beim Rahmen der Wickelkommodenplatte (S. 117), der in den Seitenteilen die Gratnut trägt, während die Hirnenden der Platte die Schwalbenschwänze aufweisen, besteht die Schwierigkeit darin, daß hier am Hirnholz gearbeitet werden muß.

Das setzt einwandfrei scharfe Werkzeuge voraus! Gute Grathobel haben außerdem einen Vorschneider, der senkrecht schneidet, vorritzt, wie man sagt, und damit ebenfalls das Ausreißen besonders bei solchen Hirnholzgraten verhindert. Achten Sie unbedingt darauf, daß dieses Messer richtig eingestellt und sehr scharf ist. Es darf weder zu wenig noch zu tief schneiden, sondern nur genau so tief, wie das nachfolgende Hobeleisen schneidet.

Falls Sie kein so ganz geeignetes Werkzeug haben, reißen Sie die Tiefe mit dem Streichmaß etwas kräftiger an (mit gut schneidender Spitze oder Schnei-

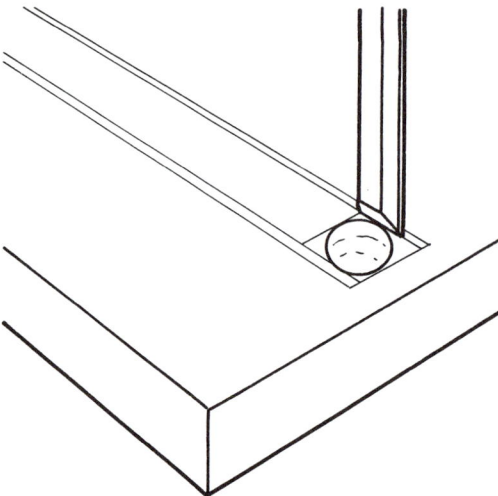

Abb. 13: Aber auch ein gebohrtes und/oder gestemmtes Loch am Ende der Nut ist eine Hilfe.

de!) und ziehen diesen Riß mit der Stecheisen-Ecke kräftig nach, aber auch hier bitte keinesfalls zu tief, was die Verbindung empfindlich schwächen würde. Besser ist es, dann bei Bedarf noch einmal nachzuziehen!

Man kann auch auf die Gratsäge notfalls verzichten, denn mit etwas Übung ist auch eine scharfe Feinsäge brauchbar. Zwar nicht ganz so handlich und leichtgängig, aber doch brauchbar. Daß der Grundhobel ebenfalls notfalls entbehrlich ist, wurde schon erwähnt. Und schließlich kann man bei kleineren Arbeiten auch noch auf den Grathobel verzichten, wenn man sich die Zeit nimmt und den Grat Stich für Stich mit einem breiten, wirklich gut schneidendem Stecheisen herausarbeitet, wobei ständig der Winkel geprüft werden muß. Sie sehen: wo ein Wille ist, findet der Tischler auch einen Weg. Aber mühsam ist das schon.

TÜREN UND ANDERE RAHMENKONSTRUKTIONEN

Das »Gesicht« der Möbel wird entscheidend von der Art der Türen geprägt, mehr als von der Ausführung des »Korpus« (Abb. 1). Wir benötigen Sie für den Kleiderschrank (S. 134), die Wickelkommode (S. 114) und viele andere Teile, bei denen der Inhalt vor Staub und auch vor neugierigen Blicken geschützt werden soll.

Neben den Türen mit Holzfüllungen sind natürlich auch solche mit verschiedenen Glasfüllungen möglich, was reizvolle Flächenbelebung und interessante Einblicke gewähren kann. Es muß also schon beim Entwurf festgelegt werden, welche Art der Füllung und welcher Verschluß gewählt werden soll.

Die »normale« Tür in diesem Band hat einen Massivholzrahmen mit eingenuteten Füllungen aus Hobeldielen-Material (bzw. Rauhspund) und ist mit selbstschließenden Topfbändern angeschlagen, die es heute in sehr soliden Ganzmetallausführungen gibt. Von den Billigangeboten mit Kunststoffteilen sollten Sie die Finger lassen; wählen Sie bitte auch nicht die kleinsten, schwächlichsten Typen aus.

Als Beispiel für viele andere sei hier die Anfertigung der beiden Türen für den Kinderkleiderschrank (s.

auch S. 137) beschrieben, stellvertretend für alle Türen mit Hobeldielen-Füllungen. Für andere Typen brauchen nur die Maße variiert zu werden. Der Arbeitsablauf bleibt stets der Gleiche.

Material

Warum ich dem Hobbytischler die Verwendung von Hobeldielen bzw. Rauhspund in Kiefer empfehle, ist auf S. 8 bereits eingehend erläutert worden. Bei allen Vorteilen hat das aber auch einen kleinen Nachteil, weil die Breite der Bretter die Türmaße bestimmt und damit eventuell die Maße des ganzen Möbels. Wenn Sie also ganz bestimmte Maße einhalten müssen, sind Sie unter Umständen gezwungen, auf anderes Material auszuweichen. Wie die Brettbreiten die Möbelbreite beeinflussen, zeigt eine einfache Rechnung bei 8 cm breiten Rahmenstücken, die gut zu diesen Möbeln passen, ergeben sich zusammen mit den 3 Füllungsbrettern von je 113 mm, Breite (und der nötigen Luft dazwischen) Türen von 503 mm Breite. Zusammen mit der Mittelfuge von 5 mm, der Stärke der Seiten mit etwa 22 mm links und rechts sowie der nötigen Luft an den Scharnierseiten von ca. 2 mm addiert sich dann die Gesamtbreite des Kinderkleider-

Abb. 1: Die Vorderansicht des Kleiderschrankes.

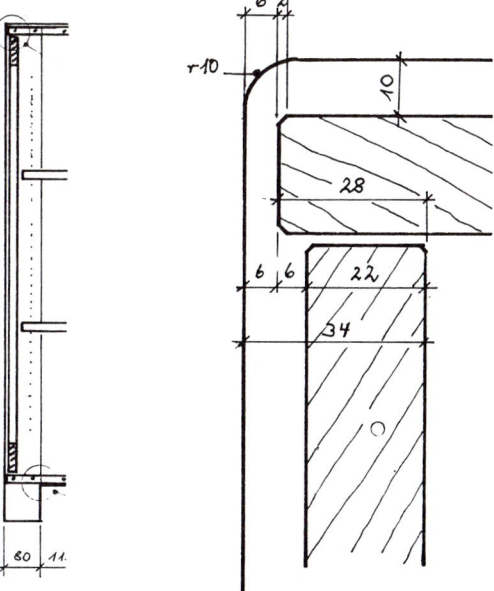

Abb. 2a/b: Details aus der technischen Zeichnung des Kleiderschrankes.

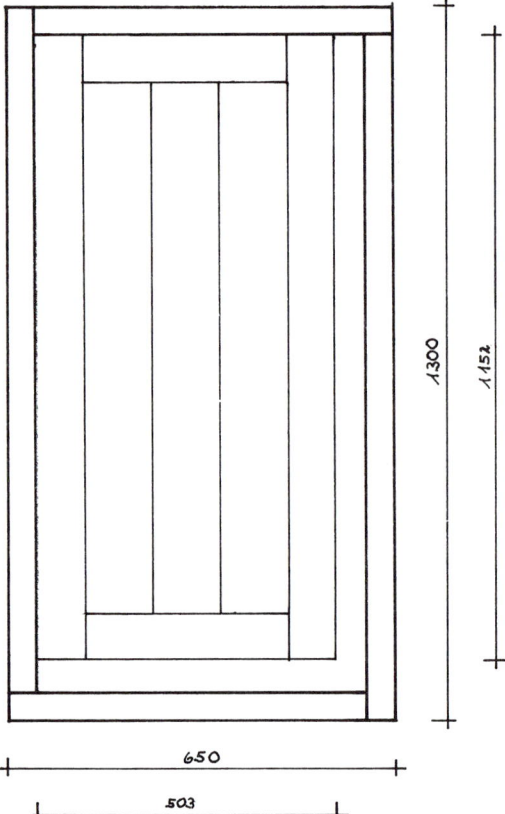

Abb. 3: Aufsicht auf die Bauplatte mit den eingezeichneten Maßen einer Kleiderschranktür.

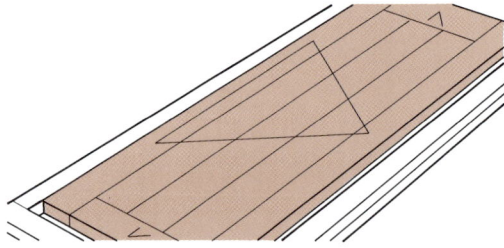

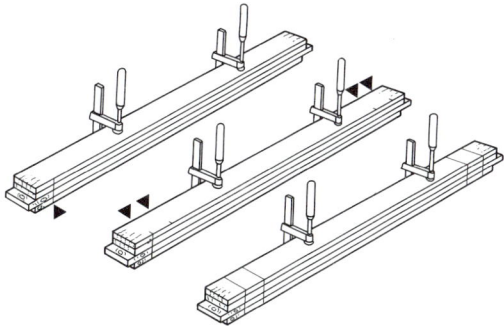

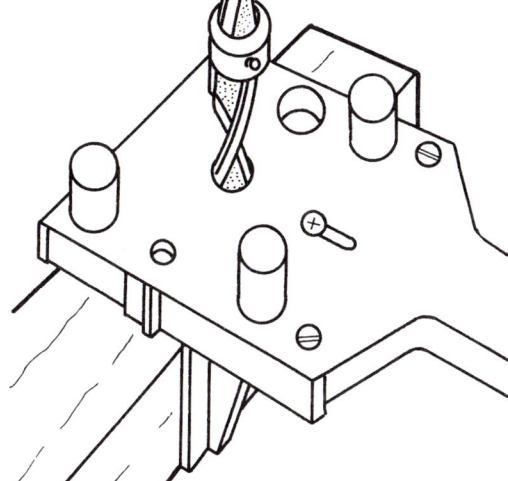

Abb. 5: a)Vier aufrechte Rahmenstücke im Paket, die unteren Ablängrisse exakt übereinander;
b) die übrigen Maße sind angerissen…
c) …und hier bereits überwinkelt.

le weitere Maße auf den Bruchteil eines Millimeters genau mit spitzem Stift auf eine der Kanten aufgetragen. Anschließend werden mit dem kleineren Anschlagwinkel diese Risse rings um den Stapel herum fortgesetzt.

Die Querstücke der Türrahmen waren bei diesem Vorgang noch nicht betroffen. Sie folgen als nächster Arbeitsgang mit gleichen Arbeitsablauf.

Je nach der Art der zu Verfügung stehenden Werkzeuge folgt jetzt das endgültige Ablängen mit mehr oder weniger großer Zugabe für das Bestoßen der Hirnenden (s. S. 48), von praktisch Null-Zugabe bei exakter Hobelsäge, etwa 0,5 mm bei

Abb. 7: Es geht natürlich auch mit der Bohrhilfe. Zum Bohren der Hirnholzlöcher in die kurzen Rahmenstücke braucht man sie ohnehin.

einer relativ feinschneidenden Kreissäge mit Parallelanschlag und knapp 1 mm, falls Sie mit der Handsäge oder auch einer Band- oder Stichsäge arbeiten.

Mit dem feingestellten Bestoßhobel (Putzhobel) stoßen Sie nun die Hirnkanten genau winklig unter ständiger Kontrolle mit dem kleinen Anschlagwinkel bis auf halbe Strichbreite (halber Riß). Machen

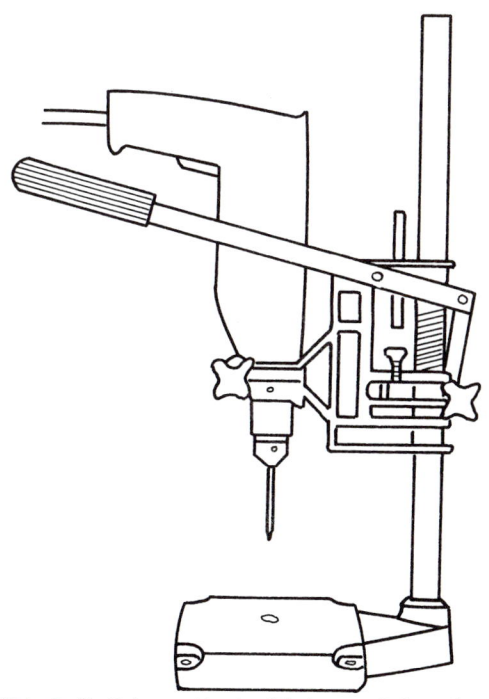

Abb. 6: Die Bohrmaschine im Ständer zum Bohren der genau senkrechten Löcher in den langen Rahmenstücken.

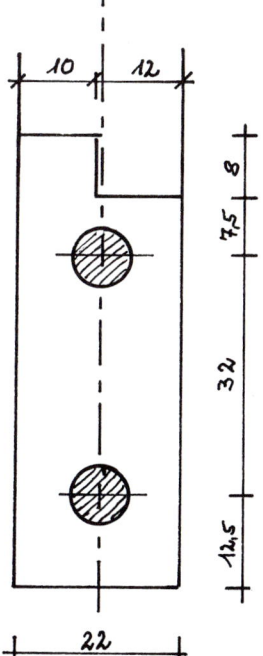

Abb. 8: Die Stirnseite eines Rahmen-Unterstückes.

Sie das möglichst mit fest eingespanntem Stapel in der Vorder- oder Hinterzange der Hobelbank, je nach deren Typ, und sichern Sie das freie Ende des Stapels mit Zwingen. Notfalls geht das auch an einer provisorischen Werkbank oder dem stabilen Küchentisch, nur wirklich sicher festgespannt muß die Sache sein. Das ist zwar anstrengender als die Bearbeitung der einzelnen Bretter, es wird aber genauer, weil die Länge des zu prüfenden Winkelschenkels größer ist.

Die wirklich exakte Ausführung gerade dieser Arbeit entscheidet mit über die Qualität der Türen. Sie werden windschief, wenn die Winkel hier an den Hirnenden der Querstücke nicht stimmen, aber auch an den Gegenpolen, den Kanten der aufrechten Rahmenteile.

Bohren

Für wirklich erstklassige Türen fehlt jetzt nur noch ein weiteres Kriterium: Die Bohrungen müssen wirklich senkrecht in den Flächen sitzen!

Freihändig können das nur Künstler. Ansonsten geht es auch mit einer Ständerbohrmaschine oder einer Handbohrmaschine im Ständer (Abb. 6); die zu bohrenden Teile werden dabei zusammen mit schonenden Beilagen in den Maschinenschraubstock gespannt. Kaum jemand hat jedoch eine Einrichtung, die auch das Bohren in die Hirnholzflächen längerer Stücke ermöglicht. Wie auf S. 57 ausführlicher beschrieben, gibt es aber unter verschiedenen Bezeichnungen Bohrhilfen, mit denen man bei etwas Übung recht exakte senkrechte Bohrungen schafft (Abb. 7). Es lohnt sich, das etwas zu üben, damit nicht gleich die Originalteile »verbohrt« werden. Bei den Langholzteilen sollten Sie allerdings auch dann, wenn Sie die Bohrhilfe

sonst verwenden, die Löcher immer im Ständer bohren, weil das doch noch genauer ist.

Zunächst geht es hier um die Löcher im Hirnholz der waagerechten Rahmenhölzer und der Füllungsbretter. Zeichnen Sie diese nach den Maßen in Abb. 8 an (Abb. 9 zeigt die perspektivische Ansicht mit eingesetzten Dübeln), stechen mit dem Spitzbohrer o.ä. leicht vor und bohren dann sorgfältig ca. 30 mm tief. Verwenden Sie dabei nur Holzspiralbohrer mit Zentrierspitze und Vorschneidern (Abb. 10). Dann wird das linke Rahmenstück wird an den linken Anschlag gelegt und nach oben an den Queranschlag gedrückt. Nun nehmen Sie das obere Querstück und stecken die passenden Markierungsspitzen in die beiden linken Löcher (Abb. 12). Schieben Sie es in der richtigen Lage am oberen Anschlag entlang nach links gegen das aufrechte Stück, so daß sich die Spitzen etwa 1 mm tief abzeichnen. Spitzen entfernen und in die linken Löcher des unteren Querstückes einsetzen. Dann die Füllungsbretter in richtiger Reihenfolge auf ihren Platz legen und als oberen Anschlag für das untere Rahmenstück benutzen. Drücken Sie dieses nun nach links gegen das linke Rahmenstück zur Markierung der Dübelbohrungen. Nach dem Umstecken der Spitzen in die rechten Löcher drücken Sie alles nach links und gleichzeitig auch nach oben, gegebenenfalls mit leichter Zwingenhilfe oder, falls Sie das etwas breitere Brett mit 4 Anschlagleisten gewählt haben, hier noch einfacher mit Hilfe der bewährten Holzkeile, so daß alles nicht nur eben auf der Platte liegt, sondern auch stramm an die Anschläge gepreßt wird. Dann drücken Sie das rechte Rahmenstück an der oberen Anschlagleiste entlang gegen die Spitzen der beiden Querstücke.

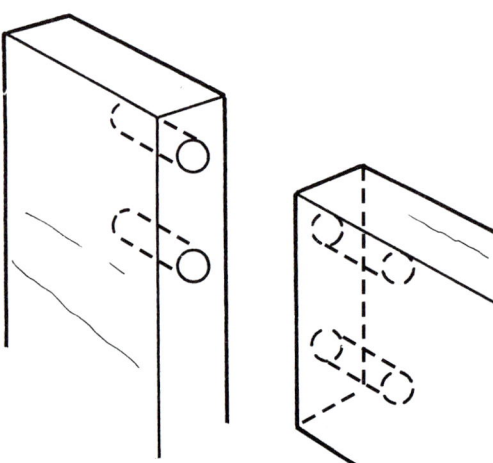

Abb. 9: Die Lage der Bohrungen in der perspektivischen Ansicht.

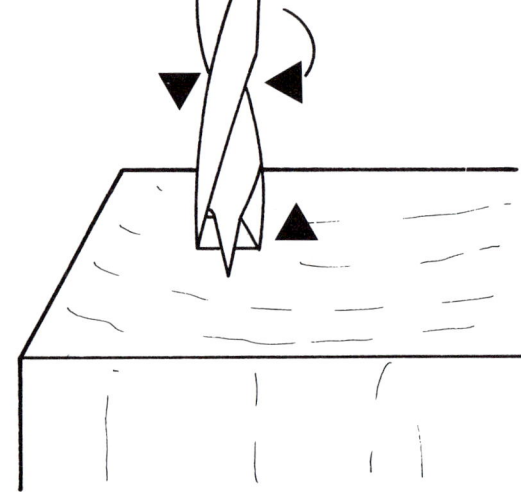

Abb. 10: Verwenden Sie ausschließlich die Holzspiralbohrer mit Zentrierspitze und Vorschneidern.

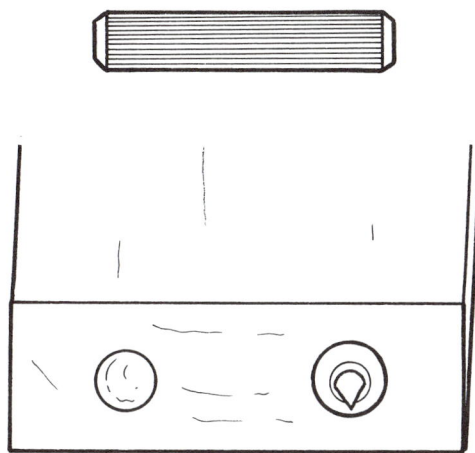

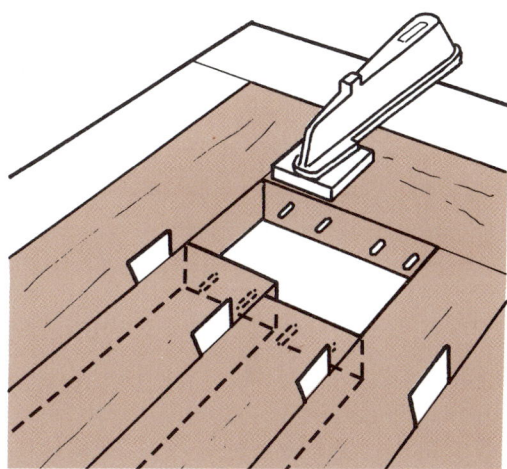

Abb. 11 (oben): Riffeldübel 8 x 50 mm aus Rotbuche.
Abb. 12 (unten): Die eingesetzten Markierungsspitzen. Genauer ist ihre Anwendung unter »Dübeln« (S. 57) erklärt.

Abb. 13: Die Furnierstücke zwischen den Brettern halten beim Markieren die nötigen Abstände ein.

Das flache Andrücken der jeweils zu markierenden Teile auf die Platte mit Zwingenhilfe ist eminent wichtig, weil sehr häßliche Versatzfehler auftreten, wenn die Teile nicht wirklich flach aufliegen! Die Platte muß sauber sein, keine Späne oder Leimreste, die Zwingen sollen leicht angezogen werden. Nach dem Bohren der Löcher in die aufrechten Teile, ebenfalls etwa 30 mm tief, leimen Sie die Riffeldübel 8 x 50 mm (Abb. 11) in die Hirnholzlöcher der Rahmenteile. Dabei Leim an die Dübel *und* an die Wandungen der Löcher geben, halb einschlagen und restlichen Leim abwischen.

Zusammenbau

Nach kurzer Abbindezeit können Sie nun den Rahmen bereits auf der Arbeitsplatte zusammendrükken und überprüfen, ob er wirklich flach aufliegt, also nicht windschief ist. Sonst müssen Sie jetzt sofort die Dübel so nachfeilen, daß sie in der richtigen Richtung »Luft« bekommen und den Rahmen nicht mehr windschief drücken. Allerdings wird die Haltbarkeit Ihres Erzeugnisses davon nicht besser. Ist es zu schlimm, helfen nur neue Teile.

Wenn das zur Zufriedenheit gelungen ist, folgt der Einbau der Füllungen. Legen Sie sie zunächst einfach in den Rahmen ein, drücken Sie den Rahmen wieder stramm zusammen, sichern ihn mit Zwingen oder Keilen, und stecken dann kleine Furnierstücke von ca. 1 mm Stärke in die Fugen zwischen den einzelnen Füllungs- und Rahmenstücken, um überall eine gleichmäßige Fugenbreite zu erhalten (Abb. 13). Kontrollieren Sie schließlich alles nochmals auf richtige Passung! Dann markieren Sie mit kurzen Bleistiftstrichen die Lage jedes Füllungs-

brettes zum oberen und zum unteren Rahmenstück so sorgfältig, daß anschließend bei auseinandergenommenem Rahmen die Füllungsbretter mit eingesetzten Spitzen wirklich genau dorthin gedrückt werden können, wo sie später sitzen sollen. Jetzt fehlt eigentlich nur noch das Bohren der entsprechenden Löcher im oberen und unteren Rahmenstück und das Einleimen der Dübel in die Füllungsbrettchen, und bei erneutem Zusammendrücken haben Sie schon annähernd die spätere Tür vor sich! Markieren Sie anschließend mit Bleistift, welche Kanten angefast werden müssen. Nachdem Sie die Fasen angehobelt oder gefräst haben (S. 45), sehen Sie alles sorgfältig noch einmal durch, beseitigen Druckstellen etc. und schleifen dann sorgfältig in Faserrichtung durch.

Verleimen

Dann endlich kommt Leim in die (gesäuberten!) Dübellöcher und der spannende Moment folgt, in

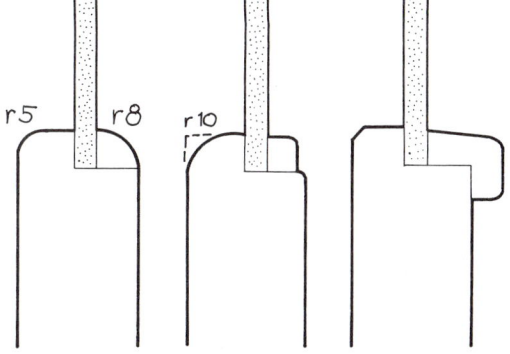

Abb. 14 a, b, c: Unterschiedliche Arten der »Glasleisten«.

dem die Verleimung komplett wird. Geben Sie den Leim mit dem Stäbchen an die Wandungen der Dübellöcher. Dann drücken Sie zunächst das obere Querstück an den oberen Anschlag, setzen Füllung für Füllung in der richtigen Reihenfolge ein und fügen schließlich das untere Rahmenstück hinzu, indem Sie es von einer Seite her beginnend eindrükken; wenn nötig, dem Rest mit Beilegeklotz und Hammerschlägen nachhelfen. Dann kommt das linke Rahmenstück an den linken Anschlag. Jetzt wird alles dagegengedrückt; schließlich wird das rechte Rahmenstück hinzugefügt und alles soweit zusammengepreßt, bis der Leim quillt und die Leimfugen verschwinden (Abb. 15). Vergessen Sie auf keinen Fall, hierbei Papier unterzulegen!

Auf jeden Fall sollten Sie nun die vier Ecken mit Schonklötzchen mittels 4 Zwingen auf die Platte spannen, schon um zu verhindern, daß die Zwingen oder Keile die Tür von der Unterlage abheben und zur Windschiefe verurteilen. Sinnvollerweise setzt man diese Eckzwingen schon an, wenn die Tür erst von Hand zusammengedrückt wurde, bevor Knechte oder gar Keile ihre Kraft entfalten. Die Eckzwingen erst nur schwach anziehen, so daß die Teile sich darunter noch verschieben können.

Jetzt gönnen Sie den Türen mindestens 1 Stunde Abbindezeit und nehmen Ihr Werk erst dann aus der Arbeitsplatte. Entfernen Sie den Leim, soweit Sie das nicht gleich beim Verpressen schon erledigt haben, und fasen Sie die Außenkanten der Türen noch leicht an.

Dann sind Sie soweit, daß höchstens noch leichte Nachbesserungsarbeiten folgen müssen, wie das Verschleifen vielleicht doch etwas uneben gelun-

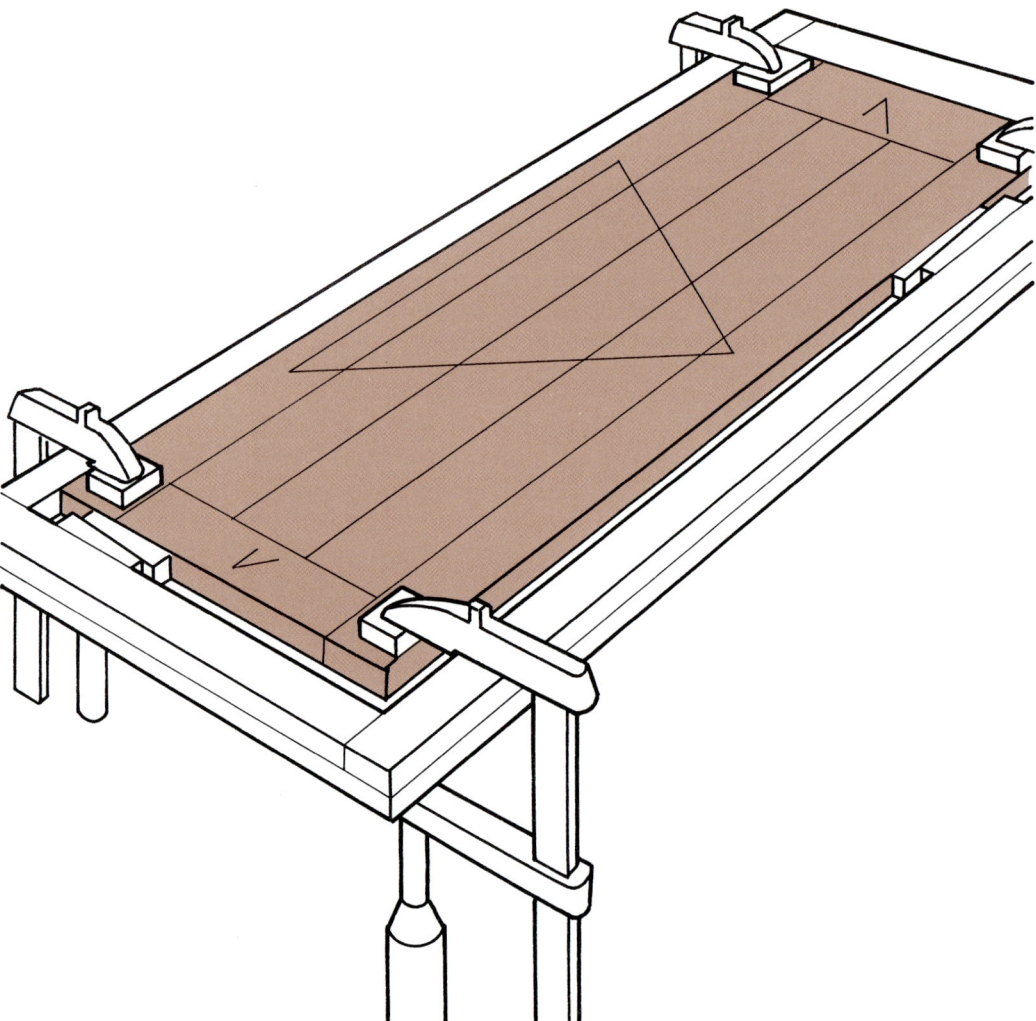

Abb. 15: Verleimt wird in der Bauplatte, hier die Version mit ringsum laufenden Leisten. Gepreßt wird mit Hilfe der Keile, die hier nur an zwei Ecken eingezeichnet sind. Die Türecken werden mit Beilagen und kleinen Zwingen auf die Platte gedrückt, um ein Abheben zu vermeiden.

gener Stoßstellen, bevor Sie sich an den Einbau der Topfscharniere wagen. Genaueres hierzu im nächsten Kapitel.

Glastüren

Gemeint sind hier Türen mit massiven Holzrahmen und Glasfüllungen. Falls Sie sogenannte Vollglastüren wünschen, müssen Sie diese ohnehin beim Glaser bestellen.

Die Rahmenherstellung ist der von Türen mit Holzfüllungen sehr ähnlich, nur nutet man Glas sinnvoller weise nicht fest ein, weil dann bei Bruch der Scheibe eine Auswechslung kaum möglich ist.

Vielmehr stattet man die Tür mit einem Falz aus (S. 82), dessen Maß etwa mit dem übereinstimmt, was sich bei den Holzfüllungstüren aus der Breite der Nut und dem dahinter liegenden Holz ergibt (Abb. 16). Weil die Glasscheiben meist nicht dicker als 3-4 mm sind, kann man mit etwas Geschick bei der Herstellung des Falzes auf der Kreissäge oder mit der Fräse das entsprechende Stück so herausschneiden, daß es gleich als »Glasleiste« verwendet werden kann, das nach dem Einlegen der Scheibe mit feinen, gestauchten Nägeln eingeheftet wird und die Scheibe hält (Abb. 14). Eleganter sieht es aus, wenn die Glasleisten etwas länger sind und so »auf Gehrung« geschnitten werden können. Das muß aber nicht sein.

Wie bei den anderen Türen muß man auch hier besonders darauf achten, daß die Dübel nicht mit

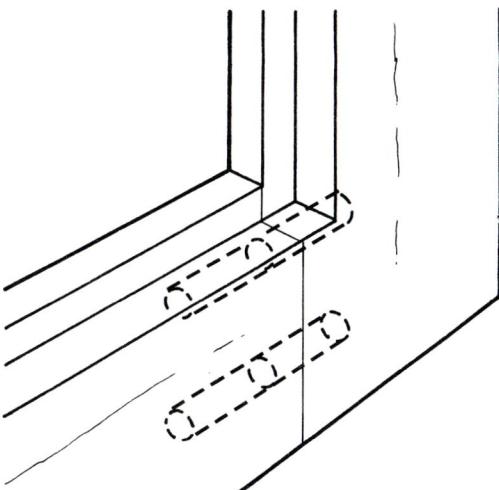

Abb. 16: Rahmentüren mit herausnehmbaren Füllungen, wie z.B. Glasscheiben, aber auch gefräste Holzfüllungen, werden in dieser Weise aufgebaut.

dem späteren Falzausschnitt in Konflikt geraten. Leider ist das auch ein häufiger Fehler in den Werkstätten.

Weil beim Markieren der Dübellöcher auf der Arbeitsplatte die Füllungsbretter als Führung des unteren Querstückes fehlen, drehen Sie den Rahmen nach Fertigstellung der ersten Ecke einfach herum, so daß Sie jetzt wieder die Führung durch linke und obere Anschlagleiste haben.

TOPFSCHARNIERE EINBAUEN

Wir verwenden bei allen gezeigten Möbelstücken mit Türen sogenannte Topfscharniere, die ihren Namen nach dem topfförmigen Teil haben, das mit einer einzigen Bohrung im Rahmenholz versenkt wird und, meist mit 2 Schrauben gesichert, hier eine zuverlässige Verankerung bildet (Abb. 1).

Der andere Schenkel des Scharnieres ist mittels einer Halteschraube auf einem sogenannten Bock oder einer Kreuzplatte montiert, die ihrerseits mittels 2 oder 3 Schrauben mit dem Korpus verbunden werden (Abb. 2).

Es gibt die Scharniere in einer Vielzahl von Ausführungen. Uns interessieren nur die kräftigen Ganzmetall-Ausführungen in selbstschließender Ausführung mit Höhenverstellung. Sie kosten zwar etwas mehr als die einfachen, ersparen aber dem Laien wie dem Fachmann viel zusätzliche Arbeit.

Die Vielzahl der Formen und Größen wird noch durch die sogenannte »Kröpfung« erhöht, sowie die Dicke der Kreuzplatten, die Sie den einfachen Böckchen (Abb. 3) vorziehen sollten. Sie geben einen sichereren Halt und kosten nur Pfennige mehr. Die Höhenverstellung ist fast immer nur mit ihnen erreichbar (Abb. 4).

Für die sogenannten vorschlagenden Türen (Abb. 5), die konstruktiv einfachste Lösung, verwendet man den Typ ohne Kröpfung (Abb. 7). Für den Anschlag an Mittelwänden, wo beide Türen nur zum Teil aufliegen, wird meist 8 mm Kröpfung verarbeitet, für die sogenannten »einschlagenden« Türen (Abb. 6), die ich hier bevorzuge, braucht man 16 mm Kröpfung und dicke Kreuzplatten (Abb. 8). Notfalls kann man die Dicke der Kreuzplatten durch untergelegte selbstgemachte Sperrholzklötzchen vergrößern, was besonders bei dicken Türen nötig wird (Abb. 9).

Die Montage ist im Vergleich zu anderen Scharniertypen wirklich sehr einfach, braucht aber ein spezielles Werkzeug, nämlich einen zum Durchmesser des Topfes passenden Bohrer. Hat man nicht zufällig einen verstellbaren, kommt man um den Kauf des passenden Forstnerbohrers (Abb. 10) nicht herum. Ich arbeite fast nur mit 35mm-Töpfen, bei sehr dicken Türen auch mit 40 mm, weil meine Massivholztüren oft stärker als 21 mm sind. Die nötige stabile Mechanik für solche Türen läßt sich nicht in den ebenfalls verbreiteten 26 mm-Töpfen unterbringen, die für die dünnen Spanplattentüren bestimmt sind.

Einbau

Zeichnen Sie bei Türen bis zur Größe des Kinderkleiderschrankes 10 cm von der oberen und unteren Kante der Türen auf der Innenseite des äußeren Rahmenstückes einen Riß wie in Abb. 11 gezeigt. Der Topf soll 3mm Abstand von der Außenkante haben: bringen Sie deshalb bei 35 mm Topfdurchmesser 20,5 mm von der Außenkante entfernt auf diesem Riß einen weiteren Riß an (Abb. 11). Im Schnittpunkt liegt der Mittelpunkt der Bohrung, den Sie mit dem Spitzbohrer so kräftig markieren, daß Sie später an der Ständerbohrmaschine (oder am Bohrständer) deutlich fühlen können, wie die Spitze des Bohrers dort Halt findet. Die Tiefe der Bohrung richtet sich nach dem jeweiligen Fabrikat und ist auf dem Beilagezettel angegeben, meist liegt sie um 11 mm. Ständerhilfe ist angezeigt, weil die Bohrung exakt senkrecht ausfallen sollte und keinesfalls seitlich verlaufen darf. Das setzt einen scharfen Bohrer voraus.

Anschließend können Sie bereits den Topf einsetzen, den Hebelarm genau winklig ausrichten und den Topf mit 2 Schrauben in seiner Lage fixieren. Ich zeichne die Löcher zunächst mit dem Bleistift auf das Holz und kontrolliere den gleichmäßigen Abstand von der Außenkante. Durch die unter-

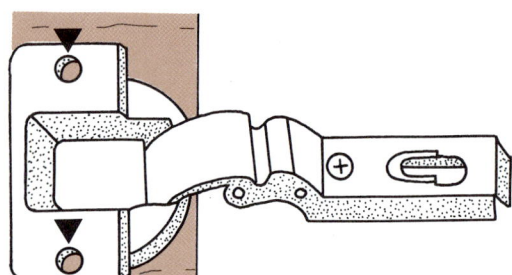

Abb. 1: Handelsübliches Topfscharnier in Ganzmetall-Ausführung.

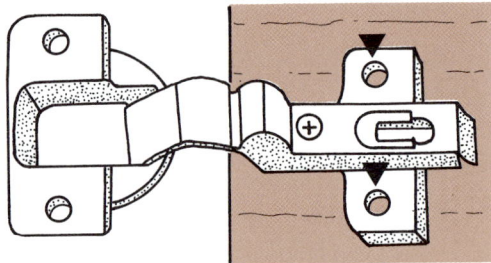

Abb. 2: Das Scharnier mit dem zugehörigen Gegenstück, hier einer Kreuzplatte, zur Montage am Korpus.

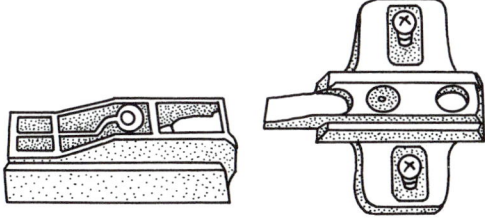

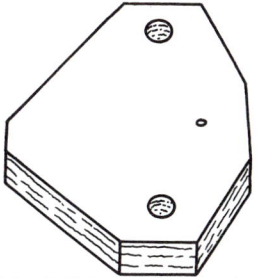

Abb. 3 (links)**:** Diese »Böckchen« sollten Sie nicht wählen —
Kreuzplatten geben sichereren Halt;
Abb. 4 (rechts)**:** Kreuzplatte mit Möglichkeit der Höhen-
verstellung durch Langlöcher.

Abb. 9: Selbstgefertigte Sperrholzunterlage für eine
Kreuzplatte.

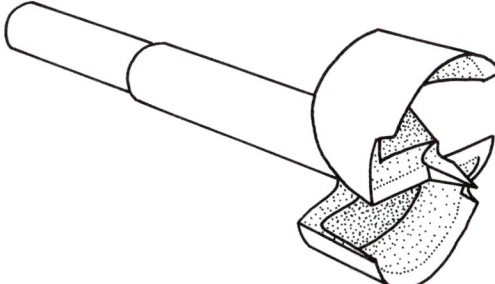

Abb. 5 (links)**:** Korpus mit vorschlagender Tür; **Abb. 6**
(rechts)**:** Korpus mit einschlagender Tür.

Abb. 10: Forstner-Bohrer zum Einbohren der »Töpfe« im
Türrahmen.

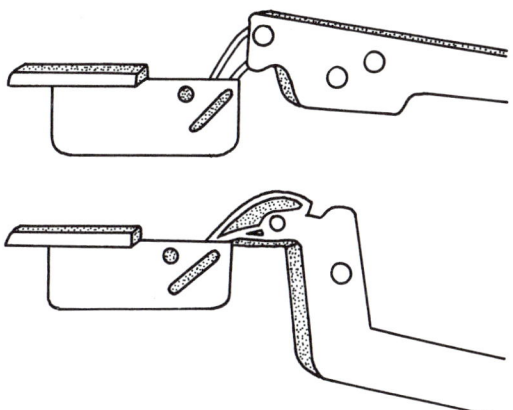

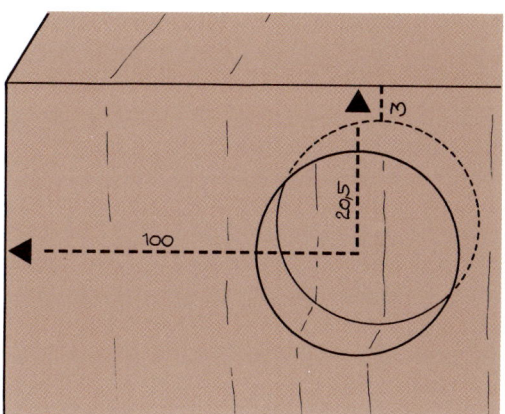

Abb. 7 (oben)**:** Je nach Verwendungszweck haben die
Bänder unterschiedliche Kröpfungen. Dieses ist für vorschlagende Türen; **Abb. 8** (unten)**:** Eine Ausführung mit
starker Kröpfung für einschlagende Türen.

Abb. 11: Die Topfposition im Rahmen ergibt sich aus den
Daten des Topfscharnieres. Beachten Sie unbedingt die
Angaben auf der Packung oder auf dem Beilagezettel!

schiedlich harten Jahresringe entstehen sonst gern
kleine Ungenauigkeiten, die man auf diese Weise
mit ein klein wenig Aufwand vermeiden kann. Erst
nach eventuell nötigen Korrekturen können Sie
das Loch mit dem Spitzbohrer kräftig vorstechen
und verschrauben.
Meistens werden die Scharniere mit bereits in der
richtigen Lage fixierten Kreuzplatten geliefert.
Sonst müssen Sie das nach der Gebrauchsanleitung selbst machen.
Legen Sie nun unten in den Schrank ein dünnes
Stückchen Leiste von 2 mm Dicke und stellen Sie
die Tür bei ausgeschwenktem Scharnierarm

darauf. Wenn Sie jetzt die Tür so geöffnet halten,
wie sie später sitzen wird, also mit ihrer Außenkante an die Außenkante des Möbels gedrückt, dann
können Sie bereits mit dem Bleistift durch die Befe-
stigungslöcher hindurch die notwendigen Schraubenlöcher anzeichnen (Abb. 12). Ein anstelliger
Helfer ist bei dieser Arbeit zu Anfang sicher nützlich, denn sie verlangt eine ruhige Hand und etwas
Fingerspitzengefühl. Später schafft man das allein.
Stechen Sie auch diese Löcher kräftig vor und befestigen Sie dann die Kreuzplatten an diesen Stellen
mit den meist beiliegenden Kreuzschlitzschrauben
3,5+16 mm.

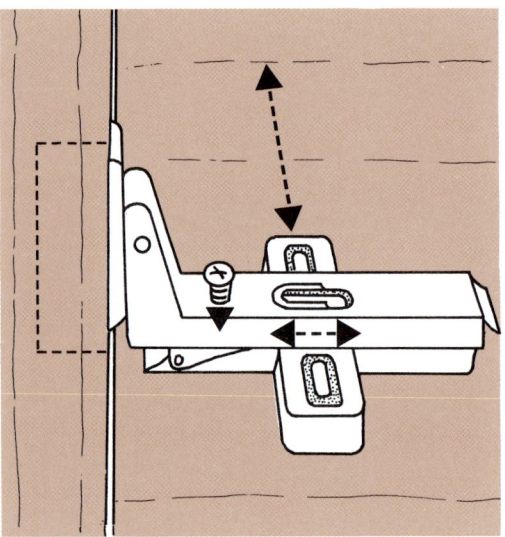

Abb. 12: Die Tür wird mit eingebautem Scharnier und angeschraubter Kreuzplatte so im Korpus verschoben, bis die Position stimmt. Dann wird das Schraubenloch vorgestochen.

Abb. 13: Beim Herausdrehen der Verstellschraube des hier verdeckten unteren Türscharniers vergrößert man nicht nur die Fugenbreite (links unten), sondern hebt die Tür auch diagonal an (rechts).

Korrekturen

Wenn ich es deutlich genug erklärt habe, müßte die Tür jetzt bereits ganz passabel zu schließen und zu öffnen sein. Kleinere Höhendifferenzen lassen sich ausgleichen, indem man die Schrauben der Kreuzplatten leicht löst und die Platte in den Langlöchern nach oben oder unten verschiebt.

Der Abstand der Tür von der Seite läßt sich mittels der entsprechenden Schraube am topfnahen Ende des Hebelarmes regulieren. Dazu muß meistens auch die eigentliche Verbindungsschraube zwischen Hebelarm und Kreuzplatte leicht gelöst werden, bzw. wieder angezogen werden. Auch leicht unterschiedliche Winkel zwischen Tür und Korpus kann man damit ausgleichen, sowie die seitliche Luft und den Abstand zweier Türen korrigieren. Um die Türen in der Tiefe zu verstellen, löst man bei den meisten Typen jene Schraube ein wenig, die Hebelarm und Kreuzplatte verbindet. Dann läßt sich der Hebelarm um einige Millimeter vor- oder zurückschieben, was eine einheitliche Position der Türen in der Schranktiefe ermöglicht. Schrauben dann wieder festziehen! Spielen Sie ruhig etwas damit, vielleicht erstmal an zwei Brettresten, um die Funktionen kennenzulernen, die bei den verschiedenen auf dem Markt befindlichen Fabrikaten unterschiedlich zu betätigen sind. Das Prinzip ist aber durchweg gleich, so daß man es schnell heraus hat.

Selbst etwas windschiefe Türen kann man mit etwas Übung so hinzaubern, daß der Fehler kaum noch erkennbar ist. Notfalls müssen ein oder mehrere Magnetschnäpper die Kraft aufbringen, um widerspenstige Türen in ihre Lage zu zwingen. Falls nur Scharniere ohne Selbstschließeinrichtung zu bekommen sind, sind sie ohnehin nötig, es sei denn, daß Schlösser eingebaut werden sollen.

Ist aber selbst damit den verzogenen Türen nicht mehr beizukommen, dann helfen nur noch neue Türen...

LOCHREIHEN FÜR BODENTRÄGER BOHREN

Der professionelle Tischler verwendet zum Bohren solcher Lochreihen entweder Mehrfach-Bohrmaschinen oder Metallschienen mit fest eingesetzten, geschliffenen Stahlführungen für den Bohrer, so daß die Abstände (meist 32 mm) und die Winkligkeit gewährleistet sind.

Für nur gelegentliche Anwendung lohnt solche Anschaffung kaum. Ich verwende selbst in der Werkstatt zwar auch solch eine Schiene, habe zusätzlich für kürzere Lochreihen aber einige selbstgebaute in verschiedenen Längen.

Abb. 1 zeigt, wie meine Konstruktion aussieht: Es ist einfach ein Sperrholzstreifen in der Größe 82 x 6-8 mm im Querschnitt, oben mit einem größeren Loch zum Aufhängen nach Gebrauch. Damit ist auch das »Oben« eindeutig gekennzeichnet! Im Abstand von 32 mm von unten beginnend habe ich dünne Risse angebracht, die zusammen mit einer Mittellinie die Mittelpunkte festlegen, in denen

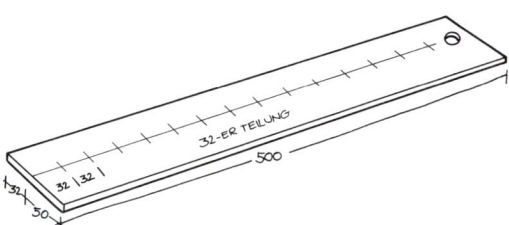

Abb. 1: Die selbstgefertigte Schablone. Deutlich beschriften!

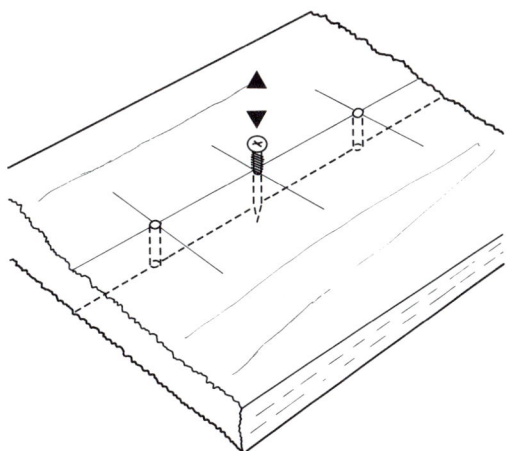

Abb. 2: Hier werden das exakte Anreißen der Lochpositionen, die vorgebohrten 2 mm-Löcher und die Funktion der Spaxschrauben deutlich.

ich feine 2 mm-Löcher auf der Ständerbohrmaschine genau senkrecht durchgebohrt habe. Um mir zukünftige Arbeit zu sparen, reiße ich die gewünschten Löcher im Möbel nun nicht etwa mit dem Bleistift oder ähnlich durch diese Löcher hindurch an, was auch noch zusätzliche kleine Fehler erzeugt, sondern habe Spax-Schrauben 3 x 20 eingedreht, die mit ihrer nadelfeinen Spitze exakte Mittelpunkte für den 5 mm-Bohrer mit Zentrierspitze und Vorschneidern ergeben (Abb. 2). Natürlich nur dort, wo auch tatsächlich Löcher hin sollen; nur an diesen Stellen schraube ich die Spaxschrauben eine Umdrehung heraus. Die anderen bleiben im Holz versteckt.

Zusätzlich habe ich solche Bohrschablonen auch mit 50 mm Abstand angefertigt, da die 32er Abstände die Lochreihen recht auffallend machen, was gelegentlich unerwünscht ist.

Das Bohren der Löcher selbst erfolgt immer mit einem parat liegenden durchbohrten Distanzholz, so daß Löcher von 10 mm Tiefe entstehen.

Das reicht für die von mir bevorzugten messingfarbenen Metallbodenträger aus.

Achten Sie beim Markieren der Lochreihen unbedingt darauf, daß Sie stets von unten beginnend arbeiten. Es ist fast unglaublich, wie viele Werkstücke, die sonst völlig einwandfrei geraten sind, durch einige Sekunden der Unaufmerksamkeit Lochreihen am falschen Platz, vor allem aber in unterschiedlicher Höhe bekommen und damit total verdorben sind!

Aber auch der Abstand von der Vorderkante und von der Hinterkante muß überlegt werden. Hinten ist es relativ einfach, da etwa 3 cm meist richtig sind. Wenn allerdings die Rückwand schon montiert ist und Sie eine dicke Bohrmaschine haben, kann das zu wenig sein, also aufpassen!

Vorne richtet sich der Abstand in erster Linie nach dem Rücksprung der Einlegeböden gegenüber der Schrankseite.

Bei falsch eingebohrten Löchern gibt es notfalls eine fast unsichtbare Reparaturmöglichkeit: Mit der Schattenfugenfräse, der feinen Kreissäge oder auch mit der Oberfräse schneiden Sie von oben bis unten eine ca. 4 mm tiefe Nut, die alle Löcher erfaßt. Leimen Sie eine passend gehobelte Leiste in die Nut und putzen sie wieder bündig: weg ist die Schandstelle.

RÜCKWÄNDE UND SCHUBKASTENBÖDEN

Rückwände können nicht nur aus einer ganzen Reihe verschiedener Materialien bestehen, sondern auch mit einer Vielzahl ganz verschiedener Techniken eingebaut werden.

Für einfache Anforderungen genügt das Einfälzen. Es wird also in den Korpus hinten ringsum ein Falz eingearbeitet, in den die Rückwand geschraubt oder genagelt wird (Abb. 1 und 1a). Zur Vereinfachung kann man unten sogar den Falz weglassen und stattdessen den unteren Boden entsprechend weiter nach vorn einbauen. Das hat den Vorteil, daß die Rückwand in der Höhe nicht ganz so genau passend sein muß. Man kann sie etwas länger als nötig lassen und ist dann sicher, daß sie trotzdem paßt.

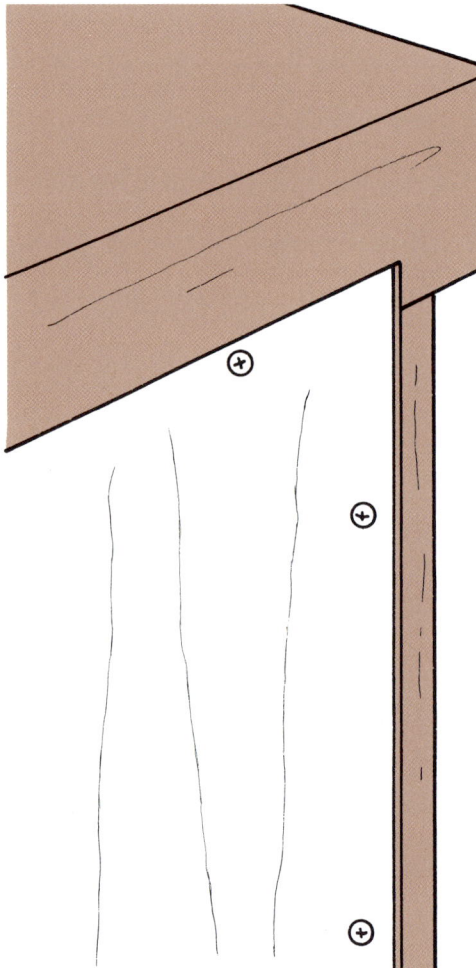

Abb. 1: Eingefälzte Sperrholz-Rückwand

Einsetzen

Aber auch beim Fälzen muß aufgepaßt werden, damit nicht dort »durchgefälzt« wird, wo später dann außen Lücken sichtbar bleiben. In diesen Fällen muß also an der Fräse »eingesetzt« werden, so daß der Falz wirklich erst dort beginnt, wo er gebraucht wird. Notfalls sticht man Anfang und Ende mit scharfem Stecheisen nach.

Dieses Einsetzen an Fräse oder Kreissäge ist nicht ganz ungefährlich. Deshalb schreibt die Berufsgenossenschaft ausdrücklich passend hergerichtete Anschläge vor, die gewährleisten, daß das Werkstück nicht rückwärts beschleunigt werden kann (Abb. 3). Ebenso am vorderen Ende, um das »Durchschieben« zu vermeiden. Das ist durchaus sinnvoll und sollte auch vom Hobbytischler nicht ignoriert werden!

Bei gefühlvoller Arbeit mit der Oberfräse ist das nicht nötig, doch muß auch dabei sehr, sehr vorsichtig gearbeitet werden. Werkstück fest einspannen, Fräse mit Anschlag ausstatten und ganz, ganz langsam einsetzen. Der verwendete Fräser muß groß genug sein, damit er nicht über seine Mitte hinaus im Holz arbeitet. Sonst mehrfach mit nachgestelltem Anschlag arbeiten; vor allem aber deutlich, groß und dick vorher anzeichnen!

Einnuten

Bei Möbeln, die auch von hinten sichtbar werden oder dort einfach schöner sein sollen, kann das Fälzen nicht befriedigen. Hier hilft das Einnuten (Abb. 4 und 4a).

Das kann ebenfalls auf der Kreissäge oder der Fräsmaschine erfolgen, meistens beim Hobbytischler aber wohl doch mit der preiswerten Handoberfräse mit eingesetztem Finger- oder Nutfräser. Im Gegensatz zum Falzfräsen ist hier die Verwendung eines Fräsers mit Anschlagzapfen- oder Kugellager nicht möglich. Es muß mit dem Breitenanschlag

Abb. 1a: So schräg, etwa 15°, werden die Befestigungsschrauben eingesetzt. Vorbohren!

oder auf dem Stationärtisch mit Anschlag gearbeitet werden, es sei denn, man besitzt das Festo-System (Abb. 5).

Da auch hier fast alle Teile auf »Einsetzen« gefräst werden müssen, sind auch die entsprechenden Anschläge herzustellen, und zwar sowohl vorne wie hinten, schon weil man die tatsächliche Schnittlänge oft nicht sehen kann. Also vorher ausprobieren an Abfallstücken, ausmessen und danach die Anschläge befestigen.

Ohne Endanschläge geht es nur wieder mit der Oberfräse, entweder mit dem zugehörigen Breitenanschlag oder, meist praktischer, mit Führungsleisten, die auf das zu bearbeitende Teil aufgespannt werden. Am einfachsten aber mit dem Führungssystem von Festo einschließlich zugehöriger Oberfräse, weil dabei mit nur *einer* Aufspannung die Fräse über *zwei* Führungsflächen verfügt. Probieren Sie's ruhig mal mit nur einer Führungsfläche aus: Immer dann, wenn man nicht damit rechnet, reißt die Fräse nach der anderen Seite hin aus und verdirbt die ganze vorangegangene Arbeit. Mit dem Führungssystem brauchen Sie nur noch auf den richtigen Einsetzpunkt und auf den richtigen Endpunkt zu achten.

Falls Sie den Fräser mit der richtigen Schnittbreite haben, genügt ein einziger Durchgang. Sonst muß man mit einem kleineren zweimal arbeiten und dazu die Führungsschiene oder den Abstand dazu verstellen. Darunter leidet allerdings auch die Genauigkeit.

Arbeiten Sie mit kleinen Fräsern keinesfalls zu tief! Sie brechen schneller als Sie denken! Da darunter die Einstellgenauigkeit nicht leidet, jedenfalls nicht in der Breite, sollten Sie bei schmalen Nuten nur

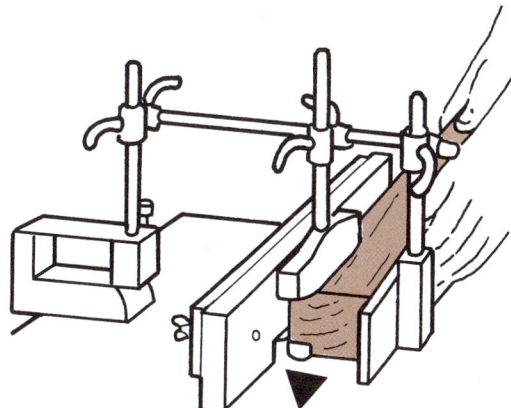

Abb. 2: Hier ist die Handoberfräse in einen Stationärtisch eingesetzt. Die Druckfedern sorgen für gleichmäßige Falztiefe. Bei breiten Teilen entfällt die waagerechte Feder.

maximal 5 mm fräsen und dann die Tiefe nachstellen. Wenn Sie dazu den Tiefeneinstell-Revolver »vorprogrammieren«, haben sie keinerlei Probleme mit der richtigen End-Tiefe Ihrer Nut.

Als Material für *Rückwände* wie auch für *Schubkastenböden* habe ich Kiefernsperrholz angegeben, je nach Größe in 4, 5 oder 6 mm Stärke. Wenn Sie sich diese drei Nutfräser beschaffen, kann eigentlich nichts schiefgehen, obwohl die Stärkenangaben der Sperrholzhersteller mit Vorsicht zu genießen sind. Notfalls stößt man bei zu dickem Sperrholz mit dem scharfen, schräg gehaltenen Putzhobel eine ganz, ganz flache Fase an.

Schubkästen

Auf ein eigenes Kapitel »Schubkästen« habe ich bewußt verzichtet. Es wäre recht umfangreich ge-

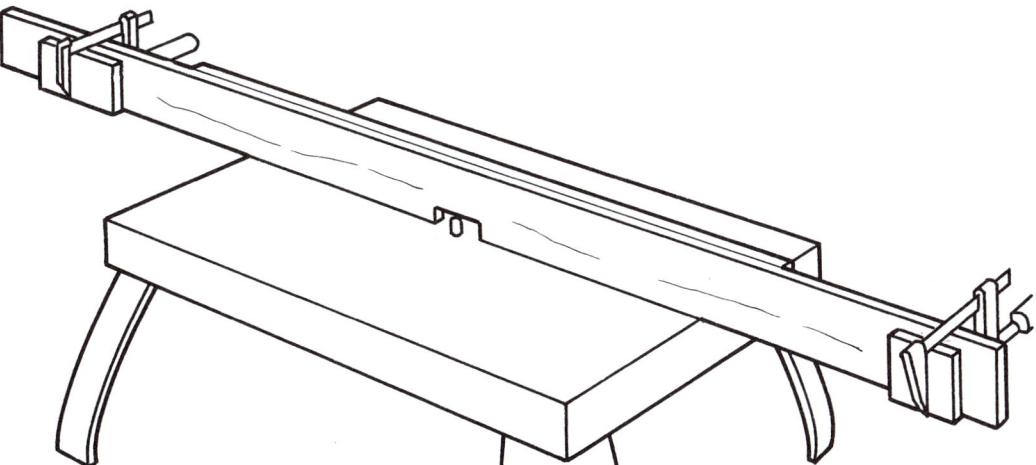

Abb. 3: Zum Einsatz-Fräsen benötigt man einen langen Anschlag mit Längenbegrenzung vorn und/oder hinten.

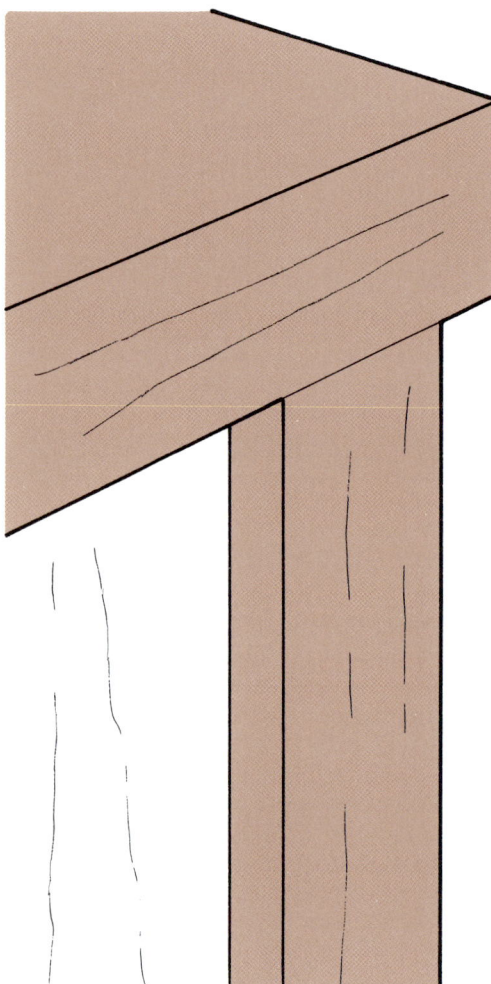

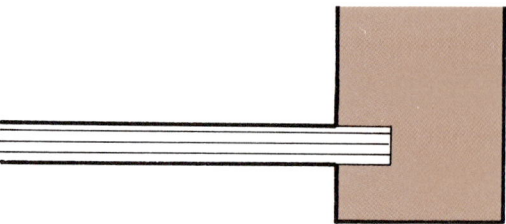

Abb. 4a: Schnitt durch eine eingenutete Rückwand und die Seite.

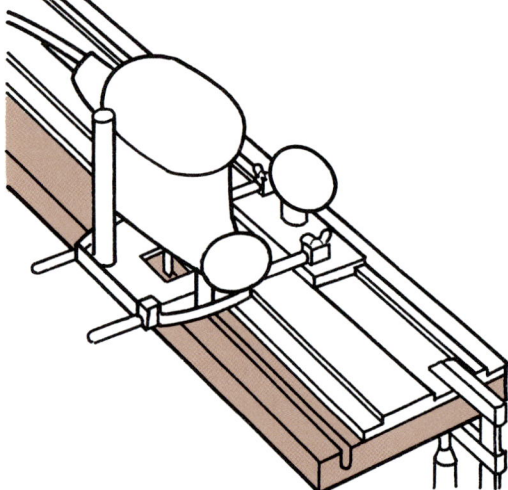

Abb. 5: Mit der geführten Oberfräse im Festo-System gelingen einwandfreie Fräsungen problemlos.

Abb. 4: Eingenutete Sperrholzrückwand.

worden, denn es sind so viele verschiedene Arbeitsgänge zu beschreiben, daß sich allzuviele Wiederholungen ergeben hätten. Das Wichtigste zum Zinken können Sie auf S. 59ff. lesen; weitere Angaben zur Anfertigung finden Sie innerhalb der betreffenden Bauanleitungen (v.a. bei den Spielzeugkästen S. 104 und beim Schubkasten-Container S. 184); zu den Schubkästenböden folgt unten das Wesentliche.

Trotzdem soll hier noch einmal darauf hingewiesen werden, daß es erfahrungsgemäß unzweckmäßig ist, von Holzleisten »geführte« Schubkästen wesentlich breiter zu machen als ihre Tiefe. Spitzenkönner schaffen es trotzdem, daß ihre Werke die »Daumenprobe« bestehen, die darin besteht, daß man mit dem Daumen den herausgezogenen Kasten an einer der äußeren Ecken voll einschieben kann, ohne daß er dabei hakt oder vereckt. Das setzt viel Geduld, erstklassiges Material und noch

mehr Erfahrung voraus. Weichen Sie lieber auf die preiswerten Rollenführungen aus.

Schubkästenböden

Beim Einarbeiten der Nuten für Schubkastenböden (Abb. 6a) müssen Sie zusätzlich darauf achten, daß oft der Abstand von der unteren Kante innerhalb eines Schubkastens unterschiedlich ist, weil die Vorderstücke unten überstehen müssen!

Viele Tischler lassen auch die Nut am Hinterstück ganz weg und machen es entsprechend schmaler (Abb. 6b). Dann kann der Boden von hinten auch nach dem Verleimen eingeschoben werden. Er wird dann am Hinterstück nur mit einigen kleinen Schrauben befestigt. Die Konstruktion ist auch einwandfrei, doch habe ich durchweg auf *Sperrholzböden* bestanden, bei denen die gleiche Breite von Seiten und Hinterstück für den Anfänger leichter überschaubar bleibt. Bei genauem Einpassen halten Sie die Kästen beim Verleimen auch exakt winklig.

Falls Sie stattdessen *massive* Schubkastenböden wünschen, ist die andere Ausführung günstiger (Abb. 6c). Man läßt das Holz des Bodens parallel

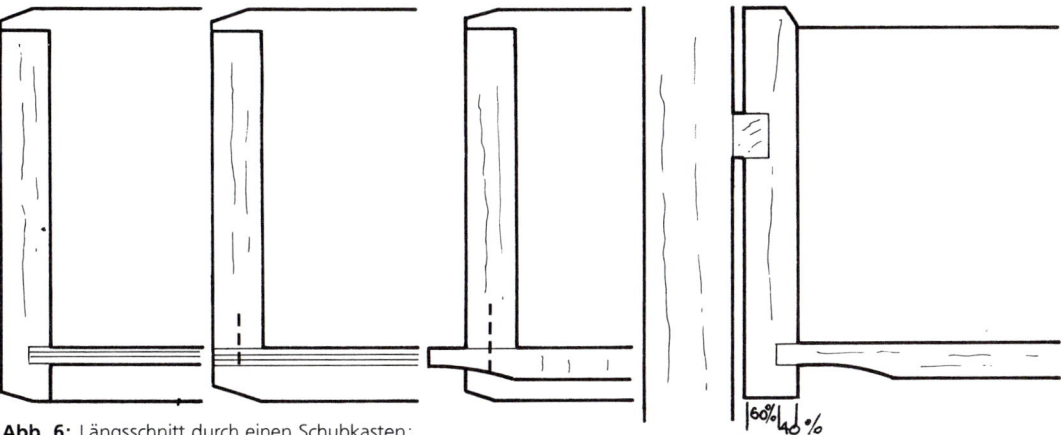

Abb. 6: Längsschnitt durch einen Schubkasten:
a) Hinterstück ebenso wie die Seiten genutet;
b) Hinterstück reicht nur bis auf die Nut-Oberkante der Seiten. Boden deshalb herausnehmbar nach Lösen der Schrauben;
c) Massivholzböden läßt man überstehen, um sie bei späterem Schwinden korrigieren zu können;

d) Schubkastenseite mit Massivholzboden: Nut für die Laufleiste bzw. den Boden liegt jeweils etwa bei 40% der Holzstärke. Seiten 2-4 mm niedriger als das Vorderstück. Hinterstück etwa um den gleichen Betrag niedriger als die Seiten.

zum Vorderstück laufen, so daß die größere Arbeitsrichtung beim Quellen und Schwinden von vorn nach hinten verläuft. Dabei gibt man dem Boden vorn in der Nut einige Millimeter Luft bei genügend tiefer Nut und läßt den Boden hinten noch einige Millimeter über das Hinterstück hinausstehen, so daß er bei unerwartet starkem Nachtrocknen später noch korrigiert werden kann (Abb. 6d).

Da Massivholz-Schubkastenböden ebenso wie Massivholz-Rückwände zu empfindlich sind, wenn sie nur die Dicke der Nuten haben, fälzt man sie ähnlich wie Türfüllungen ab, kann sie also etwa doppelt so dick lassen. Bei Schubkästen kommt natürlich die ebene Seite nach innen, bei Rückwänden fast immer nach außen, doch hängt das natürlich vom Verwendungszweck ab.

Beachten Sie bitte, daß der in der Nut befindliche Teil des Bodens oder der Rückwand nicht schräg verlaufen soll, sondern parallel zur ebenen Fläche, da sie sonst nach dem Nachtrocknen gerne »klappern«.

Passiert das Malheur trotz aller Sorgfalt doch, hilft in den meisten Fällen ein Tröpfchen Leim an einer Stelle, an der er die Platte nicht am notwendigen Arbeiten hindert, vielleicht mit einem Stückchen Furnier gemeinsam, wenn die »Luft« wirklich zu groß geraten sein sollte.

Eine weitere Variante für Rückwände, besonders bei großen Möbeln, sind Rahmen mit Füllungen, die früher meist in große Fälze des Schrankes eingeschraubt wurden. Für die Möbel in diesem Buch sind sie nicht erforderlich.

Bauanleitungen

KINDERSESSEL, HOCKER UND BANK

Kinderstühle gibt es in vielfältiger, oft auch preiswerter Form zu kaufen. Diese hier sind erstens selbstgemacht, zweitens ganz aus Massivholz und drittens sehr vielseitig nutzbar. Das sollte den Ausschlag geben!

Für die Kleinsten ergibt sich bei der vorgeschlagenen Konstruktion ein regelrechter Sessel mit hohen Armlehnen bei ca. 16 cm Sitzhöhe (Abb. 2) für die etwas größeren Kinder eine Sitzhöhe um 21 cm bei immer noch wirksamen Lehnen (Abb. 3) und für die »Großen« schließlich (um 90° gedreht) ein Hocker ohne Lehnen mit 34 cm Sitzhöhe. Den Kleineren kann diese Stellung als Tisch dienen, Mama oder Papa als Sitz; aber auch als Blumenhocker oder Ablage erfüllt das vielseitige Möbelstück seinen Zweck.

Material und Arbeitsablauf

Ausgangsmaterial sind z.B. die Reste aus der Anfertigung des Kinderbettes, der Wickelkommode oder eines der anderen Kindermöbel aus Hobeldielen. Von der Nut- und Feder-Verbindung wird allerdings kein Gebrauch gemacht. Da das Holz jedoch so preisgünstig ist, habe ich den Rauhspund auch hier verwendet.

Als Verbindungselement dienen hier ausschließlich die bewährten Riffeldübel aus Buche in der Größe 8 x 50 mm. Sie werden mit Bohrlehre, Bohrmaschine und Holzspiralbohrer (mit Vorschneidern!) eingearbeitet und ergeben in dieser Konstruktion ein ungewöhnlich stabiles Möbel, das selbst rauheste Behandlung noch klaglos übersteht.

Auch die Herstellung ist recht einfach, denn es müssen lediglich Brettabschnitte »von Breiten« gehobelt werden, dann nach Angabe abgelängt, angefast, gedübelt und verleimt werden, nachdem zuvor an vier der kurzen Bretter Verbreiterungen angeleimt wurden.

Ich schlage die Verwendung einer kleinen Bauplatte vor, die etwa die Größe 52 x 87 cm haben sollte. Darauf kann dann neben dem Sessel/Hocker auch die Bank montiert werden. Abb. 7 zeigt sie »in action«. Sie garantiert die Winkligkeit des Aufbaues und macht Fehler beim Ablängen etc. schnell deutlich.

Die verwendeten Anschlagleisten müssen natürlich schön gerade gehobelt sein. Befestigen Sie sie durch Schrauben und Leimen!

Stückauswahl

Die Herstellung des Kindersessels beginnt mit der Holzauswahl. Als Ausgangsmaterial genügen meist Reste von Hobel-Dielen/Rauhspund aus der Anfertigung anderer Möbelstücke, weil selbst die längsten Stücke des Sessels nur 35 cm messen.

Gerade bei solchen Sitzmöbeln sollten Sie aber gut darauf achten, daß keine Äste auf die Kanten kommen (Abb. 4). Das könnte aber passieren, weil Nuten und Federn abgesägt werden.

Zuschneiden

Sobald die Auswahl getroffen ist, werden alle Stücke zunächst auf die richtige Breite gesägt und die Kanten sauber parallel und winklig gehobelt. Die schönere Fläche und die bessere Kante bekommen das Winkelzeichen! An die 35 cm langen Stücke leimen Sie nach Entfernen von Nut und Feder längs Leisten von etwa 3 cm Breite an, damit Sie an-

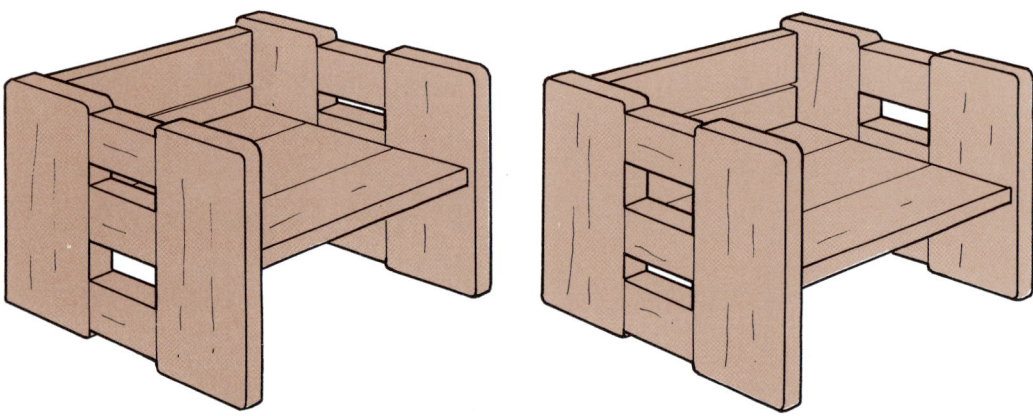

Abb. 2 und 3: Zwei verschiedene Sessel-Sitzhöhen bietet dieses Möbelchen, eine dritte in der Stellung als Hocker.

Abb. 1: Die idealen Einsteiger-Möbelstücke — Hocker und Bank aus Hobeldielen.

schließend diese Teile auf die nötigen 13 cm Breite hobeln können.

Stapeln Sie inzwischen die 31 cm langen Teile übereinander zu einem Paket, dessen Vorderkanten (Winkelzeichen!) vorn und schön bündig liegen (Abb. 5). Mit zwei Zwingen sichern! Mit Hilfe des Maßstabes tragen Sie nun an einer Kante die Ablängrisse an und winkeln sie mit dem Anschlagwinkel rings um das Paket.

Die exakte Lage der Teile zueinander wird gleich ausgenutzt, um auch die übrigen Risse anzubringen, was bei den 35 cm langen Stücken notwendig ist. Was angezeichnet werden muß, zeigt die Aufrißzeichnung, aber auch Abb. 5.

Lassen Sie die Teile »im Paket« und schneiden Sie alles zusammen mit dem Fuchsschwanz oder der Absetzsäge auf die richtige Länge, wobei Sie etwa 1 mm stehenlassen. Diesen knappen Millimeter brauchen Sie anschließend zum Bestoßen auf das Fertigmaß, denn an den Kanten soll natürlich kein Sägeschnitt verbleiben, sondern die schöne Holzstruktur des Hirnholzes zur Geltung kommen. Leider ist das Bestoßen eine Arbeit, die dem Anfänger die meisten Schwierigkeiten bereitet. Es ist auf S. 48 näher erläutert.

Die sehr ordentliche Ausführung dieser Arbeit entscheidet aber über die Güte des ganzen Möbels! Um es zu wiederholen: Voraussetzung ist ein wirk-

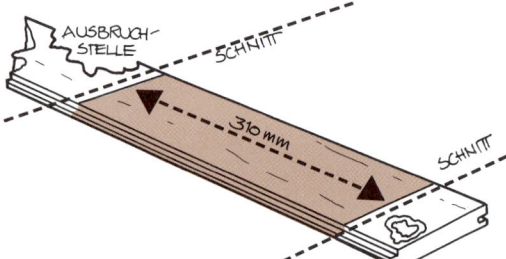

Abb. 4: So könnte eine sinnvolle Resteverwertung aussehen.

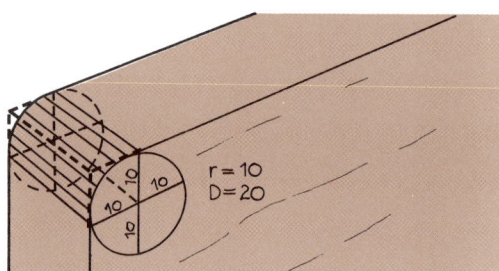

Abb. 6: Mit einem Geldstück o.ä., beidseitig angezeichnet, lassen sich die Ecken sauber »entschärfen«. Erst danach die Kanten anfasen!

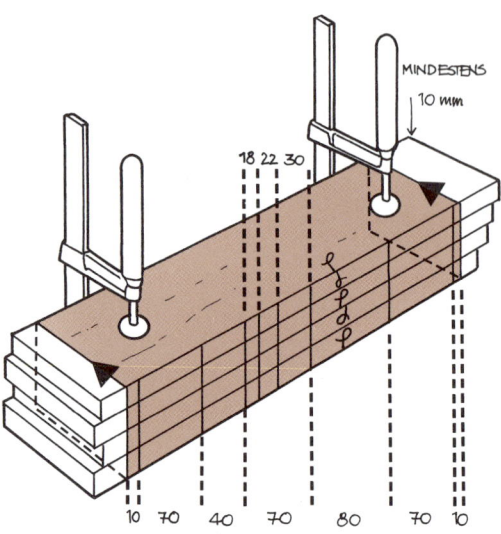

Abb. 5: Sorgfalt zahlt sich aus — gerade beim Zuschneiden und Anreißen.

lich haarscharfer Putzhobel mit gerader Sohle (besser noch ein spezieller Bestoßhobel) und ein wakkelfreies Einspannen des Paketes.

Danach folgt das Abrunden der Ecken (Abb. 6), dann erst das Anfasen aller Teile an den Kanten.

Bohren der Dübellöcher

Das exakte Einbohren der Dübellöcher in die Hirnholzflächen aller 31 cm langen Stücke und der kurzen 9 cm-Stücke mittels der Bohrhilfe ist ebenfalls leichter, doch ist Sorgfalt auch hier nötig.

Falls Sie ohne Maschinen arbeiten, haben Sie bereits beim Anreißen der Längen auch die notwendigen Risse für die Positionen der übrigen Teile auf den Kanten angebracht.

Haben Sie dagegen das Ablängen auf einer Unterflurzugsäge oder ähnlichem Präzisionsgerät ausgeführt, dann konnten Sie auf das vorherige genaue Anreißen verzichten, weil man dabei zunächst am einzelnen Brett nur die eine Kante winklig sägt, dann das Stück umdreht und am Längenanschlag sofort paßgenau auf Länge sägt.

Dafür müssen Sie jetzt aber nachsitzen und doch ein Paket aus den 35 cm-Stücken bilden, um die fehlenden Positionsrisse nachzutragen. Klar, daß dabei die Teile sehr, sehr genau übereinander liegen und mit Zwingen fixiert werden müssen. Kontrollieren Sie Ihren (kleinen) Anschlagwinkel ruhig auch immer mal wieder auf Leimreste und Genauigkeit.

Legen Sie nun das erste 35 cm-Stück flach in eine Ecke Ihrer Bauplatte und schieben Sie das erste 9 cm-Stück mit eingesteckten Markierungsspitzen exakt an der richtigen, angezeichneten Stelle dagegen. Dann sofort beide Teile mit einer fortlaufenden Zahl kennzeichnen, also sowohl an das 35er wie an das 9 cm-Stück eine 1 schreiben, beim nächsten wird das Paar durch eine 2 gekennzeichnet usw. So stellen Sie sicher, daß die Dübellöcher später genau zusammenpassen, denn die Abstände werden besonders in den Hirnholzbohrungen trotz Anzeichnen und Bohrlehre immer etwas unterschiedlich. Weitere Tips zum Dübeln finden Sie auf S. 57.

Die Mittelpunkte der erforderlichen Bohrungen haben wir damit angekörnt. Das Bohren dieser Löcher erfolgt wieder mit der Bohrlehre, weil der Anfänger nur so wirklich senkrechte Löcher herstellen kann. Bohren Sie etwa 35 mm tief. Um die Bohrtiefe während der Arbeit kontrollieren zu können, genügt notfalls ein Stück Klebeband um den Bohrer in 35 mm plus Bohrlehren-Höhe. Besser ist ein passender Distanzklotz, wie auf S. 58 beschrieben, weil man damit zügig arbeiten kann.

Verleimen der Seitenteile

Jetzt leimen Sie die Dübel in die 9 cm-Stücke, wobei Sie Leim an die Wandungen des Dübelloches *und* an den Dübel selbst geben. Machen Sie erst alle Leimstellen fertig, so daß der Leim einige Minuten auf das Holz einwirken kann. Dann erst klopfen Sie einen Dübel nach dem anderen halb ein und wischen überflüssigen Leim ab. Langsam eintreiben, weil Luft und Leim entweichen müssen.

Schon nach wenigen Minuten können Sie nun die Seitenteile zur Probe zusammenstecken und kontrollieren, ob alles exakt paßt. Falls nötig, muß jetzt gleich nachgearbeitet werden.

Erst danach geben Sie auch an die herausstehenden Dübelhälften und in die Löcher der 35 cm-Teile Leim und verleimen die Seiten endgültig. Achten Sie darauf, daß die Seiten keinesfalls windschief werden; notfalls die Dübel etwas nachfeilen. Aber auch jetzt beim Verleimen kann das noch passieren. Legen Sie die Seiten deshalb auf eine ebene Unterlage, z.B. in die Bauplatte und drücken die Ecken mit Zwingen flach auf die Platte.

Zusammenbau

Die 31 cm-Stücke der Rückseite werden nun ähnlich wie die 9 cm-Stücke an die fertigen Seitenteile gedübelt. Abb. 7 zeigt das Ankörnen der drei Bretter des Hockersitzes, wobei Sie zwei etwa 1 cm

starke Sperrholzstreifen o.ä. unterlegen, damit der Abstand von der Kante des Seitenteiles gleichmäßig wird. Statt der Distanzklötzchen können Sie auch entsprechende Streifen nehmen, um untereinander gleiche Abstände zu bekommen.

Sobald dieser Arbeitsgang an beiden Seitenteilen fertig ist, führen Sie die Bohrungen aus und bauen alles zur Probe so zusammen, wie das bei den 9 cm-Stücken bereits beschrieben wurde.

Dann spannen Sie, wie es Abb. 8 zeigt, ein Brett in der richtigen Position auf die Seite und körnen nun die Brettchen des Sesselsitzes eins nach dem anderen in der angezeichneten Position an. Die entsprechenden Risse hatten Sie bereits beim Anreißen des Paketes der 35er-Stücke angezeichnet. Falls nicht, müssen Sie das jetzt noch machen. Die Abstände zwischen den Sitzbrettchen können Sie entweder auch anzeichnen oder Sie legen passende Distanzstückchen bereit. Vergessen Sie bei all diesen Arbeiten keinesfalls das Kennzeichnen mit fortlaufenden Zahlenpaaren!

Ist auch die zweite Seite so angekörnt, folgt wieder das Bohren. Die Lochtiefe muß möglichst groß sein, um Halt zu geben. Etwa 17 mm lassen sich verwirklichen, so daß die Dübel etwa 16 mm weit aus den Querstücken herausschauen dürfen. Entsprechendes Distanzstück anfertigen! Machen Sie nun wieder die »Trockenprobe« und verleimen Sie erst, wenn alles wirklich genau paßt. Vorher die Innenseiten sauber schleifen! Übrigens ist der Lochabstand beim mittleren Brett des Sesselsitzes an-

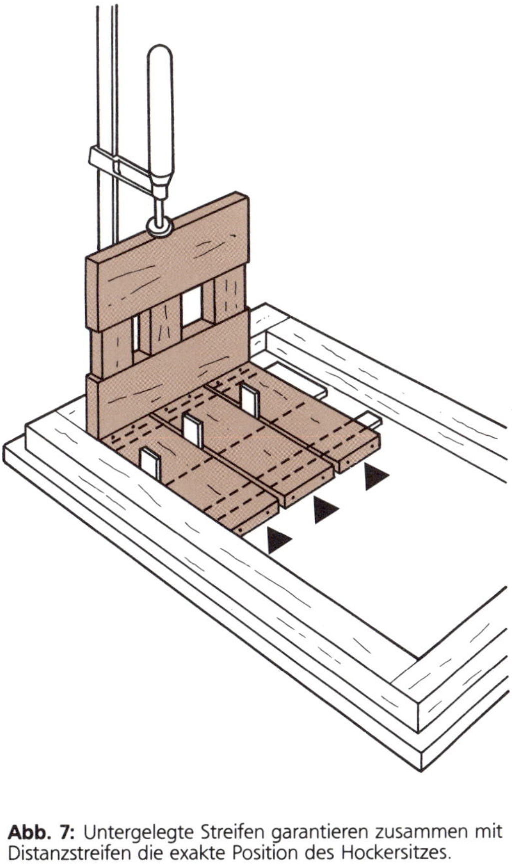

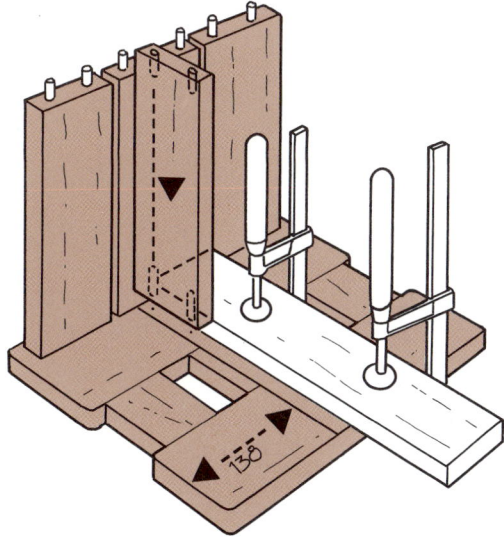

Abb. 7: Untergelegte Streifen garantieren zusammen mit Distanzstreifen die exakte Position des Hockersitzes.

Abb. 8: Beim Anbringen des Sitzes hilft ein Brett beim Einhalten der richtigen Richtung. Arbeiten Sie auch hier mit Distanzstreifen!

ders als bei den übrigen; keinesfalls verwechseln! Zum endgültigen Verleimen sollten wenigstens vier Schraubzwingen mit etwa 50 cm Spannweite oder größer zur Verfügung stehen. Man legt kräftige, gerade und saubere Beilegehölzer oben und unten bei und preßt zusammen. Können Sie die Zwingen nicht auftreiben, gibt es auch andere Wege. Sie finden die entsprechenden Tips auf S. 22f. Falls allerdings alles sehr genau paßt, genügt hier sogar einfaches Zusammenklopfen mit Hammer und Beilageholz, sofern auch noch die Dübel stramm passen und nicht zwecks »Anpassung« nachgefeilt wurden. Dann führt kein Weg um das Pressen herum.

Der Leim sollte wenigstens $\frac{1}{2}$ Stunde abbinden. Dann können Sie überschüssigen Leim entfernen, alles noch einmal sauber schleifen und mit einem guten Grundieröl nach Vorschrift einlassen. Nach etwa einem Tag kann dann mit Bienenwachsbalsam die Oberfläche veredelt werden.

Die Herstellung der Bank unterscheidet sich nur in der Länge der Zwischenbretter und der der erforderlichen Schraubzwingen vom Sessel. Die Bauplatte hat bereits die nötige Länge.

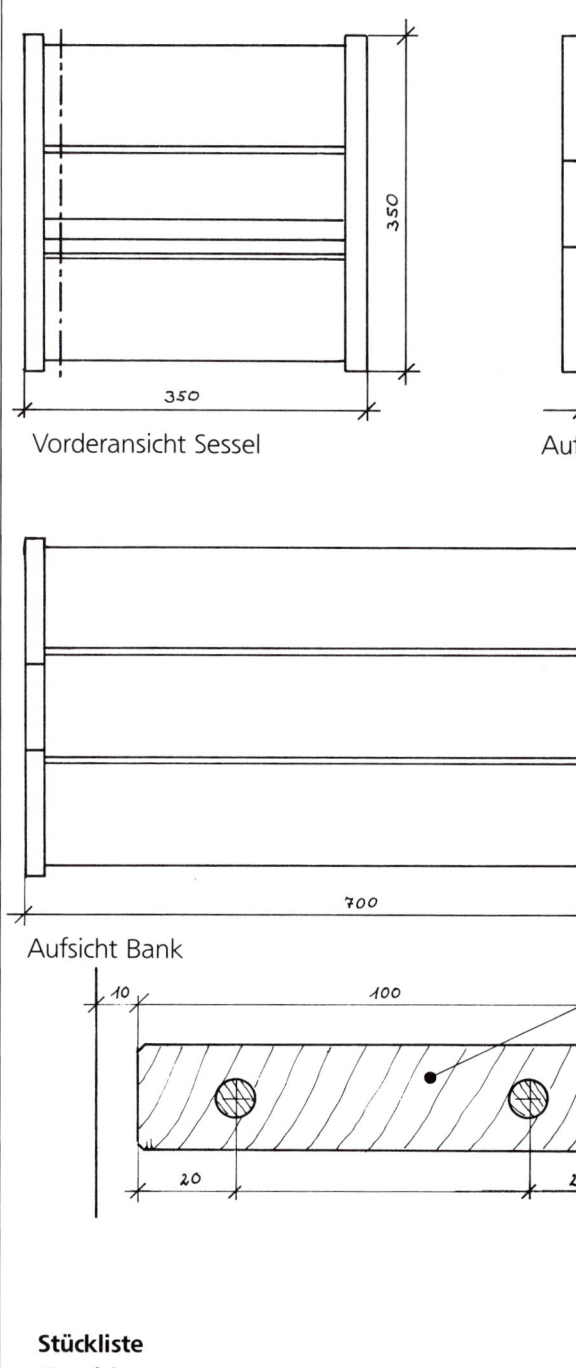

Vorderansicht Sessel

Auf

Aufsicht Bank

Benötigtes Werkzeug

Fuchsschwanz oder Gestell-Absetzsäge
Putzhobel
Bohrmaschine
Bohrlehre
Holzspiralbohrer 8 mm Ø
4 Schraubzwingen
Anschlagwinkel
Bleistift
Zollstock
Schleifklotz mit Schleifpapier, 100er oder feiner
Markierungsspitzen 8 mm
Hammer, ca. 300 g
Gummihammer

Wünschenswert wären:
Abrichte
Unterflur-Zugsäge (Kappsäge)

Stückliste

Material:
Kiefer-Hobeldielen oder Rauhspund 22 mm, 113 mm Deckung. 5 m für den Hocker, 7 m für die Bank.

Hocker:
3 Hockersitzbretter	310 x 105 mm
3 Kindersitzbretter	310 x 100 mm
4 Seitenteile mit Anleimer	350 x 130 mm
6 Querstücke	90 x 70 mm

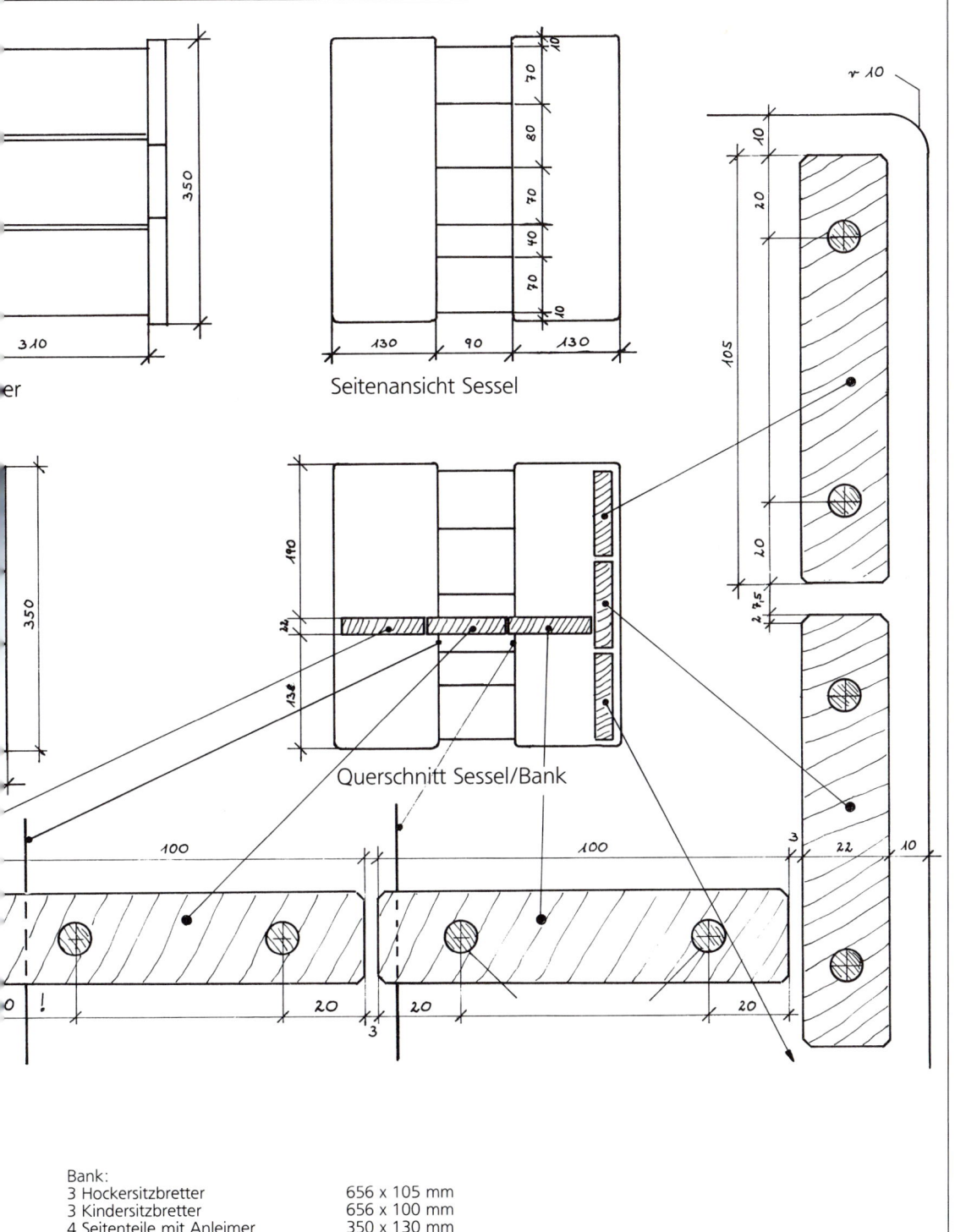

Seitenansicht Sessel

Querschnitt Sessel/Bank

Bank:
3 Hockersitzbretter	656 x 105 mm
3 Kindersitzbretter	656 x 100 mm
4 Seitenteile mit Anleimer	350 x 130 mm
6 Querstücke	90 x 70 mm

je Hocker oder Bank 48 Riffeldübel, 8 x 50 mm Buche

HOCHSTUHL
MIT PASSENDEM TISCH

Im Gegensatz zum klassischen Vorbild dieser Kombination, bei dem Kinderstuhl und zugehöriger Tisch klappbar, aber fest miteinander verbunden sind, bleiben hier beide Teile jederzeit auch einzeln nutzbar (Abb. 2 und 3).

Die zum Füttern von Kleinkindern am Eßtisch erforderliche Höhe ergibt sich aus der Höhe des gekippten Tisches plus der Höhe der Stuhlzargen mit Sitzplatte. Falls Ihre Eßtischhöhe also von der normalen abweichen sollte (72 cm), sollten Sie gleich die Maße des Kindertisches entsprechend abändern!

Material

Als Material dient uns wieder gehobelte Kiefer in etwa 22 mm Stärke, ohne Nut und Feder, die gegebenenfalls abzutrennen sind. Da nur recht kurze Stücke benötigt werden, ist die Auswahl einfacher, denn störende Stellen wie Äste und Harzgallen läßt man »herausfallen« und gibt sie ins Brennholz. So kann man hier auch weniger gute Bretter aus früheren Einkäufen nutzbringend verarbeiten.

Zuschneiden

Schneiden Sie dann nach der Stückliste die für Stuhl und Tisch benötigten Teile, und seien Sie nicht zu geizig dabei, denn Äste, Harzgallen usw. erschweren die Arbeit sehr, brennen aber ausgezeichnet! Falls Sie über eine exakt winklig und sauber schneidende Maschine verfügen (vorzugsweise eine Unterflur-Zugsäge oder Kappsäge), erhalten Sie sofort weiterverarbeitungsfähige Teile. Benützen Sie weniger exakt schneidende Sägen, vergessen Sie keinesfalls die für das anschließende Bestoßen nötigen Zugaben (S. 72).

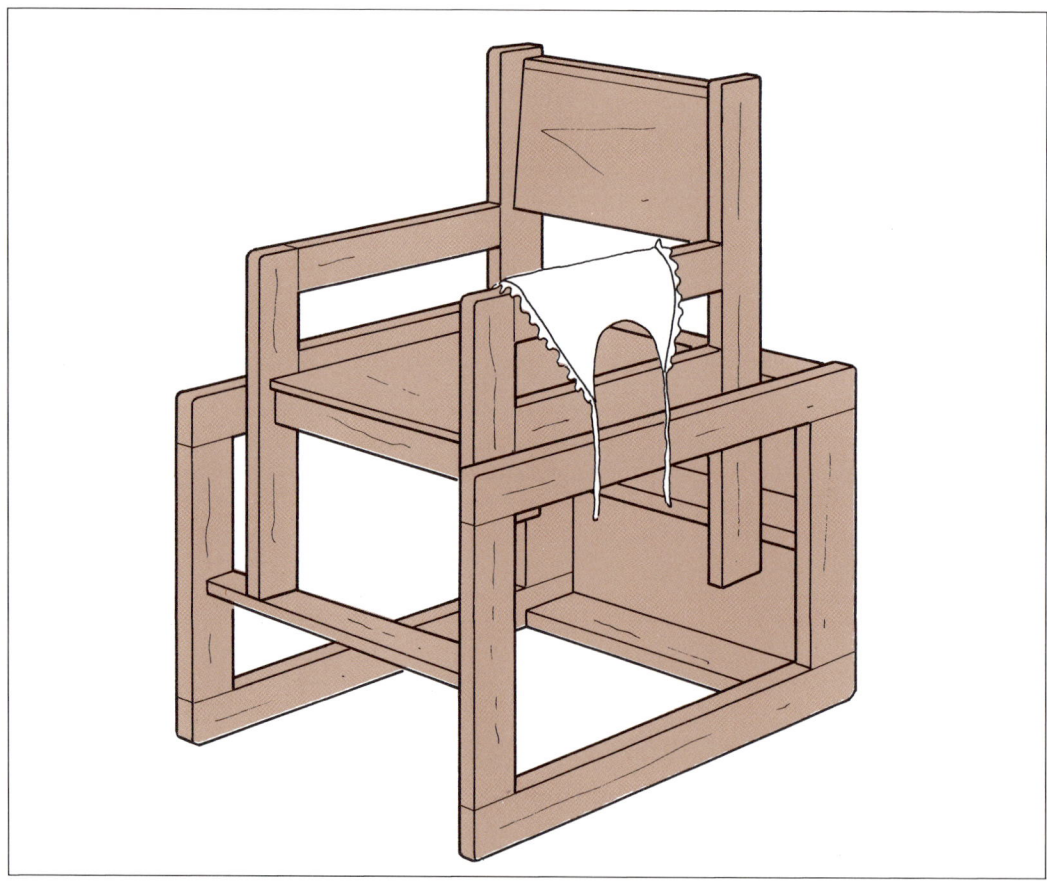

Abb. 1: Mit diesem Hochstuhl ist alles klar zum Mittagessen.

Abb. 2: Einzeln ein stabiler Spieltisch...

Abb. 3: ... und ein unverwüstlicher Kindersessel.

Aber auch mit einer guten, schienengeführten Handkreissäge mit scharfem Vielzahn-Hartmetallsägeblatt und einem selbstgebauten einfachen Sägetisch dazu, wie ich ihn auf S. 24 beschrieben habe, erzielen Sie perfekte, sowohl winkelgerechte als auch ausrißfreie Schnitte und sparen damit den größten Teil der Nacharbeit.

Wenn Ihnen das Nachstoßen nicht erspart bleibt, schlagen Sie zuvor nochmals auf S. 48 nach, denn dort finden Sie alle nötigen Hinweise dazu. Insbesondere sollten Sie immer wieder daran denken, daß nichts die Arbeit so sehr erleichtert wie wirklich scharfes Werkzeug und eine sichere, absolut wakkelfreie Einspannung der zu bearbeitenden Teile!

Zusammenbau der Seiten

Als Grundplatte für die Montagen fertigen Sie sich entweder eine genau passende Platte an (S. 37), oder Sie verwenden eine bereits vorhandene, etwas zu große, auf die Sie einfach zusätzliche Leisten aufschrauben. Falls dabei die Abstände von den Kanten so groß werden, daß Sie mit Ihren Schraubzwingen nicht mehr alle Ecken erreichen können, kann man relativ einfach mit der Lochsäge, einem großen Bohrer oder der Stichsäge für Abhilfe sorgen, denn durch Löcher, an den richtigen Stellen angebracht, kann man die Zwingen hindurch stecken, ohne die Platte entscheidend zu schwächen.

Abb. 4 zeigt einen solchen Anwendungsfall. Die Zwinge ist hier unbedingt nötig, denn besonders beim Keilen erzeugt man leicht unbeabsichtigt so hohen Druck, daß sich die Bauteile von der Platte abheben und dann, im falschen Winkel gepreßt, windschief verleimt werden. Hier hilft die kleine Zwinge am richtigen Platz, um das sicher zu vermeiden. Aber kontrollieren Sie sich auch gelegentlich selber: meist reicht schon ein Teil der angewendeten Kräfte aus, um den gewünschten Preßdruck zu erreichen! Es ist wirklich kein Problem, mit den Keilen die ganze Bauplatte zu zerstören.

Als Verbindung verwenden wir auch hier wieder die Riffeldübel 8 x 50 mm aus Buche. Wie sie zweckmäßig verwendet werden, steht auf S. 57ff. Es ist dort deshalb so eingehend erläutert, weil selbst gelernte Tischler sich erst daran gewöhnen müssen. In Serie ist das zwar einfach, weil entsprechende Maschinen eingesetzt werden, mit der Hand aber erfordert es sehr viel Sorgfalt, einige Übung und das richtige Werkzeug. Also vor Baubeginn erstmal einige Probeverbindungen machen und dabei auf exakten Sitz achten!

Noch ein Tip: Bei den Trockenproben wie auch beim endgültigen Verleimen sollten Sie zwei zusätzliche 300 mm-lange Stücke zur Hand haben, die Sie am unteren Ende zwischen die Beine des Stuhles legen. Abb. 4 zeigt das recht anschaulich. Nur so können Sie sicherstellen, daß auch nach

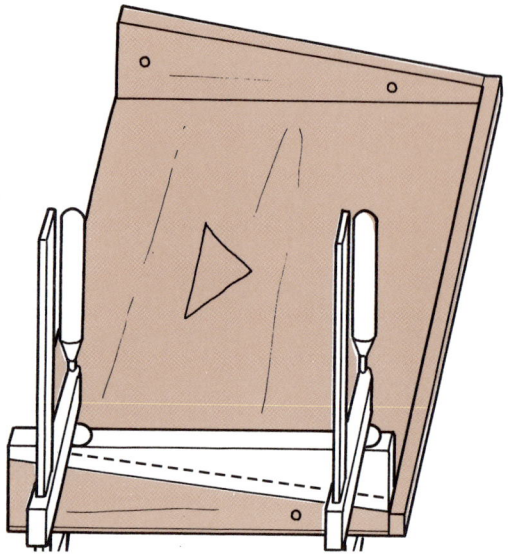

Abb. 4: Die Bauplatte garantiert mit zusätzlichen 300 mm-Stücken die rechten Winkel.

Abb. 5: Abgeschnittene Trapez-Stücke als Beilagen verhindern das Abrutschen der Schraubzwingen.

dem Trocknen dort noch der richtige Abstand gegeben ist.

Rücken und Sitz

An die Rückenlehne leimen Sie mit Hilfe der beim Zuschnitt abgefallenen schrägen Stücke die Seitenteile an (Abb. 5), unter die Sperrholzfläche des Sitzes die Eckleisten, dann die vordere und hintere Zarge (Abb. 6). Das soll schon haargenau passen! Die Dübellöcher an den Sesselseiten markieren Sie mit der bereits fertig verleimten Sitzeinheit. Übrigens sollten Sie Sitz und Rücken in einem Arbeitsgang »von Breiten« schneiden. Sie müssen genau gleich breit sein. Wenig splitterndes Sperrholz ist hier wie auch bei der Tischplatte sinnvoll, z.B. die AW-100-verleimte 7 mm-Sorte; statisch reichen aber auch schon 5 mm.

Tisch

Der Tisch unterscheidet sich nur wenig vom nachfolgenden Kindertisch mit integrierter Bank. Hier habe ich allerdings die Nuten vermieden, die dem wenig mit Maschinen ausgerüsteten Tischler Probleme bereiten können.

Unterschiedlich ist vor allem, daß man hier bei der Wahl der Tiefe des Tisches (450 mm) nicht frei ist, weil dies Maß ja die Sitzhöhe als Hochstuhl entscheidet. Bei höheren Tischen müssen Sie die Differenz zur 720 mm-Normalhöhe hinzurechnen, um wieder auf die nötige Sitzhöhe zu kommen.

Zur Aufnahme des Stuhles dienen die beiden zusätzlichen Seitenzargen, die genau wie die Sesselbeine exakt 300 mm auseinander stehen müssen

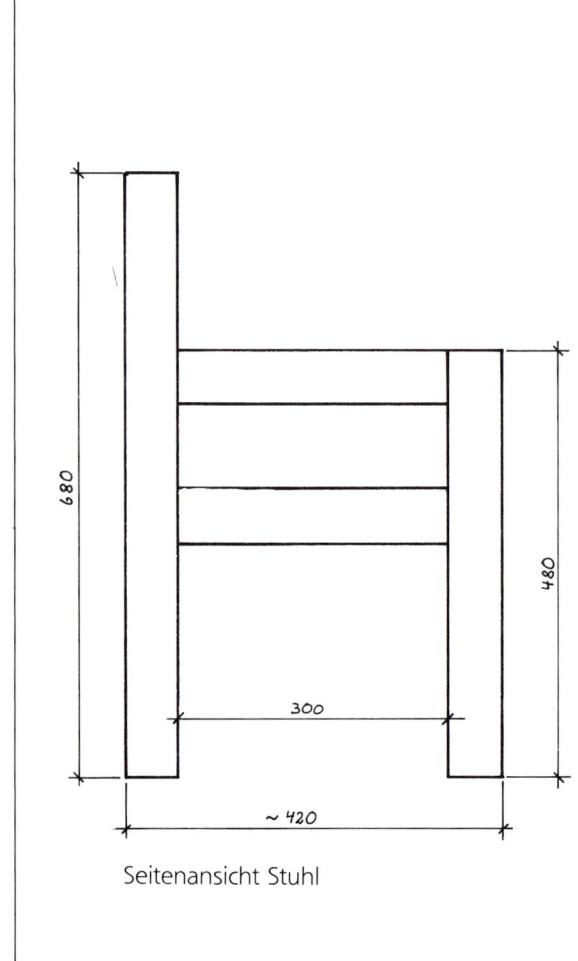

Seitenansicht Stuhl

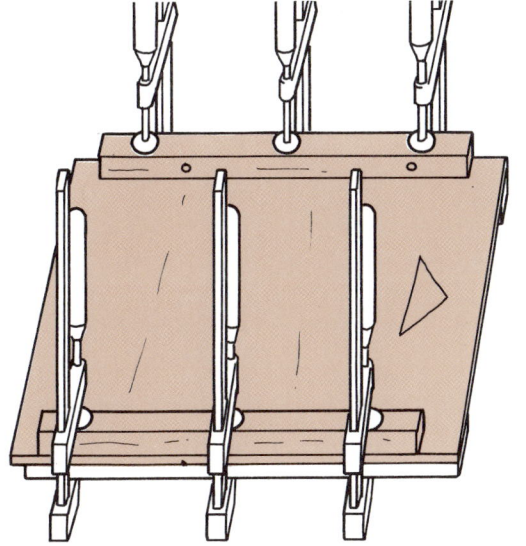

Abb. 6: Der Sitz mit den Eckleisten. Es folgen Vorder- und Hinterzarge. Vorher exakt anreißen und kontrollieren!

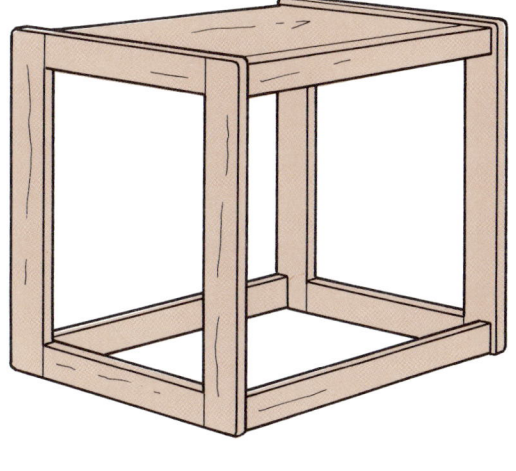

Abb. 7: Der Blumen-Kinder-Fernseh-Video-Beistell-Tisch.

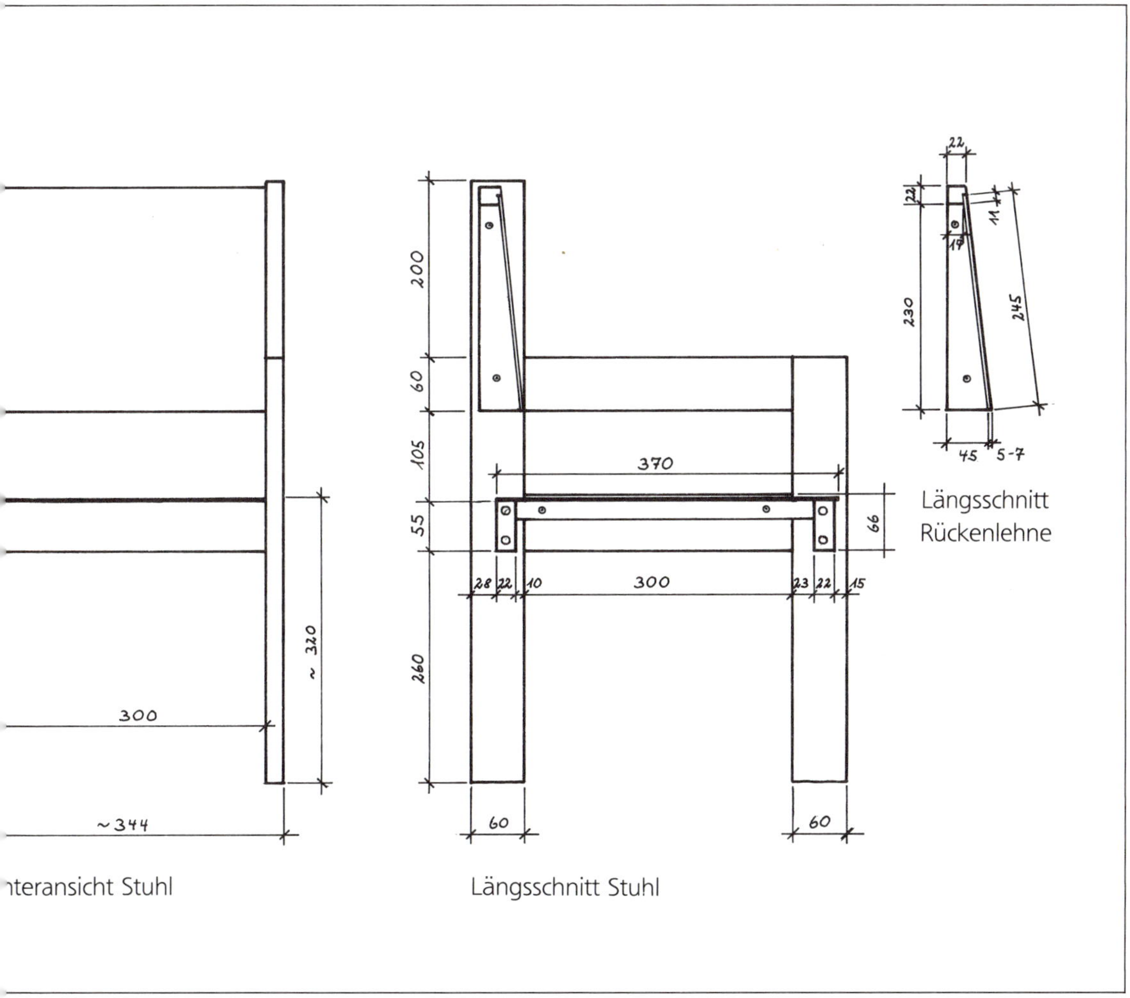

300
~344
~320
nteransicht Stuhl
200
60
105
55
260
370
28
22
10
300
23
22
15
66
60
60
Längsschnitt Stuhl
22
22
11
19
230
245
45
5-7
Längsschnitt
Rückenlehne

Abb. 8: So gehört der Stuhl eingesetzt — und aus diesem Grund müssen die 300 mm-Maße exakt stimmen!

(Abb. 8). Beim Sessel ist das Innenmaß entscheidend, hier das Außenmaß!

Variante

Falls Sie die Einzelteile nicht als Hochstuhl verwenden wollen, sondern stets nur »solo«, dann lassen Sie die beiden Zargen an dieser Stelle besser weg und setzen sie stattdessen unten an die Ecken, wie es Abb. 7 als Alternative zeigt. Die mittlere untere Zarge kann dann ganz entfallen.

In diesem Fall sind Sie natürlich mit Ihren Maßen ungebunden, können den Tisch also beliebig größer oder kleiner machen, in Grenzen natürlich. Von der Konstruktion her ergibt sich auch ein ganz passabler Fernseh-Blumen-Radio-Phono-Video-Beistelltisch, der keine der genannten Belastungen übel nimmt.

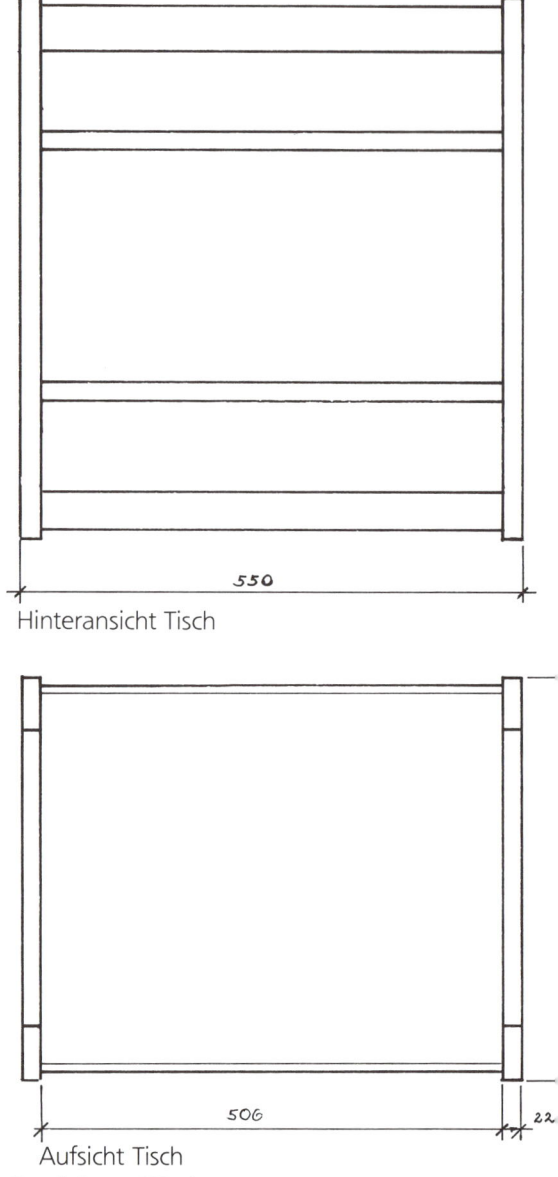

Hinteransicht Tisch

Aufsicht Tisch

Benötigtes Werkzeug:

Handsäge
Feinsäge
Putzhobel
Anschlagwinkel mit Bleistift HB oder H
Spitzbohrer
Elektrische Bohrmaschine
Holzspiralbohrer mit Vorschneider 8 mm Ø
Zollstock
Hammer, ca. 300 g
Holz- oder Gummihammer
Schleifklotz mit 80er, 100er und 120er Schleifpapier

Wünschenswert wären:
geführte Handkreissäge
Abrichte
Rauhbank
selbstgebauter Sägetisch zur Handkreissäge oder eine »Erika«

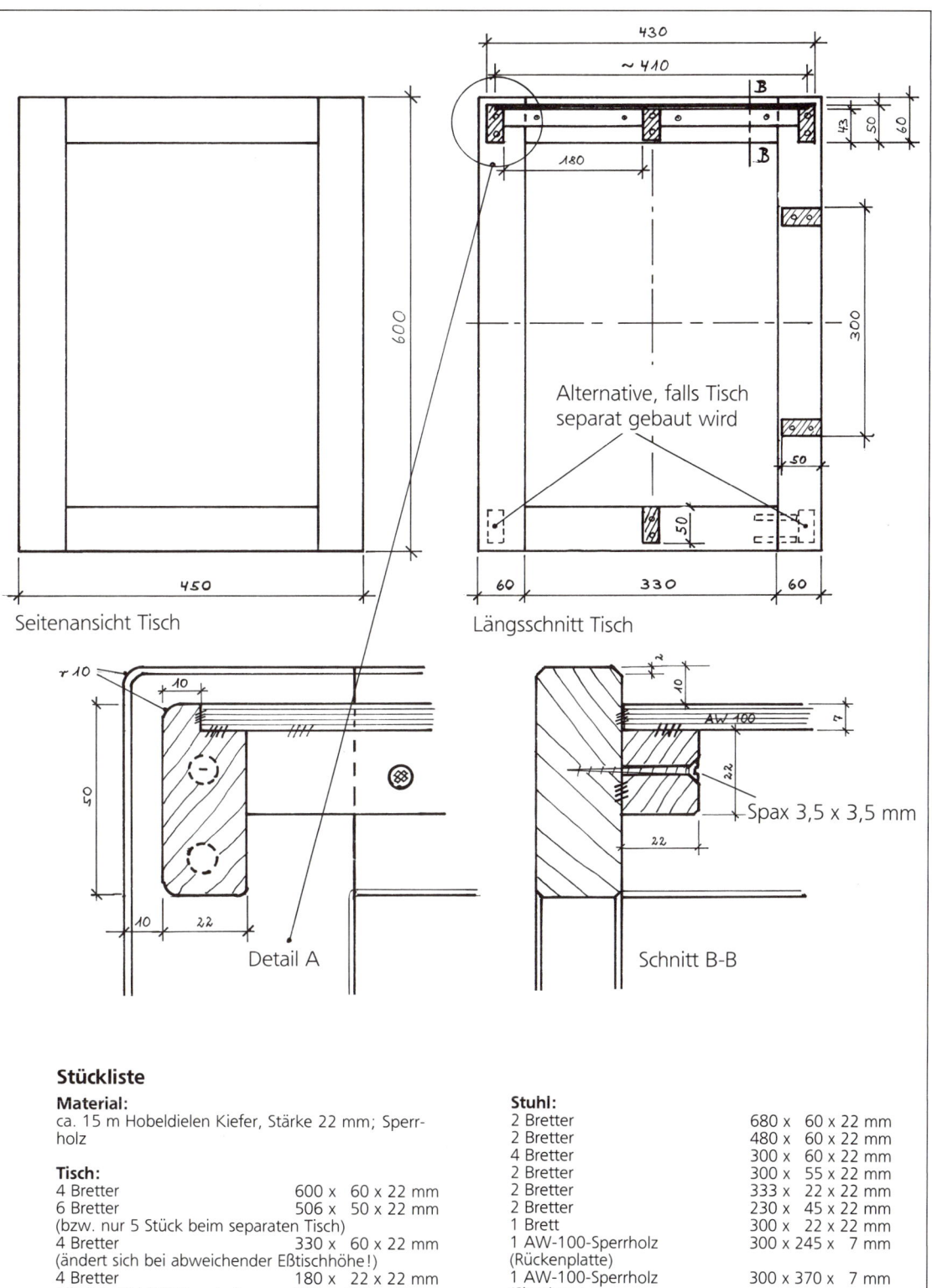

Seitenansicht Tisch

Längsschnitt Tisch

Alternative, falls Tisch
separat gebaut wird

Detail A

Spax 3,5 x 3,5 mm

Schnitt B-B

Stückliste

Material:
ca. 15 m Hobeldielen Kiefer, Stärke 22 mm; Sperrholz

Tisch:
4 Bretter	600 x 60 x 22 mm
6 Bretter	506 x 50 x 22 mm
(bzw. nur 5 Stück beim separaten Tisch)	
4 Bretter	330 x 60 x 22 mm
(ändert sich bei abweichender Eßtischhöhe!)	
4 Bretter	180 x 22 x 22 mm
(dito) 1 AW-100-Sperrholz	506 x 410 x 7 mm
(dito)	

8 Spax-Schrauben 3,5 x 35-40 mm,
40 Dübel 8 x 50 mm Buche, 50 g Weißleim

Stuhl:
2 Bretter	680 x 60 x 22 mm
2 Bretter	480 x 60 x 22 mm
4 Bretter	300 x 60 x 22 mm
2 Bretter	300 x 55 x 22 mm
2 Bretter	333 x 22 x 22 mm
2 Bretter	230 x 45 x 22 mm
1 Brett	300 x 22 x 22 mm
1 AW-100-Sperrholz	300 x 245 x 7 mm
(Rückenplatte)	
1 AW-100-Sperrholz	300 x 370 x 7 mm
(Sitzplatte)	

8 Spax-Schrauben 3,5 x 35-40 mm,
24 Dübel 8 x 50 mm Buche, 50 g Weißleim

KINDERTISCH MIT INTEGRIERTER BANK

Dieser mehrfach nutzbare Kindertisch paßt in seinen Maßen und in der Form genau zum beschriebenen Kindersessel und der entsprechenden Bank. (S. 94). Dreht man den Tisch um 90°, dienen die in der Mitte angeordneten Bretter als Banksitz. Die Konstruktion entspricht weitgehend dem vorangegangenen Kinderhochstuhl, so daß hier nur auf einige Besonderheiten hingewiesen wird. Dies

betrifft schon die verwendete Bauplatte: sie hat die Maße 950 x 750 mm!

Wie schon beim Kinderhochstuhl habe ich für die Tischplatte starkes Sperrholz genommen. Ich wählte 7 mm starkes, wasserfest verleimtes Sperrholz von sehr guter Qualität. Das kostet zwar ein paar Mark mehr, zahlt sich aber aus, weil beim Malen und ähnlichen Arbeiten doch gelegentlich klei-

Abb. 1: Um 90° gedreht, wird dieser Tisch zur Bank.

ne Seen auf der Platte entstehen. Diese nimmt das nicht übel. Wenn sie auch noch gut geölt und gewachst wurde, bekommt sie noch nicht einmal Farbflecke.

Einpassen der Tischplatte

Beim Nachbau durch Lehrlinge stellte sich heraus, daß das Einpassen der Sperrholzplatte (Abb. 2) die meisten Schwierigkeiten machte. Wichtig ist, daß Sie die gefälzten Randleisten an die sauber auf Maß gehobelte Platte leimen, bevor Sie die übrigen Teile verleimen (Abb. 3). So stellen Sie sicher, daß die Fugen zwischen Leisten und Sperrholz wirklich »dicht« sind und keine Schmutzecken bilden.

Erst danach übertragen Sie mit den Markierungsspitzen den Sitz der Dübel auf die Seitenteile. Als Führung dient dabei die Nut, die Sie für die Aufnahme der Sperrholzplatte zuvor in die Seiten eingefräst haben. Ihre Breite muß natürlich der jeweiligen Sperrholzdicke entsprechen. Man kann sie auf sehr unterschiedliche Art herstellen: mit der Tischkreissäge, der geführten Oberfräse, der Schattenfugenfräse oder auch der ebenfalls sauber geführten Handkreissäge. Die Ecken vorsichtig nachstechen (Abb. 4). Näheres zu diesem Thema finden Sie auf S. 82.

Das obere Brett des Banksitzes dient gleichzeitig als mittlere Unterstützung der Tischplatte. Entsprechend müssen Sie beim Markieren der Dübellöcher vorgehen: ein Stück des Sperrholzes oder die Platte in die Nut stecken und als oberen Anschlag beim Markieren benutzen (Abb. 5).

Nochmals zur Tischplatte: es ist selbstverständlich, daß Sie die beiden gefälzten Randleisten exakt im richtigen Abstand von den (überstehenden) Enden der Sperrholzplatte aufleimen. Sonst paßt hinterher gar nichts. Damit die Randleisten beim Ansetzen der Zwingen nicht verrutschen, hefte ich sie <u>vor</u> der Leimangabe <u>von unten</u> mit je 2 kleinen Nägeln durch das Massivholz bis ca. 2-3 mm ins Sperrholz. Dann zieht man die Nägel mit der Zange wieder etwas heraus, klopft sie wieder auf 2-3 mm vor, gibt den Leim an und sucht nun die genaue Position mittels der Nagelspitzen, die dann in die Löcher

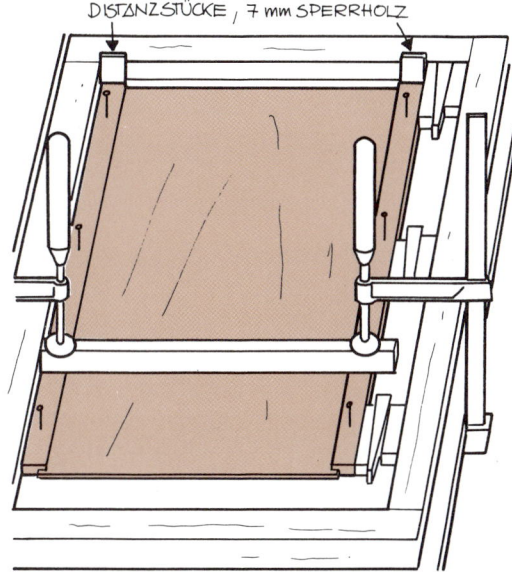

Abb. 3: Die Zargenleisten sind mit Stichnägeln fixiert und in der Bauplatte während der Verleimung gepreßt. Die Distanzstücke sorgen für den gleichmäßigen Überstand der Platte.

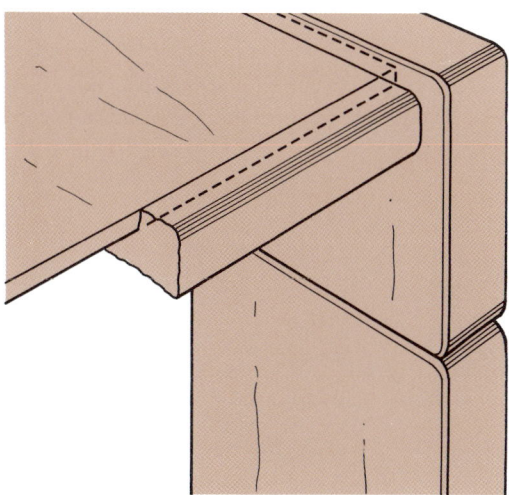

Abb. 2: Die Eckverbindung mit der eingelassenen Platte.

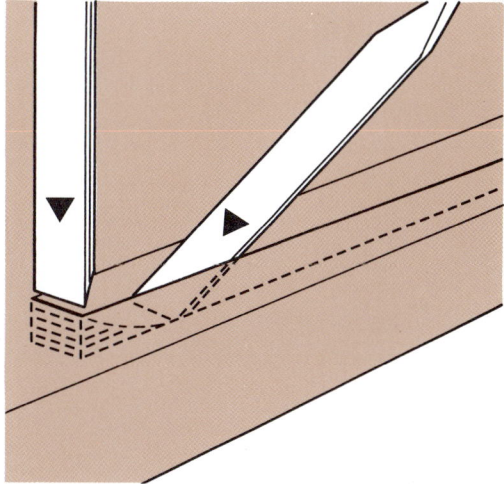

Abb. 4: Die Ecken der Nut müssen sehr vorsichtig nachgestochen werden, da das Sägeblatt nicht alles wegnehmen kann.

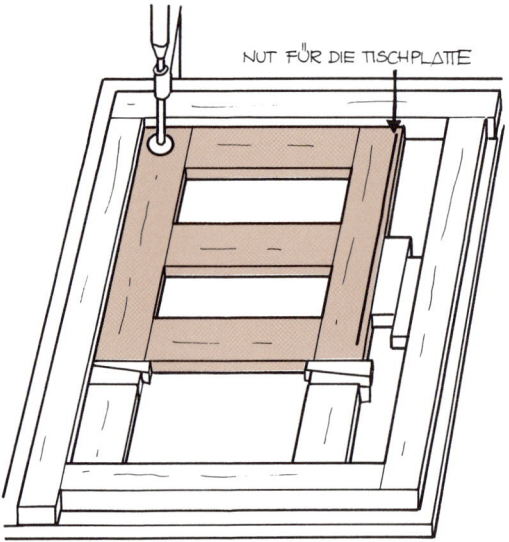

NUT FÜR DIE TISCHPLATTE

Abb. 5: In der Bauplatte müssen die Seiten genau rechtwinklig werden.

»rasten«. Dann die Schonleisten beilegen und die Zwingen sanft anziehen, bis überall der Leim quillt. Überschüssigen Leim gleich entfernen (angespitze Leiste als Spachtel), den Rest später wegschleifen. Zu dicke Leimschnüre innen unter der Platte ziehen das Sperrholz später nach unten, was man oben auf der Platte sehen kann!

Zusammenbau

Auch bei diesem Tisch ist auf die »Trockenprobe« keinesfalls zu verzichten, da sich gar zu gerne kleine Fehler einschleichen, wie z.B. eben doch ein unterschiedlicher Abstand der Kantenleisten von den Sperrholzkanten, nicht exakt gleiche Länge von Kantenleisten und Banksitzen oder nicht genügend tiefe Nuten bzw. zu großer Überstand der Sperrholzplatte.

Die Fehlerursachen zu beseitigen ist jetzt meist noch ein Kinderspiel. Ist erst verleimt, hilft nichts mehr.

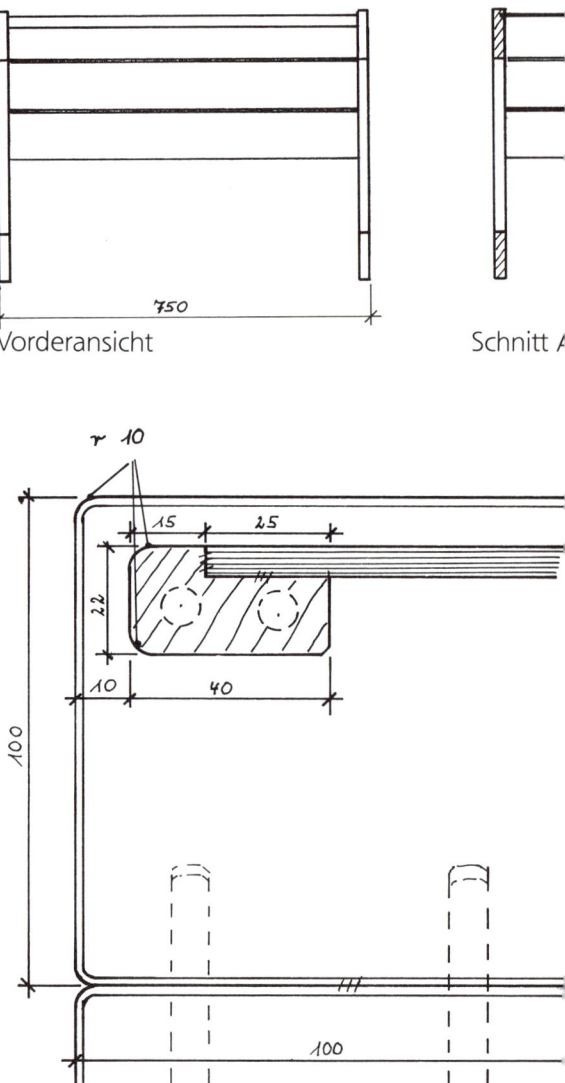

Vorderansicht

Schnitt A

Detail A

Stückliste

Material:
ca. 9 m Hobeldiele / Rauhspund Kiefer, 22 mm stark.

4 Bretter	550	100 x 22 mm
6 Bretter	350 x 100 x 22 mm	
2 Bretter	710 x 100 x 22 mm	
1 Brett	710 x 83 x 22 mm	
2 Bretter	710 x 40 x 22 mm	
1 AW-100-Sperrholz	723 x 500 x 7 mm	

44 Dübel 8 x 50 mm Buche geriffelt,
50 g Weißleim,
10 m Hobeldielen/Rauhspund bzw. Vierkantbretter (mindestens 100 x 22 mm), Restbestände aus anderen Anfertigungen können hier mit berücksichtigt werden.

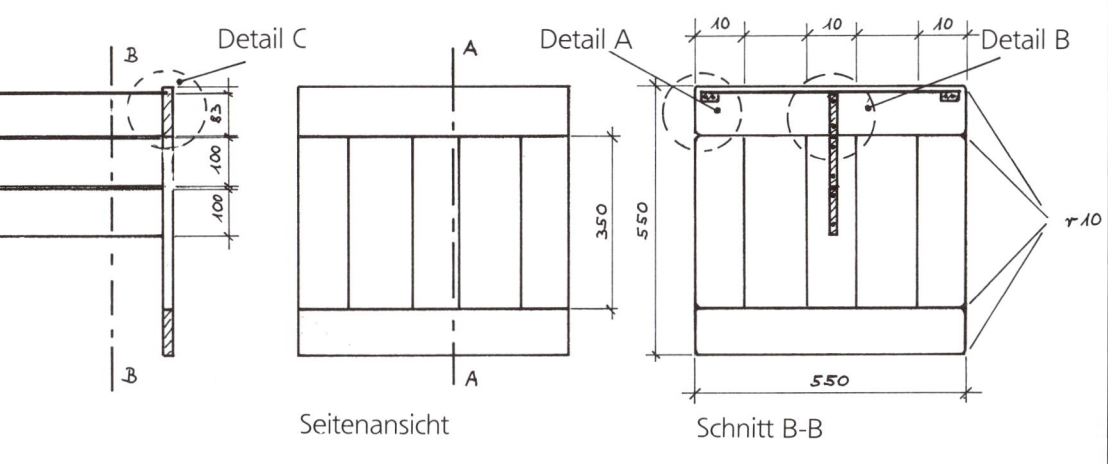

Seitenansicht Schnitt B-B

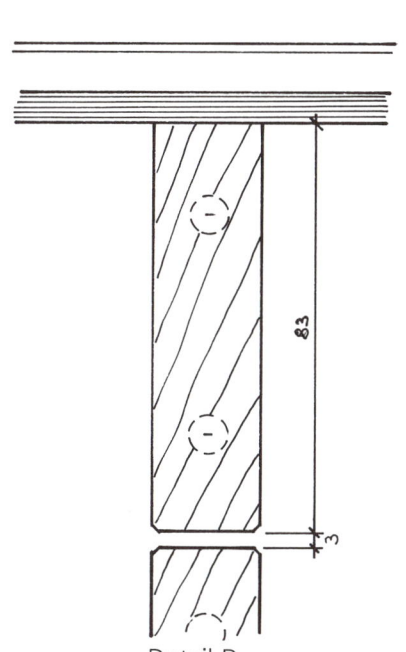

Detail B

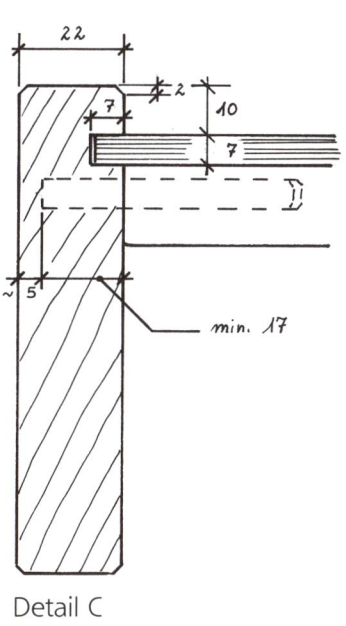

Detail C

Benötigtes Werkzeug

Handsäge
Feinsäge, ungekröpft
Putzhobel
Anschlagwinkel mit Bleistift HB oder H
Maßstab
Spitzbohrer
elektrische Bohrmaschine
Holzspiralbohrer mit Vorschneidern, 8 mm Ø
Stechbeitel 6-7 mm und 15-25 mm
Hammer, ca. 300 g
Holz- oder Gummihammer
Feile, halbrund oder flach für Holz
Raspel, halbrund
Schleifklotz mit 80er, 100er und 120er Schleifpapier

Wünschenswert wären:
geführte Handkreissäge
Schattenfugenfräse, Lamella-Fräse oder ähnliches;
alternativ:
geführte Oberfräse mit 7 mm Nutfräser und 10 mm
Abrundfräser
Abrichte
selbstgebauter Sägetisch oder Unterflur-Zugsäge

SPIELZEUGKÄSTEN, CONTAINER UND TRUHEN

Abb. 1: Sieben Spielzeugkisten auf nur 60 x 40 cm Fläche!

Selbst so scheinbar einfache Dinge wie Spielzeugkisten wollen vor der Anfertigung gut überlegt sein. Macht man sie aus unveränderten Resten von Hobeldielen, werden sie zwar äußerst stabil, aber auch viel zu schwer. Wählt man zu große Maße, um viel unterzubringen, werden sie ebenfalls zu schwer, so daß Kinder sie kaum bewegen können. Die Kästen sollten außerdem stapelbar sein, um sie platzsparend unterzubringen, wobei sie nicht leicht verrutschen dürfen.

Bewährte Maße für tragbare Kästen sind Grundflächen von etwa 400 x 300 mm und ganze Teile davon. Als Höhen passen dazu 240 mm, 180 mm, 120 mm und 80 mm. Ein fahrbares Unterteil kann z.B. 600 x 400 mm groß und 350 mm hoch sein, ohne die Höhe der Rollen.

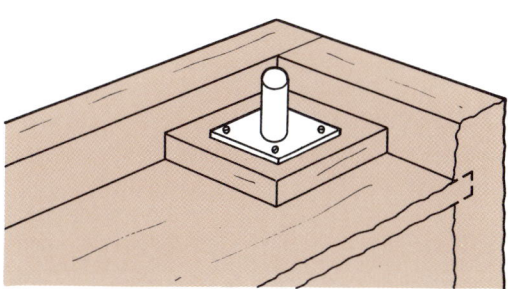

Abb. 2: Die Bodenverstärkung für Rollenmontage.

Material

Um leicht tragbare Kästen zu bekommen, darf das verwendete Holz nicht zu schwer sein. Also liegen wir mit Kiefer und Fichte richtig. Aber auch die Dikke spielt eine Rolle: etwa 14-16 mm reichen völlig aus. Gut eignen sich dünner gehobelte Leimholzplatten, verleimte Reste der Hobeldielen oder andere, selbstverleimte Platten, die aber mindestens 500 mm lang sein sollten, wenn Sie damit zu einem Tischler gehen. Ablängen können Sie später.

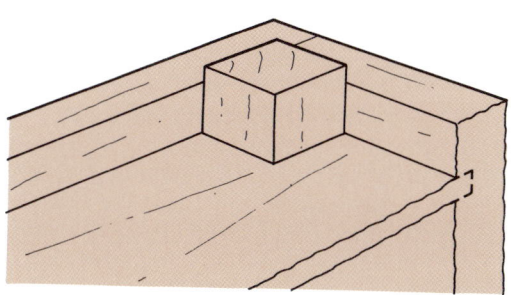

Abb. 3: Eckfüße garantieren Standfestigkeit.

Verbindungen

Gedanken über die Eckverbindung, also welche Zinken und wie angeordnet, sollten Sie sich schon gleich zu Anfang machen, denn dann können Sie anschließend an das Aushobeln auch die Nuten für die Böden herstellen oder fräsen lassen. Sie werden so angeordnet, daß sie von den Schwalbenschwänzen verdeckt werden. Falls Sie dübeln wollen, muß entweder »eingesetzt« (s. S. 82) werden, oder Sie setzen später sorgfältig ausgesuchte Leistenstücke in die an den Ecken sichtbaren Löcher der Nuten ein. Falls Sie nach Farbe und Struktur gut auswählen, ist das unsichtbar. Allererste Wahl als Verbindung ist die Handzinkung, da sie in der Haltbarkeit allen anderen Eckverbindungen überlegen ist. Eine andere ist die Zinkung mit maschineller Hilfe, wie sie auf S. 64 näher beschrieben ist. Zwar ist beispielsweise die von mir verwendete Vorrichtung von Festo nicht ganz billig, doch findet die nötige Handoberfräse ja auch anderweitig vielfache Verwendung, und die Ergebnisse sind damit bei sorgfältiger Einstellung von Frästiefe und Schablone erstaunlich gut.

Denken Sie daran, daß die Zuschnittmaße je nach Art der Eckverbindung unterschiedlich sind. Für gleiche Kastengrößen brauchen Sie bei offenen

Abb. 4: Schräg gedübelte Truhe.

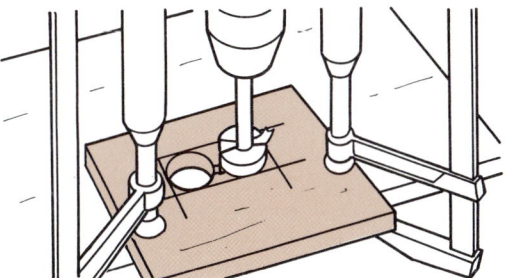

Abb. 5: Mit einer einfachen Schablone gelingen die Grifflöcher exakt.

Zinken für alle Seiten die volle Länge plus etwa 0,5 mm Zugabe zum Putzen der Zinken. Bei den maschinellen halbverdeckten Zinken vermindern sich die Maße der Querteile um den verbleibenden Überstand, beim Dübeln haben sie nur das »lichte« Maß des Kastens, also Außenmaß minus zweimal Holzstärke.

In der Stückliste sind die Maße für offene Handzinken angegeben. Ferner finden Sie in Klammern auch die Maße für halbverdeckte Zinken bei der hier üblichen Zinktiefe von 10 mm. Bei anderen Maßen müssen Sie umrechnen.

Varianten

Spielzeugkästen größerer Ausmaße stellt man auf Möbelrollen, z.B. die sehr preiswerten Tandemrollen mit Anschraubplatte. In diesem Fall leimen Sie unten in die Ecken Platten von etwa 50 x 50 mm Größe aus dem Bodensperrholz (Abb. 2). Darunter werden später die Anschraubplatten geschraubt. Bei den kleinen Kästen zum Stapeln leimen Sie stattdessen in die Ecken kleine Klötze von etwa 20 x 20 mm Querschnitt, die unten dann etwa 5 mm überstehen sollten (Abb. 3). Alle Füße und Rollen immer weit außen in den Ecken montieren, um die Kippgefahr zu vermindern!

Als »Garage« für zwei fahrbare Kästen ist eine u-förmige Bank praktisch, die oben als Sitzbank oder als Unterbau für ein größeres Regal dienen kann. Machen Sie die Bank nicht zu dünn; 28 mm-Leimholzplatten sind hier gerade richtig.

Mit einem stabilen Deckel wird aus der Kiste eine Truhe (Abb. 4). Den kann man bei kleinen Ausmaßen einfach aus einigen Mittelbrettern (s. S. 32) verleimen und mit 2 Scharnieren oder einem Streifen Klavierband klappbar befestigen. Er sollte vorn und seitlich gut überstehen, also jeweils wenigstens 20 mm größer sein. Hinten trennt man zweckmäßig einen Streifen ab, den man fest auf die Truhe dübelt, verleimt und erst daran den Deckel klappbar macht. Dann steht er geöffnet leicht schräg an der Wand und fällt nicht auf die Finger. Bei größeren Deckeln, aber auch dann, wenn Sie keine Mittelbretter haben, bietet sich das Einziehen von *Gratleisten* als fachgerechte Konstruktion an. Man braucht dazu Gratsäge, Grathobel und Grundhobel, oder die elektrische Oberfräse mit Führung und einen entsprechenden Gratfräser. Sie finden die Angaben dazu auf S. 65f. Die gezeigte Truhe ist mit Gratleisten ausgerüstet.

Die Grifflöcher (Abb. 5) können Sie nach eigenem Geschmack anordnen. Ob Sie mit dem Forstnerbohrer 30 mm-Löcher bohren oder sie zu größeren Griffschlitzen vereinigen: Beides erfüllt seinen Zweck ebenso wie angeschraubte Griffe oder Knöpfe.

Denken Sie unbedingt daran, daß bei größeren Kästen aller Art die Böden nicht zu dünn sein dürfen und der Abstand von Unterkante Boden bis Unterkante Seite groß genug sein muß — mindestens 3-fache Sperrholzstärke.

Als Oberflächenschutz kommt Grundierung auf Leinölfirnis-Basis mit anschließender Bienenwachs-Behandlung in Betracht.

Stückliste

Material:
Alles in Kiefer oder Fichte, Sperrholz ebenfalls Kiefer

Spielzeugkiste 400 x 300 x 240 mm
2 Seiten   401 x 240 x 15 (401 x 240 x 15) mm
2 Seiten   301 x 240 x 15 (290 x 240 x 15) mm
1 Boden   380 x 280 x   5 mm

Spielzeugkiste 300 x 200 x 180 mm
2 Seiten   301 x 180 x 15 (301 x 180 x 15) mm
2 Seiten   201 x 180 x 15 (190 x 180 x 15) mm
1 Boden   290 x 190 x   5 mm

Spielzeugwagen auf Rollen 600 x 400 x 350 mm
2 Seiten   601 x 350 x 15 (601 x 350 x 15) mm
2 Seiten   401 x 350 x 15 (391 x 350 x 15) mm
1 Boden   580 x 380 x   7 mm

U-Bank 1000 x 450 x 450 mm
2 Seiten   451 x 450 x 28 (414 x 450 x 28) mm
1 Platte   1001 x 450 x 28 (1001 x 450 x 28) mm

Rollcontainer zur U-Bank 450 x 450 x 370 mm
2 Seiten   451 x 350 x 20 (451 x 350 x 20) mm
2 Seiten   451 x 350 x 20 (430 x 350 x 20) mm
1 Boden   424 x 424 x 20 (7 mm tief genutet) mm

Truhe 900 x 450 x 450 mm
2 Platten   901 x 428 x 22 (901 x 428 x 22) mm
2 Seiten   451 x 428 x 22 (426 x 428 x 22) mm
1 Deckel   930 x 410 x 22 mm
1 Leiste   930 x   60 x 22 mm
1 Boden   870 x 420 x   8 mm
2 Gratleisten 360 x   40 x 28 mm
1 Klappen-Sicherung

Benötigtes Werkzeug

Handsäge
Feinsäge, gerade
Anschlagwinkel mit Bleistift HB oder H
Maßstab
Stecheisen 10, 12, 14 und 20 mm
Holz- oder Gummihammer
Hammer, ca. 300 g
Putzhobel
Schleifkork mit 80er, 100er und 120er Schleifpapier

Wünschenswert wären:
Handoberfräse mit Zinkeinrichtung und Führungseinrichtung
Handkreissäge mit Führungsvorrichtung
Selbstgebauter Sägetisch
alternativ:
Unterflur-Zugsäge
Abrichte
Dickenhobelmaschine

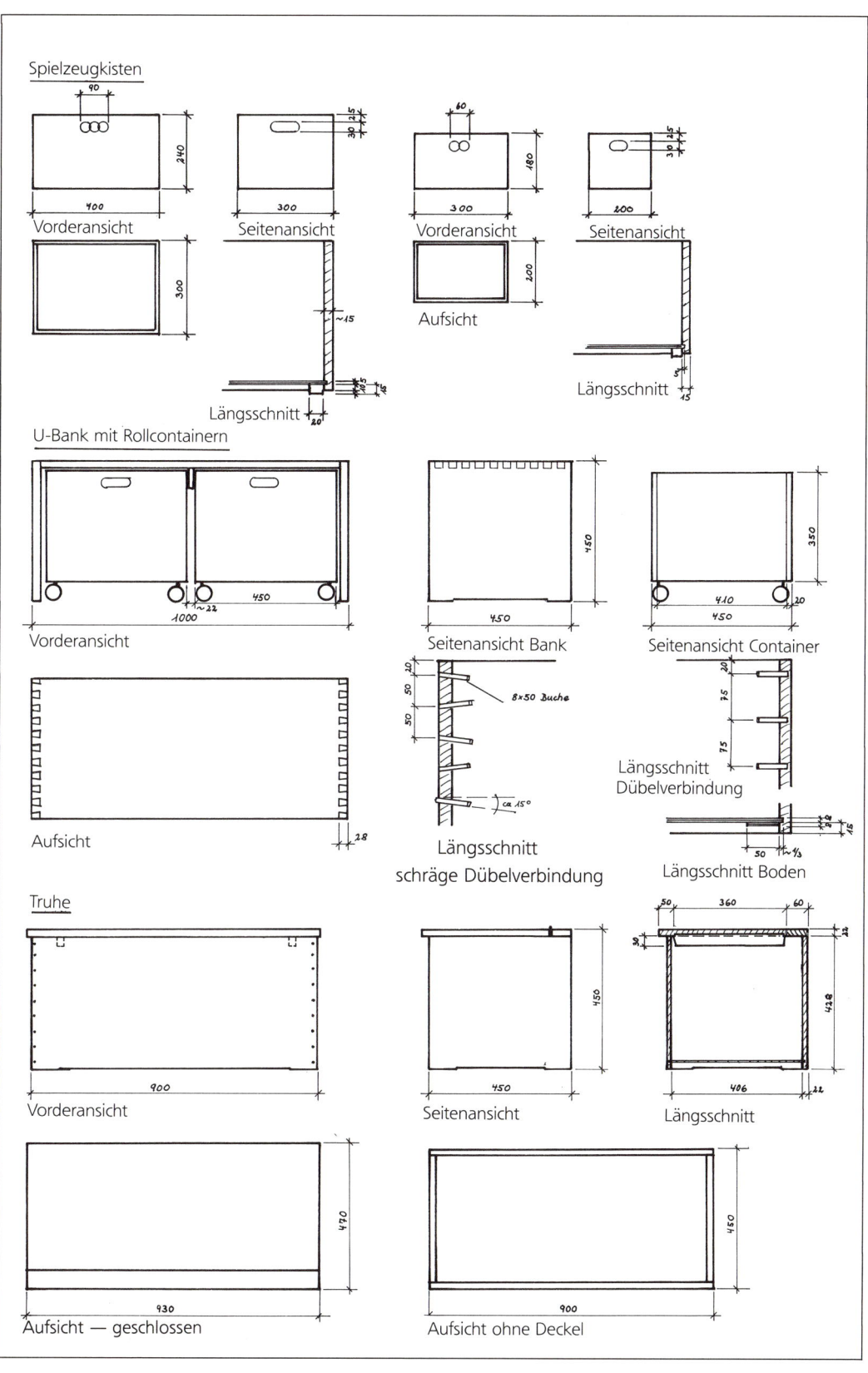

Spielzeugkisten

Vorderansicht Seitenansicht Vorderansicht Seitenansicht

Längsschnitt Aufsicht Längsschnitt

U-Bank mit Rollcontainern

Vorderansicht Seitenansicht Bank Seitenansicht Container

Aufsicht Längsschnitt schräge Dübelverbindung Längsschnitt Dübelverbindung

8×50 Buche

ca 15°

Längsschnitt Boden

Truhe

Vorderansicht Seitenansicht Längsschnitt

Aufsicht — geschlossen Aufsicht ohne Deckel

WIEGE

Die Kinderwiege war einige Zeit fast in Vergessenheit geraten, obwohl sie eine sehr lange Tradition hat. In einigen Museen gibt es die raffiniertesten Konstruktionen zu sehen, Querschwinger, Längsschwinger und sogar solche, die man nach Wunsch quer oder längs schwingen kann, mit allen möglichen Zwischenstufen. Und den Kindern gefällt es offenbar — vermutlich erinnert es sie an Zeiten vor der Geburt.

Material

Für die Herstellung habe ich Hobeldielen verwendet, wie sie in diesem Buch vorwiegend eingesetzt werden, vor allem weil sie dem Hobbytischler die gröbsten Hobelarbeiten ersparen und recht preisgünstig erhältlich sind. Für die Eckstollen waren sie mir allerdings nicht kräftig genug. Für stärkere Stollen kann man entweder zwei Hobeldielen verleimen und dann daraus das gewünschte Maß 35 x 45 mm herausschneiden und hobeln. Oder man versucht, im Holzhandel passendes Material zu finden, wobei man aber meistens nur Fichte entdecken wird.

Wenn Sie sich für das Verleimen entscheiden, schneiden Sie zunächst Streifen von etwa 50 mm Breite aus den Hobeldielen, prüfen sie auf Unebenheiten, hobeln notfalls nach und verleimen dann diese Streifen unter Zulage von Abfallhölzern mit möglichst vielen Schraubzwingen. Der Leim muß überall leicht herausquellen. Entfernen sie ihn frisch, spätestens im angedickten Zustand. Hart geworden, reiß man bei Benutzung des Schabers meist Holz mit heraus. Oder er verschmiert die Hobelsohle, was auch unerwünscht ist.

Suchen Sie dann aus den gut getrockneten Brettern zunächst die geeigneten für die Seiten heraus

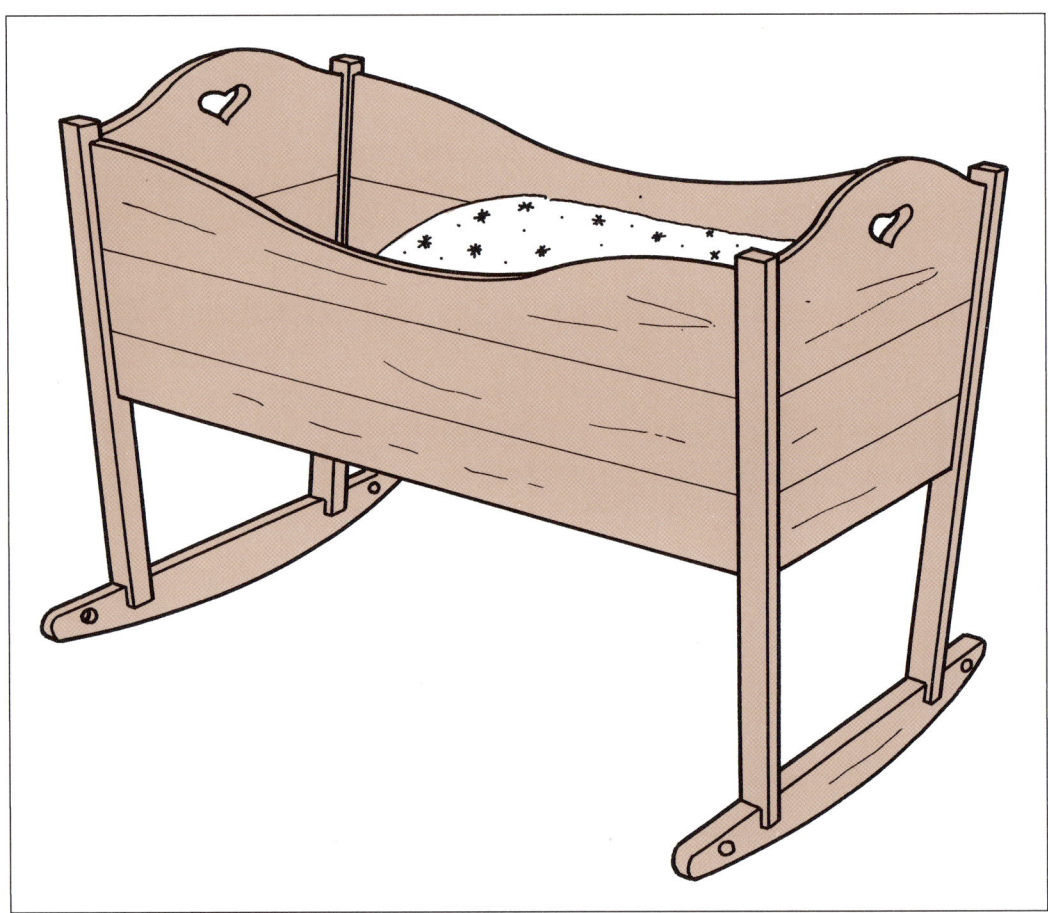

Abb 1: Wie in alten Zeiten — die Kinderwiege.

(1 m lang), plus einige Zentimeter Verschnitt beim Grob-Zuschnitt. Dabei achten Sie darauf, daß häßliche, schwarze Äste und andere Fehlstellen möglichst im Abfall landen. Nicht zu geizig sein! Wenn zwischen den Fehlstellen nur kürzere Abstände sind, reicht das vielleicht für die gut 50 cm der Querstücke. Wenn Sie später Kindersessel und ähnliches bauen wollen, können Sie dafür auch noch kürzere Stücke aufheben.

Ähnlich wie beim Kinderbett und dem Kleiderschrank (s. S. 126 und S. 134) sind auch hier die Fugen zwischen den Hobeldielen durch Anfasen betont. Weil die Bretter aus massivem Holz bestehen und Holz bekanntlich »arbeitet« (s. S. 30f), wäre es unsachgemäß, es zu breiten Platten zu verleimen und erst dann mit den quer zur Faserrichtung verlaufenden Stollen zu verdübeln. Kräftige Risse und/oder gelockerte Verbindungen wären die Folge, sobald das Holz auch nur einmal Gelegenheit bekommt, kräftig Feuchtigkeit aufzunehmen. Und das macht es auch ohne Berührung mit Wasser einfach aus der Luft, falls diese mal sehr feucht sein sollte. Dafür aber sorgt das Wetter. Viel besser und einfacher ist es, den Vorteil der »Spundung« auszunutzen — also der Eigenschaft unserer Hobeldielen oder auch des Rauhspunds, Nut und Feder bereits fix und fertig vorzuweisen.

Vorarbeiten an den Brettern

Jedes einzelne Brett wird also für sich an jedem Ende mit zwei Buchenholzdübeln 8 x 50 mm (sog. Riffeldübel) versehen, für die die Gegenbohrungen in den Stollen angebracht werden. Das ist unter »Dübeln« auf S. 57 eingehend beschrieben und u.a. in den Kapiteln Babybett (S. 126) und Kindersessel (S. 88) noch weiter erläutert. Bei unserer Wiege ist der Arbeitsablauf nicht anders, nur an den Querseiten muß die Schräge beachtet werden.

Um exakt senkrecht zur Schnittfläche zu arbeiten, brauchen Sie nur die von mir erprobte Bohrhilfe (s. S. 57) richtig zu benutzen. Dann übertragen Sie den Mittelpunkt Ihrer Bohrungen mittels der beschriebenen Zentrierspitzen auf die Gegenstücke, hier die Stollen, und schon können Sie auch hier an den richtigen Stellen mit der Bohrhilfe schön senkrecht zur Fläche einbohren. Zuvor aber müssen Sie natürlich festlegen, wo die einzelnen Bretter später exakt sitzen sollen. Doch der Reihe nach!

Zunächst müssen die grob zugeschnittenen Bretter genau auf die angegebene Länge geschnitten werden. Je nach Ihrer Werkzeugausrüstung geht das unterschiedlich vonstatten. Haben Sie eine gute Maschine, z.B. die »Erika« von Maffel, eine »Basis-Plus« von Festo oder eine ähnliche Unterflur-Kreissäge, dann können Sie sich das exakte

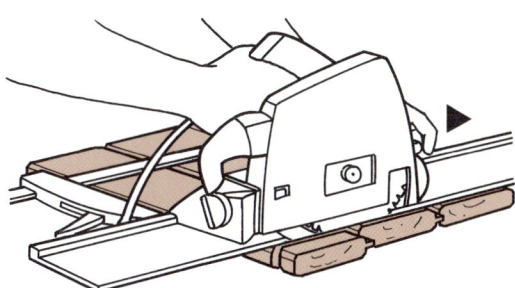

Abb. 2: Die Handkreissäge mit Führungsschiene ermöglicht splitterfreie Schnitte in beliebigen Winkeln, wenn auf einer Spanplattenunterlage geschnitten wird.

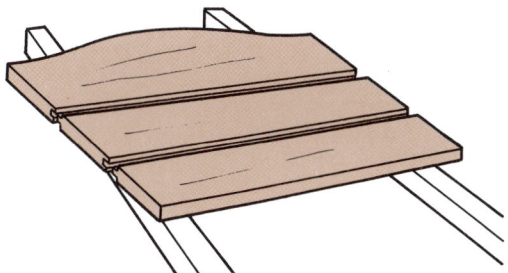

Abb. 4: Kopf- bzw. Fußstück der Wiege, fertig schräg beschnitten. Oben schon geschweift, unten ist die Nut entfernt.

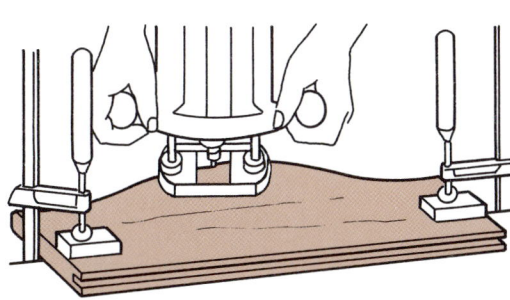

Abb. 3: Hier werden die oberen Kanten mit der Oberfräse abgerundet. Das Werkstück dabei unbedingt sicher festspannen!

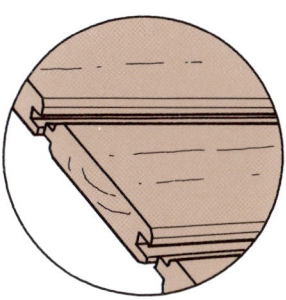

Abb. 4a: Die breiten Fasen sind angehobelt oder gefräst.

Anreißen sparen. Sie stellen den Längenanschlag einfach auf das gewünschte Maß, schneiden zunächst noch bei hochgeklapptem Anschlag die erste Seite rechtwinklig, klappen dann den Anschlag herunter und bringen schließlich den exakten Ablängschnitt an.

Irgendwelche Nacharbeit ist hier nicht nötig, besonders dann nicht, wenn Sie ein scharfes Vielzahnsägeblatt mit Hartmetallzähnen verwendet haben und außerdem das empfohlene Splitterholz einsetzen.

Ganz ähnlich wirken der Sägetisch von Festo oder der selbstgebaute, die beide mit dem Führungslineal und der Handkreissäge des gleichen Fabrikates verwendet werden (s. S. 6 bzw. 24). Hier dient die Spanplatten-Unterlage, die ganz leicht mit angesägt wird, als Splitterschutz (Abb. 2). Auch mit dieser Kombination erzielen Sie nacharbeitungsfreie Schnitte, müssen aber richtig messen und gegebenenfalls anzeichnen.

Mit der Handsäge oder einfachen Kreissägen geht es natürlich auch, und man sollte es auch üben, selbst wenn man sich die nicht gerade billigen, guten Maschinen leisten kann. Einfach deshalb, weil diese doch nicht überall einsetzbar sind und man dann mangels Übung mit den traditionellen Handwerkzeugen nicht zurechtkommt. Wie das im einzelnen gemacht wird, ist in den Kapiteln Holzauswahl, Sägen und Hirnholzbestoßen (S. 36, 38, 48) ausführlich beschrieben.

Herstellen der Schweifung

Sobald also die erforderlichen Teile exakt abgelängt und bestoßen vorliegen, geht es an das Verleimen der oberen Bretter mit den Rundungen bzw. den Ausschweifungen. Danach wird die Schweifung genau angezeichnet. Zunächst wieder Punkt für Punkt übertragen, dann mittels biegsamer Leiste die Punkte verbinden und von Ihrer Hilfskraft den Strich durchziehen lassen. Als Werk-

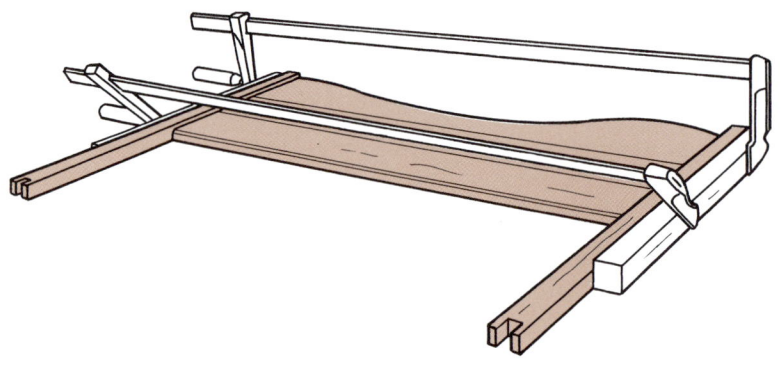

Abb. 5: Die Seiten der Wiege sind zur Probe zusammengefügt.

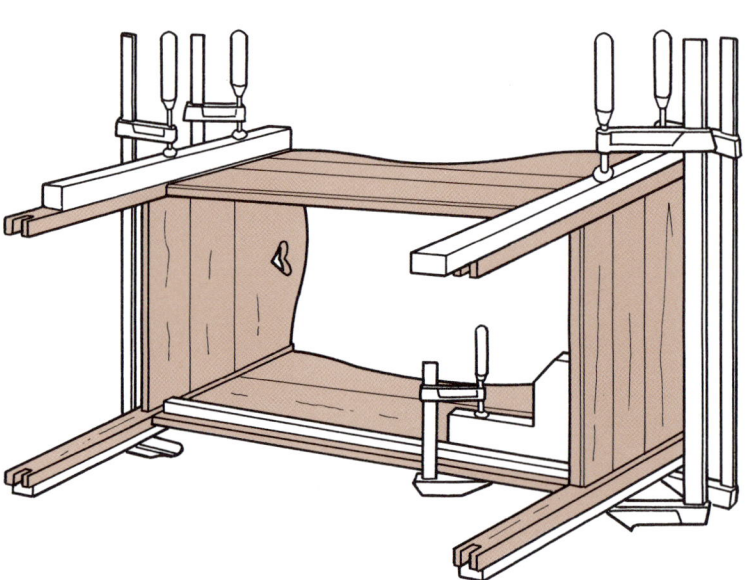

Abb. 6: Beim endgültigen Zusammenbau hilft ein genau winklig geschnittener Hilfswinkel aus einem Spanplattenrest. Hier ist erst eine der beiden nötigen Zwingen angesetzt; die zweite zieht rechts heran. Zur Schonung kann man auch hier nicht abgebildete Reststücke an den Außenseiten unterlegen.

zeuge zum Ausschneiden eignen sich die Bandsäge oder die elektrische Stichsäge, aber natürlich auch die große Gestell-Schweifsäge. Die Nacharbeit erfolgt mit dem Schabhobel (Schinder), dann mit einer Schleifrolle in der Bohrmaschine oder von Hand mit dem Schleifkork und zunächst 80er, dann 100er und schließlich 120er Schleifpapier. Das Griffloch bohrt man zweckmäßig mit dem Forstner-Bohrer. Entweder als schlichten Griffschlitz mit drei Bohrungen nebeneinander, oder etwas verspielt als Herz. Die Nacharbeit erfolgt mit dem scharfen, breiten Stecheisen, Holzfeile und, um ein Rundholz gewickeltes Schleifpapier.

Die oberen Kanten habe ich mit 10 mm Radius kräftig abgerundet, während die betonten Fugen mittels Fräse oder Hobel kräftig, aber vor allem gleichmäßig angefast werden (Abb. 3). An den Stollen sind die Fasen nur etwa halb so stark, die Kanten aber oben und unten ringsherum ebenfalls mit etwa 10 mm Radius abgerundet und dann sehr sorgfältig geschliffen. Unvollkommenheiten fallen da sehr ins Auge.

Zusammenbau

Nun endlich ist es soweit, daß die untere Begrenzung der Seiten auf den Stollen angezeichnet werden kann. Suchen Sie sorgfältig aus, welche Kante des Stollens weniger schön ist und nach innen kommt und bezeichnen Sie die Stollen entsprechend, damit später nichts verwechselt wird. Um den richtigen Kantenabstand zu wahren, müssen entsprechende Linien entlang den Kanten gezogen werden. Dann beginnen Sie mit einem der unteren Bretter, gekennzeichnet durch die weggestoßene Nut (Abb. 4). Die Dübellöcher im Hirnholz müssen sämtlich zu diesem Zeitpunkt schon gebohrt sein (s. S. 57ff.), so daß bereits die Zentrierspitzen eingesetzt werden können. Sie beachten die untere Linie und setzen das Brett vorsichtig so auf, daß es mit unterer Begrenzungslinie und dem seitlichen Riß fluchtet. Dann kräftig niederdrücken, damit sich die Mitte des Dübelloches markiert.

Das habe ich mit allen vier unteren Brettern gemacht, dann erstmal die Löcher gebohrt, Dübel ohne Leim eingesetzt und das Brett eingedrückt. Das zugehörige mittlere Brett (mit Nut und Feder!) folgt als nächstes ringsum, schließlich das obere, wobei immer wieder das bereits gedübelte als unterer Anschlag dient (Abb. 5). Schließlich muß das obere Brett am Stollen mit dem Riß abschließen. Ganz kleine Differenzen dürfen Sie übersehen.

Wenn Sie dann zum ersten Mal die Wiege in voller Größe aufgebaut haben, können Sie noch eventuelle Fehler und Versäumnisse beseitigen. Anschlie-

ßend wieder alles zerlegen, erst nach den Schlußkorrekturen geht es dann ans Verleimen. In die Stollen werden nun unten die Schlitze für die Kufen eingesägt und die Kufen selbst angefertigt. Ist auch das geschafft, wird Brett für Brett vorgenommen und sorgfältig geschliffen, nötigenfalls auch leicht nachgehobelt, zum Schluß mit 120er Schleifpapier längs zur Faser, nicht mit dem Rutscher!

Verleimen

Dann erst, eventuell nach nochmaliger Probe, falls Sie größere Dinge nacharbeiten mußten, werden die Dübel in die Seitenbretter mit Leim eingesetzt (wobei der Leim sowohl an den Dübel wie auch an die Lochwandungen gehört) und langsam so weit eingeklopft, daß der Überstand der Lochtiefe in den Stollen minus 1 mm entspricht. Auch an die Hirnholzflächen, die vorstehenden Riffeldübel und in die Löcher der Stollen geben Sie etwas Leim und drücken dann Brett für Brett in die richtige Position hinein. Sorgfältige Nummerierung mit Bleistift schützt dabei vor unangenehmen Überraschungen.

Das Ganze muß zügig in einem Durchgang erfolgen. Schon deshalb ist der zuvor erfolgte »Trockenaufbau« so wichtig. Es darf jetzt nicht noch lange Überlegungen geben, was wohin gehört, weil der Leim doch recht schnell abbindet und die Wiege vorher exakt zusammengedrückt sein will.

Bei wirklich sorgfältiger Arbeit ist das alles kein Problem. Stellen Sie die Wiege schließlich kopfüber auf eine ebene Fläche, damit sie nicht doch noch windschief trocknet. Unter die Eckstollen legen Sie einige gleichhohe Reststücke, um die überstehenden Schweifungen zu überbrücken. Die Kufen setze ich erst nach dem Abbinden des Leimes (ca. 1 Std.) ein, kontrolliere aber natürlich bereits beim Überkopf-Stellen, ob der Abstand genau gleich ist. Kleinste Korrekturen sind dann noch möglich. Notfalls mit Lattenstücken und Zwingen in der richtigen Lage fixieren (Abb. 6).

Sie können die Kufen ebenfalls fest einleimen. Weil sie aber bei Transporten so sperrig sind, habe ich sie mittels Messing-Flachmuttern und kurzen Gewindestücken verschraubt. Falls Sie die nicht bekommen können: es geht auch mit 5 mm-Schloßschrauben, verzinkt oder in Messing und Hutmuttern mit untergelegten Scheiben.

Schließlich muß nochmals leicht geschliffen werden, um Druckstellen und die Nummerierungen zu entfernen. Dann wird zweimal mit Grundierung auf Leinölbasis eingelassen, nach Vorschrift abgewischt (keinesfalls vergessen!) und dann mit Bienenwachsbalsam endbehandelt.

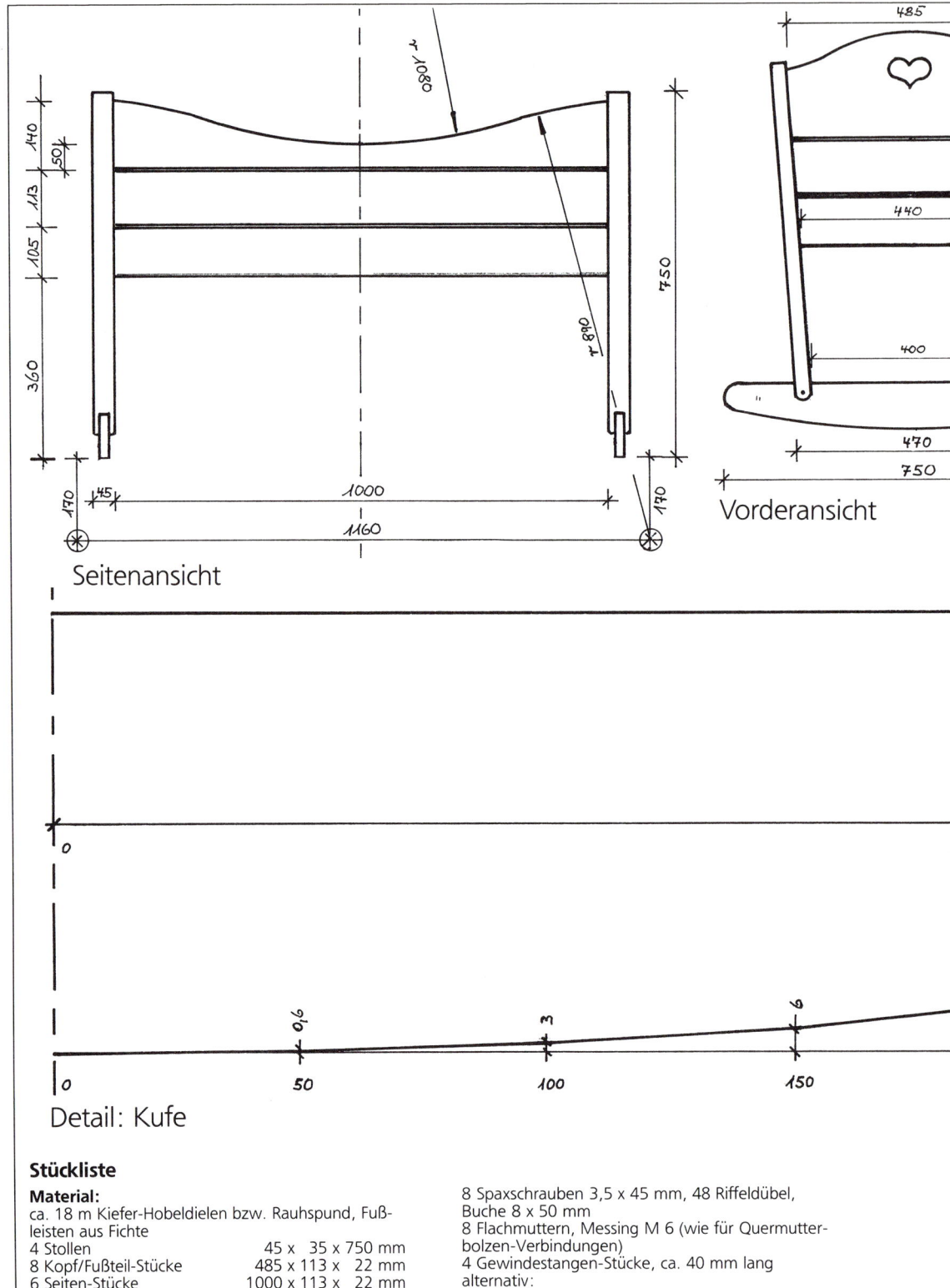

Seitenansicht

Vorderansicht

Detail: Kufe

Stückliste

Material:
ca. 18 m Kiefer-Hobeldielen bzw. Rauhspund, Fußleisten aus Fichte

4 Stollen	45 x 35 x 750 mm
8 Kopf/Fußteil-Stücke	485 x 113 x 22 mm
6 Seiten-Stücke	1000 x 113 x 22 mm
2 Kufen	750 x 90 x 22 mm
2 Tragleisten	1000 x 30 x 22 mm
8 Lattenrostbrettchen (Fichte)	460 x 70 x 14 mm

8 Spaxschrauben 3,5 x 45 mm, 48 Riffeldübel, Buche 8 x 50 mm
8 Flachmuttern, Messing M 6 (wie für Quermutterbolzen-Verbindungen)
4 Gewindestangen-Stücke, ca. 40 mm lang
alternativ:
4 Schloßschrauben M 5 oder M 6 x 50 mit Hutmuttern und Unterlegscheiben, verzinkt oder Messing (»Flachrundkopfschrauben«)

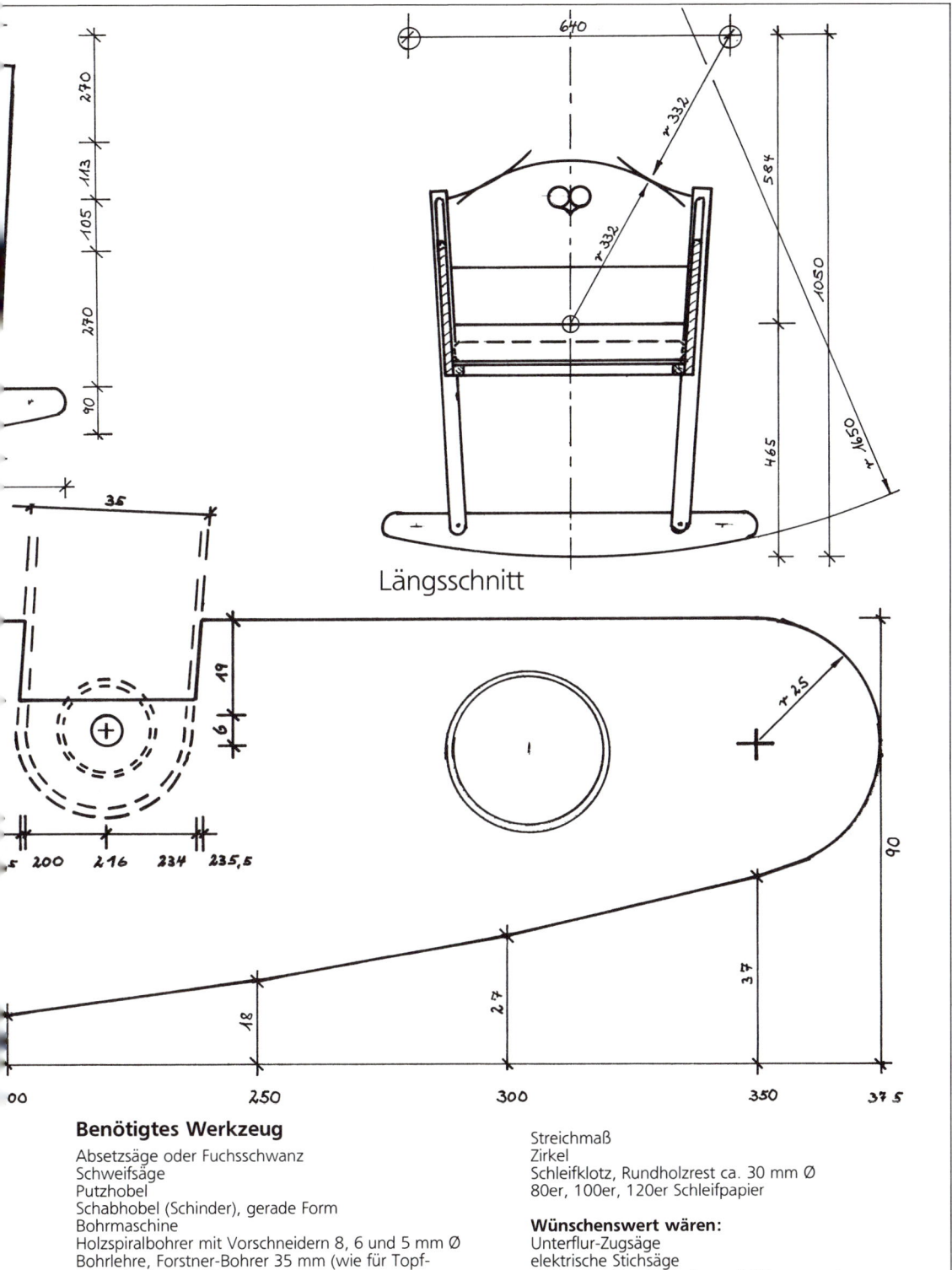

Längsschnitt

Benötigtes Werkzeug

Absetzsäge oder Fuchsschwanz
Schweifsäge
Putzhobel
Schabhobel (Schinder), gerade Form
Bohrmaschine
Holzspiralbohrer mit Vorschneidern 8, 6 und 5 mm Ø
Bohrlehre, Forstner-Bohrer 35 mm (wie für Topf-
scharniere), evtl. 30 mm
Stecheisen, ca. 16-24 mm breit
Zollstock bzw. Metallmaßstab
Bleistift
Anschlagwinkel

Streichmaß
Zirkel
Schleifklotz, Rundholzrest ca. 30 mm Ø
80er, 100er, 120er Schleifpapier

Wünschenswert wären:

Unterflur-Zugsäge
elektrische Stichsäge
elektrische Handkreissäge mit Führungssystem
Oberfräse einschließlich Stabfräse r = 10 mit Anlaufkugellager oder Zapfen
Fasenfräser 45°, Führungssystem wie Handkreissäge
dazu, Rutscher.

WICKELKOMMODE

Abb. 1: Mit wenigen Handgriffen wird aus der Wickelkommode ein Spiel-, Mal- oder Schreibpult.

Diese Wickelkommode ist sehr vielseitig verwendbar, denn durch die auswechselbare Platte kann sie später als Regal oder Kommode für die verschiedensten Zwecke dienen. Mit schräggestellter Platte ergibt sie aber auch einen praktischen Spiel-, Schreib- und Mal-Tisch.

Die Konstruktion entspricht weitgehend dem Babybett, da beide Teile ja auch optisch eine Gruppe bilden sollen. Um das Stück später wie beschrieben nutzen zu können, bekommt es nur 45 cm Tiefe bei 92 cm Höhe. Für sehr große Eltern kann die Höhe natürlich auch größer ausgelegt werden, z.B. 102 cm, womit sich dann eine Arbeitsplattenhöhe von etwa 95 cm verwirklichen läßt.

Seitenteile

Sie bauen die Seiten auf der bewährten Bauplatte, die hier eine Größe von 60 x 107 cm hat; versehen mit den Anschlagleisten (s. S. 37). Für das seitlich überstehende Kopfstück klinken Sie an der seitlichen Leiste 1 cm aus und zeichnen dann die Seitenansicht im Maßstab 1:1 auf die Platte (Abb. 2). Prinzipiell unterscheiden sich die Seiten der Wickelkommode nicht von der Konstruktion einer Rahmentür mit Füllungen; Sie können also bei der Anfertigung der Arbeitsanleitung auf S. 71ff. folgen. Der einzige Unterschied liegt darin, daß die seitlichen Rahmen nach unten verlängert sind und als Stollen dienen.

Wenn Sie die Seitenteile fertiggestellt haben, bringen Sie die Bohrungen für die Höhenverstellung der Wickelplatte an. Legen Sie die Seiten genau übereinander, ein Stück Abfallholz an den Bohr-

stellen darunter und drücken Sie alles mit Zwingen fest zusammen. Bohren Sie nun mit dem scharfen Holz-Spiralbohrer genau an den auf der Aufrißzeichnung angegebenen Stellen durch, schön senkrecht mit Hilfe der Bohrhilfe. Dann geht es an die Komplettierung zum Kastenmöbel.

Böden und Mittelwand

Da die Konstruktion einfach bleiben sollte, habe ich die waagerechten Flächen einfach stumpf zwischen die Seiten gedübelt, und zwar aus unverleimten Hobeldielen. Auch die Mittelwand sitzt so zwischen den Böden. Durch das »Nichtverleimen« erreiche ich, daß keine Risse auftreten können, obwohl hier teilweise an querverlaufendes Holz angedübelt wird. Die Kraft der geringen Breite von etwa 11 cm wird von den Dübelverbindungen leicht aufgenommen. Die Nut- und Federverbindung hält die Fugen auch bei Änderung der Fugenbreite staubdicht.

Das Ablängen, Anreißen und Zusammenzeichnen ist auf S. 36 und S. 38 erläutert. Hier ist es sehr einfach, weil Sie es nur mit drei Längen zu tun haben: Böden, Einlegeböden und Mittelseite. Als Bauplatte für den Zusammenbau wird dieselbe verwendet, mit der die Seiten hergerichtet wurden.

Bevor Sie nun mit dem Dübeln beginnen, müssen einige Teile zuvor genau nach den Angaben auf der Aufrißzeichnung auf die richtige Breite gehobelt werden. So springen die vorderen Bretter der festen Böden um 6 mm hinter die Seiten zurück, das Brett der Mittelwand um 25 mm gegenüber den Böden, weil es später als Anschlag für eventuell ge-

Abb. 2: Eine der Seiten in der Bauplatte. Wegen des seitlich überstehenden Kopfstückes ist die linke Seitenleiste ausgespart.

Abb. 3: Nur deutliche Kennzeichnung jedes Bauteiles garantiert, daß diese Maße aus der techn. Zeichnung auch wirklich eingehalten werden!

wünschte Türen dient. Außerdem wird das hintere Brett der Mittelwand um die Tiefe der Ausfälzung für die Rückwand gekürzt (Abb. 3).

Schon beim Überwinkeln als Vorbereitung für das Ablängen haben Sie die Position der Mittelwand auf Ober- und Unterboden übertragen. Zeichnen Sie nun auch auf den Seiten, falls noch nicht geschehen, die genaue Position der Böden an, wobei Ihnen die aufgelegte Mittelwand als Hilfe dienen kann.

Legen Sie nun eine Seite in die Bauplatte ein, links und oben stramm an die Leisten. Oberhalb und unterhalb der angezeichneten Bodenstärke spannen Sie zwei gerade Leisten quer über die Seite (Abb. 4). Nun können Sie Brett für Brett in der richtigen Reihenfolge mit eingesetzten Markierungsspitzen auf der Seite markieren, wobei Sie nur darauf achten müssen, daß sich die Fugen jeweils decken. Bei der Verbindung Mittelwand/Böden machen Sie es genauso. Nur beim Markieren des Unterbodens auf den Seiten müssen Sie zuvor noch darauf achten, die Fugen mit dem Bleistift nach unten über die Risse zu verlängern, damit Sie auch dort Ihre Zielpunkte erhalten.

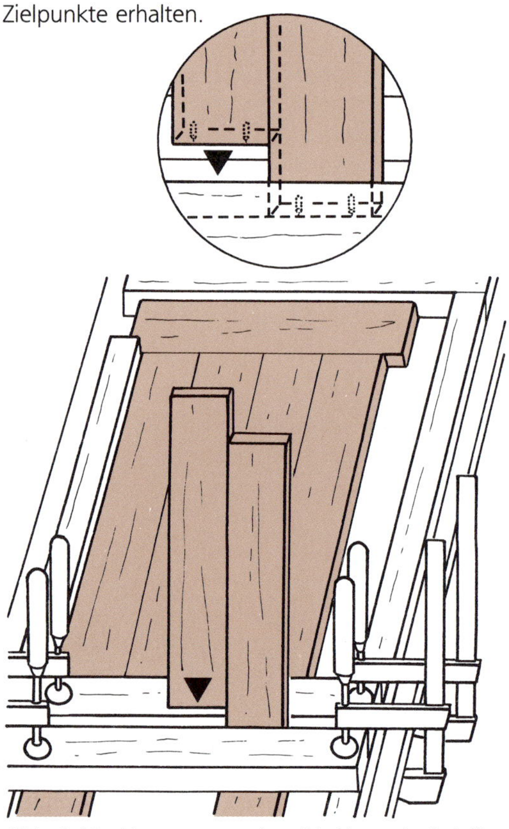

Zusammenbau

Dann können Sie bereits erstmals »trocken« zusammenbauen, also zwar mit eingeleimten Dübeln in den Hirnenden, nicht aber in den Flächen (Abb. 5). Kontrollieren Sie dabei, ob alles leicht einzudrücken ist, ob die Dielen nicht verkantet werden, ob die Reihenfolge auch stimmt. Jetzt kann man notfalls noch leicht nacharbeiten. Sehen Sie auch nach, ob alle vier Ecken hinten bündig sind zwischen Seiten und Böden. Sonst müssen Sie auch hier nacharbeiten, weil es sonst beim Fälzen der Rückwand Ärger gibt. Stimmt alles, zeichnen Sie unmißverständlich an, wo hinten Fälze angebracht werden müssen und arbeiten diese ein. Erläutert ist das auf Seite 82.

Dann geht es an die Rückenwand (die genaue Position ist in der Schnittzeichnung A-A markiert). Dazu muß der Korpus mit Zwingen, Keilen oder Spannbändern fest zusammengespannt sein. Schneiden Sie die Rückwand aus der Platte aus und hobeln Sie die Kanten nach, wo es nötig ist. Nur dürfen Sie dabei auf gar keinen Fall die rechten Winkel der Platte verändern! Deshalb die Maße nicht vom Korpus abzeichnen, sondern messen und mit dem großen

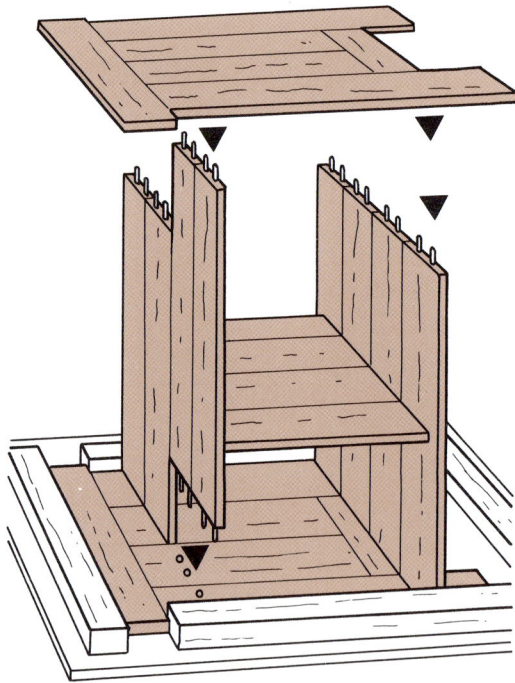

Abb. 4: Vorrichtung zum exakten Markieren der Bohrlöcher.
Abb. 4a: Hier ist noch einmal deutlich zu sehen, daß das rechte Brett bereits fertig eingedübelt ist. So dient es dem nächsten und allen weiteren als seitlicher Anschlag.

Abb. 5: Die linke Seite liegt auf der Bauplatte; die Bretter der waagerechten Böden sind eingesteckt. Sie lassen sich aber noch leicht soweit spreizen, daß auch die kurzen Brettchen der Zwischenwand eingefügt werden können. Dann folgt die hier noch freischwebende rechte Seite.

Winkel auf dem Sperrholz anzeichnen. (Diagonale vergleichen!) Auch die Schraubenlöcher sollten Sie, wenn die Platte paßt, schon vorbohren und ansenken (s. S. 82).

Verleimen

Beim endgültigen Zusammenbau gehen Sie genauso vor, wie Sie es bei den Trockenproben gemacht haben. Etwas Leim an Dübel und die Lochwandungen, etwas auf die Hirnholzflächen. Dann, wieder auf der Bauplatte, Brett für Brett hineindrücken, rasch, aber ohne Hast. Stecken die Böden in der ersten Seite, geben Sie Stück für Stück die Teile der Mittelwand hinein und drücken die Bretter von Ober- und Unterboden jeweils paarweise zusammen. Schließlich legen Sie die zweite Seite obenauf und beginnen auch hier, an einer Ecke beginnend, ohne Hast einzudrücken.

Ist die Sache soweit gelungen, helfen Sie mit Schonklotz und Gummihammer solange vorsichtig nach, bis alle Fugen weitgehend geschlossen sind. Den Rest besorgen Zwingen mit untergelegten Schonleisten. Zur Mitte der Seiten nochmals mit dem Gummihammer leicht nachhelfen, bis überall die Perlschnüre des Leims hervorquellen. Gut ist es, wenn Sie über zwei Knechte mit großer Ausladung verfügen. Sonst hilft man sich mit einer Hilfskonstruktion, wie auf S. 22 erläutert. Um die Sache auch sicher »im Winkel« zu haben, legen Sie gleich jetzt vor dem Abbinden die Rückwand ein und drücken den Kasten so hin, daß sie paßt. Mit einigen Schrauben sichern.

Nach dem Abbinden bohren Sie die Lochreihen für die Bodenträger. Nehmen Sie immer einen guten, scharfen Holz-Spiralbohrer, weil sonst die Kanten ausfransen und häßlich wirken. Schließlich sind die Einlegeböden noch etwas nachzustoßen, bis an den Hirnholzenden der Riß gerade verschwunden ist. Dann lassen sie sich ohne zu klemmen einlegen. Nach dem üblichen Putzen, also Entfernen von Druckstellen und Leimresten, und leichtem,

vorsichtigen Schleifen kann es dann an die eigentliche Wickelplatte gehen.

Wickelplatte

Sie ist das handwerklich anspruchsvollste Teil an der Wickelkommode, da sie Zinken und Gratverbindungen enthält. Wem das zu aufwendig ist, der kann sich mit einem vom Holzhändler passend zugeschnittenen Stück furnierter Tischlerplatte behelfen, auf die die seitlichen und das hintere Rahmenstück nur von unten aufgeschraubt werden (Abb. 6 und 6a). Vorn muß auf jeden Fall ein Umleimer die Schnittkanten verdecken.

Die elegantere Lösung geht so: Das Hinterstück hat genau die Länge der Böden und bekommt die Zinken, die Seitenteile entsprechend die Schwalbenschwänze. Beide erhalten außerdem jeweils unten eine Gratnute von 7 mm Tiefe; die Breite ergibt sich aus den Erläuterungen auf S. 66 (Abb. 6b).

Die eigentliche Wickelplatte ist aus hygienischen Gründen fugenlos verleimt und trägt beidseitig einen doppelten Grat, der nach vorn zu ausläuft, so daß äußerlich davon nichts sichtbar wird, hinten eine angeschnittene Feder. Der Zusammenbau erfolgt so, daß zunächst Seiten und Hinterstück durch die Zinken verleimt werden. Dann wird vorsichtig von vorn die Platte eingeschoben, die nur an den in der technischen Zeichnung gestrichelten Stellen etwas Leim erhält. Die Grate werden gut mit Seife gleitfähig gemacht, so daß sie ohne größeren Widerstand hineingleiten (s. auch S. 65ff). Zur Verwendung als Mal- und Schreibplatte habe ich zusätzlich zu jenen Löchern, die der Höhenverstellung dienen, noch Langlöcher dazwischen angebracht und zwei weitere Bohrungen ganz hinten (s. Aufrißzeichnung). So läßt sich die Platte sehr weit nach vorn befestigen und auf Wunsch auch schräg montieren.

Schließlich sollten Sie das ganze Stück zweimal mit Leinölfirnis und abschließend mit Bienenwachs behandeln.

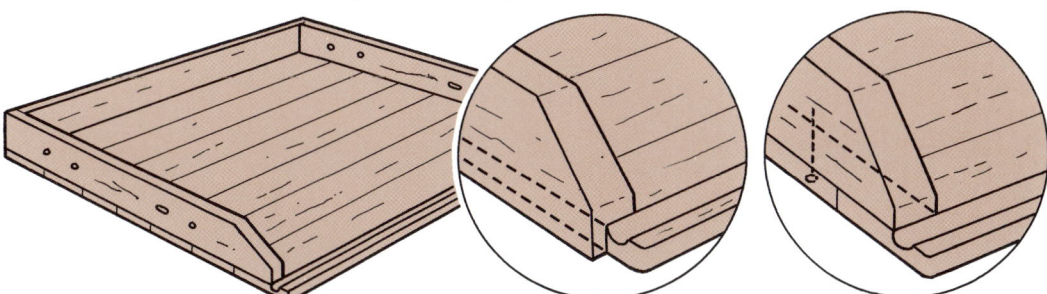

Abb. 6: Die Wickelplatte in ihrer einfachsten Ausführung: Randleisten einfach auf eine Grundplatte geschraubt.

Abb. 6a und 6b: Links ist die Ausführung mit eingegrateter Platte und rechts wieder die geschraubte Version. In beiden Fällen liegt die Bleistift-Rinne vor den Seitenteilen.

Stückliste

Material:
Kiefer oder Fichte, Hobeldielen oder Rauhspund, ca. 22 mm stark; Deckung 113 mm

2 Kopfstücke	450 x 103	mm
4 Stollen	817 x 111,5	mm
2 Querstücke	230 x 105	mm
4 Füllungsbretter	612 x 113	mm
4 Bretter für die festen Böden	858 x 113	mm
2 dto.	858 x 105	mm
2 dto.	858 x 96	mm
2 Bretter für die Mittelwand	510 x 113	mm
1 dto.	510 x 98	mm
1 dto.	510 x 71	mm
6 Bretter für die Einlegeböden	418 x 113	mm
3 dto.	418 x 98	mm
3 dto.	418 x 56	mm

(Fertigmaß: 418 x 380 mm)

2 Seiten des Wickelbrettes	740 x 95	mm
1 Hinterstück dazu	858 x 95	mm

7 Dielenbretter
für die Wickelplatte   828 x 718 mm (Fertigmaß)
1 Vorleimer für die Wickelplatte   844 x 40   mm

8 Messing-Flachmuttern 20 Ø, Gewinde 6 oder 8 mm
4 Gewindestangenabschnitte 6 oder 8 mm Gewinde, 40 mm lang
12 Metall-Bodenträger 5 Ø x 20 mm (für 3 Einlegeböden)
1 Rückwand, 6 mm Furnierplatte
Kiefer (Sperrholz)   534 x 880   mm
16 Spaxschrauben   3 x 20   mm
14 Spaxschrauben   3,5 x 35   mm

Holzeinkauf:
ca. 40 Meter Hobeldiele oder Rauhspund, 22 mm stark, Deckung 113 mm
1 Kiefer-Furnierplatte 6 mm, 534 x 880 mm (Fertigmaß)
1 Spanplatte E 1 für die Bauplatte 600 x 1070 mm, mindestens 22 mm stark
ca. 3 m gehobelte Dachlatte 4 x 6 cm

Benötigtes Werkzeug

Fuchsschwanz oder Spannsäge
Feinsäge, gerade
Putzhobel
elektrische Bohrmaschine oder Handbohrwinde
Holzspiralbohrer 5-8 mm Ø
Spiralbohrer 3 mm Ø
Krauskopf (Aufreiber)
Hammer, ca. 300 g
Stecheisen, ca. 20 mm breit
Kreuzschlitz-Schraubendreher Prozidrive
Größe 1 und 2
4 Schraubzwingen mit mindestens 8 cm Ausladung
4 Knechte, Spannweite mind. 100 cm, oder eine Hilfskonstruktion (S. 22)
stabiler Arbeitstisch
Anschlagwinkel
Zollstock
Bleistift
Bohrhilfe
Abziehstein
Sägenfeile für Feinsäge
Sägenfeile für Absetzsäge oder Fuchsschwanz
Raspel oder Surform
Schleifklotz
Schleifpapier, 80er und 100er Körnung
Markierungsspitzen 8 mm
Imbusschlüssel für die Flachmuttern

Wesentlich vereinfacht wird die Anfertigung durch eine präzise Kappsäge mit gutem Sägeblatt.

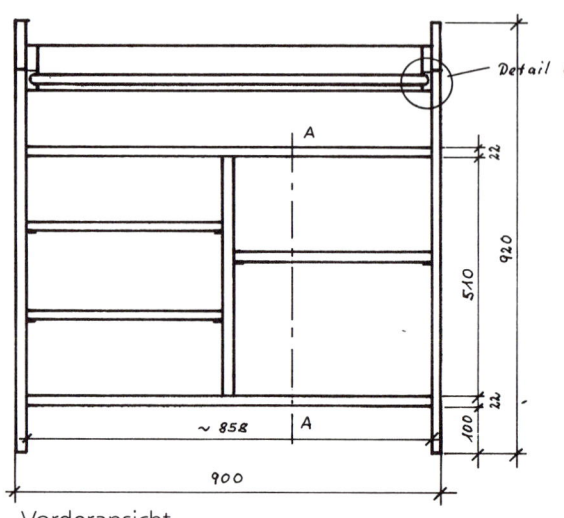

Vorderansicht

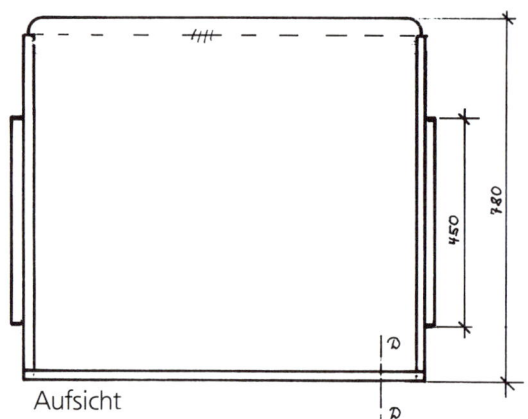

Aufsicht

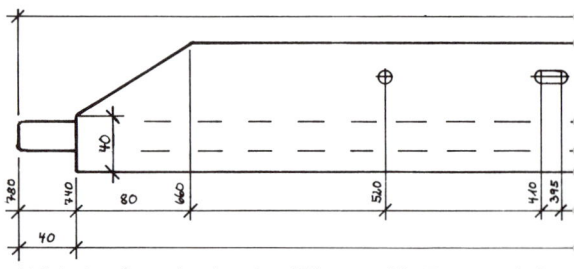

Wickelaufsatz in der Ausführung für Fortgeschritte

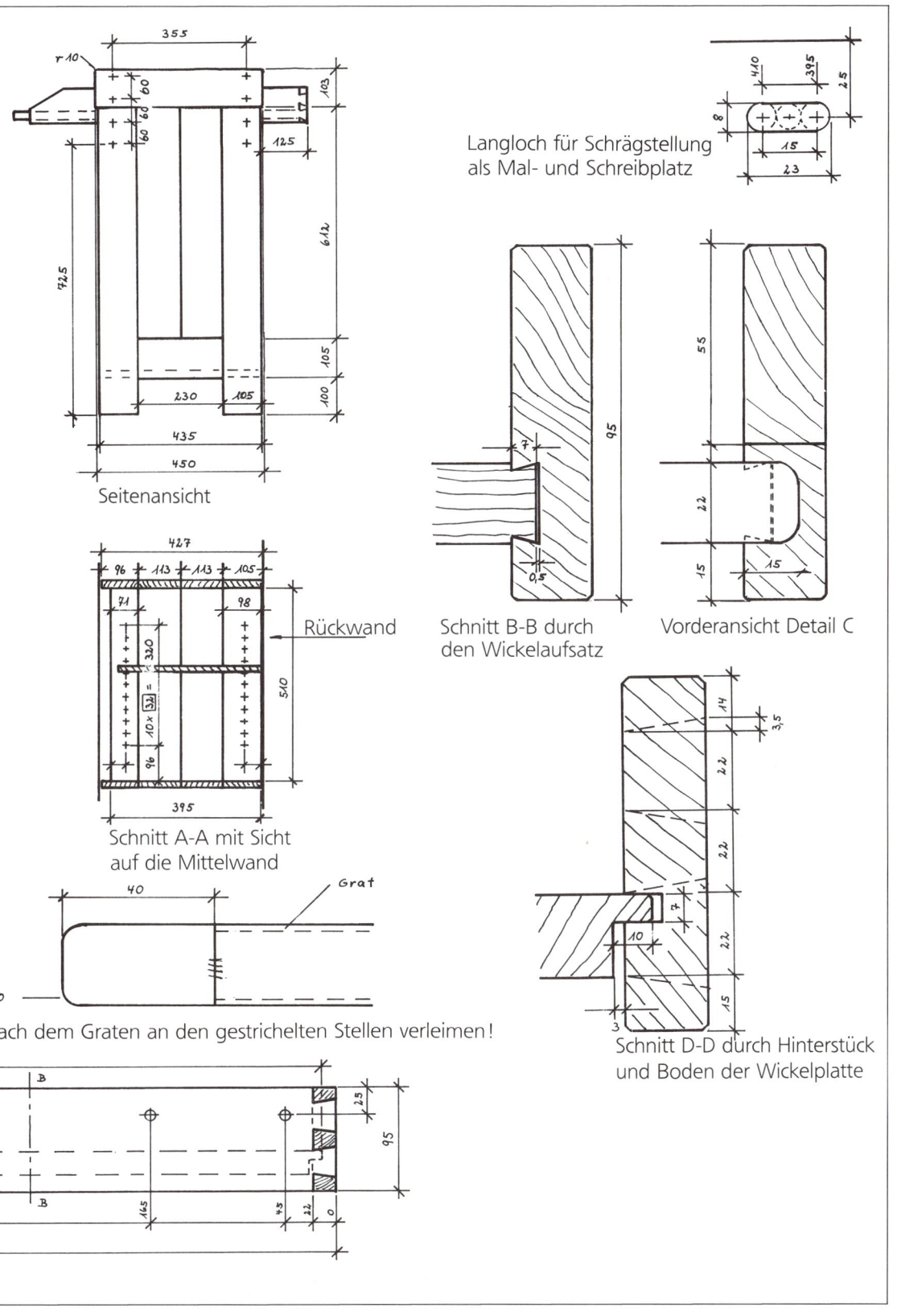

Seitenansicht

Langloch für Schrägstellung
als Mal- und Schreibplatz

Rückwand

Schnitt A-A mit Sicht
auf die Mittelwand

Schnitt B-B durch
den Wickelaufsatz

Vorderansicht Detail C

Grat

Nach dem Graten an den gestrichelten Stellen verleimen!

Schnitt D-D durch Hinterstück
und Boden der Wickelplatte

HÄNGEREGAL

Neben dem vorgestellten Standregal werden im Kinderzimmer auch Hängeregale benötigt. Eines der wichtigsten ist das Hängeregal über der gerade beschriebenen Wickelkommode. Dort finden alle jene Dinge Ihren Platz, die beim Wickeln schnell zur Hand sein müssen.

Mein Vorschlag ist, das Regal ganz in Handarbeit herzustellen, auch dann, wenn bereits Maschinen vorhanden sind. Erfahrungsgemäß lernt man den Umgang mit der Maschine erst, wenn man bei der Handarbeit erfahren hat, worauf es ankommt.

Material und Stückauswahl

Ich gehe davon aus, daß Sie sich die nötige Menge Rauhspund beschafft haben und die Bretter bereits seit 14 Tagen in Ihrem Werkraum liegen, vorschriftsmäßig gestapelt, so daß sie gut nachtrocknen konnten. Näheres dazu siehe unter Holztrocknung (S. 30).

Wählen Sie nun aus der vorhandenen Menge aus, welche Bretter sich für die offenen sichtbaren Seitenteile eignen. Ein weiteres Brett, das sehr ins Auge fällt, ist das untere Querbrett, auf das die Knöpfe montiert werden. Auch dafür sollten Sie ein schönes Stück heraussuchen!

Bei den Seiten denken Sie bitte daran, daß Sie für jede Seite zwei Stücke brauchen. Achten Sie darauf, daß keine Äste auf die Kanten geraten, und wählen sie schon im Hinblick darauf aus Ihrem Vorrat! Die Stücke für die beiden langen Böden, für die Mittelwand und den Zwischenboden fallen nicht gar so sehr ins Auge, so daß hier auch die nicht ganz so guten Partien verwendet werden können. Aber auch hier gilt: keine Äste auf Vorderkanten und an den seitlichen Schnittstellen, weil das die Arbeit des Dübelns sehr erschwert; bei den Seiten sind auch die Hirnkanten Sichtkanten, wie ein Blick auf die Zeichnung lehrt.

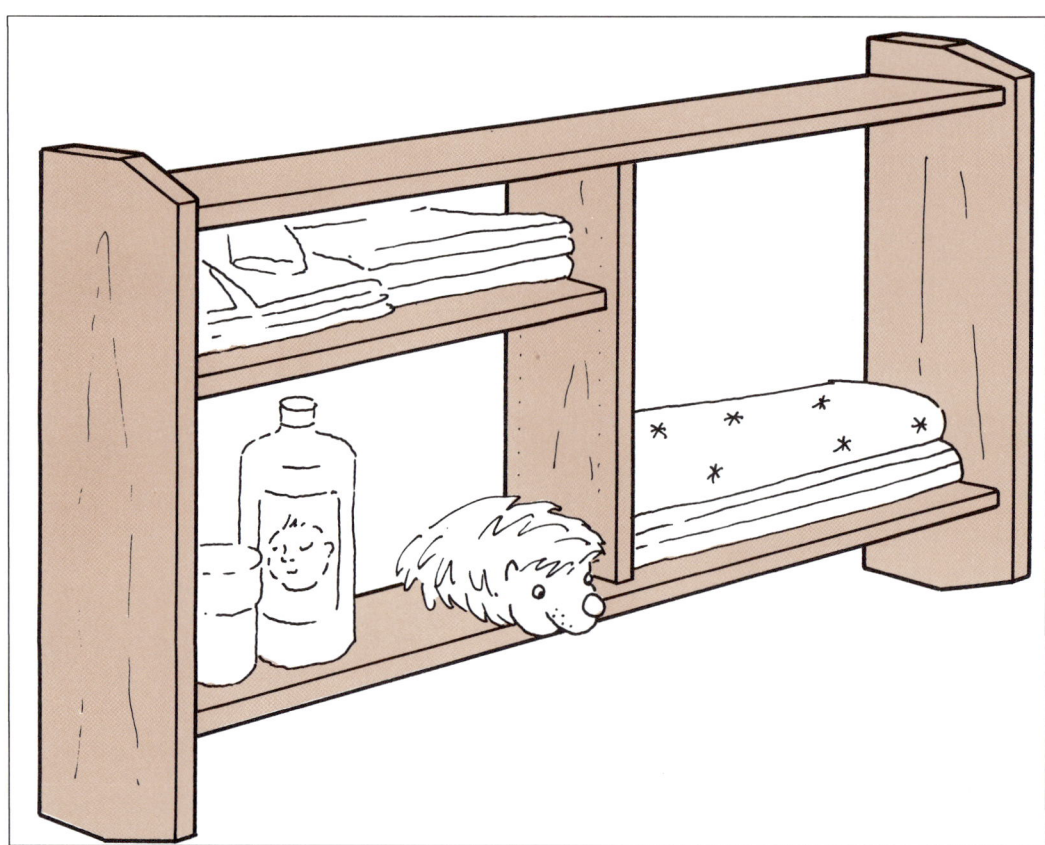

Abb. 1: Ein Regal für tausend Zwecke! Ursprünglich als Ergänzung der Wickelkommode gedacht, ist es auch in Werkstatt und Wohnung an vielen Stellen willkommen. Der Zwischenboden kann fest eingebaut werden oder er liegt auf Bodenträgern im 32er Raster.

Sehen Sie anschließend nochmals durch, was Sie ausgewählt haben, und scheuen Sie sich nicht, noch Korrekturen durchzuführen. Die geringe Mühe zahlt sich aus.

Zuschneiden

Dann schneiden Sie mit der Handsäge oder dem Fuchsschwanz die Teile aus den Dielen heraus, wobei Sie bitte an jedem Ende 20 mm als Verschnitt hinzugeben. Daß Sie keinesfalls windschiefe Dielen einbeziehen dürfen, ist selbstverständlich. Sollten solche Stücke dabei sein, müssen Sie sie aussortieren und neue dafür zuschneiden.

Zeichnen Sie dann die zusammen zu leimenden Teile zusammen, wie das auf S. 36 erläutert ist, also jeweils zwei lange Striche, die zum Dreieck zusammenlaufen, über beide Brettchen.

Nun folgt bereits das Nachhobeln der dickeren Flanke neben der Feder, um den Hinterschnitt der Dielenspundung zu beseitigen. Wie das zu machen ist, lesen Sie auf S. 51. Voraussetzung ist eine geeignete Werkbank mit Spannvorrichtung. Falls Sie nicht über eine Hobelbank verfügen, finden Sie Tips dazu auf S. 18.

Prüfen Sie Ihre Arbeit, indem Sie die beiden Teile zusammendrücken, von Hand oder mit einer leichten Klemmzwinge, und schauen Sie sich dann die Fugen kritisch an. Wo's nicht genau paßt, markieren Sie mit dem weichen Bleistift, wo in welcher Länge nachgehobelt werden muß. Ist dann die Fuge dicht, und zwar bei allen 6 Teilen, geht es ans Leimen.

Zuvor sollten Sie jedoch noch Nut und Feder an den Außenkanten entfernt haben, weil das besondere Beilagen überflüssig macht. Schneiden Sie gleich soviel weg, daß die verleimten Teile dann nur noch etwa 6-8 mm breiter sind wie das Endmaß laut Zeichnung.

Verleimen

Für die Seiten sollten Sie volle Teile verwenden, um dort möglichst wenige Fugen (nämlich nur eine) zu haben. Wie dann die Fugen verleimt werden, lesen Sie bitte auf S. 50ff. nach, wo das ausführlich dargestellt ist.

Dadurch, daß Sie die Teile etwas breiter zugeschnitten haben, können Sie ohne zusätzliche Schonleisten verleimen, die dem Neuling oft Probleme bereiten. Dafür müssen Sie nach der Verleimung an beiden Seiten einige Millimeter mehr weghobeln, schon um die Druckstellen der Zwingen zu beseitigen.

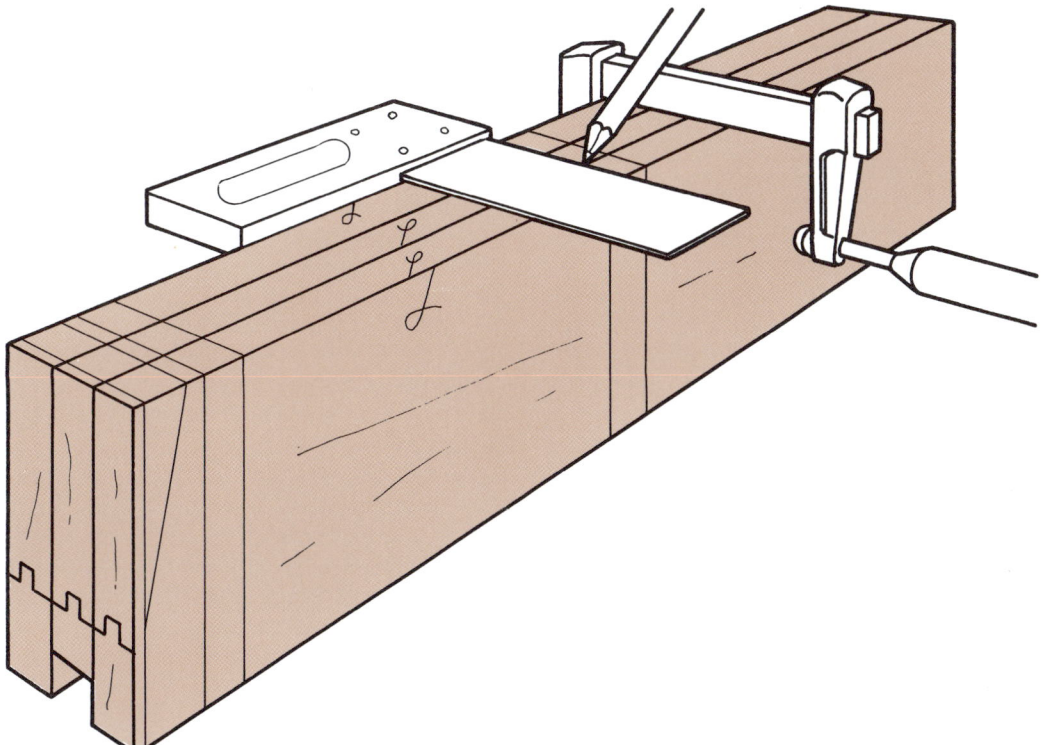

Abb. 2: Hier werden gerade die Seiten angerissen. In der Mitte liegt das Stück für die Mittelseite.

Ablängen und Abschrägen

Sobald Sie alle Teile auf die vorschriftsmäßige Breite gehobelt haben, suchen Sie jene Kante aus, die bei jedem einzelnen Stück später vor sitzen soll. Sie muß einwandfrei gerade und ohne angeschnittene Äste sein! Kennzeichnen Sie sie mit dem Winkelzeichen (s. S. 36).

Als nächstes legen Sie die Teile paarweise bzw. zu dreien zusammen, so, wie sie später sitzen sollen. Auf der Hinterkante bringen Sie dann die Dreieckzeichen an, die unmißverständlich festlegen, was oben, was unten oder mittig, was links und was rechts ist.

Dabei halten Sie die Teile mit 2 oder 3 kleinen Zwingen zusammen und stellen sie anschließend auf die Hinterkanten, so daß Sie auf den Vorderkanten bequem die notwendigen Maße anreißen können (Abb. 2). Das sind zunächst die beiden Risse links und rechts außen für das genaue Ablängen. Dann folgen, bei den Seiten, die beiden Risse, die den Beginn der Abschrägung bezeichnen, es folgen jeweils Ober- und Unterkante der Böden.

Bei dieser Arbeit ist es zweckmäßig, zu den Seitenteilen auch die Mittelseite hinzunehmen, obwohl sie kürzer und schmäler ist. Wem das zu unhandlich ist, der muß das jetzt anschließend nachholen, indem er an eine der fertig angerissenen Seiten die Mittelseite anlegt, festklemmt und auch hier die Ober- und die Unterkante anreißt sowie die Lage des mittleren Bodens. Klar, daß Ober- und Unterkante der Mittelleiste der Oberkante des unteren und der Unterkante des oberen Bodens haargenau entsprechen müssen.

Bei den Böden gehen Sie genauso vor (Abb. 3). Danach wird »überwinkelt«. Diese Arbeit ist sehr, sehr wichtig und muß ganz exakt ausgeführt werden, denn das anschließende Ablängen und Bestoßen kann nicht genauer als das Anreißen sein! Sägen Sie dabei langsam und mit nur ganz geringem Druck bei besonders scharfer Säge, damit möglichst wenig Holz aussplittert. Dabei läßt man noch etwa 0,5 mm Holz vor dem Riß stehen. Dies wird anschließend mit dem frisch geschärften Putz- oder Bestoßhobel weggehobelt, bis der Riß genau mittig erreicht ist und die Kante dabei in beiden Richtungen exakt winklig ist. Besonders für Anfänger ist diese Arbeit nicht ganz einfach und deshalb auf S. 48 genau erklärt.

Am empfindlichsten auf genaues Passen reagieren die Zwischenwand und der fest eingebaute Zwischenboden. Sie sollten diese Teile zuletzt vornehmen, wenn schon etwas mehr Übung vorhanden ist, ebenso wie das untere Querbrett, das haargenau zwischen die Seiten passen muß.

Abb. 3: So werden die gleichlangen Teile zum Bestoßen der Hirnkanten an einem selbstgebauten Arbeitstisch festgespannt.

Dübeln

Verwenden Sie bitte die auf S. 57 vorgeschlagene Dübelhilfe, denn nur ausgesprochene Naturtalente können freihändig wirklich senkrecht bohren. Beginnen Sie mit den Hirnholzkanten der Böden und der Zwischenwand. Wo die Löcher sitzen sollen, ist in der Zeichnung angegeben. Hat auch das untere Querstück seine Löcher bekommen, übertragen Sie die Dübellöcher auf die Seiten. Da das Regal keine Rückwand benötigt, ist es einfach, genau Hinterkante auf Hinterkante zu setzen und die Böden so auszurichten, daß sie exakt senkrecht über den zugehörigen Rissen auf der flachliegenden Seite stehen. Erst wenn das genau fluchtet, geben Sie einen Klapps auf die obere Kante und drükken so die Spitzen der Markierungsstifte auf den Seiten deutlich ab. Anschließend bohren Sie dort die Löcher, wobei unbedingt eine Tiefenreduzierung beachtet werden muß. Sonst bohren Sie garantiert zu weit durch.

Beim Markieren der Mittelwand spannen Sie den Zwischenboden, fertig bearbeitet natürlich, linksbündig auf den Unterboden und benutzen seine rechte Kante als Anschlag beim Aufsetzen der Mittelwand. Beim Oberboden verfahren Sie entsprechend und verlassen sich hier nicht auf Ihren Riß allein, weil es auf die tatsächliche Holzstärke ankommt, die von der nominellen abweichen kann.

Zusammenbau

Nachdem auch der Mittelboden übertragen worden ist und fertig gebohrt wurde, setzen Sie die

Dübel noch ohne Leim zur Probe ein und drücken alles vorsichtig zusammen, ohne jede Gewaltanwendung! Erst wenn Sie so erkundet haben, daß alle Löcher richtig sitzen, stellen Sie das Regal auf die Seite und klopfen vorsichtig mit zwischengelegtem Schonholz mit dem Hammer alles zusammen. Zwischenwand und Zwischenboden drücke ich meistens mit einer halblangen Schraubzwinge fest, wieder mit beigelegten Schonleisten.

Paßt wirklich alles einwandfrei, nehmenSie das Regal wieder auseinander und runden zunächst die Kanten ab, die gerundet werden sollen. Nur nicht die falschen erwischen!

Danach schleifen Sie alle Teile in Faserrichtung und quellen notfalls Druckstellen mit Wasser (Spucke) oder Dampf hoch.

Danach nochmals fein durchschleifen, zunächst mit 100er Schleifpapier, dann mit 120er nochmals nach.

Ist auch das geschafft, werden die Dübel zunächst in die Hirnholzlöcher eingeleimt und weit genug, aber auch nicht zu weit eingeklopft. 15-17 mm Länge sollten sie haben, um gut zu halten. Versichern Sie sich, daß auch die Sacklöcher tief genug gebohrt sind! (Beim Trockenaufbau ließ sich das übrigens auch schon bestens kontrollieren.)

Schließlich kommt Leim auch an die freien Dübelenden, in die Löcher der Seiten und Böden und etwas ans dazwischenliegende Hirnholz. Dann wird es ernst. Legen Sie wieder die linke Seite auf eine ebene, glatte Arbeitsfläche und drücken Sie zunächst den oberen Boden hinein, dann den unteren und schließlich auch den Zwischenboden. Dann kommt die Mittelseite an die Reihe, wobei man die langen Böden behutsam ein kleinwenig

auseinander drücken muß. Das Nächste ist das untere Querstück, bevor die rechte Seite oben aufgepreßt werden kann.

All diese Arbeiten müssen doch relativ zügig erfolgen, denn der Leim ist nicht all zu lang verarbeitungsfähig. Dies ist der Grund, warum die von mir immer wieder empfohlenen Trockenproben so wichtig sind!

Wenn Sie nun aber alles fein säuberlich zusammengesetzt haben, klopfen Sie mit Hilfe von Schonklotz und Hammer alle Teile so zusammen, daß der Leim aus den Fugen quillt. Gehen Ihre Dübel schön stramm, dann kann die Sache sogar ohne Zwingen oder anderen Pressen trocknen. Meist sind aber Preßvorrichtungen nötig, wie Schraubknechte oder eine Hilfsvorrichtung, wie ich sie auf S. 22 geschildert habe.

Bevor Sie das gute Stück nun zum Trocknen wegstellen, müssen Sie unbedingt die Winkligkeit des Regals überprüfen, indem Sie (am sichersten) die Diagonalen messen. Das geht hier am günstigsten von hinten. Sonst kann man auch mit dem Anschlagwinkel links und rechts den Winkel zwischen Boden und Seite kontrollieren und notfalls schief angesetzte Knechte anders setzen oder gar diagonal so pressen, daß der Winkel stimmt. Eine diagonal über die Rückseite genagelte Leiste hält in der korrigierten Position.

Nach dem Abbinden folgt das Entfernen von Leimresten (die Sie beim feuchten Abwischen vielleicht übersehen haben) und leichtes Nachschleifen.

Sobald Sie auch noch die Aufhängeknöpfe am Querbrett und die Aufhängelaschen an oberen Boden montiert haben, ist das gute Stück bis auf die Oberflächenbehandlung fertig!

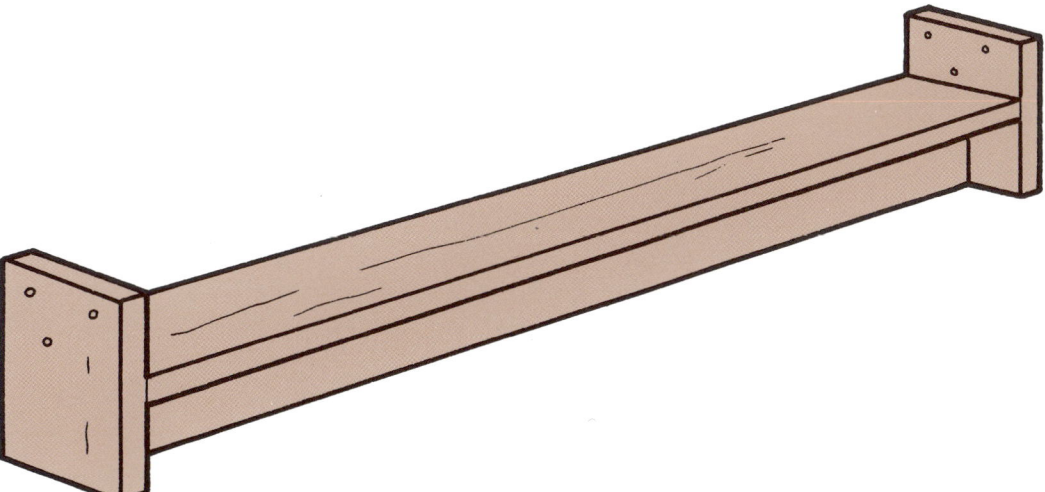

Abb. 4: Sinnvoller Zusatz für die Verwendung im Werkraum: T-förmiger Träger für die Aufhängung vieler Schraubzwingen.

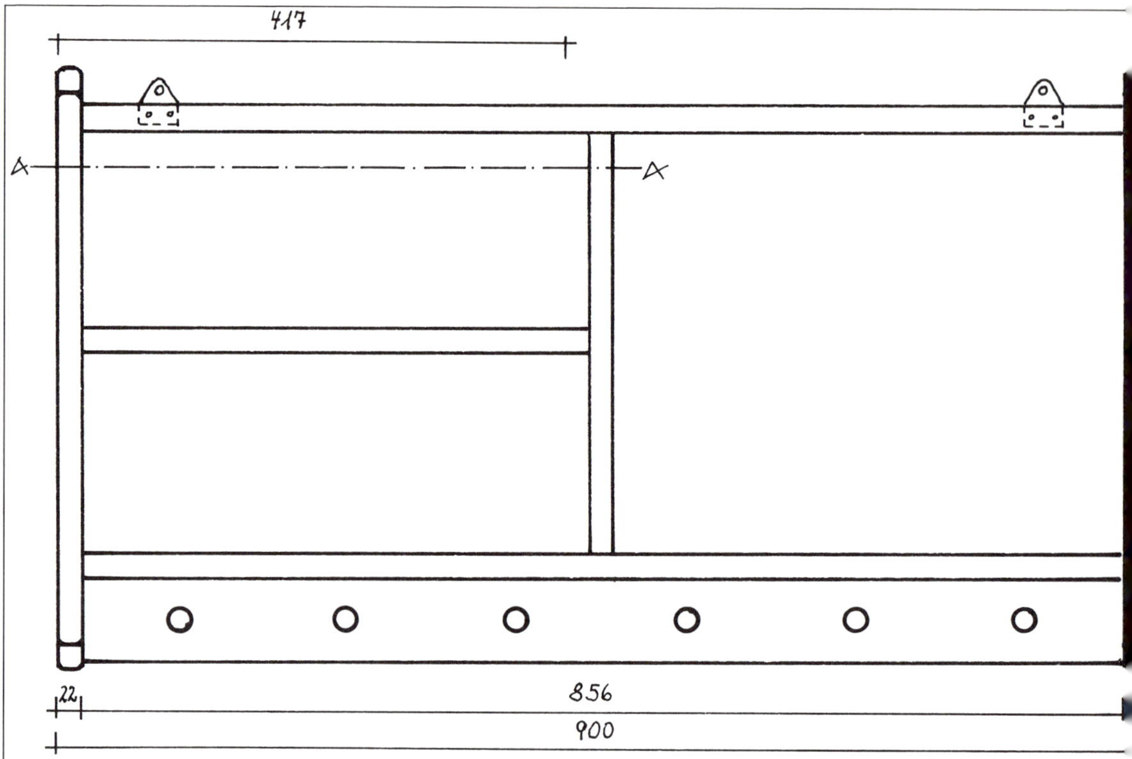

417

22   856

900

Vorderansicht

Schnitt durch einen Boden

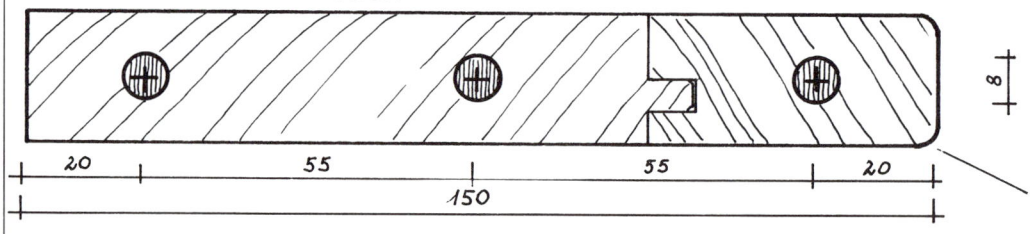

20   55   55   20

150

8

Se

Bode

Stückliste

Material:

ca. 8-9 Meter Rauhspund in Kiefer, je nach Qualität
der angebotenen Dielenbretter

2 Seiten	500 x 160 x 22 mm
2 Ober- und Unterböden	856 x 150 x 22 mm
1 Mittelwand	352 x 140 x 22 mm
(Länge einpassen!)	
1 kurzer Boden	417 x 130 x 22 mm
(Länge einpassen!)	
1 Knopfleiste	856 x 70 x 22 mm
6 Knöpfe	ca. 50 x 20 x 6 mm

passende Spaxschrauben
2 Hängelaschen, 4-6 Spaxschrauben dazu passend,
ca. 20 mm lang
ca. 25 Dübel Buche 8 x 50 mm
1 Tube Weißleim

Benötigtes Werkzeug:

Handsäge (Gestellsäge oder Fuchsschwanz)
Putzhobel
Simshobel

Anschlagwinkel mit Bleistift und Zollstock
elektrische Bohrmaschine
8 mm Holz-Spiralbohrer mit Vorschneidern, 14 mm
Spiralbohrer
Schleifkork und 80er und 100er Schleifpapier
3 Markierungsstifte 8 mm Ø
Spax-Schraubendreher passend zu den gekauften
Schrauben
4 Schraubzwingen, Spannweite mindestens 200 mm
Spanngurt oder 2 Knechte oder alternative Spannvorrichtung

Wünschenswert wären:

Abläng-Kreissäge, wie z.B. Festo »Basis Plus«
Handkreissäge mit Festo-Führungssystem (140 cm)
Abricht-Hobelmaschine
Schwingschleifer (Rutscher)

Mittelwa

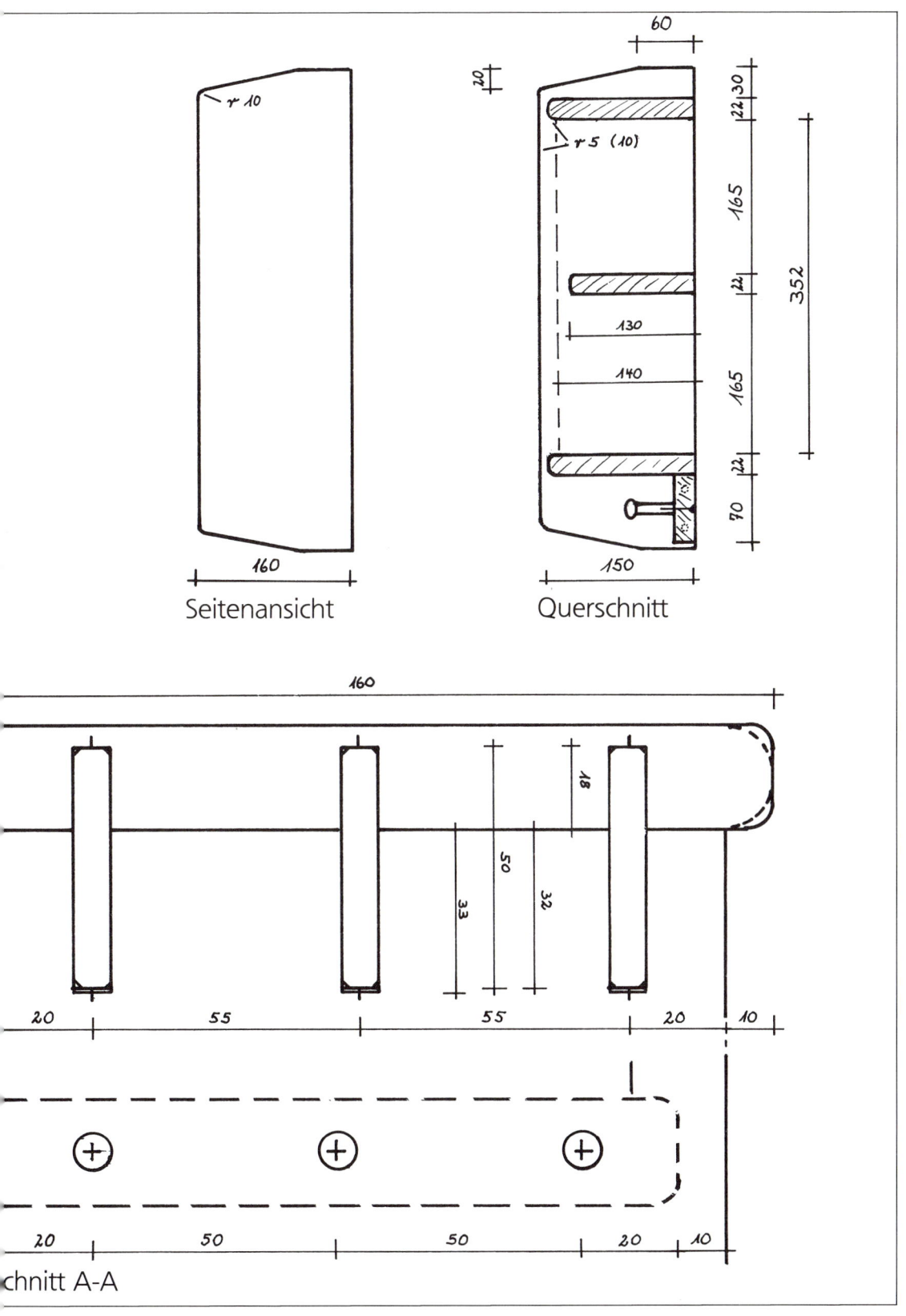

Seitenansicht   Querschnitt

chnitt A-A

BABYBETT

Traditionell ist das Babybett eines der beliebtesten selbstgebauten Kindermöbel. Am einfachsten ist es, wenn man es aus den bereits beschriebenen Hobeldielen in Kiefer herstellt, notfalls auch in Fichte. Das Material wird fast überall sehr preiswert angeboten. Der Holzbedarf ist in der Holzliste angegeben und die Vorbehandlung des frisch gekauften Holzes ist im Abschnitt »Holztrocknung« (S. 30) eingehend beschrieben. Machen Sie nur nicht den Fehler, heute einzukaufen und bereits morgen verarbeiten zu wollen. Das geht schief!

Wenigstens 14 Tage muß das Rohmaterial in jenem Raum, in dem Sie es verarbeiten wollen, luftig stehen oder noch besser zwischen gelegten Stapelleisten liegen, ehe Sie es verarbeiten können. Die einzige Ausnahme wäre Holz, das bereits auf 8-10 % Holzfeuchte heruntergetrocknet ist.

Gearbeitet wird auf einer Bauplatte (s. S. 37) mit den Maßen 960 x 980 mm mit vier Anschlagleisten, von denen die linke oben ausgespart wird (Abb. 1).

Stückauswahl

Suchen Sie nun zu Beginn der Arbeiten jene Stücke heraus, die die wenigsten Schönheitsfehler aufweisen, um daraus die waagerechten Teile der Bettseiten und Häupter zu machen. Die Nächstbesten bestimmen Sie für die vier aufrechten Pfosten der Häupter. In der Reihenfolge der abnehmenden Länge folgen dann die unteren Querstücke der Betthäupter, die Füllungsstücke und schließlich die aufrechten Teile für die Bettseiten.

Wenn Sie geschickt sind, haben Sie die Teile so ausgesucht, daß die weniger schönen Äste im Abfall verschwinden. Es kann nicht schaden, nach der ersten Auswahl das ganze nochmals von vorn zu beginnen, weil meistens erst jetzt die nötige Übersicht vorhanden ist, so daß nun im zweiten Durchgang Fehler aus dem ersten korrigiert werden.

Insbesondere müssen Sie darauf achten, daß die Kanten der waagerechten Teile der Bettseiten, aber auch die senkrechten ohne größere Äste auf den Kanten herausgeschnitten werden, weil das potentielle Verletzungspunkte sind. Das gilt natürlich auch für die Oberstücke der Betthäupter und die Stollen, während jene Teile, die als Füllungen dienen, weniger empfindlich sind. Vermeiden sollte man sie aber auch dort, weil sie zum Herausbrechen neigen. Darum also stets einige Meter mehr an Dielen kaufen als unbedingt nötig!

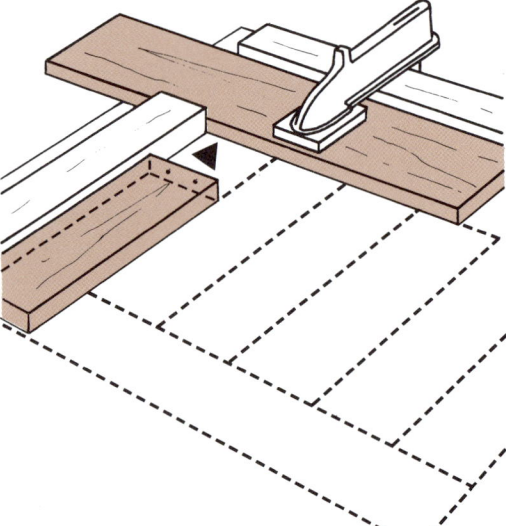

Abb. 1: Die Zeichnung im Maßstab 1:1 in der Bauplatte. Beachten Sie die Aussparung oben links für das überstehende Kopfbrett!

Abb. 2: Hier ist deutlich zu sehen, wie die Markierungsspitzen in den aufrechten kurzen Füllungsbrettern stekken. Das Kopfbrett ist soweit nach links verschoben, daß der Riß für das zweite Füllungsbrett genau mit der oberen Kante der linken Leiste abschließt; mit der Zwinge ist die Lage fixiert. Beim Hochschieben des Brettchens markieren die Spitzen dann genau die Mittelpunkte der Dübellochbohrungen.

Abb. 3: Mal nicht selbstgekauft — das Babybett.

Grobschnitt

Anschließend an das grobe Ablängen werden die Teile »von Breiten« geschnitten, mit Ausnahme jener, die als Füllungen dienen; diese Teile behalten die Originalbreite. Bei den Teilen für die Längsseiten werden sowohl die Nut als auch die Feder weggeschnitten, ebenso bei den Kopfstücken der Häupter und deren unteren Querstücken, während die Stollen wechselseitig einmal die Nut, einmal die Feder behalten müssen. Achten Sie unbedingt darauf, daß Sie den Anschlag ihrer Maschine verstellen müssen. Der Grund hierfür besteht darin, daß das Stück mit der Nut genau das Maß aus der Ansicht bekommt, das Stück mit der Feder aber um die Federbreite breiter bleiben muß. Sie wird im unteren Bereich später von Hand entfernt, oben wird sie benötigt für die Füllung. Dies ist das bereits auf S. 36 beschriebene sogenannte »von Breiten« schneiden.

Markieren

Die folgenden Arbeiten wie Anreißen, Zusammenzeichnen usw. unterscheiden sich nicht von den entsprechenden Arbeiten an anderen Rahmen; Sie finden sie ausführlicher auf S. 36 beschrieben. Eine Besonderheit ist lediglich das seitlich überstehende Kopfstück und die als Stollen verlängerten Seitenteile des Rahmens.

Dies ist bei den Angaben für die Herrichtung der Bauplatte berücksichtigt (s. Aufrißzeichnung). Durch die Ausklinkung kann der linke Stollen trotz des Überstandes fest links am Anschlag liegen. Zum Markieren der Dübellöcher verschiebt man das Oberstück nach links, dabei am oberen Anschlag gleitend, bis die Position z.B. für das Mittelstück erreicht ist. Dann wird am linken Anschlag entlang mit eingesteckten Markierungsspitzen nach oben geschoben, bis sich die Spitzen im Kopfstück deutlich abzeichnen (Abb. 2).

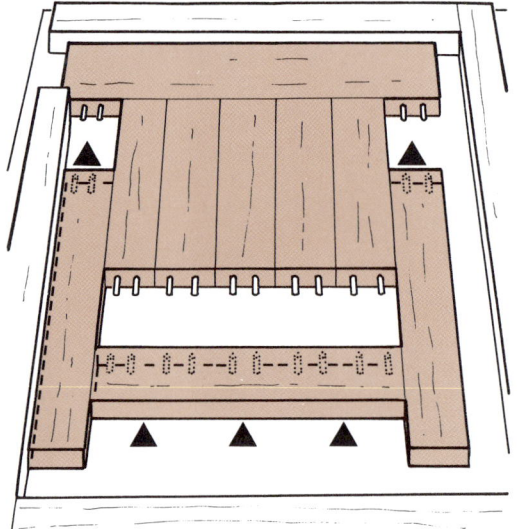

Abb. 4: Alles ist fertig gebohrt; die Füllungen stecken bereits im Kopfbrett. Das untere Querstück ist zwischen die Stollen gedübelt, so daß nun auch diese Einheit nach oben gedrückt werden kann.

Abb. 5: Beilegehölzer und passende Keile legt man vorher bereit, so daß unmittelbar an das Zusammendrücken auch das Pressen erfolgen kann, wie es hier gezeigt ist. Nur so stark ankeilen, wie es nötig ist! Die Bauplatte kann ohne weiteres zerstört werden, wenn man ohne Überlegung keilt!

Um auch den rechten Stollen am Kopfbrett zu markieren, drehen Sie beide Teile einfach um. Aber passen Sie auf, daß beides gedreht wird! Dann können Sie auch hierbei die linke Führung ausnutzen. So praktisch das auch ist, Sie müssen sehr, sehr aufpassen, daß die Teile stets mit ihrer »Zeichnung« richtig herum liegen und mit der Zeichnung auf der Arbeitsplatte übereinstimmen! Außerdem sollten die in richtiger Position befindlichen Teile immer mit einer oder mehreren Zwingen in ihrer Lage fixiert werden, damit sich nichts unbeabsichtigt verschiebt, aber auch fest auf der Platte aufliegt.

Zusammenbau der Häupter

Zwangsläufig unterscheidet sich auch der Zusammenbau der Häupter etwas von den normalen Rahmen. Man kann das ganz unterschiedlich machen. Ich mache es so: Ich lege den linken Stollen an die linke Anschlagseite, stecke als nächstes das untere Querstück mit seinen Dübeln hinein, dann ein Füllungsbrett nach dem anderen in der richtigen Reihenfolge (!) von oben her in das Querstück, schließlich den rechten Stollen gegen das Querstück. Dann erst lege ich das Kopfstück in die richtige Position am oberen Anschlag und drücke nun, von einer Seite vorsichtig beginnend, langsam einen Dübel nach dem anderen in das Kopfstück hinein (Abb. 4). Ganz wichtig ist, daß dies millimeter-

weise geschieht — denn sonst verkantet man alles und bricht eventuell sogar Dübel ab. Diese Arbeit muß insgesamt relativ leicht möglich sein, also ohne schwere Hammerschläge oder etwa gewaltig angezogene Schraubzwingen. Es muß alles leicht ineinander gleiten, ohne aber zu wackeln. Mehrfache Trockenproben ohne Leim sollten der endgültigen Montage mit Leim vorausgehen, um absolut sicher zu sein und das nötige Gefühl dafür zu bekommen.

Den letzten Anpreßdruck, der die Fugen schließt und den Leim perlschnurartig herausquellen läßt, geben Sie entweder nach der stärker improvisierten Methode mit Keilen nach der Beschreibung auf S. 22 oder mit genügend langen Schraubknechten (Abb. 5). Die Ecken drücken Sie dabei mit Zwingen auf die Bauplatte. Lassen Sie dann den Leim etwa $1/2$ Stunde abbinden.

In die offenen Nuten an den Fußteilen der Stollen passen Sie dann jeweils eine Leiste ein, die Sie nach Farbton und Maserung gut aussuchen. Am besten geht es, wenn Sie die Leiste ganz leicht konisch hobeln, so daß sie erst nach einigen Millimetern stramm hineinpaßt. Mit Papierstreifen und Beilegeleiste unter den Zwingen leicht angezogen abbinden lassen und bündig verschleifen. Danach sind die Betthäupter bis auf das übliche Putzen fertiggestellt: der Schlußakt ist also das Entfernen der Leimreste und das saubere Nachschleifen.

Zusammenbau der Bettseiten

Der Bau der beiden identischen Bettseiten entspricht dem beschriebenen Rahmenbau, nur daß hier anstelle der Füllungen die Stäbe eingesetzt werden. Nut und Feder werden also entfernt. Die Lage der Aufnahmelöcher für die Stäbe muß exakt angerissen werden, wobei sich die genauen Maße aus den tatsächlich verwendeten Stäben ergeben, nicht aus den »Soll-Maßen«, denn fertig gekaufte Leisten differieren ebenso häufig wie selbstgehobelte gelegentlich ganz erheblich (Abb. 6). Im einfachsten Fall verwenden Sie Rundstäbe, für die die Löcher nur gebohrt werden müssen. Achten Sie dann aber darauf, daß nicht mehr als 90 mm Abstand zwischen den Stäben ist, da sonst Kinder den Kopf durchstecken und dann nicht wieder herauskommen. Ich habe mir viel Arbeit gemacht und aus 22 x 24 mm Leisten mit Verjüngungen oben und unten Sprossen angefertigt, die weniger nach Ge-

fängnis aussehen, alle Kanten schön abgerundet, die entstehenden Zapfen in der Größe 8 x 24 mm, was sich mit drei Bohrungen zu je 8 mm Durchmesser gut vorarbeiten läßt (Abb. 7). Der Rest wird mit dem scharfen Stecheisen ausgestochen (Abb. 8). Ein Kompromiß sind fertige Leisten 10 x 30 mm, bei denen Sie lediglich die Kanten kräftig abrunden und die Löcher dann 3 x 10 mm bohren. Abrunden kann man mit Hobel und Schleifpapier, schneller natürlich mit der Oberfräse, doch nachschleifen müssen Sie auch dann.

Die Aufnahmelöcher müssen entsprechend den Sprossenmaßen sorgfältig angerissen werden, die Mittelpunkte der Bohrungen werden mit dem Spitzbohrer angestochen, damit der Bohrer nicht verrutscht. Denken Sie and den maximalen Zwischenraum von 80 mm! Weniger ist sicherer, und passen Sie auf, daß die Teilung gleichmäßig wird. Mit dem Bohrtiefensteller (-Holz) sichern Sie, daß

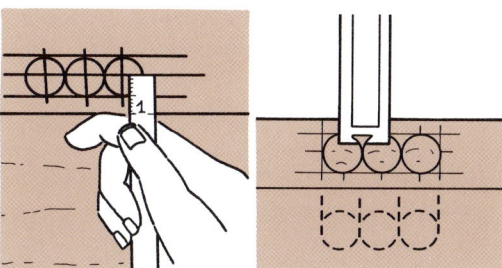

Abb. 7 und Abb. 8: Die Löcher für die Sprossen müssen exakt angezeichnet werden, auf den halben Millimeter genau!

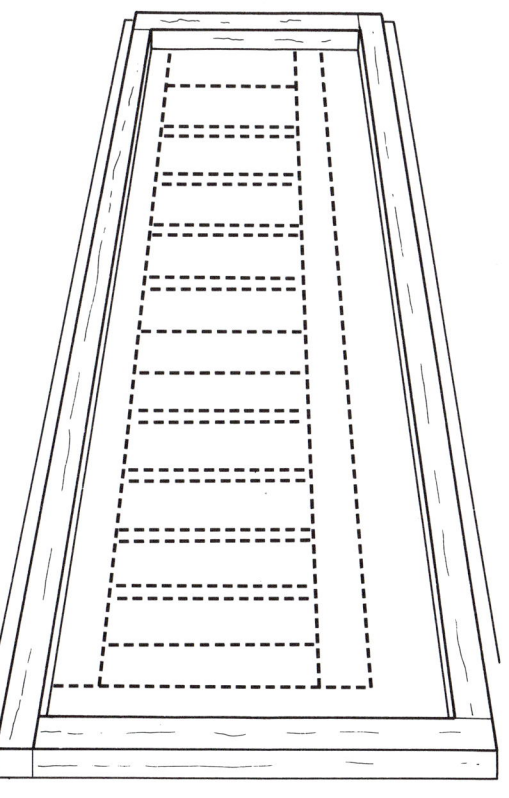

Abb. 6: 1:1-Zeichnung der Babybett-Seite in der Bauplatte.

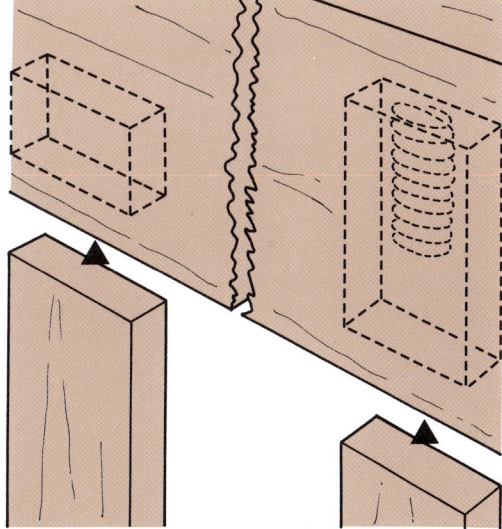

Abb. 9: Die einfachste, rechteckige Sprossenversion gehört in das entsprechende rechteckige Loch. Daneben die tiefere Lochausführung mit Druckfeder für die Schlupfsprosse.

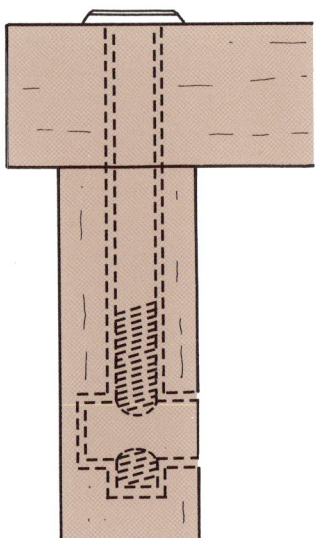

Abb. 10: Querschnitt durch eine Quermutterbolzenverbindung wie sie von skandinavischen Mobeln vertraut ist.

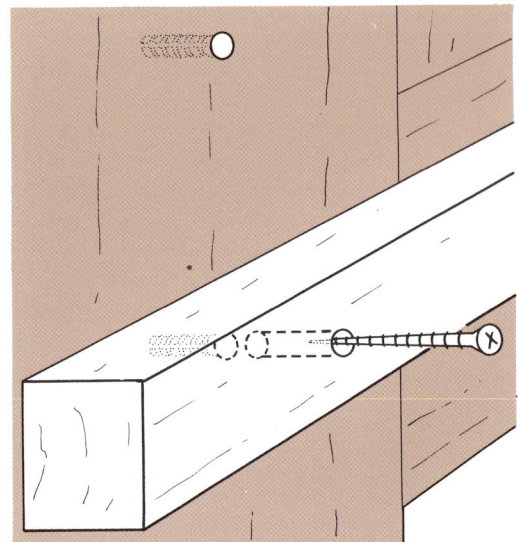

Abb. 11: Die Löcher sind durch die Leisten mit 4 mm Ø vorgebohrt. In den Sacklöchern der Häupter stecken Nylon-Dübel, die durch die eingedrehten Schrauben gespreizt werden und dann fest halten.

genau 20 mm tief gebohrt wird. Nur dort, wo Sie Schlupfsprossen anordnen möchten, bohren Sie *oben* ca. 60 mm tief. Dort hinein kommt eine Druckfeder 10 x 50 mm mittlerer Härte, die Sie mit etwas Kleber festlegen. Sie drückt die Stäbe fest nach unten (Abb. 9). Erwachsene können den Stab gegen den Druck der Feder nach oben am unteren Ende aus dem Loch ziehen und den Stab entfernen. Das vermeidet das etwas gefährliche Klettern über die hohen Bettseiten.

Verbindung der Betteile

Die Verbindung erfolgt durch Führungsdübel, die auch die Druckbelastungen aufnehmen, und für die Zugbelastungen mittels der Quermutterbolzenverbindung (Abb. 10), wie sie auch beim Kastenbett (S. 150) und beim Bett für größere Kinder (S. 154) angewandt wird. Sie besteht aus der eigentlichen Quermutter, einem Rundbolzen mit querverlaufender Mutterbohrung, einer Gewindestange und der Hülsenflachmutter aus Messing: Alternativ dazu, wie hier auch, nur aus einem Rundkopfbolzen mit Innensechskant und dem Quermutterbolzen.
Bohren Sie die Häupter exakt nach Anriß. Dann bringen Sie zunächst die Dübelbohrungen in die Bettseiten ein, jeweils 100 mm über bzw. unter den Bolzenbohrungen. Mit Markierungsspitzen übertragen Sie die Lochmitte auf die Innenseiten der Häupter, wo Sie zuvor natürlich die genaue Lage der Bettseiten angezeichnet haben. Sobald das er-

ledigt ist und die Dübel in die Seiten eingeleimt sind, können Sie das Bett zur Probe zusammenstecken, durch einen Gurt sichern und durch die Bolzenlöcher hindurch die Lage der Löcher auf den Bettseiten mit dem gleichen Bohrer leicht anbohren. So schließen Sie Anreißfehler aus. Bohren Sie diese 8 mm-Löcher mit der Bohrhilfe genau senkrecht zur Kante ein und achten Sie dabei auch auf die andere Ebene, damit die Bohrung genau in Mitte Brett verläuft. Kontrollieren Sie die Richtung trotzdem noch mit einem eingesteckten Bleistift und aufgelegtem Lineal, denn die Bohrung für den Quermutterbolzen muß exakt die Mitte dieser Bohrung treffen, 45 mm von der Kante entfernt und genau 18 mm tief.
Kontrollieren Sie nach der Ausführung beider Bohrungen, ob der Gewindebolzen wirklich genau in der Mitte der Quermutterbohrung erscheint, Mitte 10 mm von oben. Sonst muß sofort leicht nachgearbeitet werden. Den Quermutterbolzen kürzen Sie bitte von den meistens gelieferten 20 mm Länge auf 18 mm, am Ende ohne den Schlitz natürlich. Dann stecken Sie ihn ein und kontrollieren durch Eindrehen des Gewindebolzens die Paßgenauigkeit Ihres Werkes. Häufig stimmt die Tiefe des Loches für den Quermutterbolzen nicht genau. Dann muß er wieder heraus, mit einem schlanken Schraubendreher z.B., und der Grund ausgehoben werden. Besser machen Sie das aber vorher! Auch ein unsauberer Gewindeanfang kann Probleme machen, also gut nachfeilen und ausprobieren.

Eine gute Maßskizze finden Sie auch beim Bett auf Seite 159!

Lattenrost

Die Matratze des Bettes liegt auf einem einfachen Lattenrost, den Sie wahlweise aus Resten der Hobeldielen oder aus den in der Stückliste genannten Fußleisten aus Fichte auf 22 mm starken Längsholmen herstellen. Der Rost liegt auf Tragleisten, die Sie wie in der Aufrißzeichnung markiert von innen auf die Betthäupter schrauben (Abb. 10). Bodenträger sind zu gefährlich. Ich habe im Abstand von 65 mm 5 mm-Löcher mit der Schablone gebohrt und dorthinein 5 mm-Nylondübel gesteckt, so daß die Schrauben sicheren Halt finden (Abb. 11). Abb. 12 zeigt, wie der Lattenrost ins Bett eingesetzt wird.

Oberflächenbehandlung

Als Oberflächenbehandlung kommt für Kindermöbel eigentlich nur Leinölfirnis-Grundierung und Bienenwachsbalsam in Betracht. Lassen Sie das Bett aber auch nicht unbehandelt, da es dann nicht sauber zu halten ist. Giftige Chemielacke sollten Sie auf jeden Fall vermeiden.

Benötigtes Werkzeug

Fuchsschwanz oder Gestellsäge (Spannsäge)
Feinsäge
Putzhobel
elektrische Bohrmaschine
Holzspiralbohrer mit Vorschneidern 5, 8, 10 mm Ø
1 Spiralbohrer 3,5 mm
Hammer, ca. 300 g
Zange (Beißzange)
Kreuzschlitz-Schraubendreher, klein (Prozidrive)
Schlitzschraubendreher, groß
4 Schraubzwingen, mindestens 8 cm Spannweite
4 Knechte, Ausladung ca. 1 m, oder Hilfskonstruktion (S. 22)
stabiler Arbeitstisch
Anschlagwinkel
Zollstock
Bleistift, Härte 2 bis 2,5
Bohrhilfe
guter Abziehstein, fein/grob
Sägenfeile, klein für Feinsäge
Sägenfeile für Fuchsschwanz bzw. Gestellsäge
8 Markierungsspitzen 8 mm
4 Markierungsspitzen 10 mm

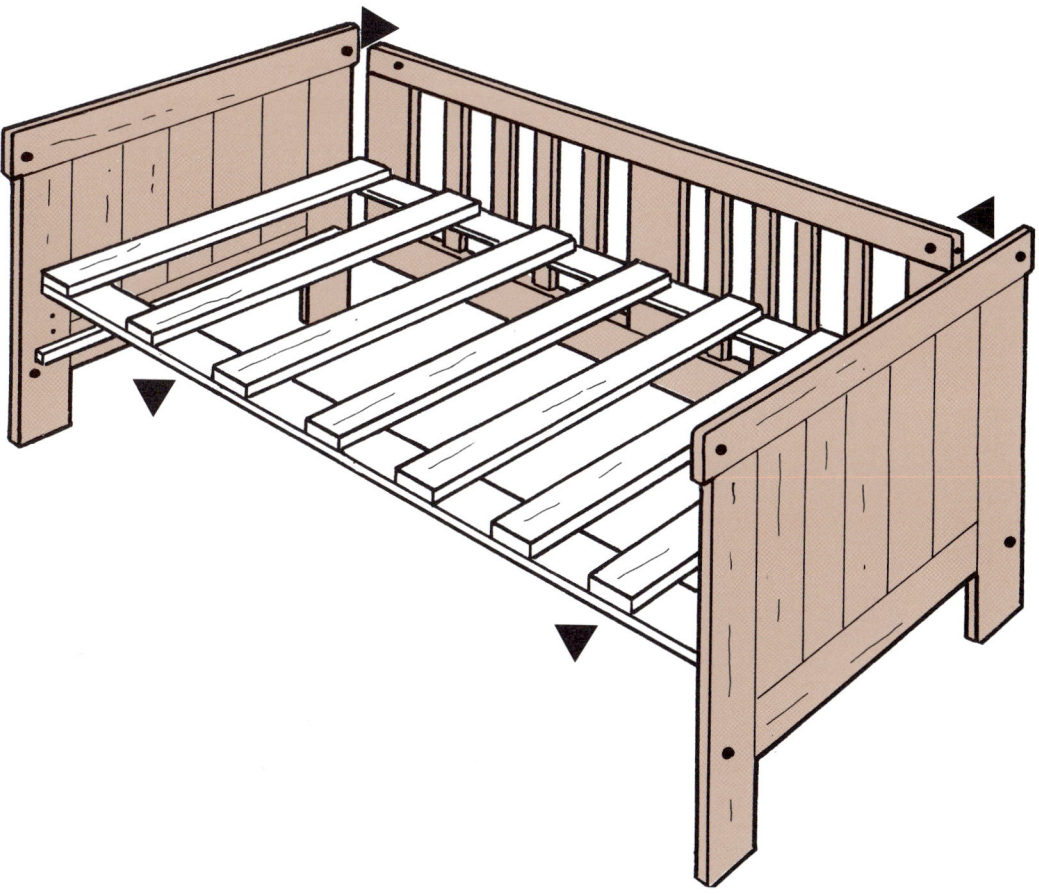

Abb. 12: So fügt sich das Bettchen zusammen. Die vordere Seite gehört natürlich auch noch dazu.

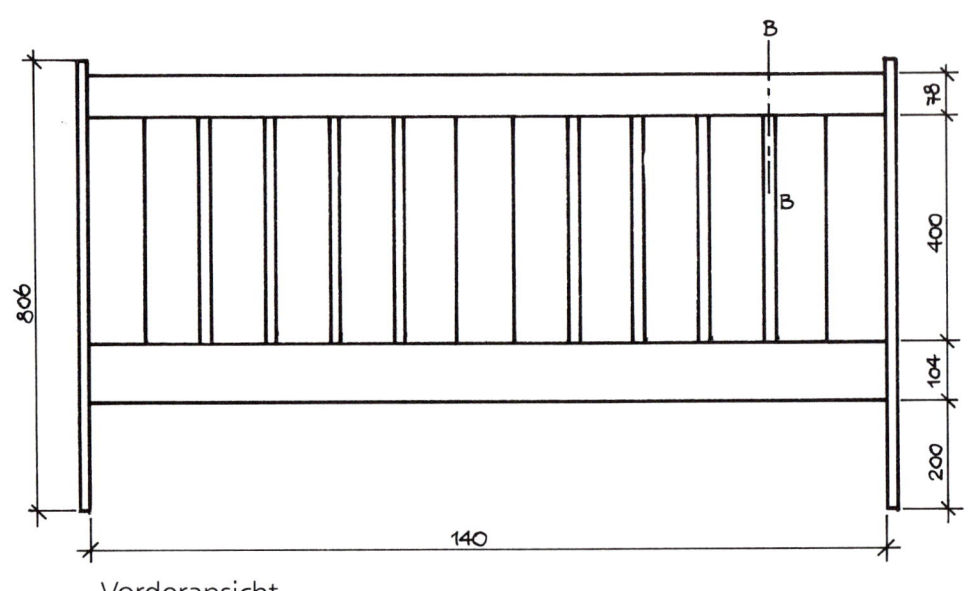

Vorderansicht

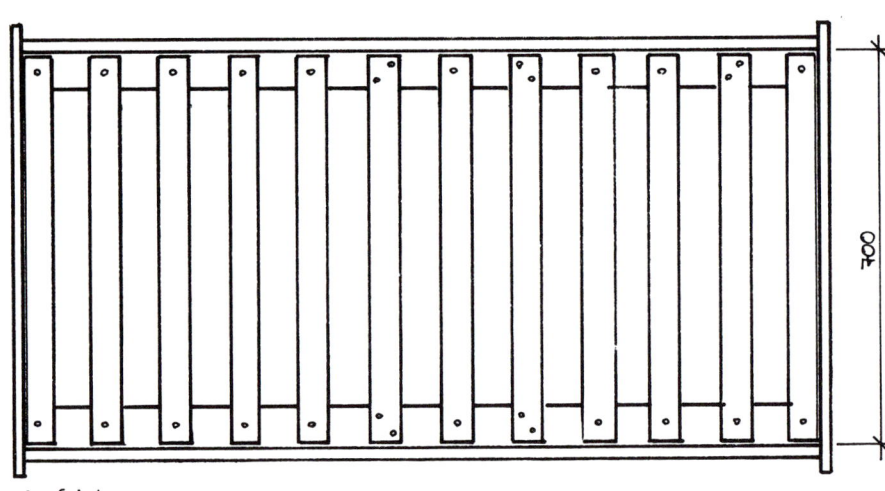

Aufsicht

Stückliste

Material:
Kiefer oder Fichte; Hobeldielen ca. 22 mm stark,
Deckung 113 mm

2 Kopfstücke	800 x 105 mm
4 Stollen	700 x 105 mm
2 untere Querstücke	567 x 105 mm
10 Füllungsstücke	400 x 113 mm
2 Obergurte	140 x 78 mm
2 Untergurte	140 x 105 mm
6 senkrechte Rahmenstücke	40 x 105 mm
16 Sprossen	435 x 26 mm
2 Längsträger Lattenrost	1395 x 70 x 20 (min.) mm
12 Rost-Latten	695 x 55 x 14 (min) mm
2 Tragleisten	695 x 30 x 20 (min) mm

8 Rundkopfbolzen mit Innensechskant, vermessingt,
6 mm Ø
8 Quermutterbolzen, dazu passend, 15 mm lang
20 Nylondübel (Spreizdübel) für 5 mm Bohrungen
40 Spaxschrauben, 3,5 x 35 mm, verzinkt oder pas-
siviert
90 Riffeldübel, Buche 8 x 50 mm
2 Druckfedern 10 mm Ø x 50 mm, mittlere Härte
100 g weißer Holzleim

Holzeinkauf:
ca. 28 m Hobeldielen oder Rauhspund 22 mm, Dek-
kung 113 mm
ca. 10 m Fußleiste Fichte ca. 14 x 55 mm
1 Spanplatte E 1 19 mm (oder stärker) 96 x 98 cm
1 Spanplatte E 1 19 mm (oder stärker) 75 x 155 cm
ca. 9 m gehobelte Dachlatten ca. 4 x 6 oder 3 x 5 cm

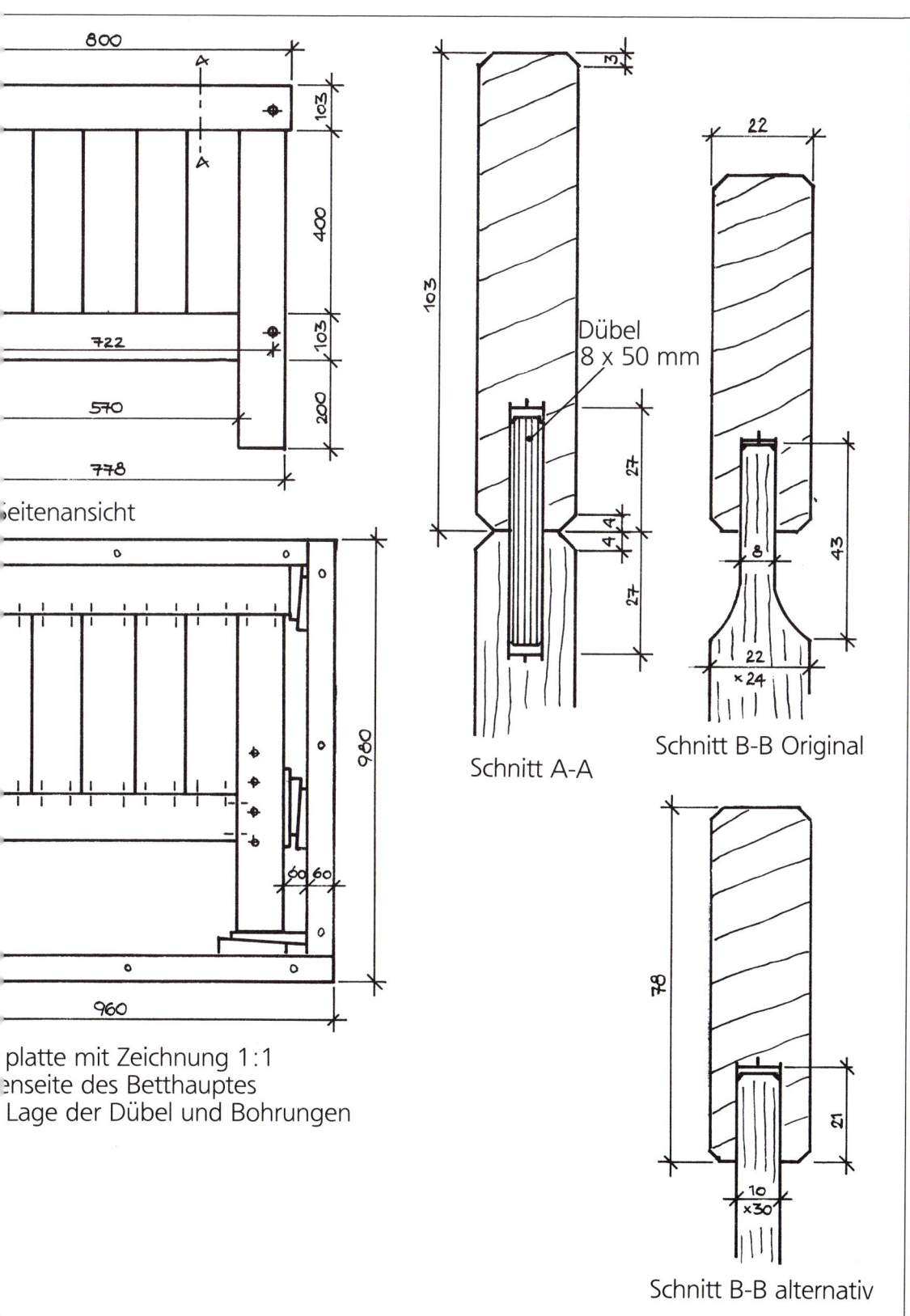

800

103

A

A

400

722

103

570

200

778

Seitenansicht

Dübel
8 x 50 mm

103

3

27

4 4

27

Schnitt A-A

22

8

43

22
x 24

Schnitt B-B Original

980

60 60

960

platte mit Zeichnung 1:1
enseite des Betthauptes
Lage der Dübel und Bohrungen

78

21

10
x 30

Schnitt B-B alternativ

KLEIDERSCHRANK

Bei »Kastenmöbeln«, also Möbelstücken mit größerer Tiefe wie Kleiderschränken, Kommoden, Truhen und ähnlichem, hat man auch in Massivholzbauweise die Wahl zwischen mehreren Konstruktionen. Für uns geht es vorwiegend um die Rahmen- und Füllung-Konstruktion oder die Platten-Bauweise, während wir die doch etwas kompliziertere Stollen-Bauweise besser den Profis überlassen sollten, allenfalls dem sehr fortgeschrittenen Hobbytischler.

Konstruktion und Material

Stilmäßig würde zum Kinderbett am besten die Rahmenbauweise passen. Mit einem kleinen Trick paßt aber auch die Platten-Bauweise dazu. Ich beschreibe hier die Platten-Bauweise, weil sie für den Zweck voll ausreicht, fachgerecht ist und unnötige Schwierigkeiten vermeidet. Allerdings müssen die wenigen Fehlermöglichkeiten strikt vermieden werden, die sich aus dem Quellen und Schwinden der Platten ergeben könnten (ausführlicher dazu auf S. 9f.).

Solange Sie dafür sorgen, daß sich alle miteinander fest verbundenen Bauteile in der Quellrichtung des Holzes frei bewegen können, droht keine Gefahr des Reißens oder Sprengens der Konstruktion. Deshalb werden hier die Platten so im rechten Winkel verbunden, daß sie sich nicht gegenseitig behindern (Abb. 2).

Auch eine zusätzliche Versteifung der Platten ist überflüssig, weil sie sich bei richtiger Anordnung gegenseitig »in Form« halten.

Abb. 1: Passend zum Babybett: der vielseitig verwendbare Kinderkleiderschrank.

Für die Türen müssen wir dagegen bei der Rahmen- und Füllung-Konstruktion bleiben. Eine Alternative wären hier nur Gratleisten, die jedoch im Schrank Raum wegnehmen.

Für das Musterstück habe ich eine Gesamthöhe von 131 cm bei einer Breite von 105,7 cm (von den Rahmentüren bedingt) und eine Tiefe von 50 cm gewählt. Einerseits reicht das für die ersten Jahre gewiß aus, andererseits ist ein Schrank mit diesen Maßen später für viele andere Zwecke brauchbar. Sei es als Spielzeugschrank, als Schuhschrank, als Herren- oder Damen-Kommode, Bastelschrank und anderes. Dazu muß nur die Inneneinteilung (Abb. 3) angepaßt werden, und selbst dafür sorgen wir hier bereits vor, denn es sind durchgehende Lochreihen für die Bodenträger vorgesehen.

Als Material dienen wieder die praktischen Hobeldielen, wahlweise aber auch Leimholzplatten oder selbst aus anderen Brettern verleimte Platten.

Die Außenflächen bekommen die zum Kinderbett passenden breiten Anfasungen der Brettkanten, hier ganz durchgehend. Innen bleibt der Schrank besser glatt. Falls Sie Hobeldielen verwenden, gibt es hinsichtlich der Breite keine Fragen. Verleimen Sie die Platten aber selber, schneiden Sie sie zweckmäßig ebenfalls auf etwa 11 cm Breite und fasen sie vor dem Verleimen entsprechend an. Falls Sie jedoch Leimholz verwenden, können Sie die V-Fugen auch in die volle Platte einarbeiten. Mit dem Simshobel ist das allerdings sehr, sehr mühsam. Flott geht es dagegen mit einer heute ja schon sehr preiswerten Oberfräse und dem entsprechenden V-Nut-Fräser.

Fugenfräsen

Die einfachste Methode ist, sich dafür eine Führungslade aus zwei geraden Brettern und zwei Querstücken zu bauen, zwischen denen die Auflageplatte der Fräse gleiten kann, ohne zu wackeln oder zu klemmen (Abb. 4). Für solche Hilfskonstruktionen darf es ruhig auch eine Spanplatte sein. Wenn Sie diese Führungslade so auf die Platte aufspannen, daß die gewünschte Fuge genau in der Mitte liegt, macht man zunächst eine erste Fräsung mit nur geringer Tiefe, kontrolliert nochmals die richtige Lage der Lade und fräst dann auf volle Tiefe durch, möglichst ohne Zwischenstop, weil diese Stelle an der Oberfläche der gefrästen Nut immer sichtbar wird. Die weiteren Nuten dann gleich mit voller Tiefe durchziehen, falls die Stärke der Fräse das erlaubt. Sonst lieber in mehreren Tiefen-Schritten. Aber auch mit ganz schlichten, nicht durch Nuten markierten Seiten sieht der Schrank gut aus! Falls Sie etwas mehr investieren können, sind Sie

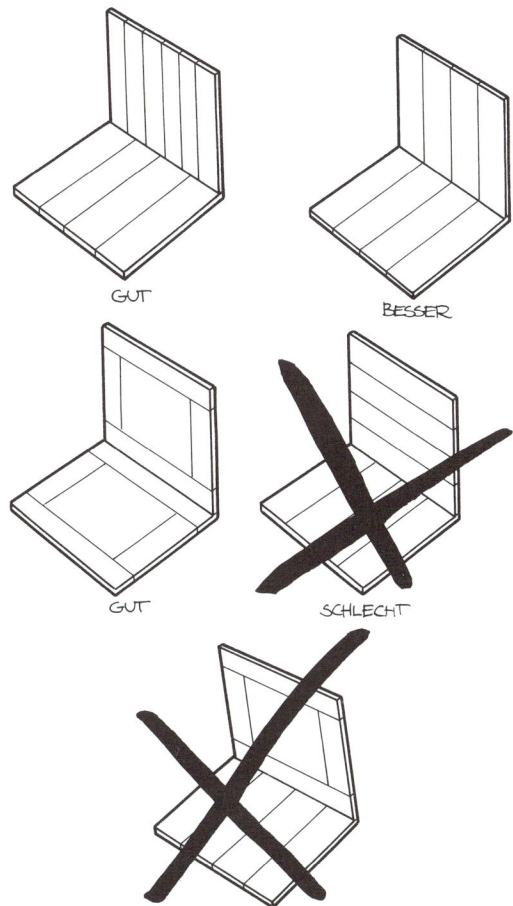

Abb. 2: Gute und schlechte Winkelkonstruktionen.

Abb. 3: Die Inneneinteilung können Sie Ihren Wünschen anpassen.

mit den sogenannten geführten Werkzeugen von Festo gut bedient. Die zugehörigen Führungsschienen gibt es 80 cm, 140 cm und 3 m lang. Oberfräse, Kreissäge und Stichsäge von Festo passen mit ihren Führungsteilen genau darauf und ergeben ein erstklassiges Arbeitsergebnis. Ich verwende sie inzwischen fast nur noch, vor allem auch zum haargenauen Ablängen. Gratis dazu liefert die Firma noch einen guten Tip: Bei ihrem zum System gehörenden Arbeitstisch dient eine einfache 19 mm Spanplatte als Unterlage, in die *vorsätzlich* wenige Millimeter tief eingeschnitten wird. Mit Ihrer teuren Hobelbank sollten Sie das nicht machen! Hier erreicht man jedoch, zusammen mit der Moosgummiunterlage der Führungsschiene, daß von den vorhandenen 4 Schnittkanten mindestens 3 vollkommen ausrißfrei werden. Bei Verwendung des Vielzahn-Sägeblattes ist eine Nachbearbeitung des Schnittes meistens überflüssig: es kann sofort gedübelt oder geleimt werden! Für den vorliegenden Zweck ist die 140 cm lange Schiene mit der Oberfräse geradezu ideal. Die Fräse wird so aufgesetzt, daß sie gut frei von der Schiene fräst. Der Höhenausgleich an der Seite wird eingestellt, die Mittelmarkierung am Frästisch genau auf die angezeichnete Fugenmitte eingestellt, die Schiene am anderen Ende auf den gleichen Abstand gebracht, mit den zugehörigen beiden Zwingen festgelegt und los geht's.

Vorbereiten der Platten

Soviel zur technischen Vorbereitung, doch nun an den Schrank! Sie haben sicher bereits nach Stückliste und Zeichnung die nötigen Teile herausgesucht und grob zugeschnitten einige Tage in jenem Raum stehen lassen, in dem Sie den Schrank bauen werden.

Das ist gerade bei dieser Platten-Bauweise besonders wichtig, weil die einzelnen Platten unbedingt *gleiche* Holzfeuchte aufweisen müssen. Die absolute Feuchte ist hier weniger wichtig als die Gleichheit, damit die später fest verbundenen Teile nicht etwa ungleich schwinden und dann doch Risse bekommen.

Wie aus Brettern, Hobeldielen oder Rauhspund Platten verleimt werden, habe ich auf S. 50ff. beschrieben. Wenn die Teile im richtigen Maß fertig sind, folgt wie immer das Entfernen der Leimreste und das Abrichten und Dickenhobeln der Platten. Bei sehr sorgfältiger Vorarbeit nur noch das Putzen und Schleifen ... Das kann entweder mit viel Strom mittels Bandschleifer und Rutscher mit erheblichem Schleifmittelverbrauch geschehen, oder eleganter, wenn auch angeblich altertümlicher, mit

dem scharfen Putzhobel und nur noch wenig Schleifpapier.

Sehen Sie nun die Platten nochmals daraufhin durch, welche Seite nach innen, welche nach außen kommt, welche Kante so astfrei ist, daß sie als Vorderkante geeignet ist. Wie unter »Kennzeichnen« (S. 36) beschrieben, markieren Sie bitte die Teile sorgfältig und deutlich, damit später in der Hektik nichts verwechselt wird. Auch die Verwendung der Teile wird nun festgelegt, also ob eine Platte für die Seite, die Mittelseite, oder besser für einen der Böden verwendet wird.

Das Ablängen nach dem genauen Anriß ist mit der geführten Handkreissäge ebenfalls ein Kinderspiel und in wenigen Minuten erledigt (Abb. 5). Mit der Hand oder der einfachen Kreissäge geht es natürlich auch, doch müssen Sie je nach Schnittqualität mehr oder weniger Zugabe machen und den Rest dann hobeln, wie es auf S. 48ff. näher beschrieben ist.

Jetzt erfolgt auch gleich das Anschneiden der »Fußform«, denn auch bei der Platten-Bauweise läßt man nicht die gesamte Tiefe des Schrankes auf dem Boden stehen. Der würde dann ewig wakkeln. Vielmehr läßt man vorn und hinten nur

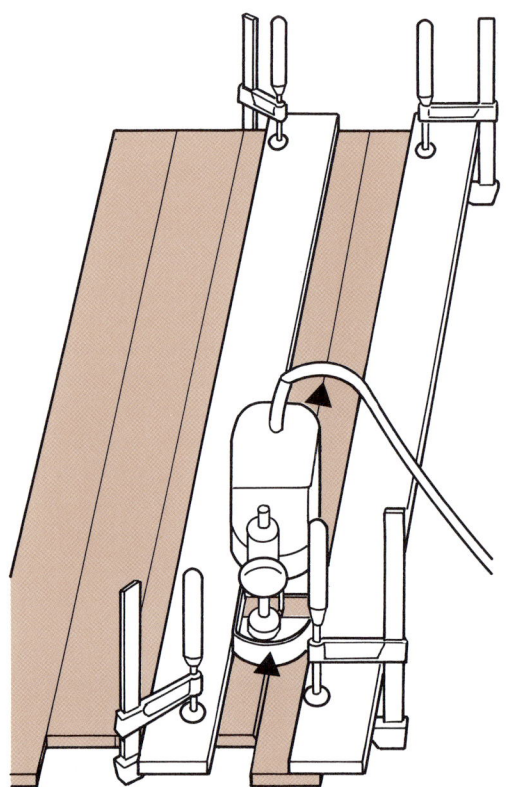

Abb. 4: Eine selbstgebaute Alternative zur langen Festo-Führungsschiene.

5-10 cm stehen und kürzt den dazwischenliegenden Bereich mehr oder weniger hoch. Das ist Geschmacksache, nur Bodenfreiheit sollte mindestens gegeben sein. Die Kanten stark anfasen, damit sie beim Schieben des Schrankes nicht aussplittern und beim Darunterfassen nicht so sehr in die Finger einschneiden.

Dübeln und Zusammensetzen

Wenn nun alle Teile richtig abgelängt sind, die Breite der Stücke stimmt und die Kanten dort gebrochen sind, wo es nötig ist, können Sie schon mit dem Dübeln beginnen, wie auf S. 57 ausführlich beschrieben. Zeichnen Sie die zu bohrenden Stellen genau und unmißverständlich an. Bei 50 cm Tiefe sollten es mindestens sechs Dübel 8 x 50 mm sein, je zwei pro Brett sind auch nicht zuviel.

Nach dem Markieren der Gegen-Löcher mittels der Markierungsspitzen können die Dübel bereits in die Hirnholzlöcher eingeleimt werden, wobei Sie darauf achten müssen, daß die Dübel weder zu weit noch zu kurz herausschauen. Wischen Sie dann den Leim ab. Wenn nun die Gegenlöcher mit der richtigen Tiefenbegrenzung gebohrt sind, können Sie schon die erste »Trockenprobe« machen.

Falls irgendwelche Fehler unterlaufen sind, lassen sie sich jetzt meist noch beseitigen. Dies ist aber die letzte Möglichkeit!

Im nächsten Arbeitsgang kontrollieren Sie am zusammengesteckten Schrank, ob die Hinterkanten wirklich bündig sind. Machen Sie ganz deutlich, wo die Fälze für die Rückwand zu fräsen sind und stellen Sie diese Fälze her (s. S. 82). Auch der Rücksprung der einzelnen Platten gegeneinander muß nochmals kontrolliert werden. Notfalls müssen Sie nachhobeln.

Rückwand und Türen

Beim erneuten Trocken-Zusammenbau passen Sie auch die Rückwand ein (s. S. 82) und versehen sie mit den nötigen Bohrungen für die Schrauben. Das gibt Ihnen die Möglichkeit, beim endgültigen Zusammenbau die Rückwand gleich mit einzubauen und damit sicherzustellen, daß der eigentliche Kasten wirklich im rechten Winkel steht. Natürlich muß dazu die Rückwand richtig vorbereitet sein — beschrieben ist das ebenfalls auf S. 82.

Da der Anfertigung der Türen ein eigenes Kapitel gewidmet ist (S. 71), kann hier darauf verzichtet werden, in alle Einzelheiten zu gehen; auch den

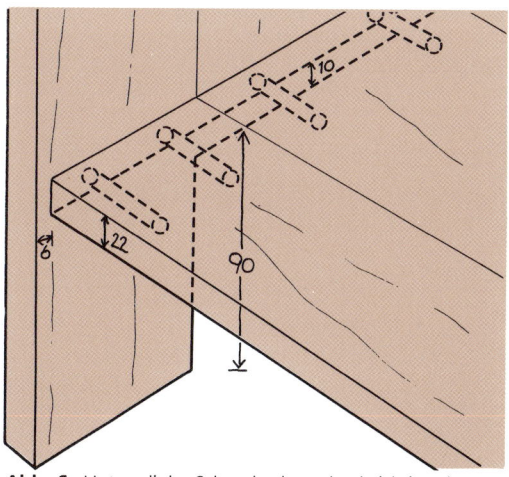

Abb. 6: Untere linke Schrankecke, »durchsichtig« dargestellt.

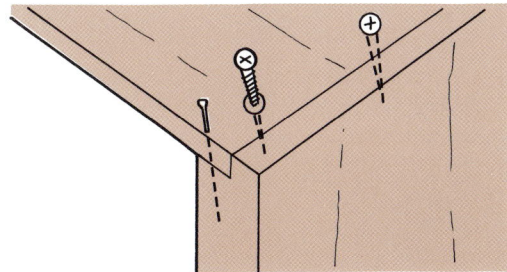

Abb. 7: So schräg (etwa 15°) setzen Sie die Rückwandschrauben.

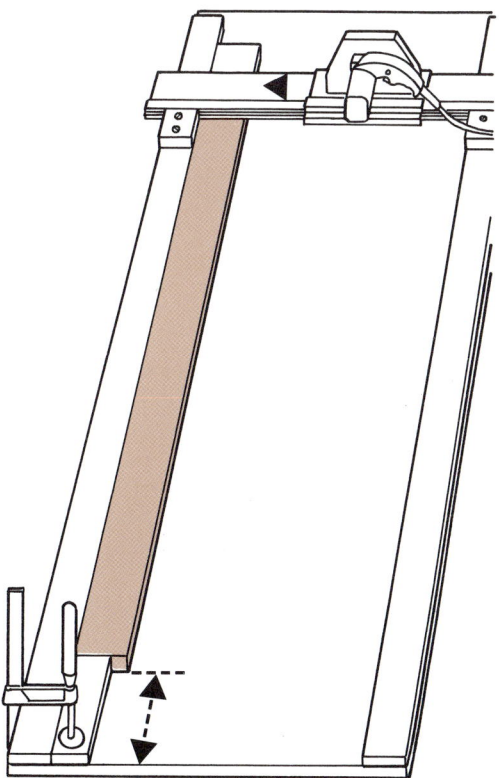

Abb. 5: Sägetisch zur Kreissäge mit Führungsschiene — ebenfalls selbstgebaut.

Einbau und die Montage der Scharniere finden Sie dort ausführlich dargestellt (S. 78).

Böden

Es fehlt nun nur noch das Einbohren der Lochreihen für die Bodenträger, das in diesem Fall tatsächlich erst nach dem Zusammenbau erfolgen sollte, weil so Fehlerquellen vermindert werden. Allzuoft werden gerade dabei die verschiedenen Risse verwechselt oder seitenverkehrt gebohrt. Das fällt weg, wenn wie in diesem Fall genug Platz für die Arbeit vorhanden ist.

Die Böden sollten etwa $\frac{1}{2}$ bis 1 mm Luft haben, nicht mehr, sie sollten aber auch nicht klemmen. Die Kleiderstange fertigen Sie einfach aus einem Stück Rundstab 20 mm aus Buche, gelagert in zwei Holzlagern, die ihrerseits mit je vier Schrauben befestigt werden. Machen Sie die Lager nicht länger, da Sie Langholz auf Querholz befestigen!

Schlußarbeiten

Schließlich schleifen Sie den gesamten Schrank nochmals mit 120er Papier leicht durch. Achten Sie dabei genau auf kleinere Mängel wie Druckstellen, Kratzer usw. und beseitigen Sie diese. Den Schluß bildet das Grundieren mit einem geeigneten Leinölfirnismittel und die Endbehandlung mit Bienenwachsbalsam.

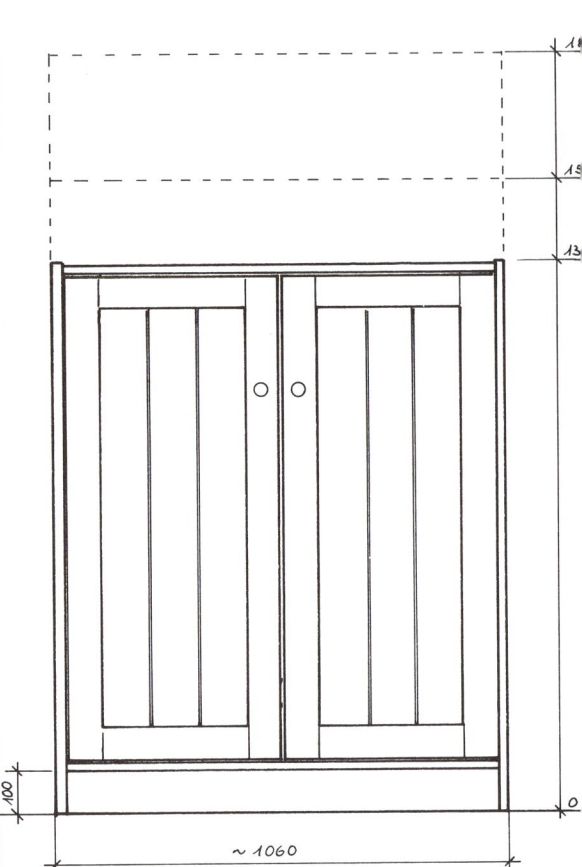

Vorderansicht

Benötigtes Werkzeug

Fuchsschwanz oder Spannsäge, am besten beides
Putzhobel
Elektrische Bohrmaschine
Holzspiralbohrer, 8 mm Ø
Metallbohrer, 4 mm Ø Krauskopf
4 Schraubzwingen, mind. 60 cm spannend oder
Baubrett mit Keilen 1480 x 670 mm
Anschlagwinkel
Bleistift
Zollstock
Schleifklotz mit 80er, 100er und 120er Schleifpapier
Markierungsspitzen 8 mm
Hammer, ca. 300 g
Holz- oder Gummihammer

Wünschenswert wären:

Handkreissäge mit Führungsschiene
Oberfräse
V-Nut-Fräser
Fasenfräser
Viertelstabfräser
Abrichte
Dickenhobel
Schwingschleifer (Rutscher)

Stückliste

Material

2 Seiten, bestehend aus	
4 Hobeldielen	1310 x 80 mm
6 Hobeldielen	1220 x 80 mm
oder 2 Platten	1310 x 494 mm
2 Böden, bestehend aus	
10 Hobeldielen	1013 x 80 mm
oder 2 Platten	1013 x 500 mm
1 Mittelwand, bestehend aus	
5 Hobeldielen	1256 x 80 mm
oder 1 Platte	1256 x 463 mm
2 Einlegeböden, bestehend aus	
2 Platten	490 x 430 mm
1 Rückwand, bestehend aus	
1 Furnierplatte Kiefer 6 mm	1180 x 1037 mm
2 Türen, bestehend aus	
4 aufrechte Rahmenstücke	1252 x 80 mm
	(plus Feder)
4 waagrechte Rahmenstücke	421 x 80 mm
6 Füllungsstücke	1092 x 113 mm
1 Sockelstück Kiefer	1013 x 100 mm
2 Knöpfe, 30 mm Ø, Kiefer unbehandelt	

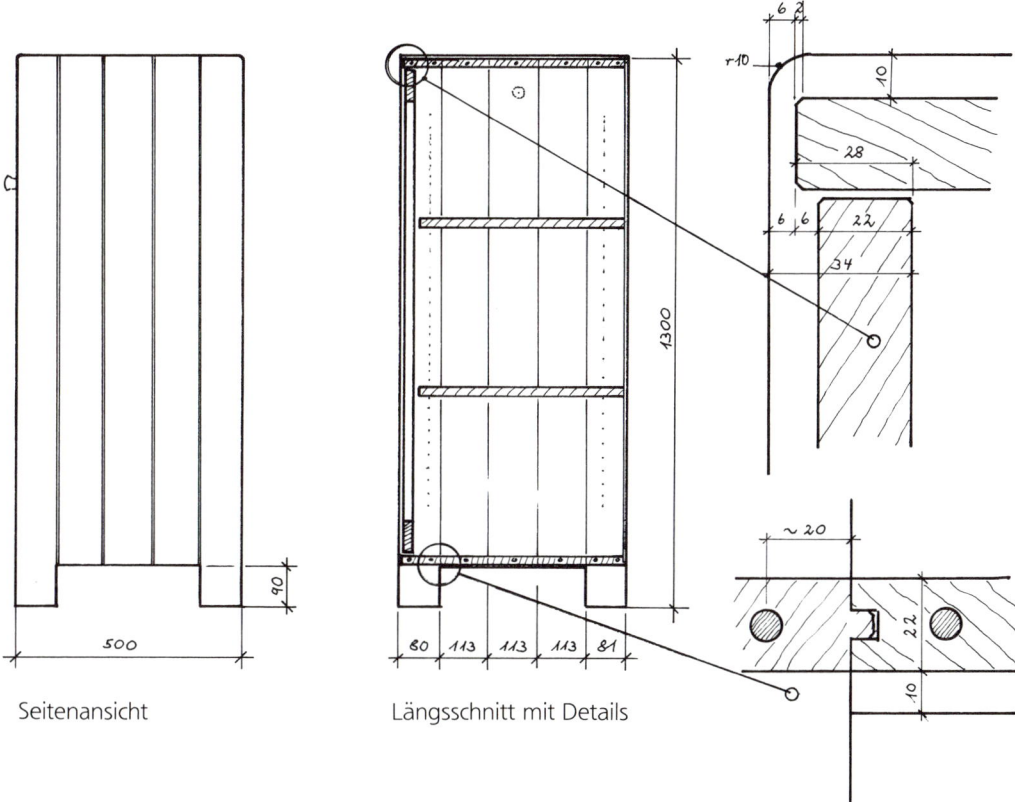

Seitenansicht   Längsschnitt mit Details

1 Kleiderstange aus Rundholz Kiefer, Buche oder
Ramin, ca. 20 Ø, 490 mm lang
2 Kleiderstangenhalter aus Hobeldiele
180 x 80 x 22 mm

ca. 40 Dübel, Buche 8 x 50 mm
1 kl. Flasche weißer Leim
8 Bodenträger 5 x 20 mm
1 Rundholz, Buche 20 mm Ø, 490 mm lang
2 Knöpfe 30 mm Ø
20 Spaxschrauben 3 x 20 mm
8 Spaxschrauben 3,5 x 35 mm

Insgesamt sollten Sie etwa 50 m gute Hobeldielen
oder Rauhspund kaufen, alternativ 3 Platten Leimholz 2400 x 500 mm, 19 mm stark, und 22 mm
Hobeldielen für die Türen.

KOMMODE

Kommoden sind eines der ältesten Möbel; hervorgegangen aus der urtümlichen Truhe, die der besseren Ordnung halber mit Schubkästen versehen wurde. Auch heute noch sind sie eines der beliebtesten Kastenmöbel; deshalb soll sie auch bei meinen Kindermöbel-Vorschlägen nicht fehlen. Das hier vorgestellte Modell ist nur eine von fast unzähligen Möglichkeiten und kann natürlich abgewandelt und Ihren speziellen Raumverhältnissen angepaßt werden.

In den vorgestellten Maßen paßt die Kommode sich den übrigen Vorschlägen an, und auch die Bauweise kennen Sie schon (Abb. 2), sie findet sich z.B. beim Kinderkleiderschrank und beim Schubladencontainer.

Material

Baumaterial ist das schon bekannte preiswerte Kiefernholz, wie es als Rauhspund oder als Hobeldiele auf dem Markt ist, 22 mm stark und etwas unterschiedlich in den Breiten, teils läuft es mit 115, teils mit 135 mm Deckung. Bekanntlich muß das Holz auf etwa 6-8 % Holzfeuchte heruntergetrocknet sein, bevor Sie es verarbeiten können. Kaufen Sie deshalb wenigstens 14 Tage vor Baubeginn ein und trocknen Sie das Holz an einem luftigen, schattigen Ort (s. S. 30f.). Erster Arbeitsgang ist dann die Holzauswahl. Sie legen also jetzt fest, welche Brettteile für welches Stück am Möbel verwendet werden sollen. Da bei dieser Kommode vor allem die Türrahmen und Füllungen, die Schubkastenvor-

Abb. 1: Eine klassische Kommode — immer wieder aktuell.

derstücke und die obere Platte ins Auge fallen, richten Sie Ihre Auswahl darauf ein! Die Türrahmen sollten allenfalls sehr kleine, feste Äste im mittleren Bereich haben, keinesfalls aber auf den Kanten.

Die Füllungen der Türen haben größere Flächen und vertragen entsprechend auch größere, gute Äste, doch sollten sie so in der Fläche liegen, daß sich ein etwa symmetrisches Bild bei den beiden Türen ergibt. Größere Äste auf den Kanten sind auch hier denkbar ungünstig. Weil sowohl die Rahmen wie auch die Füllungen recht kleine Stücke verlangen, dürfte Ihnen die richtige Auswahl leicht fallen.

Die Schubkasten-Vorderstücke müssen ebenfalls sorgfältig herausgesucht werden. Sie müssen bei Verwendung von Rauhspund immer verleimt werden, um die Breite zu erreichen. Passen Sie hier also genau auf, daß Sie keine angeschnittenen Äste auf die Fuge bekommen, denn dann bekommen Sie die Fuge meist nicht »dicht«. Vermeiden Sie das auch bei den übrigen Kanten, weil es meistens nicht gelingt, diese Partien dann wirklich glatt und eben zu bekommen.

Für die Platte kann man Stücke wählen, die auch etwas größere, gesunde Äste enthalten, doch passen Sie hier auf, daß sich nicht alle Äste auf einer Partie der Platte versammeln, während andere Flächen fast astfrei bleiben. Auch das sieht hinterher meistens nicht gut aus.

Erst danach sollten Sie die Stücke für die Seiten auswählen, für die Sie die nächstbessere Ware verwenden, und schließlich das Holz für den Unterboden und den Einlegeboden.

Übergangen habe ich eben das Material für die Traversen, die waagerechten Stücke unter den Schubkästen, und die übrigen Schubkastenbauteile. Auch für diese Elemente benötigen Sie recht sauber gewachsene Hölzer, während es auf die Optik hier weniger ankommt. Gerade gewachsen müssen sie sein, weil verzogene Schubkästen die Folge sind, wenn stark verwachsenes oder drehwüchsiges Holz dafür verwendet wird.

Wie Türen und Schubkästen gebaut werden, ist in eigenen Abschnitten genau erklärt (S. 71 und 82). Auch das Fügen und Verleimen der großen Flächen ist auf S. 50ff. beschrieben, so daß ich hier davon ausgehe, daß die Platten in der angegebenen (oder von Ihnen abgeänderten) Größe bereitstehen.

Falls Sie bei der Plattenherstellung nur nachgehobelt haben, wird fast immer die vorgesehene »rechte« Seite der Hobeldielen, also jene mit der dickeren Nutwange, auch die schönere sein. Wenn Sie dagegen stumpf verleimt haben, müssen Sie

jetzt entscheiden, welche Seiten innen, welche außen liegen sollen.

Wie auf S. 36 eingehend erklärt, erfolgt die Kennzeichnung durch das Winkelzeichen an der abgerichteten Kante, und zwar hier an der vorderen Kante. Das ebenfalls dort beschriebene »Zusammenzeichnen« der Teile erfolgt dagegen an der Hinterkante, nachdem alles genau auf Länge und Breite fertig bearbeitet ist. Eine Verwechslung der Teile ist damit ausgeschlossen.

Zuschneiden

Das »auf Länge schneiden« und das Bestoßen der Kanten sind Arbeiten, die unbedingt sehr sorgfältig ausgeführt werden müssen, denn diese gedübelte Konstruktion reagiert auf schiefe Kanten sehr sauer. Falls Sie Gelegenheit haben, sollten Sie deshalb entweder eine sehr gut senkrecht eingestellte, mit scharfem Vielzahnsägeblatt ausgerüstete Formatkreissäge verwenden (meistens mit Schiebeschlitten), oder, preislich eher erschwinglich, eine gute Handkreissäge mit Führungssystem wie die Maschine von Festo.

Das Führungslineal der Handkreissäge ergibt durch seine Gummi-Auflage und das Arbeiten auf dem zugehörigen Sägetisch, dessen Spanplatte ganz leicht mit angesägt wird, einen so sauberen, an drei Kanten völlig ausrißfreien Schnitt, daß Nacharbeit nur in ganz geringem Umfang notwendig ist (schleifen). Auf der teuren Formatkreissäge erreichen Sie das nur, wenn Sie beim Sägen eine Hartfaserplatte unterlegen und mit zerschneiden. Ich arbeite deshalb seit längerer Zeit fast nur noch mit dem Festo-System, wahlweise mit der 800 mm- oder der 1400 mm-Schiene.

Abb. 2: Ohne Türen und Schubkästen sieht man deutlich die Verwandtschaft mit dem Kinderkleiderschrank.

Allerdings muß man dabei vorher genau anreißen und die Schiene sorgfältig ausrichten. Das kann die Formatsäge besser, vor allem etwas schneller. Aus diesem Grunde habe ich mir selbst einen einfachen Schneidetisch gebaut, der ebenfalls im Einführungsteil auf S. 24 beschrieben ist. Mit dieser Kombination bin ich ebenso schnell wie die Formatkreissäge, brauche weniger Platz und habe sogar noch bessere Schnittqualitäten.

Dübeln

Bohren Sie zunächst die Dübellöcher, wie immer mit Bohrhilfe und scharfem Holzspiralbohrer mit Vorschneidern, in das Hirnholz der Seitenwände, dann auch in jenes der Traverse und der beiden aufrechten Zwischenstücke zwischen den Schubladen.

Abb. 3 erläutert, wie zuvor auf einer ebenen Werkplatte auf die Unterseite der Deckplatte die Lage von Traversen und Zwischenstücken aufgezeichnet wird, damit Sie dann durch Auflegen des Unterbodens das Passen kontrollieren und notfalls den Riß korrigieren können (Abb. 4). Legen Sie auch die beiden Traversen genauso auf die beiden Platten und stellen Sie sicher, daß die Längen wirklich identisch sind. Zeichnen Sie die Lage der Zwischenstücke auf den Traversen ganz genau an.

Ist das alles wie geschildert gemacht worden, können Sie nun den Unterboden mit zwei Zwingen auf der Deckplatte fixieren und mittels Markierungsspitzen in den Löchern der Seitenwände die Lage der oberen Dübellöcher auf der Deckplattenunterseite abdrücken (Abb. 5).

Falls Ihnen dabei die Seitenteile etwas »rund« geworden sind, spannen Sie vorher zwei gerade, kräftige Leisten mit zwei Zwingen quer über die Seite, vielleicht gut 10 cm von der Kante entfernt. Mit der so ausgerichteten Seite ist das Markieren dann ein Kinderspiel: Passen muß das hinten, Kante auf Kante, und überall gut am Unterboden anliegen.

Spätestens jetzt muß die Lage von Traversen und Unterboden an den Seiten angerissen werden. Sie spannen sie wie gewohnt in der richtigen Lage zueinander mit zwei bis vier Zwingen zusammen und tragen die nötigen Maße auf den Schmalseiten auf. Mit dem Winkel wird quer angerissen, zur Kontrolle auch von der gegenüberliegenden Kante aus. Danach kann dann der Abdruck der Markierungsspitzen von Unterboden und Traversen auf die Seiten erfolgen, wobei Sie wieder den Boden mit Hilfsleisten geradedrücken. Die Zwischenstück-Bohrung übertragen Sie auf die gleiche Art auf Traversen und Innenseite der Deckplatte.

Zusammenbau

Sobald alle Sacklöcher mit Bohrhilfe und Distanzklotz gebohrt sind, kann der erste »Trockenaufbau«, ohne Leim erfolgen. Setzen Sie hierbei auf jeden Fall die Zwischenstücke ein und kontrollieren Sie ihre Höhe! Und denken Sie daran, daß die hintere Traverse samt Zwischenstück um die Rückwanddicke nach innen versetzt werden muß. Kleine Sünden und Ungenauigkeiten zeigen sich nun sehr deutlich, aber sie können immerhin noch ausgebügelt werden.

Dann können Sie damit beginnen, die zuvor deutlich angezeichneten Fälze für die Rückwand herauszuarbeiten. Da es viele Möglichkeiten dafür gibt, ist das auf S. 82 näher erläutert.

Ebenfalls jetzt sollten die Lochreihen für die Höhenverstellung des Bodens gebohrt werden. Dabei immer schön sorgfältig von Oberkante Unterboden ausgehen und nur nicht oben und unten verwechseln, sonst gibt's Lochsalat.

Die Alternative ist, auch den Zwischenboden fest einzudübeln. Viele meiner Kunden ziehen das vor, weil die Einlegeböden aus massivem Holz sich doch recht gerne später hohl oder rund ziehen. Aber auch deshalb, weil oft die Lochreihen als störend empfunden werden. Bleibt noch die Möglichkeit der Verwendung eines Stückes Tischlerplatte als Einlegeboden mit starkem, massivem Vorleimer. Für Puristen ist das aber natürlich nur Ersatz und keinesfalls vollwertig, obwohl die Platten ebenfalls aus massivem Holz bestehen, wenn auch mehrfach verleimt.

Verleimen

Sobald Sie nun die Teile fein durchgeschliffen haben, können die Dübel in die Hirnholzlöcher eingeleimt werden, Leim wie immer an beide Flächen, Dübel und Loch. Legen Sie eine der Seiten flach auf Ihre Arbeitsfläche (notfalls Decke unterlegen!) und geben Sie nun Leim auch an die freien Dübelenden

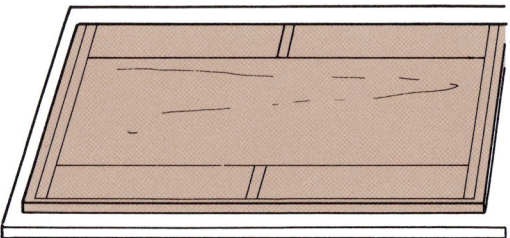

Abb. 3: Hier liegt die Deckplatte, Unterseite nach oben, auf einer ebenen Arbeitsfläche. Die Lage der Seiten, Traversen und Zwischenstücke ist bereits aufgezeichnet.

und in die Löcher sowie sparsam auf die Hirnholzkanten. Dann drücken Sie zunächst den Unterboden ein, dann die Traversen, schließlich die Zwischenstücke und erst als letztes die Deckplatte.

Wenn Sie, wie immer wieder von mir empfohlen, lieber eine »Trockenprobe« mehr als eine zuwenig gemacht haben, wird das wie am Schnürchen klappen. Sonst gibt das Schweiß- und Wutausbrüche, die aber nichts einbringen.

Falls Sie über sieben Knechte von etwa 1 m Spannweite verfügen oder sie sich leihen können, brauchen Sie zusätzlich nur schöne, gerade, kräftige und saubere Beilegehölzer, z.B. abgerichtete Dachlattenstücke, möglichst acht Stück von 46 cm Länge oder mehr. Mit je einer Beilage links und rechts auf der Platte und unter den »Füßen« pressen je zwei Knechte, etwa 10 cm eingerückt, die Platte auf die Seiten. Ich lege dann die Kommode auf den Rücken, stelle in Höhe des Unterbodens links und rechts je eine Beilage und setze von vorn, in der Mitte und hinten je einen Knecht an. Satt anziehen, aber auch nicht mit Brachialgewalt!

Nun kann man die Kommode wieder aufrichten, eventuell den hinteren Knecht zurechtrücken, damit er nicht hindert, eine Zulage auf die Mitte der Deckplatte legen, die andere unter die Traversen, dort wo die Zwischenstücke nun mit Zwingen ebenfalls so angepreßt werden, daß der Leim quillt.

Achten Sie darauf, daß die Zulage unter den Traversen hinten Platz für die Rückwand läßt, denn gleich nach dem Zusammendrücken setze ich die Rückwand ein. Dazu muß man die hintere Zwinge wieder lösen.

Das Einsetzen der Rückwand sorgt dafür, daß das Gehäuse jedenfalls hinten exakt im Winkel steht. Sie müssen nur noch kontrollieren, daß das auch vorn der Fall ist. Notfalls korrigiert man schief angesetzte Knechte oder muß sogar einen diagonal setzen.

Die Abschlußarbeiten nach der Trockenzeit des Leimes (1 Stunde reicht) sind wie immer das Entfernen von Leimresten, das Beseitigen von Druckstellen, das Durchschleifen, Anfasen oder Abrunden von Kanten, die Sie vor dem Verleimen vergessen hatten. Dann grundieren und wachsen nach Vorschrift des jeweiligen Herstellers.

Benötigtes Werkzeug

Handsäge
Fuchsschwanz oder Spannsäge
Feinsäge, gerade
Putzhobel
Rauhbank
Simshobel
Nuthobel, 6 mm
Hohlkehlhobel
Anschlagwinkel, groß und klein
Zollstock
Bleistift
Streichmaß
Richtleiste
elektrische Bohrmaschine
Holzspiralbohrer mit Vorschneidern, 8 mm Ø, 5 mm Ø
Forstner-Bohrer passend zu den Scharnieren (30 mm)
Stecheisen 20 mm oder breiter,
Stecheisen 16 mm
Abziehstein
Holz- oder Gummihammer
Tischlerhammer, 300 g
Schleifklotz, Schleifpapier mit 80er, 100er und 120er Körnung
4 Schraubzwingen

Wünschenswert wären:
Handkreissäge mit Führungsschiene 140 cm
Vielzahn-HM-Sägeblatt und dazu passende Handoberfräse einschl. Anschlag (Festo u. andere) incl. passendem Sägetisch;
Nutfräser 6 mm und 7 mm
großer Hohlkehlfräser,
Stabfräser r5, 45°-Fasenfräser, die beiden letzteren mit Anlaufzapfen oder besser (und teurer) mit Anlaufkugellager
Schwingschleifer (Rutscher)
kombinierte Abricht- und Dickenhobelmaschine
Die speziellen Hobel für reine Handarbeit sind relativ teuer, so daß sich hier unbedingt die Anschaffung der Handoberfräse rentiert. Wirklich universell einsetzbar wird sie erst mit dem Führungssystem.

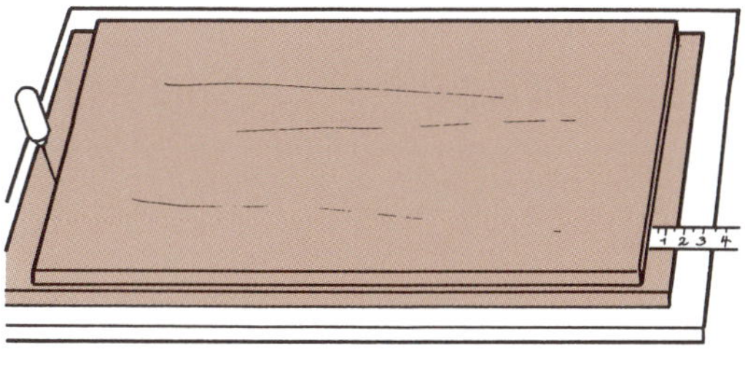

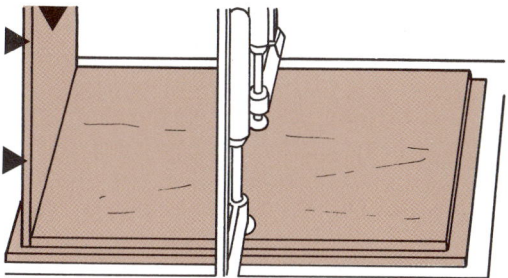

Abb. 4: Der Unterboden ist aufgelegt und wird gleichmäßig ausgerichtet. Falls kleinste Differenzen bestehen, wird die Zeichnung korrigiert, bei größeren muß die Ursache beseitigt werden.

Abb. 5: Der Unterboden ist auf der Deckplattenunterseite fixiert, so daß er jetzt beim Markieren der Dübellöcher für die Seiten nicht verrutschen kann.

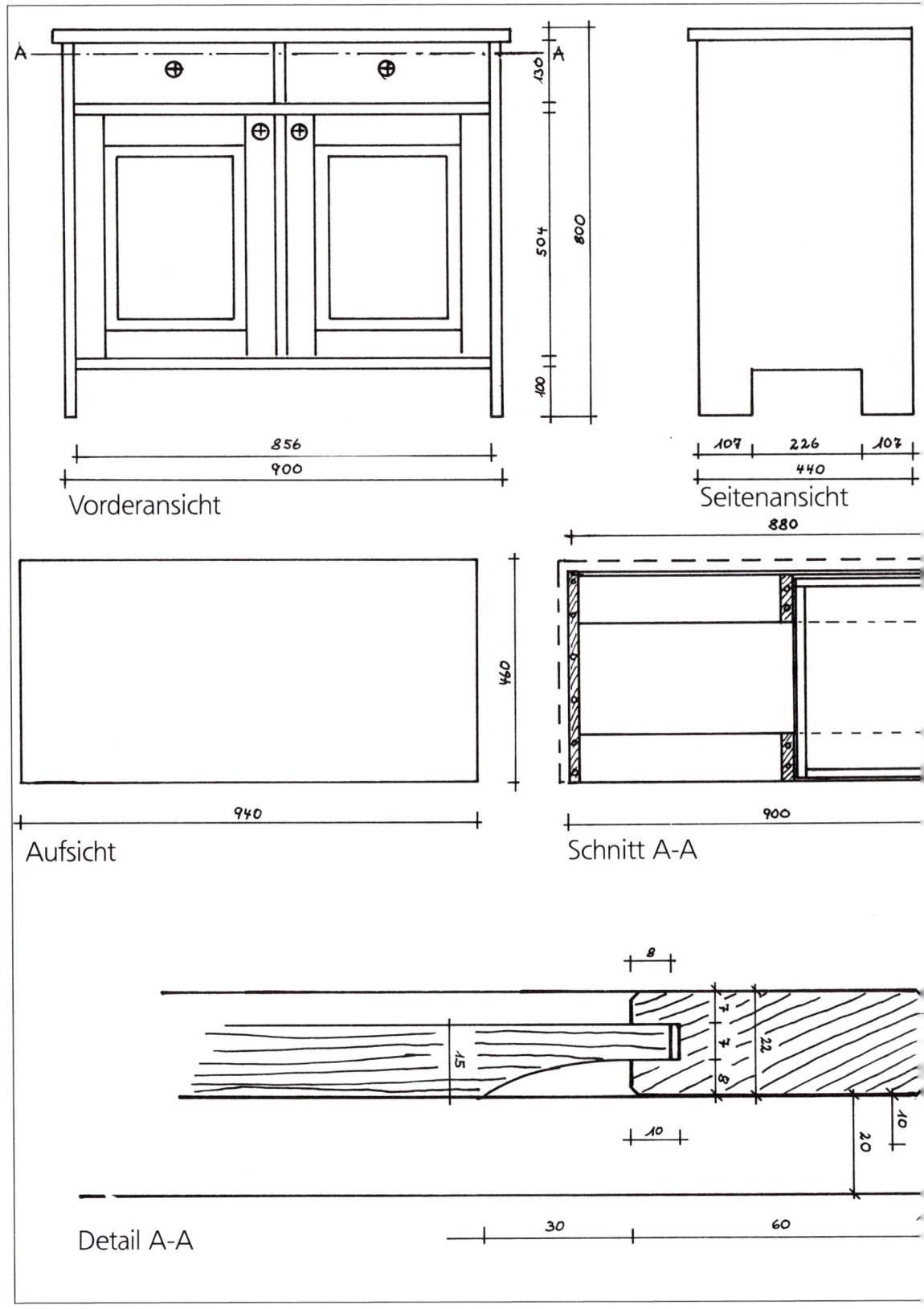

Vorderansicht

Seitenansicht

Aufsicht

Schnitt A-A

Detail A-A

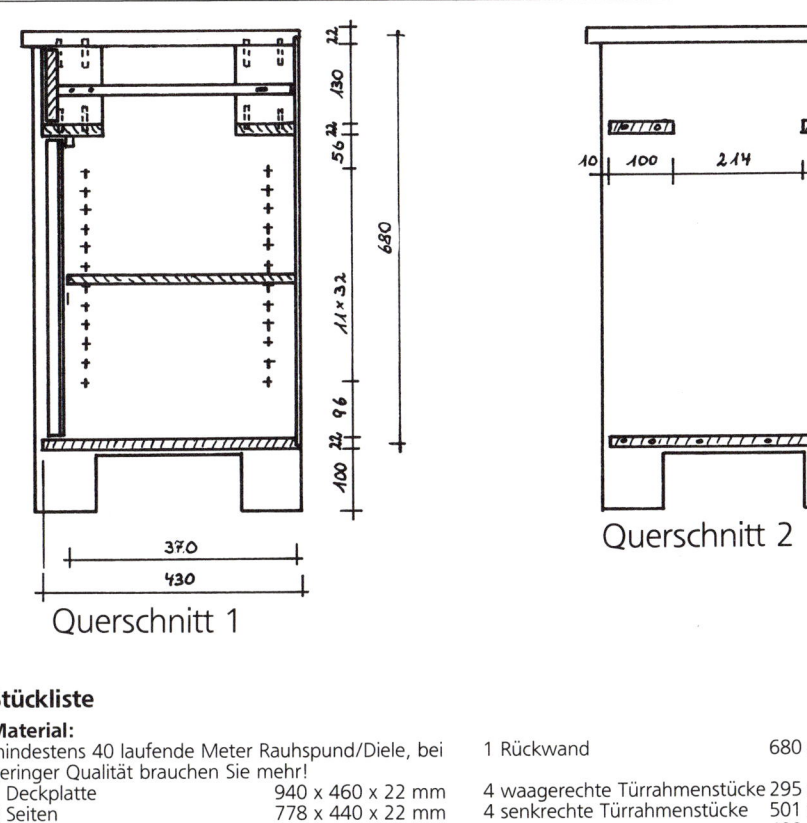

Querschnitt 1

Querschnitt 2

Stückliste

Material:
mindestens 40 laufende Meter Rauhspund/Diele, bei geringer Qualität brauchen Sie mehr!

1 Deckplatte	940 x 460 x 22 mm
2 Seiten	778 x 440 x 22 mm
1 Unterboden	856 x 430 x 22 mm
1 Einlegeboden	855 x 360 x 22 mm
2 Traversen	856 x 100 x 22 mm
2 Zwischenstücke	130 x 100 x 22 mm
2 Vorderstücke	415 x 128 x 22 mm
4 Schubkasten-Seiten	(430) x 125 x 22 mm
2 Schubkasten-Hinterstücke	(415) x 125 x 22 mm
2 Schubkasten-Böden	(395) x (410) x 6 mm
	(Sperrholz)

1 Rückwand	680 x 880 x 6 mm
	(Sperrholz)
4 waagerechte Türrahmenstücke	295 x 60 x 22 mm
4 senkrechte Türrahmenstücke	501 x 60 x 22 mm
2 Füllungen	400 x 320 x 15 mm
1 Schlagleiste	501 x 35 x 15 mm
4 Topfscharniere Topfgröße 30 mm, 16 mm gekröpft	

ca. 60 Riffeldübel Buche 8 x 50 mm
200 g Weißleim
3 x 20 mm, ca. 20 Spaxschrauben,
2 Köpfe 30 mm mit Schrauben

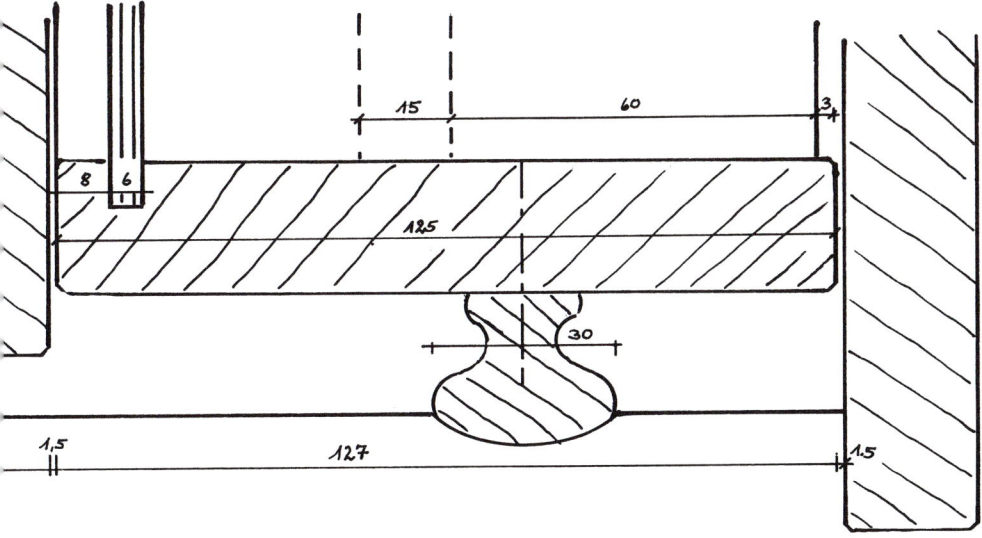

SPROSSENWAND

Nicht nur den Kindern wird diese Sprossenwand Freude machen, sondern auch junge und junggebliebene Eltern haben Spaß daran! Bei einiger Überlegung läßt sich fast in jeder Wohnung dafür ein Plätzchen finden. Eine nicht mehr benutzte Türöffnung, eine Nische am Schornstein im Flur oder auch das ungenutzte Fußende eines Etagenbettes sind einige Möglichkeiten.

Der Selbstbau ist für den geübten Hobbytischler kein Problem, und selbst für den absoluten Anfänger sind die Schwierigkeiten nicht zu hoch, wenn er nur guten Willens ist.

Material

Für die Seitenteile reicht die bewährte Hobeldiele/Rauhspund in 22 mm Stärke aus. Nur im oberen Bereich muß eine Verbreiterung angeleimt werden, um auf die nötigen 200 mm Breite zu kommen. Unten sind es nur 110 mm, so daß die etwas breitere Dielenware ausreicht. Notfalls leimen Sie eben auf ganzer Länge einen Streifen an.

Wie die Feder-Seite der Bretter nachgehobelt werden muß, um dichte Fugen zu erhalten, ist auf S. 51 erläutert. Falls die Spundung nicht einwandfrei ist, schneiden Sie einfach glatt und verleimen stumpf, aber hier vorsichtshalber wegen der recht großen Belastung durch Erwachsene mit Unterstützung durch zwei 50 mm lange Buchen-Riffeldübel. Daß hierbei grundsätzlich beide Leimflächen mit Leim bestrichen werden, ergibt sich ebenfalls aus den Haltbarkeitsanforderungen. Das gilt auch und hier sogar besonders für den Dübel und das Dübelloch!

Die Sprossen wählen Sie bitte aus einem Hartholz. Vorgefertigt werden Sie vor allem Buche und Ramin finden. Gut geeignet ist auch Esche, nur leider bekommt man sie kaum im Handel.

Ich habe deshalb Ramin gewählt, weil die angebotene Buche teilweise recht wilde Maserungen zeigte. Das ist für diesen Zweck nicht brauchbar. Achten Sie also beim Einkauf auf glatten Faserverlauf ohne jeden Ast!

Die gewählte 81 cm-Breite ist mehr oder weniger willkürlich, denn bei meiner Tochter paßte das so. Sie können jedes kürzere Maß wählen, aber möglichst kein breiteres als 90 cm. Man braucht dann dickere Sprossen, die aber von Kinderhänden schlecht umfaßt werden können.

Oft werden die Rundhölzer bereits abgelängt in 80 cm-Stücken angeboten. Sonst suchen Sie sich

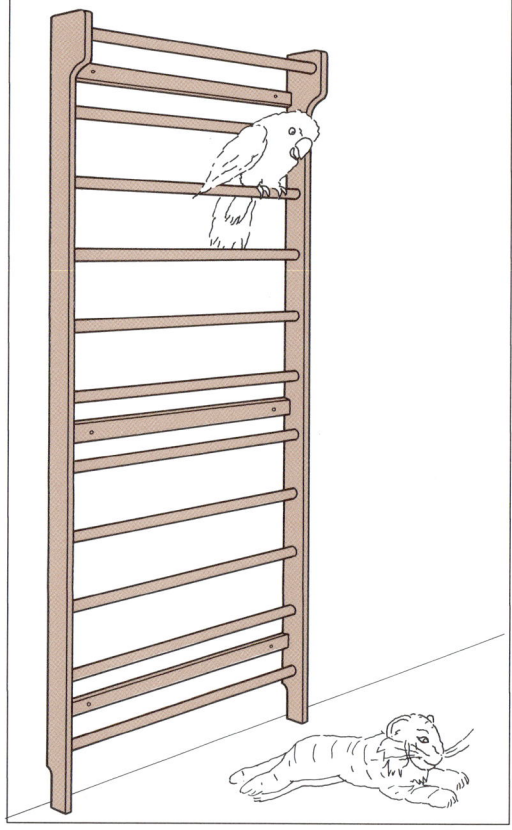

Abb. 1: Die Sprossenwand — die rechte Aufforderung zum Frühsport.

gute Meterware heraus und achten auf die Länge, die ein Vielfaches Ihrer gewählten Sprossenlänge sein sollte. Daheim kürzen Sie die Stangen genau auf das errechnete Maß, die drei rechteckigen Befestigungssprossen ebenfalls auf gleiche Länge!

Anzeichnen

Legen Sie nun alle Sprossen auf Ihrer Arbeitsplatte nebeneinander und spannen Sie zwei Leisten quer darüber, so daß alle Sprossen festgehalten werden. Richten Sie nun mit dem großen Anschlagwinkel das Paket winklig aus. Dann nehmen Sie eine 10 mm dicke Leiste, die schön gerade sein sollte. Auch ein 10 mm starkes Brettchen oder Sperrholz ist geeignet, nur 40 cm lang muß es sein. Das legen Sie an die Stirnseiten und zeichnen einen scharfen Bleistiftstrich über jedes Rundholz.

Dann brauchen Sie ein Unterlegholz mit den Abmessungen 10 + 14 mm = 24 mm, um die zweite

Linie auf das Rundholz zu zeichnen. Dabei müssen Sie unbedingt aufpassen, daß sich keines der Rundhölzer verdreht! Liegen sie zu lose unter den Leisten, passiert das nämlich. In diesem Fall müssen Sie geeignetes Material zwischen Druckleisten und Rundhölzer legen, z.B. Stoffstreifen oder Schaumstreifen; aber nur von oben, damit unten die flache, ebene Auflage zum Anzeichnen erhalten bleibt.

Noch in der gleichen Aufspannung sollten Sie auch die genaue Länge der Absetzung anzeichnen. Sie erreichen zwar nur die Stelle ganz oben, aber den Rest bekommen wir später leicht mit einem einfachen Trick rings um das Rundholz gezeichnet. Dazu legt man einfach ein Blatt Zeichenpapier oder dünnen Karton um das Rundholz, so, daß Kante wieder auf Kante stößt und fährt dann mit dem spitzen Bleistift ringsum. Wenn Sie einen zweiten Papierstreifen quer mit einlegen und den Karton mit einem Tropfen Klebstoff zum Ring verkleben, haben sie eine Schablone, mit der Sie ganz rasch alle 21 weiteren Kreise anzeichnen können. Durch Wegnahme des beigelegten Papierstreifens hat Ihr Ring soviel »Luft«, daß er leicht überzustreifen ist, aber doch nicht verrutschen kann.

Auf den fertig vorgerichteten Seitenteilen zeichnen Sie dann sorgfältig, von der Hinterkante und der Unterkante ausgehend, die Lage der Sprossenlöcher an.

Bohrungen

Nur die 6 Löcher für die Befestigungssprossen sind eckig. Die anderen 22 werden mit einem scharfen 14 mm-Bohrer hergestellt, entweder ein Holz-Spiralbohrer mit Zentrierspitze und Vorschneidern, oder ein Forstner-Bohrer.

Günstig wäre es, wenn Sie die Bohrmaschine hierzu in einem Bohrständer anwenden können, der auch noch eine Bohrtiefen-Einstellung hat. Sonst machen Sie sich aus einem Reststück des Rundholzes rasch ein Distanzstück, das nur die gewünschte Länge des Bohrers freiläßt. Bohren Sie auf dem Ständer in einem Zuge glatt hindurch (Reststücke unterlegen!) und schieben das Stück, das Sie vorher bereits auf die richtige Länge gekürzt haben, bis zum Bohrfutter hoch. Dort wird es festsitzen, wenn Sie nicht mehrfach durchgegebohrt haben, was die Löcher dann aufweitet.

Nun können Sie die vielen Löcher flott bohren, wenn Sie die Lochmittelpunkte nicht nur angezeichnet, sondern auch mit dem Spitzbohrer deutlich angestochen haben. Bei gefühlvoller Handhabung zentriert sich der Bohrer fast von allein, sobald seine Spitze das Loch »fühlt«. Mit dem Spiral-

bohrer können Sie so beide Löcher jeweils ausbohren und stechen dann den Rest mit dem scharfen Stecheisen heraus. Mit dem Forstner-Bohrer können Sie noch ein weiteres Loch in die Mitte setzen, aber bitte auch vorher anstechen, denn dieser Bohrer kann durch seinen ringförmigen Vorschneider auch angeschnittene Löcher bohren, ohne auszuwandern wie andere Bohrer. Entsprechend weniger haben Sie nachzuarbeiten.

Für den geübten Handwerker geht das natürlich auch ohne Bohrständer, doch gibt es für diese Größe keine Bohrhilfen.

Auf 12 mm oder gar 10 mm Durchmesser auszuweichen, halte ich für riskant, da die Belastungen doch erheblich größer sind als bei sonstigen Möbelkonstruktionen.

Auch die Rechtecklöcher für die Befestigungssprossen können Sie vorbohren, hier mit 10 mm, weil die Latten erheblich breiter sind, und dann nur noch nachstechen.

Zapfen

Die Enden der Rundsprossen schneiden Sie mit der Feinsäge von der Hirnholzseite her sorgfältig bis zur Ringmarkierung ein. Genaues Hinsehen und vorsichtiges Sägen sind allerdings nötig. Wer unsicher dabei ist, sollte doch lieber die Mühe auf sich nehmen und die seitlichen Risse auftragen, was mit etwas Geduld, spitzem Bleistift und 10 mm-Unterlegleiste auf der ebenen Platte zu machen ist.

Die Querschnitte zum Abtrennen der Abfallstücke sind nur scheinbar einfacher, denn Sie müssen sehr aufpassen, daß Ihnen die Rundhölzer nicht weiterrollen und Ihr Schnitt dann »ins Fleisch« geht, also in jenes Holz, das später halten soll. Besser ist das Einspannen in einen Schraubstock bei dieser Arbeit, die ebenfalls sehr sorgfältig gemacht sein will. In der gleichen Aufspannung sollten Sie gleich noch mit einer scharfen rechteckigen Feile die Rundungen der Zapfen nacharbeiten, wie es Abb. 2 zeigt. Aber nicht zu viel, denn die Zapfen sollen später stramm passen.

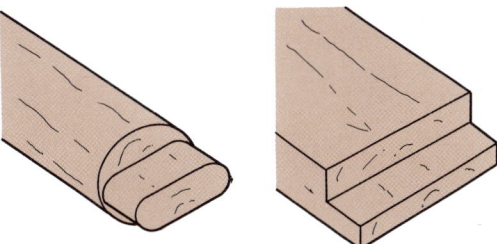

Abb. 2 und 3: links das dünne Ende der Turnsprossen und rechts das abgesetzte Ende der Befestigungssprossen.

Die Zapfen an den Befestigungssprossen (Abb. 3) sind dagegen ganz einfach nur mit der Feinsäge herzustellen, aber auch dabei bitte keinesfalls auch nur einen Schnitt zu tief machen!

Die Bohrungen für die Befestigungsschrauben sollten Sie gleich anschließend herstellen. 5 mm Ø dürften ausreichen, doch hängt das von den Befestigungsmöglichkeiten ab. Gegebenenfalls müssen Sie auch dickere und sehr lange Schrauben verwenden. Bei gesundem Mauerwerk reichen aber Schrauben 5 x 70 mm und 8 mm-Dübel.

Zusammenbau

Beim Zusammenbau der Sprossenwand (nach einem Probe-Zusammenbau ohne Leim!) sollten Sie nicht mit gutem Leim sparen (B3-Leim). Wenn jede dritte Sprosse außerdem eine kräftige Spax-Schraube 4 x 40 mm, von außen durch die Seitenwangen bekommt, brauchen Sie nicht unbedingt Schraubknechte, obwohl wenigstens einer zum festen Zusammendrücken nützlich wäre. Legen Sie kräftige Beilegehölzer unter, die den Druck auf mehrere Sprossen verteilen und Druckstellen vermeiden. Dann im zusammengepreßten Bereich zwei der Schrauben eindrehen, Knecht lösen und zum nächsten Abschnitt weiterrücken. Notfalls gibt es andere Hilfskonstruktionen, die auf S. 22 erläutert sind.

Noch ein Tip zum Verleimen und Abrunden der Seitenwangen: Leimen sie zunächst die Verbreiterung in voller Länge auf und schneiden Sie bitte die Rundung erst hinterher mit der Stichsäge heraus. So sind Sie sicher, daß die Verleimung auf der ganzen Länge auch sicher hält.

Für dieses Projekt gilt, mehr als für jedes andere in diesem Buch, daß Sie größten Wert auf die Sicherheit legen müssen. Die Herstellung ist gewiß nicht schwer. Sie erfordert aber doch ein großes Maß an Sorgfalt bei allen Arbeiten, um später böse Folgen durch Unfälle zu vermeiden. Nicht zuletzt gilt das für die Befestigung der Sprossenwand.

Auch die Sprossenwand sollten Sie zweimal grundieren und dann mit Bienenwachs behandeln. Das ergibt schön griffige Sprossen, angenehmer als an jenen industriell hergestellten Turnwänden, an deren glitschigen Lack ich mich noch erinnere.

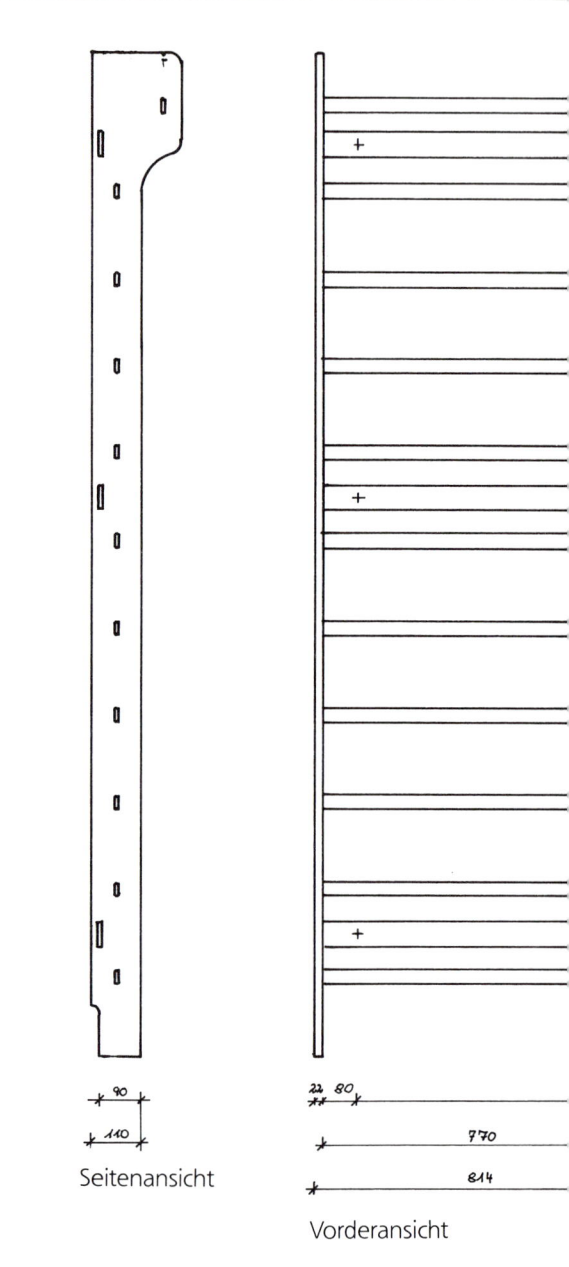

Seitenansicht

Vorderansicht

Benötigtes Werkzeug

Spannsäge
Fuchsschwanz
gerade Feinsäge
Stichsäge/Schweifsäge
Putzhobel
Rauhbank
Anschlagwinkel
Zollstock
Bleistift
elektrische Bohrmaschine
Holzspiralbohrer 8 mm, 10 mm, 14 mm
5 mm Spiralbohrer
Krauskopf (Aufreiber für Schraubenköpfe)

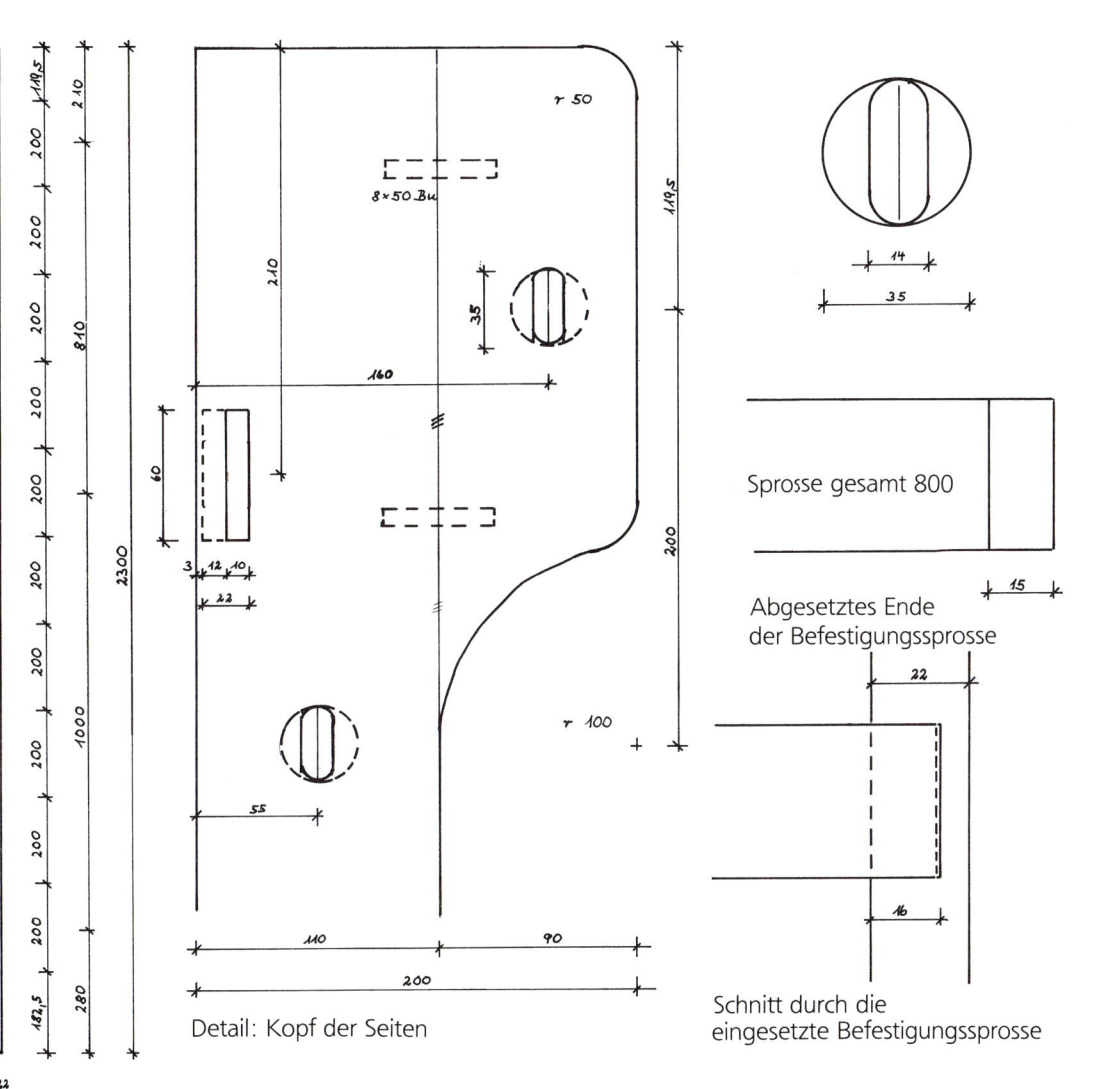

Detail: Kopf der Seiten

Sprosse gesamt 800

Abgesetztes Ende
der Befestigungssprosse

Schnitt durch die
eingesetzte Befestigungssprosse

4 Schraubzwingen, mindestens 200 mm Spannbreite
1 Schraubknecht, 1000 mm
halbrunde Raspel
halbrunde Holzfeile
rechteckige Feile, mittel, ca. 5 x 20 mm
Schleifkork mit 80er, 100er und 120er Schleifpapier

Wünschenswert wären:
elektrische Stichsäge
Schwingschleifer (Rutscher)
Handkreissäge mit Führungsschiene
Unterflur-Zugsäge (Kappsäge)

Stückliste

Material:
Hobeldielen/Rauhspund aus Kiefer.
2 Seitenwagen   2300 x 110/200 x 22 (28)* mm
3 Befestigungssprossen   800 x 60 x 22 (28)* mm
11 Turnsprossen   800 x 35 Ø mm (Ramin/Buche)

4 Riffeldübel 8 x 50 mm Buche
10 Spaxschrauben 5 x 40-50 mm verzinkt
ca. 150 g B 3- oder B 4-Leim
 (= koch- und wasserfest)

*Zahlen in Klammern Maße für Leimholz.

KASTENBETT

Dieses Bettchen stellt eine Zwischengröße dar zwischen dem üblichen Babybett mit seinen 140 x 70 cm und dem Erwachsenenbett mit heute meist 200 x 90 cm. Häufig kaufen Eltern für ihre kleinen 3-4jährigen schon die für sie riesigen Erwachsenengrößen, sobald weiterer Nachwuchs für das Babybett angesagt ist. Das mag billiger kommen, besonders liebevoll kann ich es aber nicht finden. Dennoch findet man die Zwischengröße als Industriemöbel kaum irgendwo.

Nachdem ich dieses eigentlich doch nicht so kleine Problem erkannt hatte, machte ich mich an den entsprechenden Entwurf, denn nur ein abgekupfertes Erwachsenenbett sollte es natürlich nicht sein, sondern eine richtige Kuschelecke, wie sie Kinder durchweg lieben. Ich meine, daß mir das auch gelungen ist, denn die Betten sind immer »weg«, wenn ich glaube, gerade mal ein Muster für die Ausstellung fertig zu haben.

Material und Konstruktion

Konstruktiv ist es ein Kastenbett aus »Platten«, wenngleich ich es immer aus Hobeldielen herstelle, also älterem, härterem Kiefernholz im Gegensatz zu dem extrem jungen und weichen Holz der Leimholzplatten. Sobald die Platten zu einem »Kasten« verbunden sind, steifen sich die einzelnen Seitenteile gegenseitig aus, ähnlich wie eine Schachtel aus Papier weitaus steifer ist als das Blatt, obwohl beides aus dem gleichen Material besteht!

Entscheidend ist eine sichere Eckverbindung. Das Sicherste wäre eine Zinkenverbindung, am besten die einfache, offene Zinkung, und gelegentlich habe ich die Betten für meine Kunden auch schon so ausgeführt. In der Regel wird aber Zerlegbarkeit gefordert, nicht nur für den Transport, sondern auch für die Zeit nach der Benutzung, wenn das Bett auf neuen Nachwuchs wartet.

Auf S. 130 ist ausführlich beschrieben, wie die verwendete Quermutterbolzen-Verbindung funktioniert und eingebaut wird. Natürlich sind auch andere Verbindungen denkbar, doch hat sich der genannte, zuerst aus Skandinavien bekanntgewordene Beschlag derart gut bewährt, daß ich ihn fast ausschließlich anwende.

Abb. 1 zeigt, daß das Bett lediglich aus den 4 Platten besteht, die Kopfende, Fußende, Rückwand und Vorderwand bilden, dazu die beiden Tragleisten für Rahmen und Auflage.

Die Größe, in der Sie das Bett für Ihren Zweck bauen, bleibt letztlich natürlich Ihnen selbst überlassen. Es ist nicht schwierig, die angegebenen Konturen mit Hilfe des eingezeichneten Gitternetzes länger oder auch kürzer umzuzeichnen.

Das Original hat ein Matratzenmaß von 1800 x 800 mm. Um es auf beispielsweise 2000 mm umzuzeichnen, machen Sie aus den Quadraten Rechtecke mit unveränderten 100 mm Höhe, jedoch 111 mm Breite. Bei einer Verkürzung auf 1600 mm werden es 87,8 mm in der Breite, wobei allerdings

Abb. 1: Das ideale Bett für nicht mehr ganz kleine Kinder: ein Kastenbett.

die Rundungen ebenfalls gestreckt oder komprimiert werden. Sonst müßten Sie die Rundungen gegebenenfalls selbst entwerfen.

Die Länge des Kopf- und Fußteiles, hier sind beide identisch, übersteigt das Matratzenmaß zum einen um die Stärken von Vorder- und Hinterteil, dazu noch je 10 mm vorn und hinten, um die Bohrlöcher sicher gegen Herausbrechen zu schützen. Natürlich können Sie auch dieses Maß in der angedeuteten Art leicht verändern.

Zuschneiden und Herstellen der Platten

Falls Sie doch Leimholzplatten verwenden, haben Sie meist nur die Wahl zwischen ca. 18 mm und 28 mm Stärke. Da 18 mm doch reichlich wenig ist, würde ich hier zu der dickeren Sorte raten, die Sie etwas abmildern können, indem Sie die Abrundungen um einiges stärker ausführen.

Wenn diese Vorüberlegungen abgeschlossen sind, steht dem Zuschnitt des von Ihnen vorsorglich rechtzeitig beschafften, getrockneten und temperierten Holzes nichts mehr im Wege. Die nötigen Hilfen dazu habe ich Ihnen auf der S. 30ff. genannt.

Bei den empfohlenen Hobeldielen bzw. Rauhspund in 22 mm Stärke ist die jeweils entsprechende Zahl der Bretter zuzuschneiden. Dann muß der Hinterschnitt so beseitigt werden, wie ich es auf S. 50 beschrieben habe. Am jeweiligen unteren und oberen Brett einer Seite entfernen Sie schließlich Nut und Feder.

Bei geschickter Planung können Sie die Abfälle des einen Stückes gleich wieder beim nächsten als Nutzholz einsetzen. Zum Beispiel den Ausschnitt des Vorderstückes für eine der Seiten, die seitlich abfallenden Stücke an der Rundung des Hinterteiles als Oberstücke des Vorderteiles. Und achten Sie unbedingt darauf, daß an den späteren Schnitten der oberen Rundungen keine Äste sitzen! Das muß unbedingt schon beim Anzeichnen vermieden werden, besser schon bei der Zusammenstellung der Längen zu den einzelnen Platten.

Falls Sie bei solcher Verwendung von Abschnitten ohne Nut und Feder auskommen müssen, ist das auch kein Beinbruch, weil man das Verrutschen in der Stärke beim Aufleimen leicht durch das Aufsetzen von kleinen (oder großen) Zwingen vermeiden kann: so dicht am Rande ist das kein Problem. Nach dem ersten Antrocknen des Leimes können sie schon entfernt werden, was Fleckenbildung vermeidet. Flecken könnten beim Kontakt zwischen Eisen und Leim entstehen, falls kein Papier, Plastik o. ä. beigelegt wird.

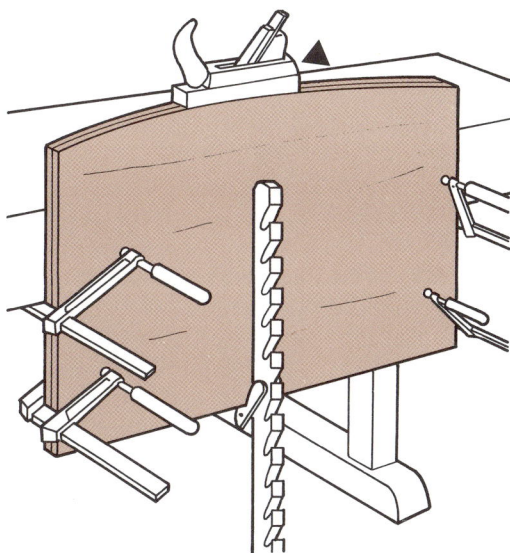

Abb. 2: Putzhobel in Aktion: Hier wird gerade die Kurve des Vorderstückes vom Sägeschnitt gesäubert.

Nach der Herstellung der genügend großen Platten werden diese geputzt, Leimreste entfernt, Druckstellen aufgedämpft und alles schon einmal grob durchgeschliffen.

Herstellen der Seiten

Dann zeichnen Sie das Gitternetz in der Originalgröße auf die Platten, zeichnen die Schnittpunkte der Kurven in das Gitternetz und verbinden die Punkte mit gefälligen Kurven. Eine zweite Person als Hilfe ist dabei sehr nützlich, da man dann der Kurve mit einer dünnen, astfreien Leiste folgen kann, während der Helfer mit einem weichen Bleistift die Konturen flüssig nachzeichnet. Das Aussägen mit einer elektrischen Stichsäge geht recht schnell. Achten Sie aber darauf, daß Sie ein neues Sägeblatt nehmen und den Splitterschutz einsetzen, damit der Schnitt nicht zu stark ausreißt! Natürlich geht es auch ohne elektrische Hilfe mit der Schweifsäge, notfalls schafft man es sogar mit einem stark geschränkten, nicht zu breiten Fuchsschwanz da die Kurven recht flach sind.

Die beiden identischen Seiten legen Sie dann zusammen und spannen sie gemeinsam ein, so, daß beim Nachhobeln der Rundungen wirklich zwei spiegelbildlich gleiche Teile entstehen. Ich mache auch dies mit einem verstellbaren Putzhobel mit recht fein eingestellten Wendemessern, erst von der einen, dann von der anderen Seite, um nicht gegen den Strich zu hobeln (Abb. 2). Darauf achten, daß der 90°-Winkel erhalten bleibt! Auch den Rücken bearbeiten Sie so.

Beim Vorderteil versagt der Putzhobel. An seine Stelle tritt der Schabhobel oder »Schinder« (Abb. 3) früher beliebtestes Werkzeug der Stellmacher, mit dem man schwierige Konturen hinzaubern kann, falls man ein wenig übt.

Jetzt fehlen eigentlich nur noch die Lüftungsausschnitte unten, die Sie nicht weglassen dürfen, da die 0,5 Liter Schweiß, die pro Nacht abgegeben werden, sonst in Kürze die Matratze verderben, und schließlich die Tragleisten, die Sie mit einigen Schrauben und Leim aufsetzen sollten.

Zusammenbau und Schlußarbeiten

Die Eckverbindungen erfolgen nach meinem Vorschlag mit den bewährten Quermutterbolzen, Gewindestangen und Flachmuttern. Das Einarbeiten dieser Beschläge ist auf S. 130 genau beschrieben. Die dazwischen angeordneten 8 mm-Dübel (10 mm wären hier noch besser) dienen der Aufnahme eventueller Druckbelastungen, da die Gewindestangen in dieser Konstruktion nur auf Zug belastet werden sollen. Sie dienen aber auch dazu, das Bett schon beim Zusammenstecken in die richtige Form zu bringen, also z.B. »runde« Seiten so zu fixieren, daß sie gerade stehen und das Einschrauben der Verbindungen überhaupt erst möglich wird. Ausführliche Anleitungen zum Dübeln finden Sie auf S. 57.

Danach alles noch einmal durchsehen, nachschleifen, zweimal nach Vorschrift mit Leinölfirnis-Grundierung bearbeiten und abschließend mit Bienenwachsbalsam behandeln.

Als Einlage können Sie einen einfachen Lattenrost verwenden, den ich stets aus einfachen, gehobelten Fichtenleisten 20x 70 mm anfertige. Die Leisten werden auf Länge geschnitten (Matratzenbreite minus 5 mm), die Kanten abgerundet und entweder einzeln auf die Tragleiste geschraubt (mit Spaxschrauben 3 x 35 mm) oder alternativ auf Bänder geheftet.

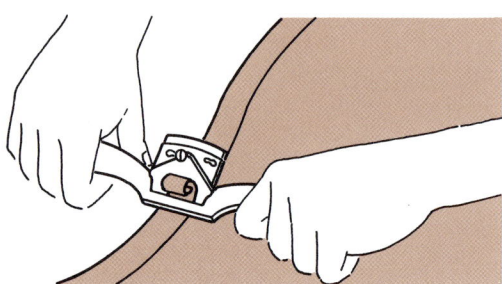

Abb. 3: Obwohl ein »Schiffshobel« hier angebracht wäre: Er wird zu selten benötigt, so daß sich die Anschaffung nicht lohnt. Mit etwas Übung gelingt die Kurve auch mit dem Schabhobel.

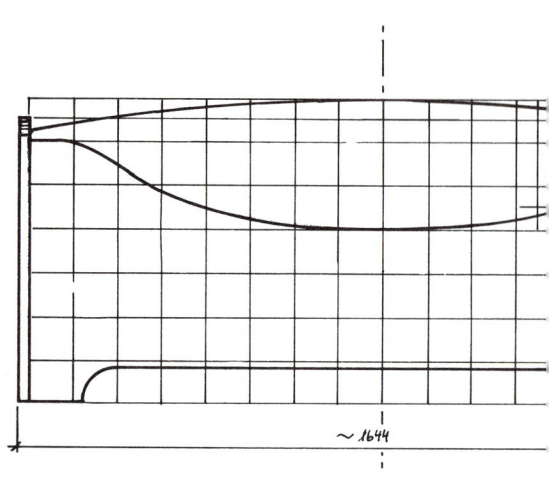

Vorderansicht

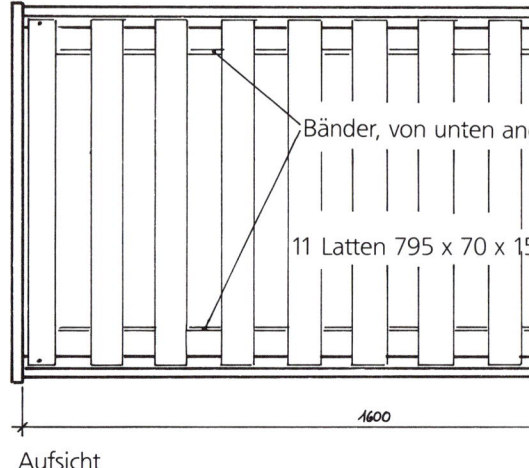

Aufsicht

Benötigtes Werkzeug

Spannsäge oder Fuchsschwanz
Putzhobel
Abziehstein
Sägenfeile
Anschlagwinkel
Bleistift
elektrische Bohrmaschine
Holz-Spiralbohrer mit Vorschneidern 8 mm und 10 mm Ø
Zollstock, Bleistift
Lineal bzw. Richtleiste, mindestens 1600 mm lang
Raspel und Feile, halbrund
Schleifkork mit 80er und 100er Schleifpapier

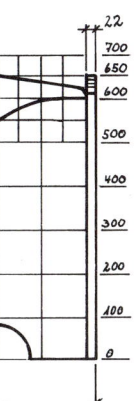

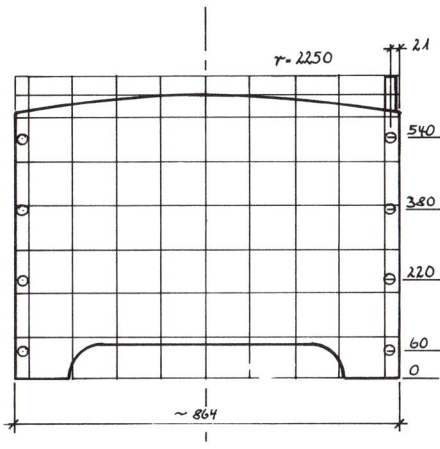

Seitenansicht

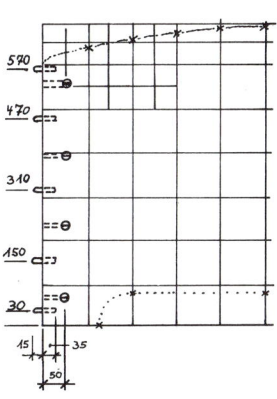

Hinteransicht Rückenteil

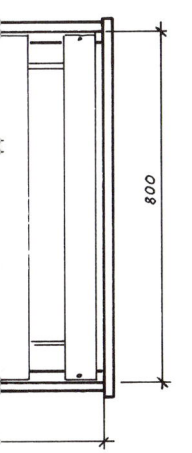

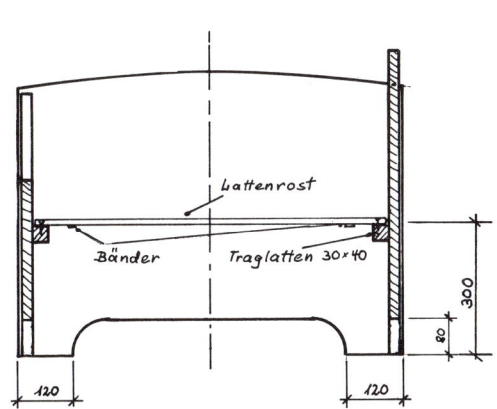

Schnitt in der Mitte des Bettes

je ein Spax-Schraubendreher Größe 1 und 2
ca. 200 g Weißleim
3 Knechte mindestens 800 mm
4 Zwingen 150 mm

Wünschenswert wären:
Schleifsäge oder elektrische Stichsäge mit Blatt für
gerade Schnitte und für Kurvenschnitte
Schabhobel (Schinder)
Klammertacker mit Klammern 12-15 mm
Unterflur-Zugsäge mit Vielzahn-HM-Blatt oder ent-
sprechende Handkreissäge mit Führungsschiene,
140 cm

Stückliste

Material:
40 m Hobeldiele/Rauhspund 22 mm, ca. 115 mm
Deckung;
8 m Fichtenlatten 20 mm

1 Vorderseite	1600 x 600 x 22 mm
1 Hinterseite	1600 x 700 x 22 mm
2 Häupter	864 x 650 x 22 mm
2 Tragleisten	1590 x 40 x 30 mm
11 Bettrostlatten	795 x 70 x 20 mm
(evtl. auf 15 mm hobeln)	
2 Bänder Baumwolle	1600 x 15 x 1 mm
(oder Perlonschnur 4 mm)	

10 Spaxschrauben 4 x 45 mm
4 bzw. 22 Spaxschrauben 3,5 x 30 bzw. 35 mm
20 Dübel, Buche geriffelt 8 x 50 mm, besser noch
10 x 50 mm
16 Quermutterbolzen 10 x 18 mm, 6 mm-Gewinde
16 Gewindestangen 6 mm, 90 mm lang verzinkt
16 Flach- oder Flachrundmuttern, Messing 6 mm-
Gewinde

BETT FÜR GRÖSSERE KINDER

Mit diesem Bett wird die hier vorgestellte Palette abgerundet: es eignet sich mit seiner Liegefläche von 200 x 90 cm für größere Kinder ebenso wie für Erwachsene. Für den in der Dübeltechnik etwas geübten Hobbytischler ist es ohne jedes Problem zu bauen.

Material

Material für die Querbretter und Bettseiten ist Hobeldiele/Rauhspund in 22 mm Stärke, vorzugsweise Kiefer, nicht aber für die Stollen, für die 22 mm zwar theoretisch ausreicht, es sieht aber gar so mickrig aus, daß ich dafür immer stärkeres Material verwende. Mein Vorschlag: verwenden Sie entweder ungehobelte Stammware oder auch »astfreie Seiten« in 44 mm Stärke, oder verleimen Sie 22er Zuschnitte paarweise, immer schön mit der dem Kern zugewandten Seite nach innen. Selten bekommt man im hiesigen Holzhandel auch gehobelte Stücke mit dem Querschnitt 40 x 90 mm oder ähnlich in Kiefer. Die fehlenden 10 mm in der Breite muß man in diesem Falle durch etwas längere Querstücke ausgleichen. Falls möglich, hobeln Sie die Stärke auf etwa 34-36 mm herunter, damit die

Proportionen gefälliger aussehen. Notfalls geht's auch mit den vollen 40 mm.

Beim Verleimen aus 22er Zuschnitten muß die Leimfläche vorher nochmals fein abgerichtet werden, damit die Fugen auch wirklich dicht werden. Dann sieht auch diese Ausführung sehr gut aus. Stabilität und Aussehen werden bei solchen gedübelten Konstruktionen ganz erheblich durch die mehr oder weniger exakte Ausführung bestimmt. Ausschlaggebend sind wirklich genau winklig gehobelte Hölzer, auch an den Stirnseiten.

Bauplatte

Die Basis für alle Arbeiten ist wieder eine passende Bauplatte aus starkem, ebenem Material, wie sie auf S. 30 genau beschrieben ist. Bei so großen Teilen wie diesem Bett sollte die Platte wenigstens 19 mm stark sein, besser noch stärker, vor allem aber ganz eben und keine Spur windschief. Falls Sie eine Platte verwenden, die schon für andere Zwecke gedient hat, kontrollieren Sie sie vorher auf Unebenheiten auf der Nutzfläche, insbesondere Leimreste, Nagelspitzen, Farbreste, da solche nur bei genauem Hinsehen erkennbaren Unebenheiten sich später beim fertigen Möbelstück sehr häß-

Abb. 1: Nicht nur für größere Kinder — das Bett in den Standardmaßen 200 x 90 cm.

Abb. 2: Kopf- oder Fußteil in der Bauplatte. Der nötige Preßdruck für die Verleimung wird hier mit Keilen erzeugt.
Weitere Keile können, wenn nötig, von unten angreifen und die Stollen nach oben drücken. Auf die 4 Ecken gehören Zwingen, die die Stollen auf die Bauplatte drücken. Die untergelegten Distanzleisten halfen schon beim Markieren der Dübellöcher.

lich in Form von Druckstellen und Kratzern auswirken. Ich fahre vorsichtshalber immer mit dem Skarsten-Scraper darüber, den ich auch gern zum Entfernen von halbtrockenem, überstehendem Leim bei der Fugenverleimung verwende.

In unserem Fall muß die Bauplatte für die Bettgröße 90 cm das *Innenmaß* von etwa 66 x 104 cm haben, bei 1 m breiten Betten entsprechend 66 x 114. Gebaut habe ich dies Modell auch schon in 120 cm Breite und 220 cm Länge. Darüber sollte man nicht gehen, sondern dann doch einen anderen Entwurf aus stärkeren Hölzern wählen.

Wie bei allen Tischlerarbeiten folgen als nächstes die Holzauswahl, das exakte Anzeichen und der Zuschnitt.

Holzauswahl

Sortieren Sie also zunächst ihre 22er Hobeldielen und überlegen Sie, welche Stücke für die sechs Querstücke, welche für die Bettseiten und welche gegebenenfalls für die Stollen verwendet werden können. Besonders für die Stollen sucht man sich nach Möglichkeit astfreie Stücke. Da sie nur 60 cm lang sind, fällt das meist nicht schwer. Auch für die Querstücke sollten Sie nur Stücke wählen, die kleinere, fest verwachsene Äste aufweisen, während die relativ breiten Bettseiten auch größere Äste verkraften. Wenn Sie damit durch sind, sollten Sie zur Sicherheit nochmals von vorn anfangen. Aus vielfältiger Erfahrung weiß ich, daß man dabei immer noch wieder bessere Möglichkeiten zur günstigsten Ausnützung des gegebenen Materials findet. Wie in so vielen Fällen lohnt auch hier die kleine Mühe fast immer.

Zuschneiden und Hobeln

Nach dem Grobschnitt (mindestens 2 cm Zugabe einrichten!) folgt das Besäumen, in unserem Fall mit Hobeldielen also das Entfernen von Nut bzw. Feder und das »auf Breite schneiden«, vergessen Sie hierbei nicht, daß Sie den Breitenverlust beim folgenden Abrichten einkalkulieren und das Holz entsprechend 3-4 mm breiter zuschneiden müssen.

Je nach Ihrer Ausstattung und Arbeitswut gehen Sie dann ans Abrichten und »von Breiten hobeln«. Vorsichtshalber wird mit dem Anschlagwinkel die genau senkrechte Stellung des Anschlaglineals überprüft und auch nach dem ersten Durchgang die Winkligkeit des Holzes kontrolliert. Während Sie bei der Hobeldielenware natürlich vorher darauf geachtet haben, daß Sie keine windschiefen Bretter dazwischen haben und deshalb nur die Schmalseiten behobeln müssen, sieht das bei den Teilen aus Stammware oder den 40 x 90 mm-Stücken anders aus. Hier müssen Sie in jedem Falle zunächst eine der Breitseiten exakt abrichten. Dasselbe trifft auf das Verleimen der Stollen aus zwei 22er Zuschnitten zu: die zu verleimenden Flächen müssen unbedingt sauber abgerichtet werden. Anschließend wird dann eine der Schmalseiten abgerichtet und kontrolliert.

Es folgt das »Dicken-« Hobeln der Stollenteile, dann das Hobeln auf die richtige Breite der verschiedenen Bauteile. Für die Querstücke kann man das mit etwas Geschick auch auf der Abrichte oder mit der Rauhbank machen. Für die Stollen sollten Sie aber doch die Dicken-Hobeleinrichtung verwenden.

In jedem Fall aber, gleichgültig ob Sie die Rauhbank oder die Maschine verwendet haben, muß zwischendurch und abschließend immer wieder mit einem kleinen, genauen Anschlagwinkel die wirklich exakte Winkligkeit überprüft werden! Notfalls werden die Stücke eben eine Winzigkeit schmaler, bevor Sie ungenaue Winkel akzeptieren, denn die machen Ihnen anschließend jede Menge Ärger. In der Zwischenzeit haben Sie die nötigen Leimarbeiten ausgeführt, also die Stollen und die Bettseiten verleimt, so daß auch diese Teile abgerichtet und auf Breite und richtige Dicke gehobelt werden können.

Anzeichnen und Ablängen

Jetzt liegen die Teile so vor, daß es ans »Zeichnen« gehen kann. Auch dazu finden Sie Anleitungen auf S. 36. Falls Sie wie ich über eine Unterflur-Zugsäge verfügen, (»Erika«, »Basis plus« oder andere) schneiden Sie zuerst ohne Anschlag die eine Seite sauber winklig. Dann den Längenanschlag auf die jeweils richtige Länge einstellen und sofort auf Endmaß ablängen. Bei einigermaßen sorgfältiger Arbeit erfordern diese Schnitte dann keine Nacharbeit. Dann bringen Sie das Winkelzeichen an und legen durch Zeichen fest, welches Stück an welche Position kommt. Formen Sie dann aus den Stollen ein Paket, bei dem all die Stollenschmalseiten oben liegen, die Bohrungen für die Querstücke erhalten; ausgesuchte Enden (oben oder unten) natürlich zusammen. Dann wird exakt der Ablängschnitt an beiden Enden angerissen, falls sie nicht mit der Präzisionsmaschine diese Schnitte schon ausgeführt haben. Danach die Position der Querstücke aus der Zeichnung übertragen und die Lage der Dübellöcher anzeichnen. Auch die genaue Lage der Bettseiten bereits in dieser Lage mit anzeichnen, nur auf der Kante.

Anschließend lösen Sie die Zwingen, die Ihr Paket zusammenhalten und kippen die Stollen so, daß jetzt jene Seiten oben liegen, die die Bettseiten aufnehmen. Mit dem Winkel wieder ganz sorgfältig ausrichten und nun die Lage der Bettseiten überwinkeln und auch hier die Lage der Bohrlöcher exakt anreißen; genauer gesagt, deren Entfernung von den Enden der Stollen und untereinander, denn in der Breite machen Sie das erst im nächsten Arbeitsgang mit dem Streichmaß.

Bei den Querstücken haben Sie lediglich die Ablängrisse anzubringen, falls Sie mit der Hand ablängen müssen, bei den Bettseiten ebenso. Hier folgt dann nach dem Ablängen (mit Zugabe!) das exakt winklige Bestoßen der Hirnkanten. Erst danach werden auch diese Teile zu Paketen zusammengefaßt und die Bohrungen auf den Hirnholzflächen angerissen.

Bohrungen

Für die Ausführung der Bohrungen sollten Sie einen gut scharfen Holz-Spiralbohrer mit Vorschneidern verwenden, weil das sonst auch mit der Maschine eine sehr anstrengende Arbeit wird, noch dazu bei stumpfem Bohrer selten exakt. Nehmen Sie unbedingt eine der im Handel erhältlichen Bohrhilfen dazu, denn selbst gelernte Tischler bohren freihändig selten genau senkrecht. Darauf kommt es hier aber sehr an. Ich mache das meistens so, daß ich zunächst freihändig einige Millimeter tief vorbohre und erst danach die Bohrhilfe auf den Bohrer stecke. So bin ich sicher, daß das Loch nicht nur senkrecht wird, sondern auch an der richtigen Stelle entsteht.

Die genaue Lochposition können Sie nun mit den Markierungsspitzen in den Hirnholzlöchern Stück für Stück auf die Stollen übertragen, wie das auf S. 74 genau beschrieben ist. Wegen der Unterschiede in der Dicke zwischen Stollen und Querstücken vergessen Sie bitte die Unterlegstücke nicht. Abb. 2 verdeutlicht das zusätzlich. Die Markierung der Dübellöcher schon beim Anzeichnen im Block wird damit eigentlich überflüssig. Ich mache das meistens trotzdem und kontrolliere damit, ob sich keine Fehler eingeschlichen haben. Gibt es Differenzen, kann man sofort nach deren Ursache sehen und entscheiden, ob korrigiert werden muß.

Anfasen/Abrunden

Ob Sie anschließend nun die Teile mit Fasen versehen oder Abrundungen versehen, ist weitgehend Geschmackssache. Zur Zeit wird meist die etwas »softigere« Rundung vorgezogen. Beides geht schön schnell mit dem passenden Fräser in der Oberfräse (möglichst mit Anlauf-Kugellager oder Zapfen) und muß nur noch nachgeschliffen wer-

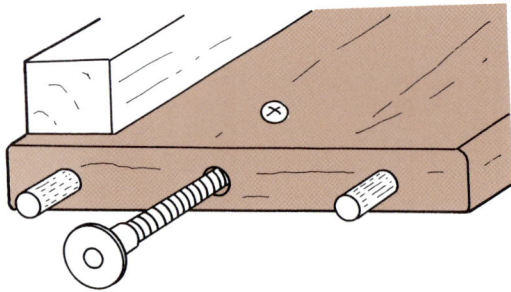

Abb. 3: Fertig eingebauter Quermutterbolzen. Die beiden kräftigen Buchenholzdübel nehmen die senkrechten und waagrechten Belastungen auf. Der Beschlag wird deshalb nur auf Zug beansprucht.

Abb. 4: Hier ist das Bett bereit zur Aufnahme des Lattenrosts.

den. Auch die Hirnholzflächen der Querstücke kann man mit kleinen Fasen versehen, was kleinste Ungenauigkeiten der Passung besser verdeckt.

Zusammenbau

Da das Dübeln auf S. 57 eingehend beschrieben ist, gehe ich hier nicht weiter darauf ein. Auch wie Sie schließlich die Teile zum fertigen Kopf- und Fußteil zusammenfügen, finden Sie an anderer Stelle, nämlich auf S. 71, erklärt. Noch eine Ergänzung: Abb. 2 zeigt, wie man fehlende Knechte durch Keile ersetzt. Vier kleine Zwingen sollten außerdem die Ecken fest auf die Bauplatte drücken.

Auch die Bettseiten werden durch 10 mm-Dübel in ihrer Lage fixiert. Der Quermutter-Beschlag zieht sie dann nur noch fest gegen die Stollen, was eine Verbindung ergibt, die sich ganz ausgezeichnet bewährt hat (Abb. 3). Da dieser Beschlag bei den vorliegenden Baubeschreibungen vielfach verwendet wird, ist der Einbau auf S. 130 genau erläutert. Ein paar kleine Tricks, die zu beachten sind, habe ich dort erläutert.

Die Trageleisten für den Lattenrost sollten Sie erst nach der Ausführung der Quermutterbohrungen befestigen. Verwenden Sie bitte Leim *und* fünf bis sechs Schrauben für die Tragleiste. Dann können Sie sicher sein, daß selbst rauheste Behandlung keine Schäden hervorruft.

Schlußarbeiten

Zum Schluß folgt wie immer das Entfernen von Leimresten, das Aufdämpfen von Druckstellen, feines Schleifen in Längsrichtung der Holzfasern und das zweimalige Einlassen mit einer Leinölfirnis-

Grundierung, dann das sorgfältige Auftragen des Bienenwachs-Balsams.

Sie werden selbst staunen, wie das relativ schmucklose Bett dann strahlt und die Schönheit des Kiefernholzes zur Geltung kommt — nach etwas Lichteinwirkung wird es noch schöner, weil sich das Kernholz dann kräftiger färbt.

Benötigtes Werkzeug

Handsäge, Fuchsschwanz o.ä.
Putzhobel
Rauhbank
Anschlagwinkel
Zollstock
Bleistift
elektrische Bohrmaschine
Holzspiralbohrer mit Vorschneidern, 10 mm Ø und
 8 mm Ø
bei M 8-Verschraubung auch 12 mm
Schraubendreher Prozidrive Größe 2
Schlitz-Schraubendreher mit ca. 6-8 mm Klingen-
breite
Bohrhilfe
Schleifkork, 80er, 100er und 120er Schleifpapier

Wünschenswert wären:
Unterflur-Zugsäge
Abricht- und Dickenhobelmaschine
Schwingschleifer (Rutscher)

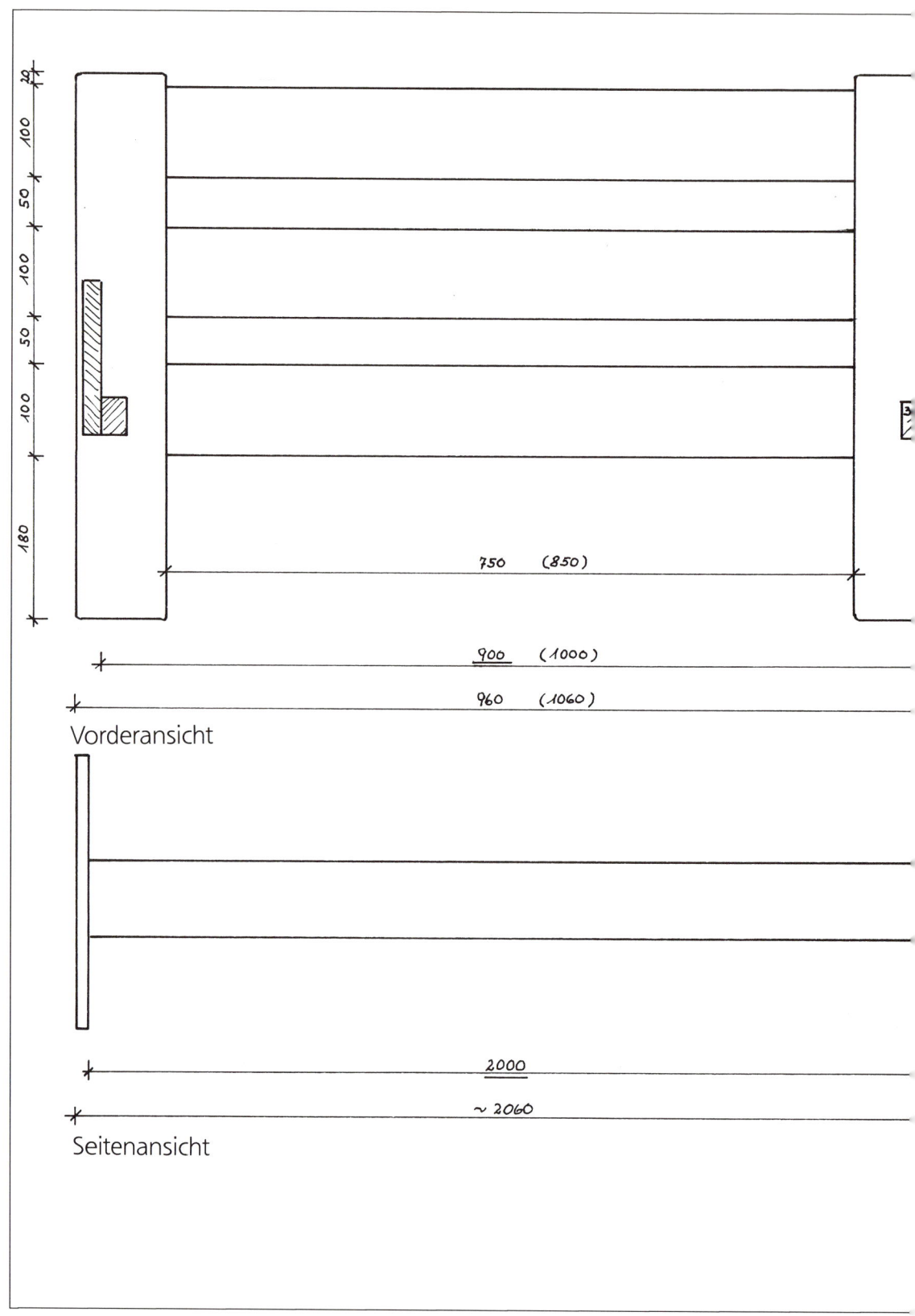

750   (850)

900   (1000)

960   (1060)

Vorderansicht

2000

~ 2060

Seitenansicht

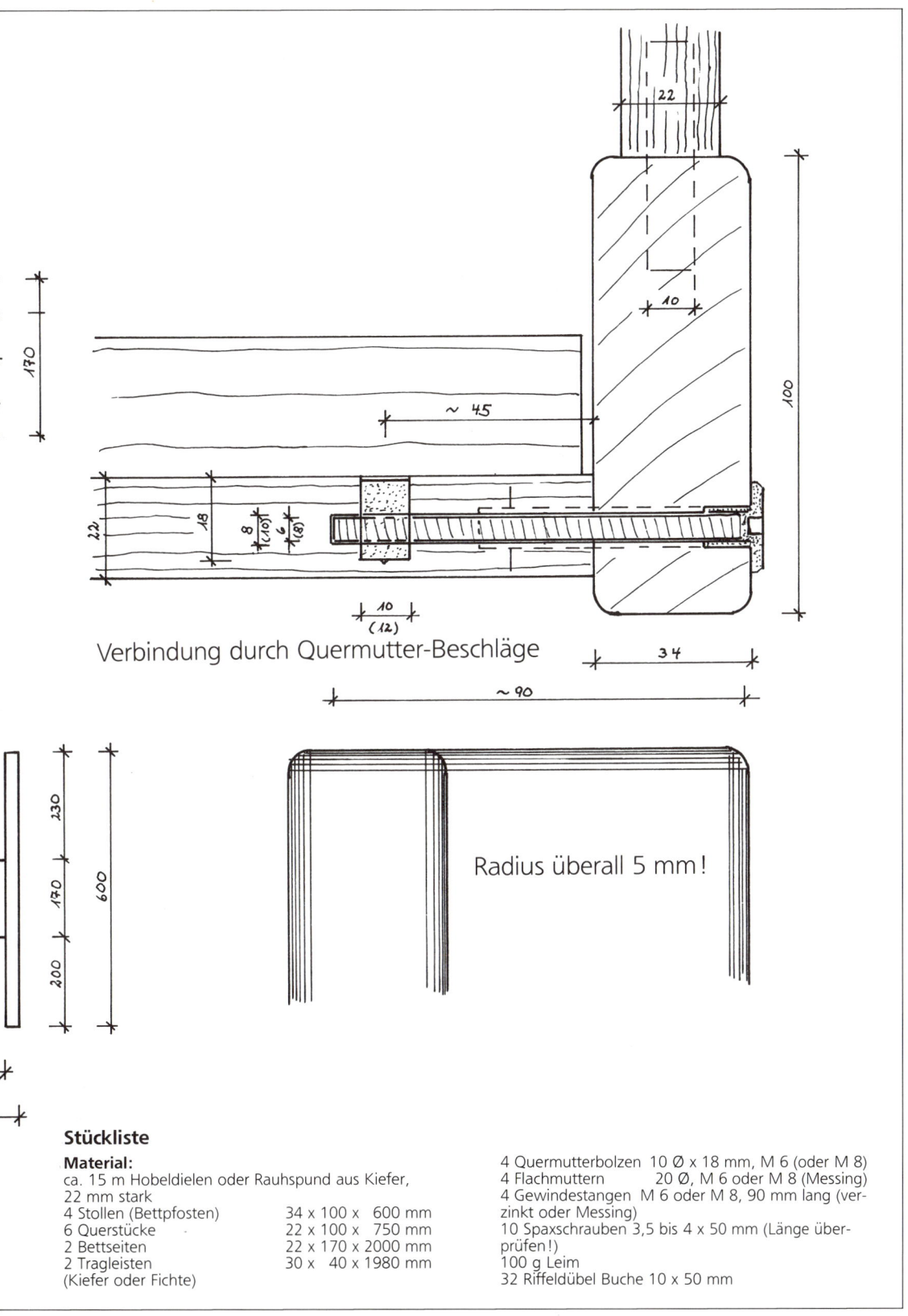

Verbindung durch Quermutter-Beschläge

Radius überall 5 mm!

Stückliste

Material:
ca. 15 m Hobeldielen oder Rauhspund aus Kiefer,
22 mm stark

4 Stollen (Bettpfosten)	34 x 100 x 600 mm
6 Querstücke	22 x 100 x 750 mm
2 Bettseiten	22 x 170 x 2000 mm
2 Tragleisten	30 x 40 x 1980 mm
(Kiefer oder Fichte)	

4 Quermutterbolzen 10 Ø x 18 mm, M 6 (oder M 8)
4 Flachmuttern 20 Ø, M 6 oder M 8 (Messing)
4 Gewindestangen M 6 oder M 8, 90 mm lang (verzinkt oder Messing)
10 Spaxschrauben 3,5 bis 4 x 50 mm (Länge überprüfen!)
100 g Leim
32 Riffeldübel Buche 10 x 50 mm

REGAL-SYSTEM

Abb. 1: So könnte Ihre Bücherwand aussehen, und nicht nur die im Kinderzimmer...

Die Skala der möglichen Ausführung von Regalen ist ohne Ende. Ich stelle Ihnen einen Typ vor, der gut zu den übrigen Möbeln dieses Buches paßt und ganz beliebig abgewandelt und erweitert werden kann; beim Kapitel »Schreibplatz« dient er als Ergänzung zum dort beschriebenen sekretärartigen Möbel. Das komplette Einzelelement zeigt Abb. 2. Die gewählte Höhe von 1720 mm ergibt sich aus einer harmonischen Anpassung an den Schreibplatz, muß also von Ihnen keineswegs eingehalten werden. Beginnend von vielleicht 450 mm Höhe bis deckenhoch ist alles in dieser Bauweise machbar.

Material

Als Baumaterial dient massive Kiefer, entweder in Form der Hobeldielen bzw. Rauhspund, oder als Leimholz.

Da Leimholz meistens nur in den Stärken 18/19 mm oder 28 mm zu bekommen ist, greife ich trotz der zusätzlichen Arbeit des Fügens und Verleimens meistens auf 22er Hobelware zurück, denn 18 mm ist optisch zu wenig, 28 mm meistens zu reichlich. 22 mm stellt einen guten Zwischenwert dar, 25 mm wäre mir oft noch lieber, ist aber fertig schlichtweg nicht zu bekommen. Wer's unbedingt haben will, muß von 32 mm starken, astreinen Seiten ausgehen und sie mit einiger Ausdauer entsprechend hobeln.

Holzauswahl

Die nun folgende Holzauswahl legt fest, welches der vorhandenen Bretter für welchen Zweck aufgeteilt wird. Vielleicht lesen Sie auf S. 32ff. noch einmal nach und überlegen dann nun genau, welche Teile der Stückliste am günstigsten aus welchen Brettern herauszuschneiden sind. Da ich beim Einkaufsvorschlag immer reichlich Zugabe einrechne, können Sie ohne Bedenken den Zuschnitt so einrichten, daß häßliche Bretteile wegfallen. Falls Sie es nicht verhindern konnten, daß schwarze Äste in Ihrem Holz sind, sollte es v. a. die treffen, denn sie fallen sonst später hinaus.

Im Eingangskapitel habe ich die Erfordernisse für die Holzauswahl zwar bereits aufgelistet (S. 30ff.), doch will ich hier das Wichtigste für den Regalbau wiederholen: Die Seitenteile sind durch die festen Böden fixiert und können sich (wenn sie trocken sind!) nicht verziehen. Deshalb kann man hier die schönere Fladerung der Seitenbretter ausnützen und sie dafür verwenden. Für die fest eingebauten Böden gilt das gleiche. Anders bei den verstellbaren Böden, soweit sie nur auf Bodenträgern liegen. Hier sind die Mittelbretter ideal, weil sie am wenigsten zum Rund- oder Hohlwerden neigen. Al-

lerdings muß man den eigentlichen Kern herausschneiden, das Holz um den inneren Markkanal herum, weil sonst doch Verzugserscheinungen auftreten können.

Verleimen

Unter Berücksichtigung des Gesagten haben Sie nun aus den trockenen Brettern die nötigen Teile gesägt und dabei einen Längenzuschlag um min-

Abb. 2: Das Einzelregal, das sich mit seinesgleichen und Zusatzböden zur Regalwand ausbauen läßt.

destens 2 cm, vielleicht auch 5 cm für den nötigen Verschnitt gemacht.

Bevor aber verleimt werden kann, haben Sie die Einzelbretter so ausgewählt, daß Kantenäste nicht gerade vorne herausschauen und die Reihenfolge durch das »Zusammenzeichnen« gesichert (s. S. 36). Die verschiedenen Weisen des Fügens habe ich auf S. 50f. beschrieben, so daß ich nun davon ausgehen kann, daß Sie die nötigen Platten bereits fertiggestellt haben.

Beschneiden und Bestoßen

Das winklige Beschneiden und gegebenenfalls das Bestoßen der Seiten und Böden geht auf einer Formatkreissäge schnell, wenn Sie zuvor dafür gesorgt haben, daß die spätere Vorderkante (Winkelkante mit Winkelzeichen!) wirklich gerade ist, ohne Reste von Nut oder Feder, ohne Äste. Besser aber noch ist die Schnittqualität mit einer guten Handkreissäge mit Vielzahn-HM-Sägeblatt und Führungslineal. Da gibt es keine Ausrisse und nachhobeln ist überflüssig; schleifen genügt. Allerdings muß exakt angerissen und aufgelegt werden; es sei denn, daß Sie sich auch den zugehörigen Sägetisch (Festo) angeschafft haben oder sich einen nach meinen Angaben auf S. 24 selbstgebaut haben. Damit ist dann die gleiche Länge kein Problem, denn wie auf der Formatkreissäge können Sie hier mit Längenanschlag arbeiten und haben bei der Führungsschiene einen festen 90° Winkel. Normale Kreissägen mit Anschlag sind übrigens selten genau genug.

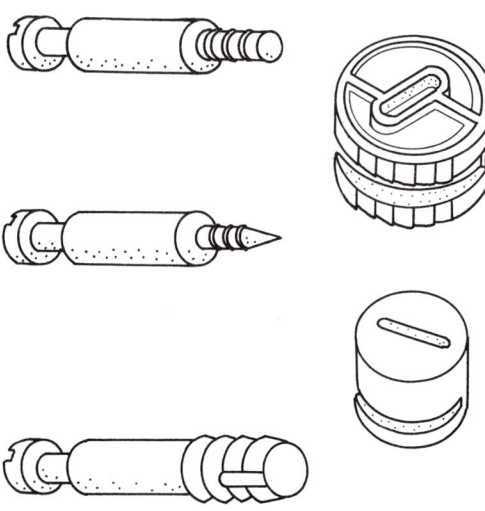

Abb. 3: Oben rechts der bewährte Elite-Beschlag, links verschiedene Ausführungen der Verbindungsbolzen, unten jener mit aufgeschraubtem Nylon-Dübel. Unten rechts ein anderes, kleineres Exzenter-Gehäuse, die es schon ab 10 mm Durchmesser gibt.

Im Falle der reinen Handarbeit bleibt Ihnen allerdings keine andere Wahl: da muß man einige Millimeter zugeben und dann die Kanten auf das Sollmaß bestoßen. Näheres dazu auf S. 48.

Beachten Sie bitte beim »auf Länge schneiden«, daß die losen Böden etwa 1 mm kürzer als die fest eingebauten sein sollen, damit sie sich hinterher ohne Gewaltanwendung bewegen lassen.

Seitenteile

Bei Beiden Seitenteilen schneiden oder hobeln Sie zunächst unten an den Kanten die flache Aussparung an, die dafür sorgt, daß die Seiten nur vorn und hinten etwa 50-60 mm aufstehen. Schon 3-4 mm reichen dafür aus. Vollflächig aufstehende Regale wackeln fast immer!

Dann schneiden Sie, falls gewünscht, oben die Schrägen an, wobei Sie sicherheitshalber so vorgehen, daß Sie zunächst die Seiten paarweise oder auch im größeren Block zusammenspannen und auf den exakt ausgerichteten Vorderkanten genau die Höhe der einzelnen festen Böden und den Beginn der Schräge anzeichnen (s. auch S. 173f.).

Danach überwinkeln Sie die einzelnen Risse auf die Innenseiten (oder bei Mittelseiten natürlich auf beide) und kontrollieren Ihre Arbeit durch Anlegen des Winkels an die Hinterkante.

Ohne Verwendung einer Schablone ist es sinnvoll, schon im Block auch an den oberen Stirnseiten das Ende der Schräge anzuzeichnen. Sie brauchen dann nur noch die beiden Risse durch einen dritten auf der Seite zu verbinden. Schließlich überwinkeln Sie vorsichtshalber sowohl die Oberkante wie auch die Unterkante der Böden auf den Seiten. Sonst gibt es gar zu oft Verwechslungen.

Böden

Nachdem Sie die nötigen Bohrungen in das Hirnholz der Böden eingebracht haben (mit der Bohrhilfe s. S. 57), können Sie dann nach Einstecken der Markierungsstifte die Lochmittelpunkte auf die Seiten übertragen. Daß Sie dabei den jeweiligen Boden und seine Lage auf der Seite eindeutig kennzeichnen, ist dringend nötig. Am Besten legen Sie dazu die Böden zu einem Stapel in der ausgewählten Reihenfolge übereinander und zeichnen auf die Rückseite das große Dreieck, Spitze nach oben. Zusätzlich nummerieren Sie von oben nach unten durch und tragen die Nummern dort, wo der Boden sitzen muß, auch auf der Hinterkante der Seite auf. Sicherer noch ist das Markieren durch entsprechend viele Einstiche mit dem Spitzbohrer, weil das auch durch das folgende Schleifen der Teile nicht beseitigt wird!

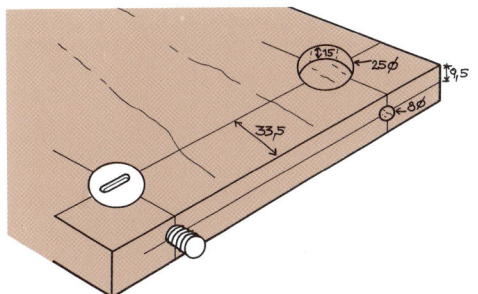

Abb. 4: Hier wurde der Boden mit zwei Exzenterbeschlägen versehen, links bereits zur Probe eingesetzt. Der Verbindungsbolzen muß wie gezeigt bis an den Nylondübel fest eingezogen werden. Die Einbaumaße sind Richtwerte; sie differieren je nach Fabrikat.

Falls Ihr Regal eine Rückwand bekommen soll, muß das Fälzen oder Nuten vor dem Markieren der Böden erfolgen, weil sich die Hinterkante der Seite entsprechend für die Böden verschiebt! Bezugspunkt für das Markieren der Dübellöcher und ähnlicher Arbeiten ist immer die Hinterkante der Seite, bzw. die Vorderkante der Rückwand.

Ich teile die festen und losen Böden meistens so ein, daß zwischen zwei festen Böden zwei bis drei lose Böden angeordnet sind. Das genügt als Verstellmöglichkeit in der Praxis und macht die Regale so steif, daß selbst bei erheblicher Überlastung die Seiten nicht nach außen ausweichen können.

Entsprechend markieren und bohren Sie nun die Löcher für die Bodenträger, jeweils vom Oberkantenriss des unteren Bodens ausgehend. Hilfsmittel dazu habe ich auf S. 81 beschrieben. Passen Sie auf, daß sie einen wirklich scharfen 5 mm-Holzspiralbohrer mit Vorschneidern verwenden (möglichst die teurere Sorte), weil nur sie auch wirklich ausrißfreie Lochkanten garantieren. Angefressene sehen schlimm aus.

Ist auch das erledigt, können die Dübel in die Böden eingeleimt werden, wobei Sie unbedingt auf das richtige verbleibende Maß achten müssen, weder zuviel noch zu wenig.

Probeaufbau

Nun ist alles so weit, daß Sie den ersten »Trockenaufbau« machen und kontrollieren können, ob die Böden alle wirklich richtig sitzen und die Fugen bei Druck dicht werden. Falls eine Rückwand vorgesehen ist, wird auch deren richtiges Maß überprüft. Runden Sie jetzt die Kanten sorgfältig ab.

Dann folgt das Feinschleifen der Innenflächen, also Seiten innen, alle festen Böden von oben und unten, Rückwand innen. Tragen Sie dabei nicht zuviel Material ab! Das wird immer ungleichmäßig und erzeugt Paß-Ungenauigkeiten.

Falls die Innenflächen lackiert oder gebeizt werden müssen, kann das jetzt geschehen, weil man gut an alle Ecken und Kanten herankommt, besser als nach dem Zusammenbau. Meine Empfehlung lautet jedoch ölen und wachsen, und das kann auch im montierten Zustand erfolgen.

Endmontage

Die Endmontage unterscheidet sich nicht vom Probeaufbau, nur daß jetzt natürlich Leim in ausreichender Menge, aber auch nicht im Übermaß an alle Leimflächen gegeben wird.

Beim Zusammenpressen legen Sie bereitgelegte Beilegehölzer unter die Druckflächen der Schraubzwingen und Knechte. Achten Sie auch darauf, daß die Zwingen winklig angesetzt werden, weil sie sonst das Möbel aus dem Winkel drücken! Schließlich müssen Sie Platz lassen, da auch die Rückwand jetzt eingesetzt wird, die den hinteren Bereich zwangsläufig im rechten Winkel hält. Vorn müssen Sie sich durch peilen über die Kanten versichern, daß das Regal nicht windschief wird.

Feuchten Leim jetzt gleich mit feuchtem Lappen entfernen, den groben Anteil zuvor mit einem Stecheisen oder ähnlichem abnehmen, ein flacher, scharfer Holzspatel ist gut geeignet und in der Hand des Anfängers sicherer.

Nach dem Abbinden (etwa 1 Std.) folgen das Nachputzen, Hochdämpfen eventuell vorhandener Druckstellen und natürlich das Nachschleifen. Schließlich wird mit gutem Einlaßgrund auf Leinölfirnisbasis nach Vorschrift grundiert und am nächsten Tag gewachst.

Verbindung durch Exzenterbeschläge

Falls Sie größere Flächen mit Regalen zu bestücken haben, bietet sich die Verwendung mehrerer Standregale mit zwischenmontierten weiteren Böden an. Da ein so großes Möbel zerlegbar gebaut werden muß, werden hier auch die »festen« Böden nicht wirklich fest eingeleimt, sondern mit Hilfe des tausendfach bewährten Elite-Exzenterbeschlages an die Seiten herangezogen. Die tragende Funktion wird bei größerer Bodentiefe auch hier durch Riffeldübel übernommen. Der Beschlag soll vorwiegend Zugkräfte übertragen!

Montiert wird er ganz ähnlich wie der Quermutterbolzenbeschlag, nur daß hier der quer eingebaute Beschlagteil kein Schraubengewinde hat, sondern einen klauenartig zufassenden ringförmigen Doppelkeil, der das Gegenstück, den Kopf des Schraubbolzens, kräftig in sich hineinzieht (Abb. 3). Es gibt den Beschlag inzwischen in vielfältigen Abwandlungen. Einige zeigt Abb. 4.

Ich bevorzuge den Bolzen mit metrischem Gewinde, der in einen Kunststoffdübel geschraubt wird, der seinerseits ringförmige Krallen hat, die sich in einem 10 mm-Loch in der Seitenwand festhalten. Ein Tropfen Leim zusätzlich erhöht die Haltekraft. Obwohl es sich hier teilweise um Kunststoff handelt, bevorzuge ich den Beschlag wegen seiner unübertroffenen Haltekraft, die sich besser auf eine größere Fläche überträgt als beim direkt eingeschraubten Holzgewinde. Die Exzenter bestehen bei besseren Fabrikaten aus Zinkdruckguß.

Das Anreißen, Bohren und Montieren unterscheidet sich sonst kaum vom Einbau der festen Böden. Wie überall bei Möbeln kommt es auf exakte Passungen und genaues Einhalten der Maße an.

Noch ein Tip: Bücher stehen viel besser in schmalen Regalen, bis etwa 50 cm oder 60 cm Breite. Außerdem hängen sie dann selbst bei Lexika u.ä. nie durch. Müssen sie aus optischen Gründen tatsächlich breiter sein, hilft bei hohen Belastungen ein Unterzug, also z.B. eine hochkant untergesetzte Leiste von etwa 3-5 cm Höhe. Oder eine Rückwand, die mit den Böden verschraubt wird. Oder Sie sehen für die Böden 28 mm starke Platten vor, die auch bis 110 cm Länge noch nicht durchhängen wie etwa Spanplattenregale. Insgesamt ist die Biegefestigkeit von Massivholzböden weit, weit besser.

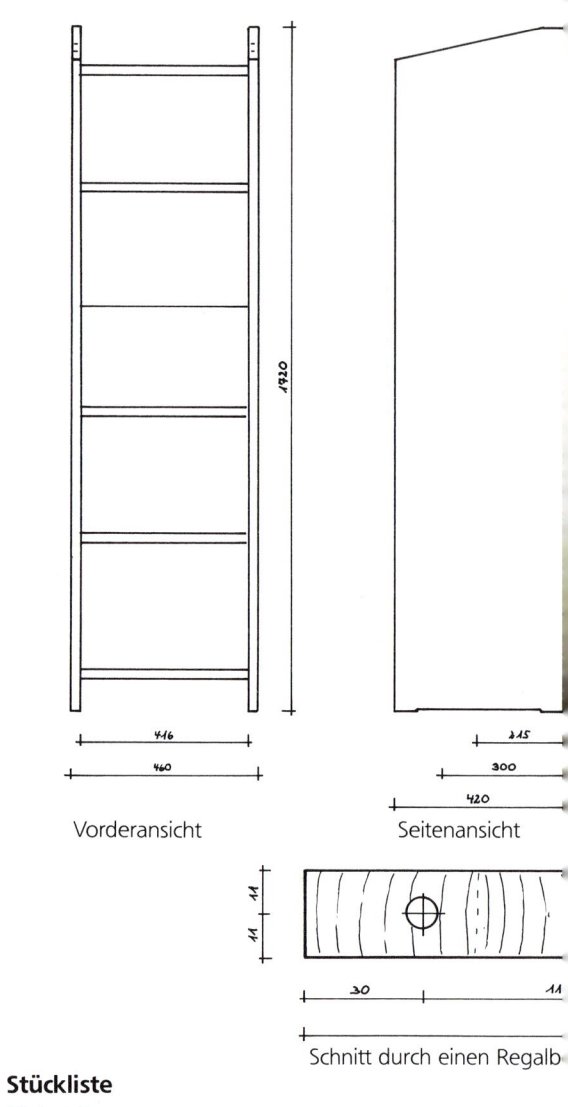

Vorderansicht   Seitenansicht

Schnitt durch einen Regalb

Benötigtes Werkzeug

Spannsäge oder Fuchsschwanz
gerade Feinsäge
Putzhobel
Raubank
Simshobel
Anschlagwinkel, groß und klein
Zollstock
Bleistift
elektrische Bohrmaschine
Holzspiralbohrer mit Vorschneidern 5, 8, 10 mm Ø
Bohrhilfe
Forstner-Bohrer passend zum Exzenterbeschlag
Schleifkork, Schleifpapier mit 80, 100 und 120er Körnung
Hammer, ca. 300 g
Holz- oder großer Gummihammer
Bohrschablone 32 mm

Wünschenswert wären:

Handkreissäge mit Führungssystem und HM-Vielzahnsägeblatt (Festo), Sägetisch
Hand-Oberfräse mit Führungssystem dito
Falzfräser
Abrundfräser r = 5 mm, 10 mm
Führungsschiene 140 cm
Schwingschleifer (Rutscher) mit 80er, 100er und 120er Schleifpapier (Festo)
Kombinierte Abricht- und Dickenhobelmaschine
Bohrständer oder Ständerbohrmaschine mit Tischverlängerung

Stückliste

Material:
Hobeldielen/Rauhspund oder Leimholzplatten aus Kiefer

2 Seitenteile	1720 x 420 (300, 215) x 22 mm
1 oberer Boden	416 x 405 (285, 200) x 22 mm
2 feste Böden*	416 x 400 (280, 195) x 22 mm
3 lose Böden*	415 x 400 (280, 195) x 22 mm
6 Zwischenböden	900 x 405 (285, 200) x 22 mm

Die mit * gekennzeichneten Böden sind für die Ausführung *mit* Rückwand angegeben! Ohne Rückwand entsprechen die Tiefen den angegebenen oberen Böden (Pos. 2).

Bodenträger 20 x 5 mm Ø vernickelt oder vermessingt, pro Boden 4 Stück
Riffeldübel 8 x 50 mm Buche, je nach Tiefe der Böden 6 bis 10 Stück
Elite-Exenterbeschlag oder ähnliche, für jeden »festen« Zwischenboden je nach Tiefe 2-4 Stück, mit Riffeldübeln kombinieren!
Rückwand, falls gewünscht: 5 mm Kiefernsperrholz, ca. 1540 x 440 mm
Weißer Leim (Ponal o.ä.) ca. 200 g

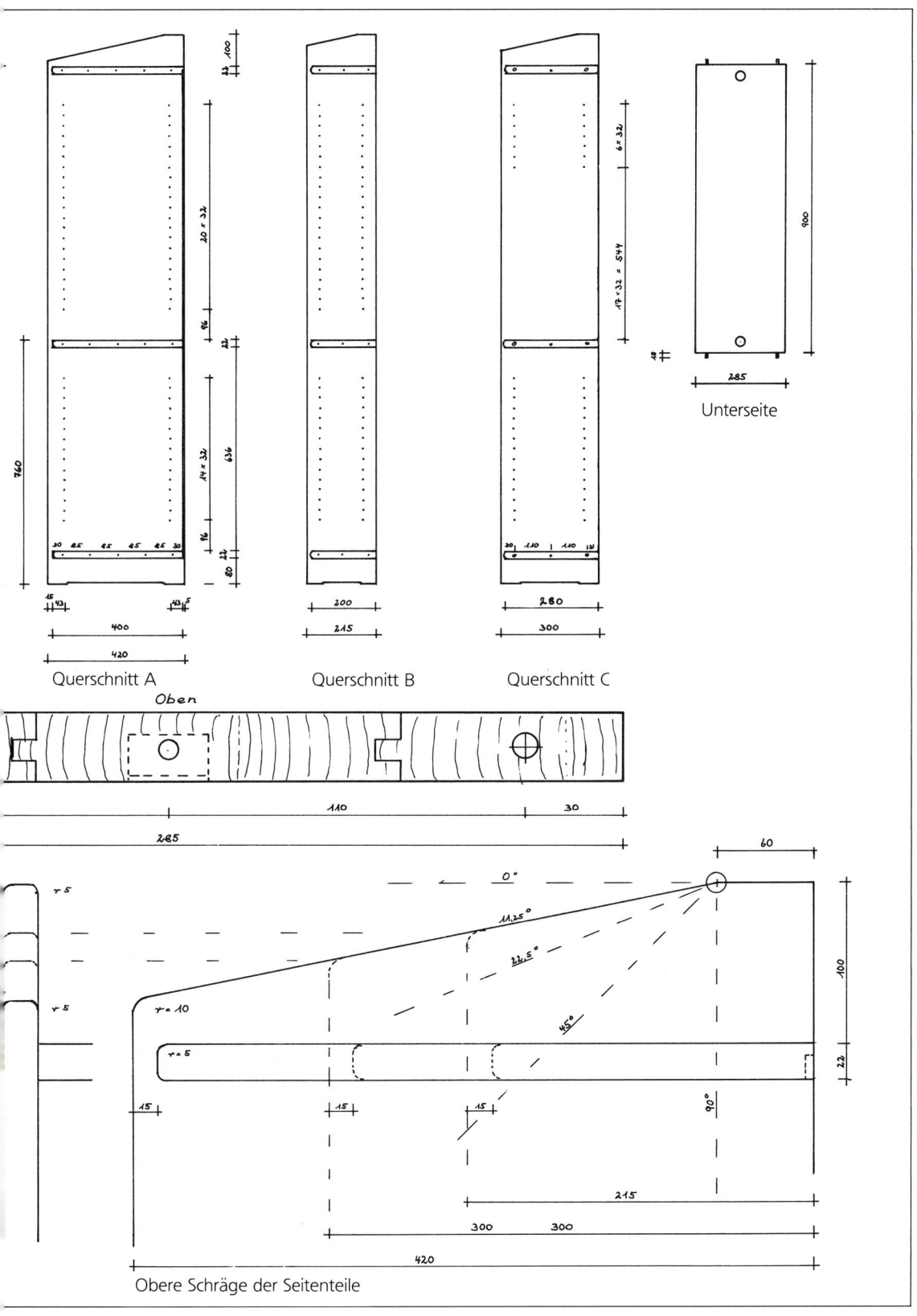

Querschnitt A

Querschnitt B

Querschnitt C

Unterseite

Oben

Obere Schräge der Seitenteile

STEHPULT

Abb. 1: Nicht nur für kleinere Kinder, sondern bis zur Erwachsenengröße ist das Stehpult ein nützliches Möbel, das den Rücken entlastet.

Stehpulte sind traditionellerweise sehr spartanische Schreibmöbel ohne Unterbringungsmöglichkeiten und meist nur 50-60 cm breit, also viel zu wenig für einen Schüler oder Studenten. Mein Vorschlag weicht deshalb vom gewohnten Bild ab und stellt eine Kombination mit einem Bücherregal dar, die nicht nur den meist knappen Stauraum erweitert, sondern auch volle 100 cm Breite bietet.

Sinnvoll ist ein solcher Steh-Platz deshalb, weil er mithilft, die weitverbreiteten Haltungsschäden bei Jugendlichen zu vermeiden. Man hat so die Möglichkeit, das naturwidrige, stundenlange Kauern am Schreibtisch durch zeitweises Arbeiten im Stehen aufzulockern. Trotzdem sollte man nicht auf Sitzmöbel verzichten, die aufrechtes Sitzen auch bei Schreibarbeiten fördern; beide Möglichkeiten ergänzen einander!

Konstruktion

Zur besseren Orientierung habe ich alle Bauteile durchnumeriert. Auf diese Weise ist auch leicht zu sehen, was bei Varianten verändert werden muß; denn wie die meisten Bauvorschläge in diesem Buch kann auch dieser leicht nach den räumlichen Erfordernissen abgewandelt werden.

Problemlos läßt er sich z.B. bis auf 80 cm Breite verkürzen. Erst wenn's noch weniger werden muß, muß auch der Sockel (1/2) entsprechend gekürzt werden. Andererseits kann die Tiefe der Arbeitsplatte (4) auch größer als die vorgeschlagenen 50 cm gewählt werden, wenn das zweckmäßig erscheint.

Wem die großen Bücherborde nicht gefallen, der mag sie vielleicht so kürzen, daß sie — wie der Fuß (10) — nur den Raum zwischen den U-Elementen (5-8) ausfüllen oder sie auch ganz weglassen.

Die Höhenverstellung ist Bestandteil des Entwurfes. Sie kann in groben Abstufungen durch das Weglassen von U-Elementen erfolgen; die Feinabstimmung erfolgt durch die Verstellmöglichkeiten der Arbeitsplatte, die flach oder schräg einstellbar ist.

Die Hohlkehle am vorderen Rand der Arbeitsplatte hält die Schreibgeräte fest. Wer will, kann sie auch durch eine schmale Leiste ersetzen.

Die Grundidee bei dieser Konstruktion — wie sie Abb. 2 noch einmal verdeutlicht — ist der Aufbau aus U-förmigen Elementen verschiedener Höhe mit dazwischen eingelegten Regalböden (3), alles nur mittels eingesteckter Buchenholzdübel fixiert und schließlich mit zwei preiswerten, durchgehenden Gewindestangen (21) fest verschraubt (Abb. 3). Bei größeren Änderungen der Höhe braucht man lediglich zwei Gewindestangen in der richti-

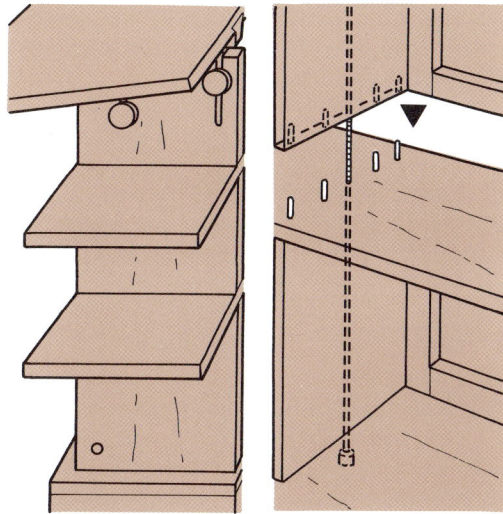

Abb. 2 und 3: Links ist die Ansicht des Pults schräg von hinten; auf der rechten Darstellung ist deutlich zu erkennen, wie die U-Elemente durch Führungsdübel und eingesetzter Gewindestange verbunden werden.

gen Höhe, und die sind für wenige Mark überall zu bekommen.

Es wäre denkbar, die Anfertigung noch weiter zu vereinfachen, indem statt der Rahmenstücke im Hinterteil der U-förmigen Elemente einfache Leimholzplatten-Abschnitte verwendet werden. Das macht aber im Laufe der Zeit Ärger, weil dann Teile mit ganz unterschiedlicher Breitenausdehnung bei Feuchtigkeitswechsel aufeinander gedübelt sind, denn das Langholz der Böden verändert seine Länge nur etwa $\frac{1}{10}$tel so stark, wie es die Leimholzstücke tun möchten, wenn sie mit aufrechtem Faserverlauf darauf stehen. Läßt man sie aber waagerecht laufen, folgen sofort die gleichen Probleme mit den anderen Konstruktionsteilen. Es hilft also nichts. Wenn wir in Massivholz bauen wollen, müssen wir faule Kompromisse dieser Art vermeiden. Bauen Sie nach meinem Vorschlag, »arbeiten« alle Teile synchron und nehmen Feuchtigkeitsschwankungen nicht übel. Das aber ist gerade bei Kinder- und Jugendmöbeln wichtig, weil z.B. in eine Studentenbude bisweilen nicht alles hineinpaßt und dann längere Zeit auf dem Speicher o.ä. stehen kann, wo die Luftfeuchtigkeit ganz anders zuschlagen kann als in der zentralgeheizten Wohnung.

Deshalb ist auch die Konstruktion der Schreibplatte kompromißlos: auf soliden Gratleisten (9), die die Platte eben halten, aber nicht am »arbeiten« hindern. Wem das zu schwierig ist, der wird auf Plattenmaterial ausweichen müssen.

Neu sind für Sie vielleicht die sogenannten Nutklötze (22, Abb. 4) welche die Abdeckplatte des Sockels mit dem Sockelrahmen verbinden. Es ist eine sehr alte Konstruktion, besonders an Tischen, wo sie ebenfalls Platten und Zargen ausreichend fest miteinander verband, ohne die Teile am Arbeiten zu hindern. In diesem Fall habe ich vorn fest aufgeleimt und nur seitlich und hinten Nutklötze verwendet. Das ist ebenfalls korrekt bei dieser geringen Tiefe im Gegensatz zu Tischplatten.

Material

Bei der Beschaffung des Materials sollten Sie auf die Qualität der Multiplex-Sperrholzteile achten. Wählen Sie eine Sorte aus festem Holz, nicht die ebenfalls oft angebotene aus dem ganz weichen Material, denn die Belastung dieser Bauteile ist erheblich. Auch dünner sollte das Material nicht sein, dann schon lieber dicker, doch müssen Sie dann unbedingt beachten, daß dann auch einige Maße in diesem Bereich entsprechend geändert werden müssen! Also: erst einmal erkundigen, welche Holzmaße bei Ihnen erhältlich sind, in Ruhe planen und erst dann einkaufen.

Hauptmaterial sind die preiswerten Hobeldielen/ Rauhspund aus Kiefer in etwa 22 mm Stärke. Wählen Sie sorgfältig aus, weil auch viel schwarzästige Ware auf dem Markt ist. Das gibt dann viel Verschnitt und entsprechenden Mehrbedarf.

Die großen Drehknöpfe (11/12) stellt man am leichtesten auf einer Drehbank her. Schon eine Drechselvorrichtung zur Bohrmaschine tut gute Dienste. Zur Not geht's aber auch ohne, mit sorgfältigem Anzeichnen und Aussägen, Bohren und Nachschleifen.

Die Köpfe der Flachrundkopfschrauben (Schloßschrauben) (13) sind in die kleineren Teile der zweiteiligen Drehknöpfe bündig eingelassen und mit einem Zweikomponentenkleber sicher eingeleimt. Schlagen Sie von der Seite, auf der der Schraubenbolzen heraussieht, einfach zwei dünne Drahtstifte durch diese Platte hindurch, bis sie auf der Kopfseite einige Millimeter herausschauen und drücken Sie erst dann die größere, überdeckende Platte zur Verleimung fest auf. So können die Teile nicht verrutschen. Leim wirkt beim Pressen oft als Gleitmittel!

Auch die Einschlagmuttern (14) in den Laschen (15) werden exakt versenkt, bis die Metallfläche bündig mit der Holzoberfläche ist und dann ebenfalls mit Zweikomponentenkleber fixiert.

Die hier erhältlichen Einschlagmuttern haben sehr lange Hülsen, etwa 17 mm. Deshalb können sie auch gleich zur Führung in den Schlitzen dienen.

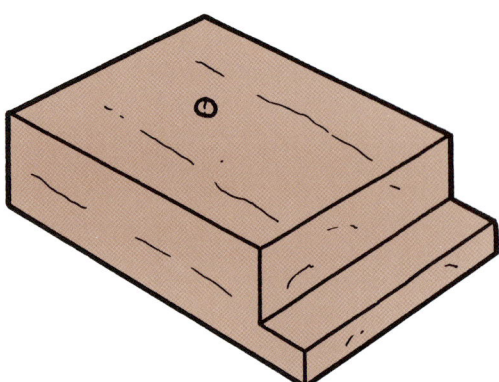

Abb. 4: Nutklotz für die Befestigung der Sockelplatte auf dem Rahmen.

Falls Sie nur die kurze Sorte bekommen können, fertigen Sie kurze Hülsen aus Rohrmaterial an, damit die Gewindegänge der Schrauben nicht die Schlitze ruinieren. Die Länge der Hülsen müssen Sie am Original ausmessen, weil sie von der Länge der Mutterhülsen und der Holzstärke abhängt. Sie sollen nur wenig Spiel in den Schlitzen haben, die entsprechend anzufertigen sind.

Die Herstellung des Steh-Schreibplatzes ist nicht besonders schwierig. Wer es schafft, die Rahmen- und Füllung-Konstruktion der U-Elemente-Hinterstücke (5-8) einwandfrei herzustellen und die beiden Gratleisten (9) in die Schreibplatte (4) sauber einzubauen, der wird bei den übrigen Arbeiten keine Probleme haben.

Beide Arbeiten sind auf S. 65ff. eingehend erläutert. Notfalls kann man sogar noch auf die wenigen Zinken am Sockel verzichten und auch dort dübeln sowie statt der Massivholz-Schreibplatte doch ein Stück Tischlerplatte verwenden, wenn es denn mit dem Graten absolut nicht klappen will. In diesem Fall schrauben Sie die beiden Buchenstücke (ohne Grat) direkt unter die Platte.

Worauf es bei den U-Elementen sonst noch ankommt, ist die genau gleiche Höhe und Winkligkeit von Seiten- und Hinterstück. Differenzen werden bei dieser Stapelbauweise deutlich sichtbar, da sie sich selten gegenseitig aufheben. Meist addieren sie sich.

Kontrollieren Sie deshalb sorgfältig die Winkligkeit von Rahmen und Seitenteilen, ehe Sie sie verbinden und passen Sie beim Verbinden auf, daß die Teile nicht gegeneinander verrutschen. Ein Hilfsnagel von hinten ist kein Sakrileg, wenn er den exakten Sitz der Teile garantiert! Sie können die U-Teile dübeln, mit Lamellos »flachdübeln« oder auch stumpf verleimen, nur genau sitzen müssen sie.

Abb. 5: Die beiden Laschen der Höhenverstellung unterscheiden sich nur in der Höhe der Einschlagmutter.

Durchgangsbohrungen

Dann bleiben noch die langen Durchgangsbohrungen für die Gewindestangen (21), für die Sie sich einen (oder zwei) passende Schalungsbohrer besorgen müssen. Die sind nicht mehr teuer und werden häufiger gebraucht. Weil das Zielen damit nicht ganz einfach ist, sollten Sie zuvor an Abfallstücken trainieren. Meiner Erfahrung nach ist die folgende Methode die erfolgsträchtigste: Man bohrt mit Hilfe der Bohrhilfe zunächst mit dem kurzen Holzspiralbohrer von beiden Seiten vor, natürlich erst nach ganz genauem Anreißen. Ich stecke dann Dübel oder, deutlicher noch, Bleistifte in beide Löcher und prüfe mit einem Lineal, ob die Bohrungen einander treffen werden. Dann kann man mit dem Schalungsbohrer (20 cm Nutzlänge reichen völlig, länger ist eher von Nachteil!) genau zielen und sogar Ungenauigkeiten der Ansatzbohrungen noch ausgleichen. Wer ganz sicher gehen will, bohrt von beiden Seiten erst mit 6 mm vor und erst dann auf Sollstärke nach, wenn sich die Vorbohrungen getroffen haben. Dabei müssen Sie aber beachten, daß das Loch auf jeden Fall etwa 2 mm mehr Durchmesser haben muß als die Gewindestange. Sonst gibt's fast immer irgendwo einen »Stau« im Verkehr.

Verschrauben

Oben nehmen Sie am besten eine unserer Messing-Flachmuttern (21), sonst geht auch eine Einschlagmutter. Bohren Sie mit dem Forstner-Bohrer etwa 2 mm tief ein oder arbeiten Sie den nötigen Platz für die Mutter mit einem kleinen Stecheisen heraus.

Unten im Sockel legen Sie eine große Karosseriescheibe (21) unter die Sechskantmutter, damit Sie fest anziehen können, ohne daß die Mutter im Holz verschwindet.

Entsprechend sollten Sie auch oben an der Gratleiste nicht die Unterlegscheibe (17) unter der Flügelmutter (16) auf der Flachkopfrundschraube (18) vergessen, während ich unter die Holz-Drehköpfe keine Scheiben gelegt habe, weil dort die Reibfläche auch so schon groß genug ist.

Auch zwischen Laschen und Seiten sollten keine Scheiben liegen, weil die Laschen möglichst großflächig an den Seiten anliegen sollen (Abb. 5). So erreicht man die nötige Hemmung, die ein unbeabsichtigtes Verstellen der Schreibfläche verhindert. Tragen Sie dort deshalb bitte auch kein Gleitwachs auf. Schließlich: vergessen Sie nicht die Verbindungslaschen (19) oben auf die Schlitze aufzuschrauben, damit Sie beim Höhenverstellen nicht plötzlich die Arbeitsfläche freischwebend in der Hand haben, und innen über den Sperrholzlaschen die Abdeckungen (20) anzubringen.

Als inzwischen fortgeschrittenem Hobbytischler brauche ich Ihnen zur Endbehandlung kaum etwas zu sagen: Schleifen, Grundieren und Wachsen tut auch diesem Mobelstück gut.

Benötigtes Werkzeug

Spannsäge, Fuchsschwanz
Feinsäge gerade
Gratsäge
Grathobel
Grundhobel
Putzhobel
Rauhbank
Anschlagwinkel
Zollstock
Bleistift
elektrische Bohrmaschine
10 mm Holzspiralbohrer mit Vorschneidern, 8 mm Ø
Schalungsbohrer, 6 und 8 mm (oder 8 und 10)
Stecheisen, 6 mm
Prozidrive-Schraubendreher Größe 2
Holz- oder Gummihammer
Schleifkork, 80er, 100er und 120er Schleifpapier

Wünschenswert wären:
Handkreissäge mit Führungssystem (Festo)
Handoberfräse mit Fräsern,
Gratfräser mit Fräsern
Fingerfräse 10 mm
Schwingschleifer (Rutscher)
Hohlkehlfräser r = 5 mit Anlaufkugellager

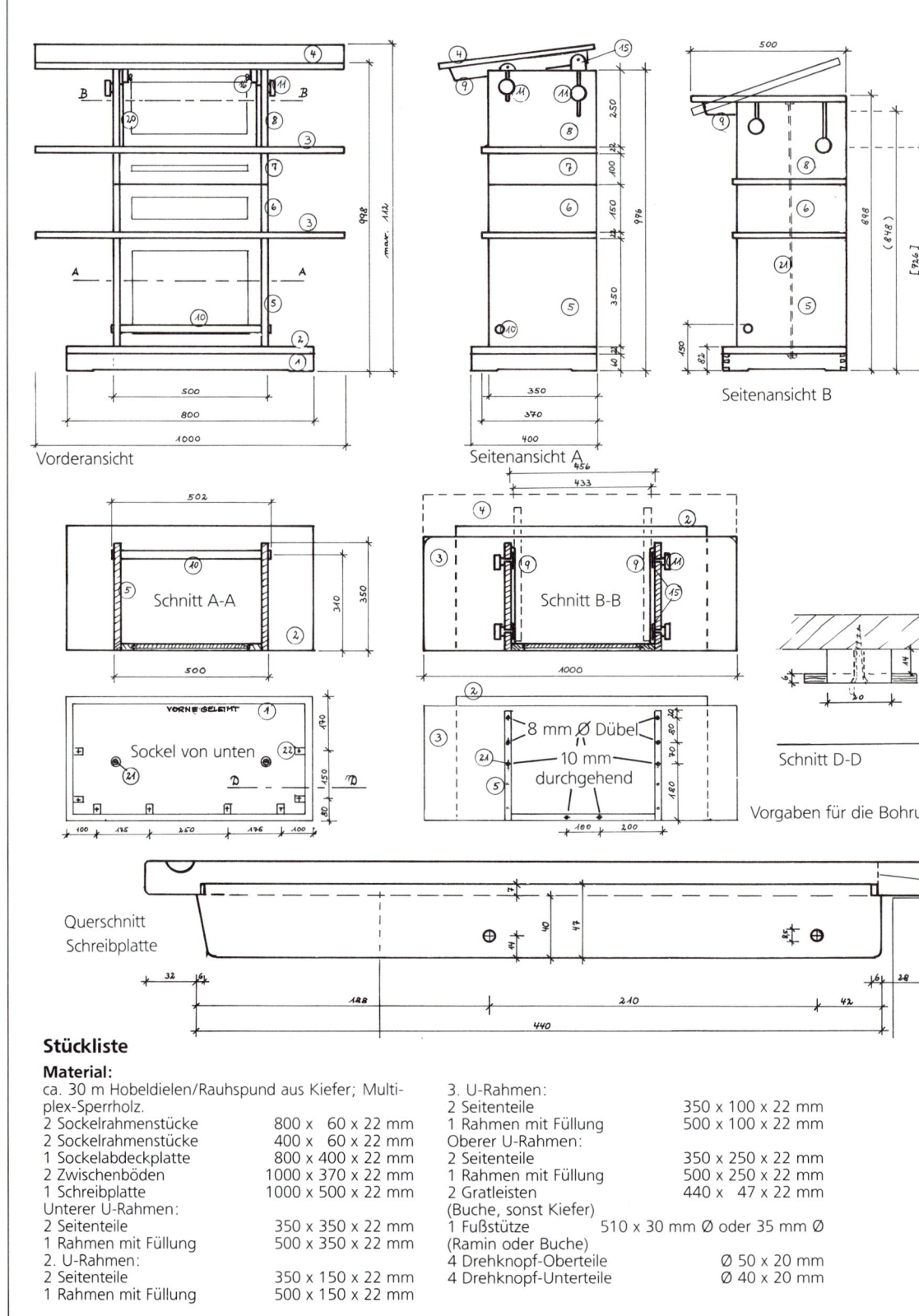

Vorderansicht

Seitenansicht A

Seitenansicht B

Schnitt A-A

Schnitt B-B

Sockel von unten

8 mm Ø Dübel

10 mm durchgehend

Schnitt D-D

Vorgaben für die Bohrur

Querschnitt Schreibplatte

Stückliste

Material:

ca. 30 m Hobeldielen/Rauhspund aus Kiefer; Multi-plex-Sperrholz.

2 Sockelrahmenstücke	800 x 60 x 22 mm
2 Sockelrahmenstücke	400 x 60 x 22 mm
1 Sockelabdeckplatte	800 x 400 x 22 mm
2 Zwischenböden	1000 x 370 x 22 mm
1 Schreibplatte	1000 x 500 x 22 mm
Unterer U-Rahmen:	
2 Seitenteile	350 x 350 x 22 mm
1 Rahmen mit Füllung	500 x 350 x 22 mm
2. U-Rahmen:	
2 Seitenteile	350 x 150 x 22 mm
1 Rahmen mit Füllung	500 x 150 x 22 mm

3. U-Rahmen:	
2 Seitenteile	350 x 100 x 22 mm
1 Rahmen mit Füllung	500 x 100 x 22 mm
Oberer U-Rahmen:	
2 Seitenteile	350 x 250 x 22 mm
1 Rahmen mit Füllung	500 x 250 x 22 mm
2 Gratleisten	440 x 47 x 22 mm
(Buche, sonst Kiefer)	
1 Fußstütze	510 x 30 mm Ø oder 35 mm Ø
(Ramin oder Buche)	
4 Drehknopf-Oberteile	Ø 50 x 20 mm
4 Drehknopf-Unterteile	Ø 40 x 20 mm

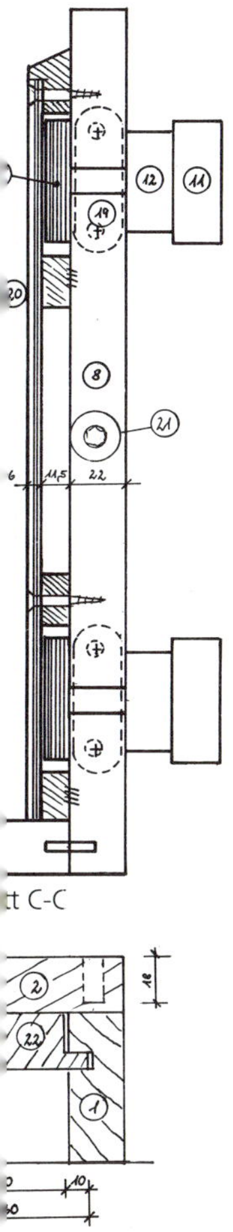

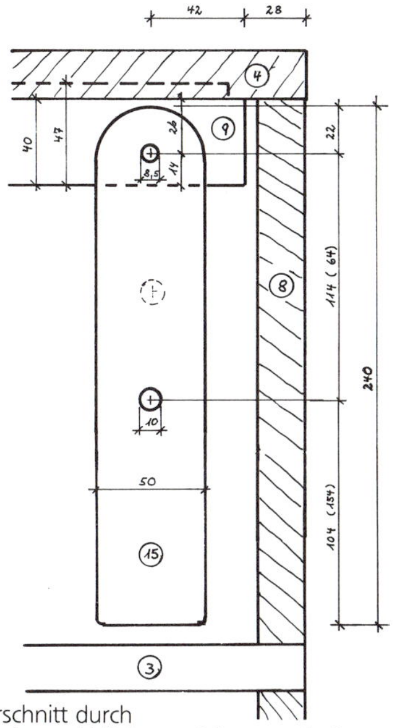

Querschnitt durch
den oberen U-Rahmen (hinten rechts)

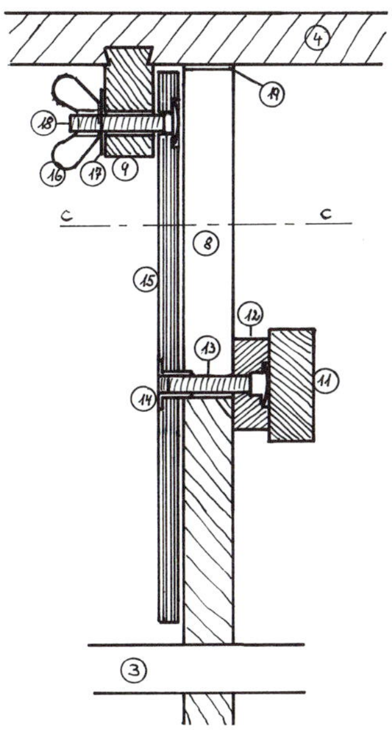

Schnitt durch das reche Seitenteil

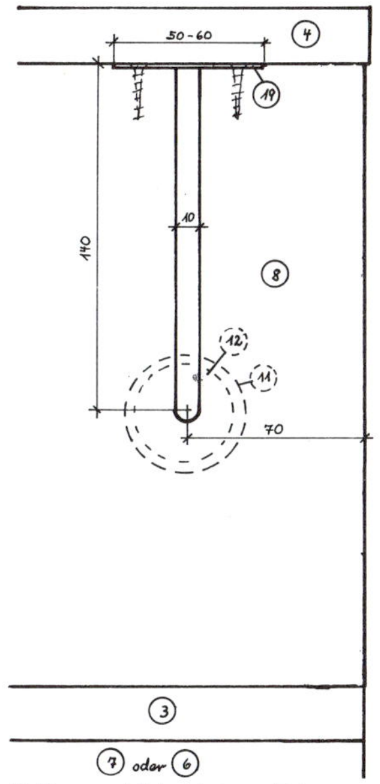

tt C-C

Seitenansicht: hintere Ecke von 8

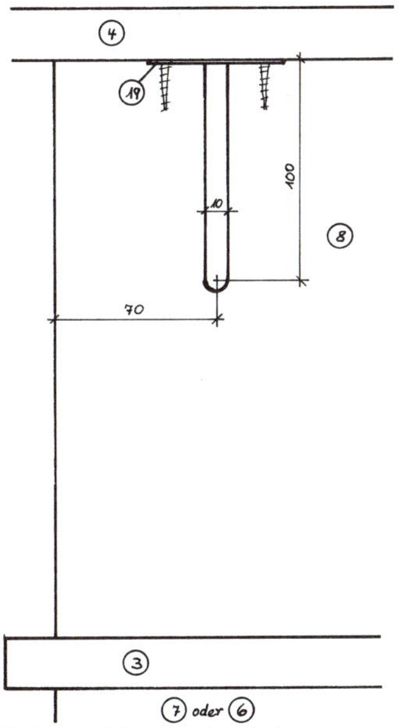

Seitenansicht: vordere Ecke von 8

4 Flachrundkopfschrauben M 8 x 40 mm
(verzinkt oder Messing)
4 Einschlagmuttern M 8 (dito)
4 Laschen für Höhenverstellung   240 x 50 x 10 mm
(hartes Multiplexsperrholz)
4 Flügelmuttern M 8 (verzinkt oder Messing)
4 Karosseriescheiben   8,2 x 20 x 1,5 mm (dito)
4 Flachrundkopfschrauben M 8 x 40-45 mm
(verzinkt oder Messing)
4 Verbindungslaschen ca. 50-60 x 20 x 2 mm
(Stahl, verzinkt)
Abdeckungen:
2 Platten   300 x 200 x 4-6 mm
(Sperrholz)

6 Leisten   200 x 20 x 11,5 mm
2 Leisten mit Schräge   200 x 24 x 16 mm, gefälzt
2 Gewindestangen M 8 x 920 mm (M 6) (Stahl
verzinkt)
2 Muttern M 6 (M 8)
2 Karosseriescheiben 6,2 x 30 mm (8,2)
Nutklotz   60 x 30 x 22 mm
(Buche, sonst Kiefer)
1 Tube Zweikomponentenkleber
200 g Weißleim
50 Dübel, Buche 10 x 50 mm geriffelt
Spaxschrauben, verzinkt:
8 Stück 3,5 x 35 mm
8 Stück 3 x 30 mm

SCHREIBPLATZ MIT SEKRETÄRAUFSATZ

Abb. 1: Der Schreibplatz mit ergänzenden Regalen.

Dieser Schreibplatz ist eine Alternative zur üblichen Schreibtischform. Aufgrund der einfachen Höhenverstellung ist er für den Schüler ebenso geeignet wie für den Abiturienten, die Hausfrau oder den Hausmann.

Die gewählten Maße ergeben sich aus der Länge der vorhandenen Arbeitsplatte. Andererseits ist etwa 90 cm Breite ein beliebtes Maß, das für die meisten Anwendungen unverändert übernommen werden kann. Bei größerem Platzbedarf kann die Platte länger gewählt werden, oder man fertigt einen Ansatztisch oder seitliche Klapp-Platten an. Das hat den Vorteil, daß man bei Einrichtungsänderungen beweglicher bleibt. Außerdem nimmt der Regalteil über der Arbeitsplatte viel von dem auf, was sonst die Arbeitsfläche einengt.

Der Verzicht auf Schubkästen ist gewollt; nur der Utensilienauszug unter der Arbeitsplatte sollte nicht fehlen. Schubkästen bringt man besser in einem separaten, eventuell fahrbaren Container unter (S. 184) oder man integriert sie in eines der Ansatzregale. Der Grund: Lange Beine brauchen Platz, gerade bei Jugendlichen, und als Aufbewahrungsort sind Schreibtisch-Schubladen auch bei Erwachsenen nicht besonders gut geeignet. Sparen wir uns also gleich den Ärger mit den unaufgeräumten Kästen und richten uns so mit Regalen ein, daß die lästige Sucherei wegfällt.

Material

Von der Konstruktion her ist der Arbeitsplatz recht einfach. Es können unsere bewährten Hobeldielen, aber auch Leimholzplatten verwendet werden. Wer eine Abrichte hat, kann jede gewünschte Art von Brettern zu den nötigen Platten verleimen, wer mit der Rauhbank gut umgehen kann, macht das auch von Hand. Für die Arbeitsfläche habe ich eine stabverleimte Buchen-Arbeitsplatte in 28 mm Dicke und einer Tiefe von 60 cm gewählt (Abb. 2). Diese Platten werden von mehreren Herstellern angeboten. Holzhändler, die das Leimholz-Fabri-

kat »2001« am Lager führen, können die Platten zumindest beschaffen. Sie sind zwar teurer als Kiefer, haben aber als Arbeitsfläche den unschätzbaren Vorteil, daß sie viel härter sind und länger eine einwandfreie Unterlage zum Schreiben und zum Zeichnen bieten.

Seitenteile

Wenn nötig, verleimen Sie zunächst die Bretter für die Seitenteile nach den Maßangaben auf der Konstruktionszeichnung und in der Stückliste (S. 176). Nach dem »Putzen« mit Hobel und Schleifmitteln (was bei fertigen Leimholzplatten natürlich wegfällt) reißen Sie die angegebenen Maße genau mit Winkel und spitzem Bleistift an und schneiden die Platten dann je nach Ihren gegebenen Möglichkeiten exakt zu. Daß Sie in der Länge etwas Verschnitt schon beim Grobzuschnitt zugegeben haben, um nun etwas »Fleisch« zum Geradeschneiden zu haben, versteht sich ja von selbst.

Die Rundung des Überganges vom unteren zum oberen Teil der Seitenwagen (Abb. 3) schneidet man sehr, sehr vorsichtig mit einer Stichsäge oder auf der Bandsäge mit schmalem Blatt. Danach müssen diese Stellen sehr sorgfältig geschliffen werden, weil hier sonst häßliche, rauhe, unebene Übergänge entstehen.

Wenn ich keinen passenden, runden Schleifkörper für die Bohrmaschine zur Verfügung habe, suche ich mir irgendein im Durchmesser passendes Hilfsstück, notfalls eine Flasche, Dose oder ähnliches und lege Schleifpapier herum. Damit kann man die Ecke sehr genau ausschleifen; aber bitte darauf achten, daß sie »winklig« bleibt. Also immer mal wieder mit dem kleinen Anschlagwinkel kontrollieren. Es ist eine schweißtreibende Arbeit, wenn sie sorgfältig gemacht wird.

Die Schrägen oben an den Wangen (Abb. 4) schneide ich blitzschnell nach Einstellung der richtigen Gradzahl auf der Mafell »Erika«. Dieser Schnitt ist so sauber, daß nur ganz wenig mit einem schar-

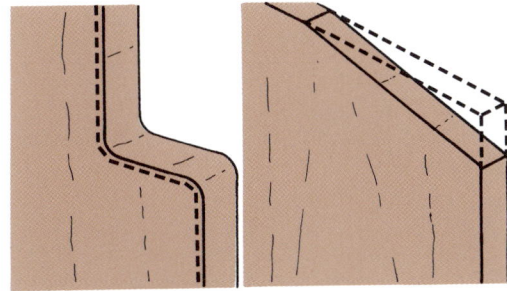

Abb. 2, 3, 4: Von links nach rechts: Stabverleimte Buchen-Arbeitsplatte, Rundung an den Seitenwangen, obere Schräge an den Seitenwangen.

fen Reform-Putzhobel nachgestoßen werden muß; schon ist die Sache erledigt. Von Hand geht es natürlich auch, ist aber mit mehr Arbeit verbunden. Vor allem geht es hier um exaktes Anreißen. Wenn auch die Seitenregale mit der gleichen Schräge gearbeitet werden sollen, ist es sinnvoll, sich rasch aus einem Stück Hartfaser- oder Sperrholzplatte und einer Leiste eine Schablone zu machen.

Falls Sie mit der Handsäge oder einem groberen Maschinenschnitt arbeiten, müssen Sie sorgfältig mit wirklich scharfem Hobel nachstoßen. Bei den Schrägen gilt natürlich ganz extrem, daß man *mit* der Faser hobeln muß; nicht etwa dagegen.

Sekretäraufsatz

Die Nuten für die kleineren, dünnen Zwischenbrettchen des Sekretäraufsatzes stellen Sie nach der Dicke dieser Brettchen her. Schnell geht es mit einer Oberfräse mit eingespanntem Fingerfräser (Abb. 5). Dazu schrauben Sie mit vier Zwingen zwei Führungsleisten so auf die Regalbretter, daß die Seitenflächen der Grundplatte Ihrer Oberfräse dazwischen gleiten können, ohne zu wackeln. Genau

in der Mitte entsteht dann die Nut. Sonst besteht immer die Gefahr, daß der Fräser seitlich ausbricht. Die beiden stärkeren aufrechten Brettchen dagegen werden oben und unten mit je zwei Dübeln auf die bekannte Weise verankert. Zahl und Abstand der Zwischenbrettchen können variiert werden. Falls Ihnen keine Maschine zur Verfügung steht, geht auch dies ganz gut mit der Hand.

Wem das Stemmen und Sägen der Nuten zu mühsam ist, der kann auch die dünnen Zwischenwände dübeln, mit ganz dünnen Buchenholzdübeln, 3-4 mm. In diesem Fall legen sie alle aufrechten Zwischenwände in der späteren Reihenfolge zusammen, sichern sie mit Zwingen und bestoßen sie ganz gleichmäßig. Dann gibt's auch hierbei keine Paß-Probleme. Näheres dazu auf S. 48.

Querböden und Traverse

Ebenfalls gemeinsam bestoßen Sie die beiden Querböden zusammen mit der Traverse (das Brett an der Hinterkante des Schreibplatzes). Diese drei Teile müssen die gleiche Länge wie die Arbeitsplatte haben; auf den halben Millimeter genau, sonst wird's eine »Gurke«, und auch exakt winklig, ver-

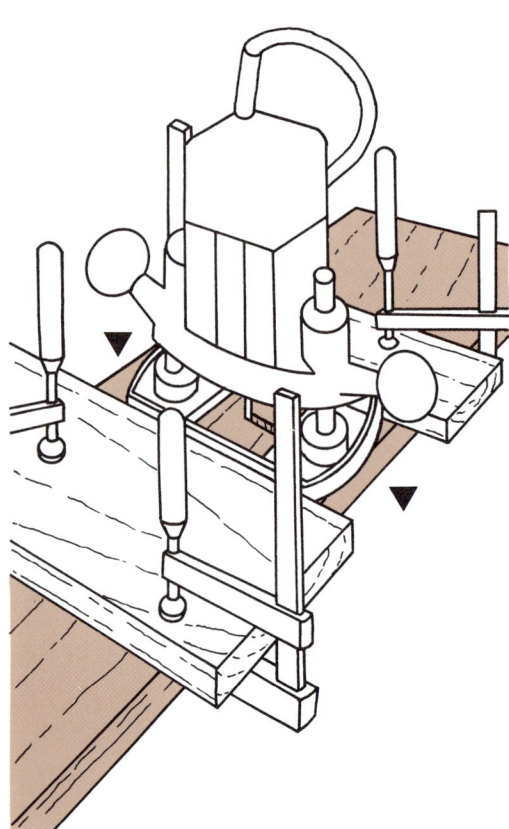

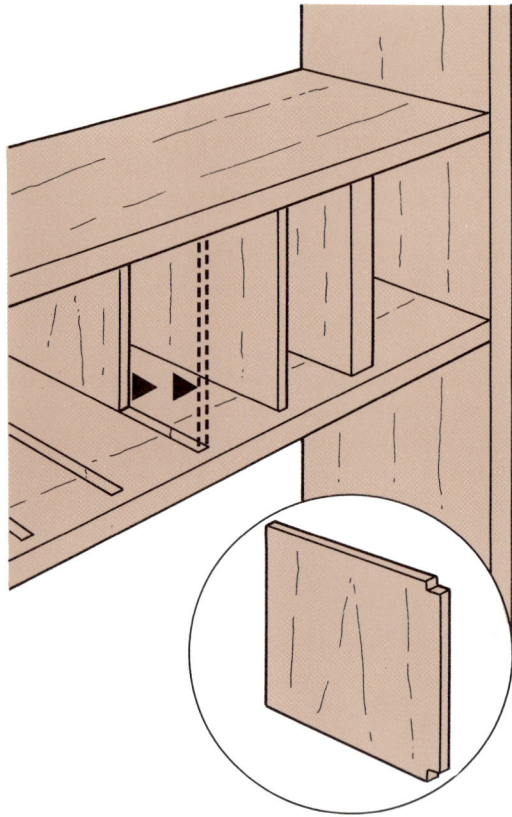

Abb. 5: Oberfräse mit eingespanntem Fingerfräser.

Abb. 6: Sekretäraufsatz mit eingesetzten Zwischenbrettchen.

steht sich. Wenn Sie nun soweit sind, dübeln Sie zunächst die Kufen unter die Seitenteile. Je drei Dübel genügen. Während dies trocknet, verleimen Sie die beiden Querböden mit den aufrechten Teilen zum Sekretäraufsatz (Abb. 6). Nach dem Abbinden (ca. $\frac{1}{2}$ Std.) wird der Aufsatz zwischen die Seiten gedübelt. Falls Ihnen die Dübeltechnik noch nicht geläufig ist, sehen Sie bitte auf S. 57 nach. Exaktes Anreißen entscheidet auch hier. Wenn das Gleiche auch mit der Traverse geschehen ist, kann es an den Zusammenbau gehen.

Für die Traverse sind alternativ zwei Höhen in der Konstruktionszeichnung genannt. Die geringere Höhe kommt nur in Betracht, wenn die unterste Stellung benötigt wird. Die gezeichnete höhere Lage fällt weniger auf und wirkt harmonischer.

Zusammensetzen und Verleimen

Auch für den Zusammenbau gilt wieder: erst die Trockenprobe machen, ohne Leim sind letzte Korrekturen ein Kinderspiel, mit Leim ist es Streß! Mit etwas Übung schaffen Sie dieses Stück mit seinen achtzehn Dübeln in einem Arbeitsgang, notfalls erst die eine Seite, dann die andere.

Allerdings ist es einfacher, das Verleimen in einem Arbeitsgang vorzunehmen, weil die Kontrolle der Winkel und das Ansetzen der Zwingen (mit Zulagen!) viel unproblematischer ist. Also lieber einmal öfter die Trockenprobe machen, damit die Sache dann mit Leim wie am Schnürchen klappt. Ein geduldiger Helfer ist dabei gut zu brauchen.

Nach dem »Zusammendrücken« folgt das Ausrichten auf Winkeligkeit. Man kann dazu entweder einen recht großen und genauen Winkel benutzen, oder, genauer, man mißt die Diagonale zwischen der Unterkante der linken Kufe und der rechten Ecke zwischen Wange und unterem Boden; dann umgekehrt rechte Kufe zu linker Ecke (Abb. 7). Erfahrene Tischler machen das mit zwei dünneren Leisten richtiger Länge, die einfach soweit auseinander geschoben werden, bis die Enden die gewählten Meßpunkte genau erreichen. Beim Wechsel auf die andere Diagonale zeigen sich die Winkeldifferenzen dann sehr deutlich.

Ist der Winkel schief, muß man entweder ungünstig angesetzte Schraubknechte versetzen, oder man heftet eine kräftige Leiste von hinten diagonal an die Wangen, wobei man das Werkstück mittels der Diagonalmessung in die richtige Lage drückt. Erst dann wird der zweite Nagel eingeschlagen. Nicht vollständig, damit er mit der Zange noch herausgezogen werden kann.

Aber auch auf Windschiefe sollten Sie Ihre ersten Werke unbedingt kontrollieren! Kleine Ungenauigkeiten beim winkligen Bestoßen der Hirnkanten

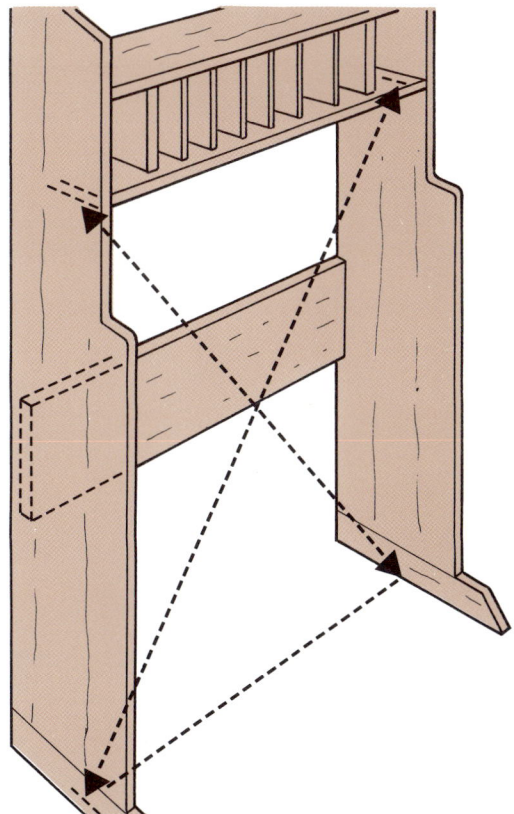

Abb. 7: Seitenwangen mit Sekretäraufsatz und Traverse. Kontrolle der Winkel nicht vergessen!

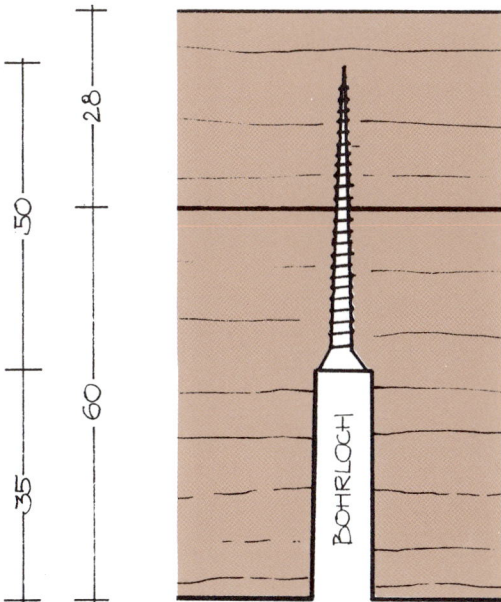

Abb. 8: Befestigung der Arbeitsplatte.

und Versatzfehler beim Dübeln addieren sich gelegentlich, so daß ebenfalls eine »Gurke« entsteht. Das aber müssen Sie bereits bei der Trockenprobe beseitigen! Mit Leim ist es nämlich hoffnungslos. Meist hilft es, die Dübel etwas nachzufeilen, obwohl die Haltbarkeit darunter leidet. Liegt es an schiefen Kanten, müssen die Dübel notfalls wieder raus, eventuell abschneiden und hinterher wieder neu bohren. Dann die Kanten nachbessern, und zwar bei allen Teilen, da sie gleichlang sein müssen! Und schließlich auf ein Neues.

Hat nun alles soweit geklappt, sollte der vorquellende Leim noch vor dem Abbinden mit einem feuchten Lappen (Späne gehen auch) entfernt werden. Wenn dann alles trocken ist, wird das Stück sauber in Faserrichtung durchgeschliffen und nach Wunsch weiter bearbeitet.

Bei der Arbeitsplatte werden lediglich die vordere Kante und die Ecken gerundet, die Seiten sauber bestoßen, deren Kanten gebrochen und das ganze auf die beiden Tragholme geschraubt, unsichtbar von unten natürlich (Abb. 8). Wenn nun auch noch die Löcher für die Höhenverstellung gebohrt sind, steht der Probebenutzung nichts mehr im Weg.

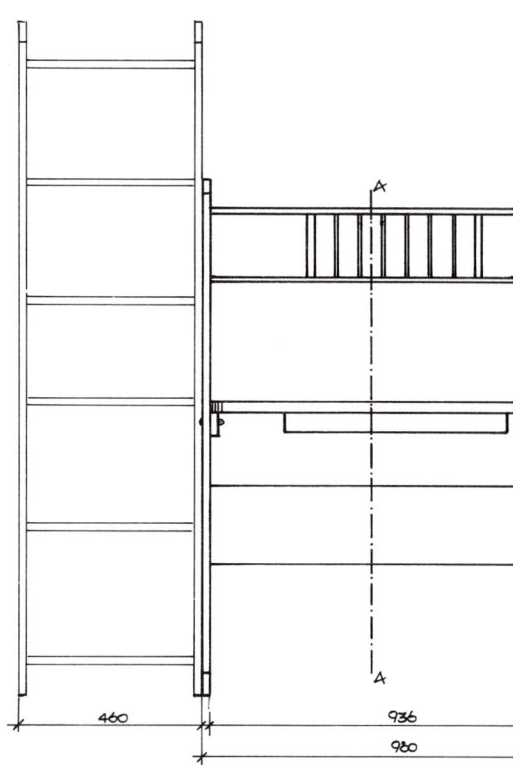

Vorderansicht mit Seitenregalen

Benötigtes Werkzeug

Fuchsschwanz oder Spannsäge
gerade Feinsäge
Stichsäge, handbetrieben oder elektrisch, oder große Lochsäge
Putzhobel
Schleifklotz, Schleifpapier mit 80er, 100er und 120er Körnung
Bohrmaschine
Hammer, ca. 300 g
Stecheisen, 10 und 16-20 mm
Holzhammer
Holzspiralbohrer mit Vorschneidern, 5, 8 und 10 mm Ø
4 Schraubzwingen
8 Markierungsspitzen 8 mm
Anschlagwinkel
Bleistift, Härte 2-3
Bohrhilfe
Abziehstein fein/grob
Sägenfeile, für die grobere Säge passend
Sägenfeile, für die Feinsäge passend
Zollstock oder Stahlmaßstab
Schraubendreher Prozidrive Größe 2
Schlitzschraubendreher, groß (für Hobelklappe)

Wünschenswert wären:

elektrische Bohrmaschine mit 2 oder gar 3 Gängen (z. B. für die Lochsäge)
Unterflur-Zugsäge (Kappsäge) oder normale Kreissäge
elektrische Stichsäge mit normalem und Kurvensägeblatt
Abrichte und Dickenhobel
Handoberfräse mit Nutfräser 10 mm

Stückliste

Material:
Kiefer oder Fichte, Hobeldielen oder Rauhspund 22 mm stark, wahlweise aber auch Leimholzplatten; Tischplatte Buche stabverleimt

2 Seiten	1260 x 325 x 22 mm
2 Böden*	936 x 200 x 22 mm
1 Traverse*	936 x 200 x 22 mm
1 Arbeitsplatte*	936 x 600 x 28 mm

*Bei Breitenänderungen müssen diese 4 Bauteile stets gleich lang sein!

2 Kufen	500 x 60 x 22 mm
2 Tragholme	500 x 60 x 22 mm
2 Trennwände	156 x 185 x 22 mm
4-8 Steckwände	166 x 175 x 10 mm

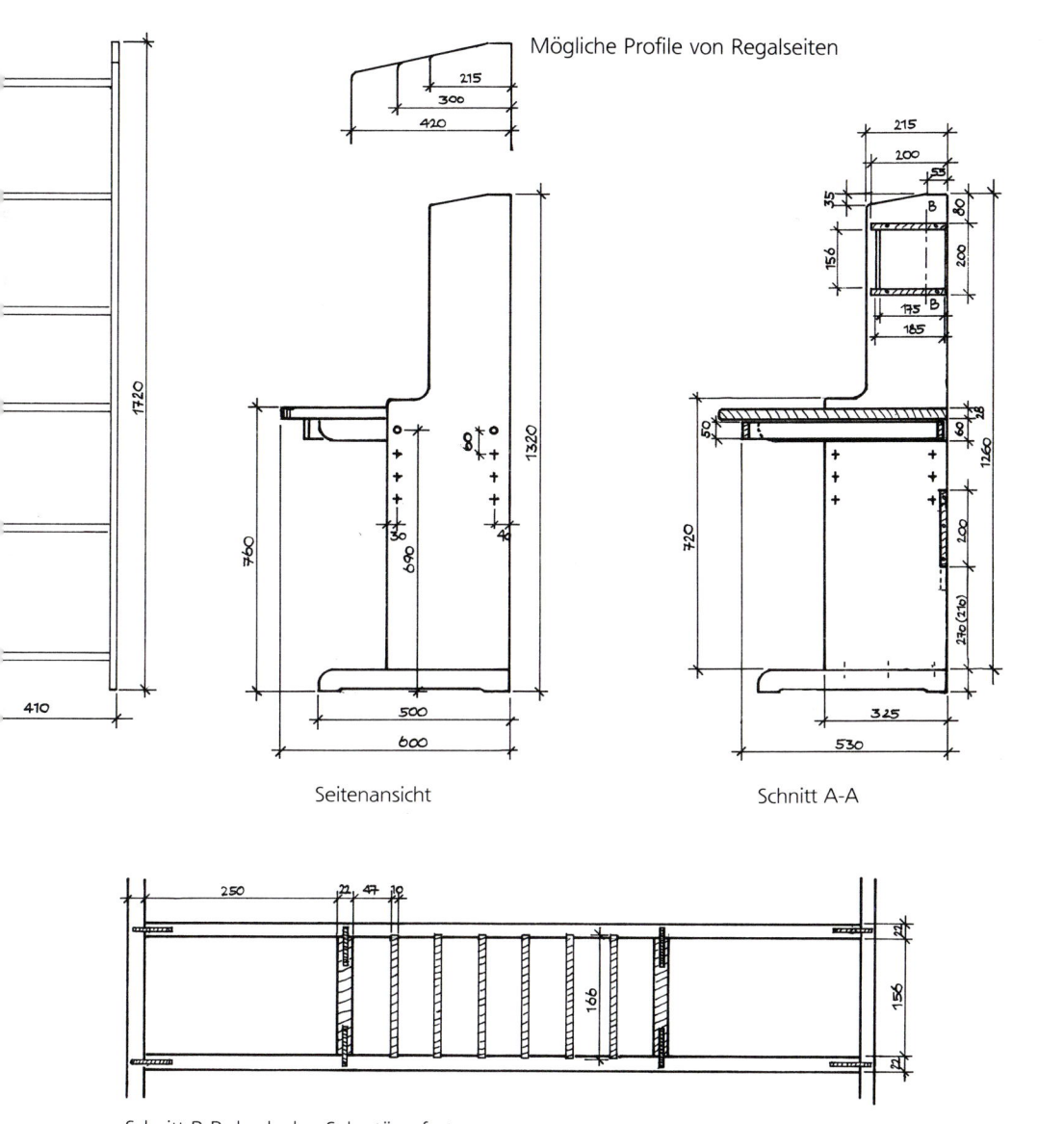

Mögliche Profile von Regalseiten

Seitenansicht

Schnitt A-A

Schnitt B-B durch den Sekretäraufsatz

6 Spax-Schrauben 4,5 x 50 mm
4 Schloßschrauben MS oder verzinkt, 8 x 55 mm
4 Hutmuttern dazu
4 Unterlegscheiben 8,2 x 20 mm oder: 8 Messing-
Flachmuttern 8x20 mm und 4 Gewindestifte 8x40 mm
ca. 30 Riffeldübel 8 x 50 mm Buche
100 g weißer Holzleim

Holzeinkauf:
Falls Sie Hobeldielen verwenden, kaufen Sie etwa
16 Meter. Bei Vierkantbrettern die gleiche Menge,
falls sie 10-12 cm breit sind; ansonsten umrechnen.
Bei Leimholzplatten, die leider meist nur 18 mm dick
sind, müssen Sie sich nach den erhältlichen Maßen
richten. Als Arbeitsplatte können Sie auch Kiefer
28 mm verwenden, falls Buche nicht aufzutreiben
ist.

COMPUTER-RACK

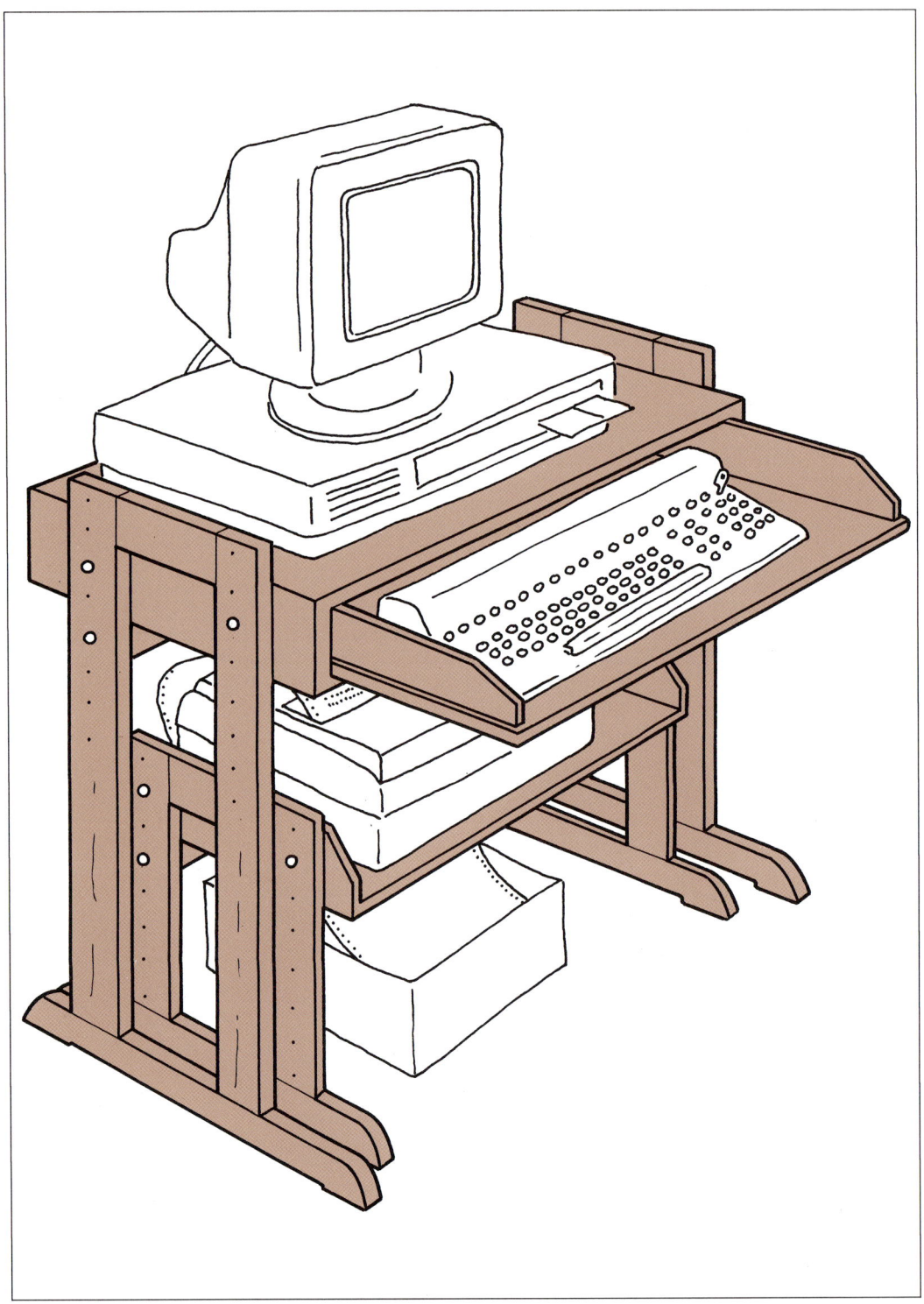

Abb. 1: Das arbeitsbereite Computer-Rack mit Druckertisch in platzsparender Position.

Es gibt ungezählte Möglichkeiten, einen Computer samt Zubehör unterzubringen; das reicht vom »Jaffa-Möbel« bis zur vergoldeten Rohrkonstruktion.

Hier galt es einen Kompromiß zu finden, der alle üblichen Wünsche erfüllt, entsprechend vielseitig und dennoch einfach herzustellen ist. Nachdem ich mich durch eifrige Benutzer eingehend beraten ließ, schlage ich dieses zweiteilige Modell vor. Es vereinigt:

— Höhenverstellung für die Tastatur, den Monitor und den Drucker
— Drucker untenstehend oder seitlich
— Schutz für die Tastatur durch einschiebbare Lade
— geringer Platzbedarf
— einfache Bauweise in Massivholz
— freier Zugang zum Drucker für Papierzuführung usw.
— Zerlegbarkeit, geringer Platzbedarf bei Umzug

Konstruktion

Da die Anlage zu den in diesem Buch vorgeschlagenen Raumeinrichtungen passen sollte, bot sich eine Bauweise an, wie sie bereits beim Schreibplatz angewendet wurde: also Kufen mit aufgedübelten Rahmen, mit Lochreihen versehen zur Aufnahme beliebiger Querelemente.

Bei einem Vergleich gängiger Geräte ergab sich eine günstige Breite für den Computertisch mit 730 mm Außenbreite. Er kann also Computergehäuse bis 686 mm Breite aufnehmen. Für die Ta-

statur kann die Breite bis zu 580 mm betragen, was für alle Fabrikate ausreicht, die ich bisher gesehen habe. Sonst ist eine Vergrößerung auch kein Problem.

Um Stabilität hineinzubringen und der Tastatur Schutz zu gewähren, wurde ein Kastenelement gewählt, das vorne offen ist und eine Art Schubfach enthält, das etwa 250 mm vorgezogen werden kann. Das gibt außerdem reichlich Beinfreiheit auch bei untenstehendem Druckertisch. Zur weiteren Stabilisierung kann der in der Aufrißzeichnung eingezeichnete Unterzug montiert werden. Mein Original hat ihn nicht, steht aber trotzdem recht fest.

Für den Drucker wurde die gleiche Konstruktion gewählt, nur eben kleiner und niedriger. Die rund 510 mm zwischen den Seiten werden für fast jeden Drucker ausreichen. Die U-förmige Aufnahme gibt vorn und hinten volle Zugänglichkeit für Papierzuführung, Kabel und Bedienungslemente. Auch hier kann zur weiteren Stabilisierung ein Unterzug eingebaut werden, wie er eingezeichnet ist. Falls Sie das Tableau aber richtig zinken, ist sie überflüssig. Meistens steht das Druckerpapier einfach im Karton auf dem Boden. Falls gewünscht, kann aber auch unten ein Tableau gleicher Art wie oben montiert werden. Das ist insbesondere dann sinnvoll, wenn der Druckertisch Räder bekommt. Dafür bieten sich die Tandem-Möbelrollen an, wie ich sie auch beim Sessel eingesetzt habe. In diesem Falle ist es besser, die Kufen aus etwa 30 mm starkem Material anzufertigen. Das gibt den Anschraubplatten oder auch den Einsteckmuffen besseren Halt.

Alle übrigen Teile können aus 22 mm starker Kiefer hergestellt werden, wie sie als preiswerte Rauhspundware oder als Hobeldiele im Handel zu bekommen ist.

Abb. 2: Der Grund-Baustein mit eingeschobenem Tastatur-Auszug.

Abb. 3: Der Druckertisch in der Ausführung mit nur einem Boden.

Kufen

Der Arbeitsablauf ähnelt stark dem Bau des Schreibplatzes. Fertigen Sie zunächst die Kufen an, aus 22er Holz oder, falls vielleicht doch Rollen in Betracht kommen, aus 30er. Sie können auch aus der doppelten Anzahl 22er verleimen und dann auf etwa 30 mm hobeln. Nut und Feder müssen natürlich wegfallen, doch spielt dieser geringe Verschnitt bei der preiswerten Ware kaum eine Rolle. Wenn Sie es richtig anfangen, können Sie die Abschnitte für den Bau der Tableaus mit verwenden.

Bringen Sie die Rundungen erst dann an, wenn die Teile sonst bereits fertig sind! Es fehlt sonst leicht die Bezugskante und die Teile lassen sich auch schlechter einspannen.

Beachten Sie bitte, daß ich die Position der senkrechten Rahmenteile auf den Kufen unterschiedlich gewählt habe. Das ist Absicht, kein Versehen. In erster Linie besteht der Grund darin, den Beinen möglichst viel Freiraum zu lassen; zugleich ist es aber auch von Bedeutung, daß die Kufen doch weit genug vorgezogen sind, um auch bei weit ausgezogener Tastatur noch genügend Standfestigkeit zu geben.

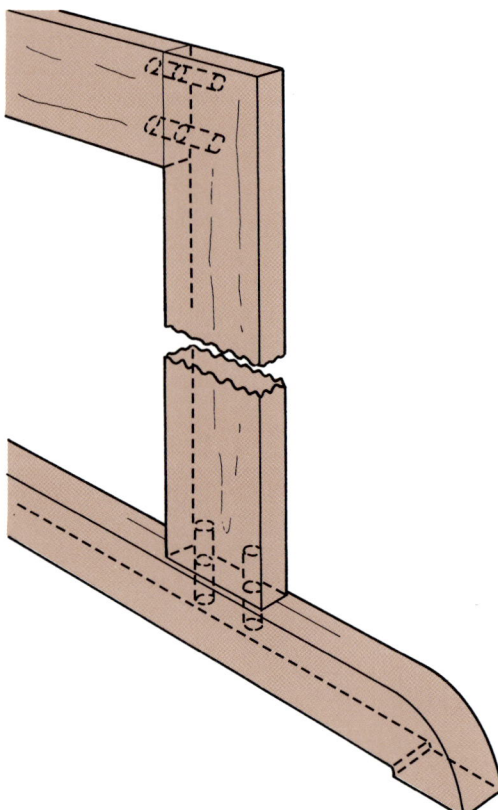

Abb.4: Das Konstruktionsprinzip: gedübelte Rahmenbauweise.

Wie stets bei solchen Arbeiten werden die Kufen nach Zuschnitt und Aushobeln paarweise zusammengelegt und auf den Oberseiten die Ablängschnitte angerissen, dann die Position der Stollen. Die genaue Kennzeichnung der Lage der Teile erfolgt wie auf S. 36 erläutert. Dann gibt es keine Verwechslungen! Nach dem Kürzen auf die vorgesehene Länge und dem Anzeichen der Rundungen sind die Teile erstmals fertig.

Stollen

Die Stollen und die oberen Rahmen-Querteile sind gleichbreit, können also in einem Arbeitsgang ausgehobelt werden. Auch sie werden dann paarweise gezeichnet und angerissen, wobei dann auch gleich die Bohrungen für die Höhenverstellung mit angerissen werden (s. S. 81), sowie die Lage der Querstücke.

Nach dem Ablängen und eventuell nötigen Bestoßen der Hirnenden, die sehr exakt winklig sein müssen, können sowohl die Dübellöcher als auch die Löcher für die Höhenverstellung gebohrt werden. Es ist dringend nötig, dabei Abfallholz unterzulegen, weil die Querlöcher gar zu gern auf den Innenseiten ausreißen, besonders dann, wenn mit zuviel Druck gebohrt wird. Arbeiten Sie bitte auch dabei sehr genau, damit die Löcher aller vier Stollen auch wirklich gleich hoch werden!

Kontrollieren Sie nun den auf den Kufen angezeichneten Abstand der Stollen durch Auflegen des oberen Querstückes: er muß übereinstimmen! Kleine Differenzen können Sie jetzt noch auf den Kufen korrigieren.

Falls Sie die passenden Markierungsspitzen haben, können Sie nun bereits die Lochmittelpunkte übertragen. Auf die Kufen mit untergelegten Hilfsleisten, wenn Sie gut zielen können auch freihändig senkrecht. Es gehört aber doch einige Übung dazu. Sicherer ist die bisher von mir beschriebene Methode mit flach auf ein ebenes Baubrett gelegten Teilen und Distanzleisten. Vor allem fällt dabei jede noch so leichte Windschiefe auf, die so gleich behoben werden kann. Bei den oberen Querstücken brauchen Sie natürlich keine Distanzstücke.

Sobald auch diese Löcher hergestellt sind, können Sie die Teile anfasen und schleifen, die Kufen vorn und hinten abrunden, die untere Ausnehmung anschneiden oder (auf der Abrichte) aushobeln, indem Sie 60 mm von beiden Enden seitlich deutlich anzeichnen und dort jeweils wechselseitig»einsetzen« bzw. aufhören.

Es genügen 2-3 mm, um zu erreichen, daß nur die vier Enden auf dem Boden stehen. Dadurch vermeiden Sie Wackeln.

Schublade

Die Rückwand des kastenförmigen Gehäuses bekommt einen passenden Ausschnitt, damit die Kabel ungehindert durchgeführt werden können. Die Verbindung des Tastaturkastens mit den Seitenrahmen erfolgt am elegantesten mittels der in diesem Buch vielfach empfohlenen Messing-Flachmuttern mit kurzen Stücken Gewindestange, die in von innen eingesetzte Einschlagmuttern geschraubt werden. Versenken Sie die Einschlagmuttern vorsichtshalber, damit sie innen kein Verkehrshindernis bilden können. Mit einem 20er Forstner-Bohrer geht das vor dem Zusammenbau ganz leicht und schnell.

Die Schublade zur Aufnahme der Tastatur ist hier ganz einfach ausgeführt: 15 mm-Multiplex-Sperrholz wird passend zugerichtet, seitlich mit etwa 1 mm Luft im Gehäuse. Die Seiten habe ich danach einfach stumpf auf die Bodenplatte aufgeleimt und von unten geschraubt; die Rückwand dazwischen gesetzt und genauso befestigt. Seitlich habe ich die Seitenteile 5 mm eingerückt, weil die Breite für mein Gerät sowieso reichlich bemessen ist und auf diese Weise die Seitenteile nicht am Gehäuse scheuern.

Passen Sie aber auf, daß Ihre Schrauben nicht gerade dort sitzen, wo der Kabeldurchlaß einzuarbeiten ist. Besser macht man diesen Durchbruch vorher, weil man ihn dann im Bohrständer bohren kann. Falls Ihre Stecker größeren Durchmesser haben, machen Sie das Loch entsprechend höher.

Mit etwas Gleitwachs oder Kernseife an den Kanten und der Bodenfläche gleitet der Auszug brauchbar leicht, aber auch nicht zu leicht; so daß die sichere Betätigung der Tastatur gesichert ist. Wer will, kann sich noch eine einsetzbare, abschließbare Klappe vor der eingeschobenen Tastatur einfallen lassen, um unbefugte Benutzung zu erschweren.

Druckertisch

Auch beim Druckertisch (oder -wagen) wurde die gleiche Bauweise gewählt. Seine Breite ist ausreichend, paßt aber auch zwischen die Seitenteile des Computertisches. Statt des kastenförmigen Gehäuses ist sein Querstück ein offenes U, das ebenfalls offen gezinkt werden sollte. Falls dann noch ein zweites solches U-Tableau für den Papierkarton vorgesehen wird (nicht eingezeichnet), ist der Unterzug überflüssig.

Variante

Ferner eignet sich ein weiteres solches U-Stück als Höhenausgleich auf dem Computertisch, falls ein

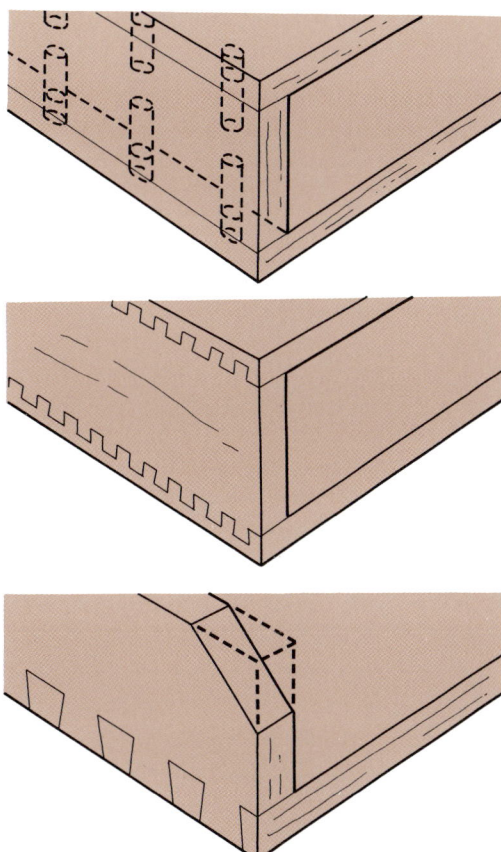

Abb. 5, 6, 7 (von oben nach unten): Der Kasten aus gedübelten Massivholzplatten; die Zinken, hergestellt mit der Zinkenfräsvorrichtung von Festo und der Handoberfräse; der Tastaturauszug, von Hand gezinkt.

Wenn Sie vorsichtig sind, machen Sie die Verleimung wieder auf einer stabilen, ebenen Bauplatte, legen die Distanzbrettchen unter und sichern die Nicht-Windschiefe durch Zwingen, die die Seitenrahmen auf die ebene Bauplatte pressen. Ein Probe-Zusammenbau vor der Verleimung hat noch nie geschadet und schützt vor bösen Überraschungen.

Gehäuse

Das kastenförmige Gehäuse kann sehr verschieden hergestellt werden. Am solidesten sind die halbverdeckte Zinkung und die offene Zinkung. Beschrieben ist das auf S. 59ff. Falls es ganz schnell gehen muß, kann aber auch gedübelt werden, doch ist die Haltbarkeit längst nicht so groß. In diesem Fall sollte immer der Unterzug vorgesehen werden, der mit den bewährten Quermutterbolzen-Verbindungen montiert wird; zusätzlich wie bei Bettseiten etc. (S. 130) zwei 10 mm-Dübel.

Gerät mit integrierter Tastatur verwendet wird, das Computergehäuse als Unterlage für den Monitor also fehlt. Das gibt auch ein brauchbares Gelaß für ein Bandgerät oder anderes Zubehör.

Für solche gezinkten Kästen und einfache Winkel gibt es noch viele weitere Verwendungsmöglichkeiten: z. B. seitlich angeschraubt als zusätzliche Ablage, für das Konzept, Handbücher und tausend andere Zwecke. Die Maße dafür muß der Benutzer vorgeben, denn nur er kann wissen, was in welcher Position seiner Arbeit am besten entspricht. Falls Sie sich eine ordentliche Zink-Vorrichtung für Ihre Handoberfräse zugelegt haben, z.B. die von Festo, so findet sie bei diesem Projekt reiche Verwendung. Die so zierlichen halbverdeckten Zinken liefern bei genauer Einstellung der Vorrichtung eine Festigkeit, die sogar mich als alten Hasen sehr überrascht hat. Hinzu kommt das Tempo, mit dem alle beliebigen Kästen in kürzester Zeit gezinkt werden können. Es sind wirklich nur noch Minuten statt Stunden. Und selbst für die offenen Tableaus reicht die Festigkeit. Andererseits sollten Sie die Gelegenheit nicht versäumen, doch einmal wieder richtig solide offene Zinken von Hand zu machen, schon um nicht aus der Übung zu kommen.

Schlußarbeiten

Grundieren Sie Oberfläche dieses Möbels mit Leinölfirnisgrundierung und wachsen mit echtem Bienenwachsbalsam. Das gibt auch keinen Ärger mit statischen Aufladungen, wie es bei synthetischen Lacken möglich ist, denn gewachste Oberflächen enthalten immer ein Mindestmaß an Feuchtigkeit, das die Leitfähigkeit sicherstellt und damit eine Aufladung unmöglich macht.

Benötigtes Werkzeug:
Spannsäge, Fuchsschwanz oder ähnliches
Feinsäge, gerade
Putzhobel
Rauhbank
elektrische Bohrmaschine
Holzspiralbohrer mit Vorschneidern 8, 10 mm Ø
Forstner-Bohrer 20 mm, 30 mm, Bohrhilfe
Anschlagwinkel
Zollstock
Bleistift
Streichmaß
Schleifkork, 80er, 100er und 120er Schleifpapier

Wünschenswert wären:
Unterflur-Zugsäge wie »Erika«, »Basis plus« oder ähnliche
Handkreissäge mit Führungssystem (Festo)
Oberfräse mit Führungssystem, Fräseinsätze Gratfräser, Stabfräser r = 10, beides mit Anlaufkugellager, notfalls mit Zapfen,
Stichsäge oder Bandsäge (Festo),
Schwingschleifer (Rutscher), (Festo)

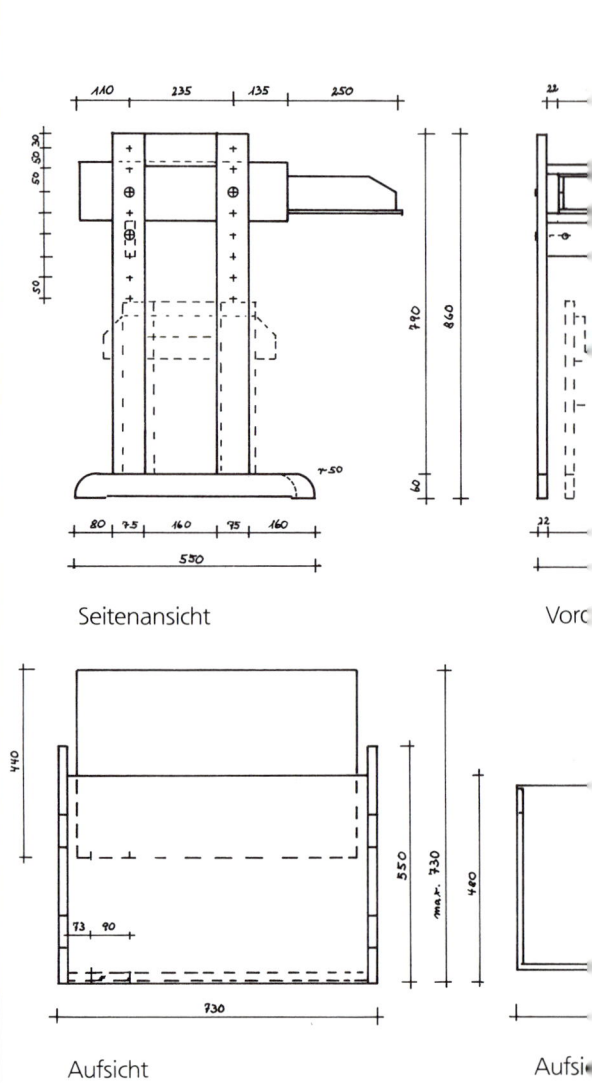

Seitenansicht

Vord

Aufsicht

Aufsi

Stückliste

Material:
ca. 24 m Hobeldielen oder Rauhspund aus Kiefer

2 Kufen	600 x 60 x 22 mm	
4 Stollen	790 x 75 x 22 mm	
2 Querstücke	160 x 75 x 22 mm	
2 Gehäuseplatten	686 x 480 x 22 mm	
2 Gehäuseseiten	96 x 480 x 22 mm	
(plus Zinkenlänge!)		
1 Auszuggrundplatte	640 x 440 x 15 mm	
(Multiplexsperrholz)		
2 Seitenteile dazu	430 x 79 x 15 mm	
(dito)		
1 Hinterstück	600 x 76 x 15 mm	
(dito)		
1 Rückwand für das Gehäuse	656 x 110 x 6 mm	
(dito oder 22 mm Kiefer)		

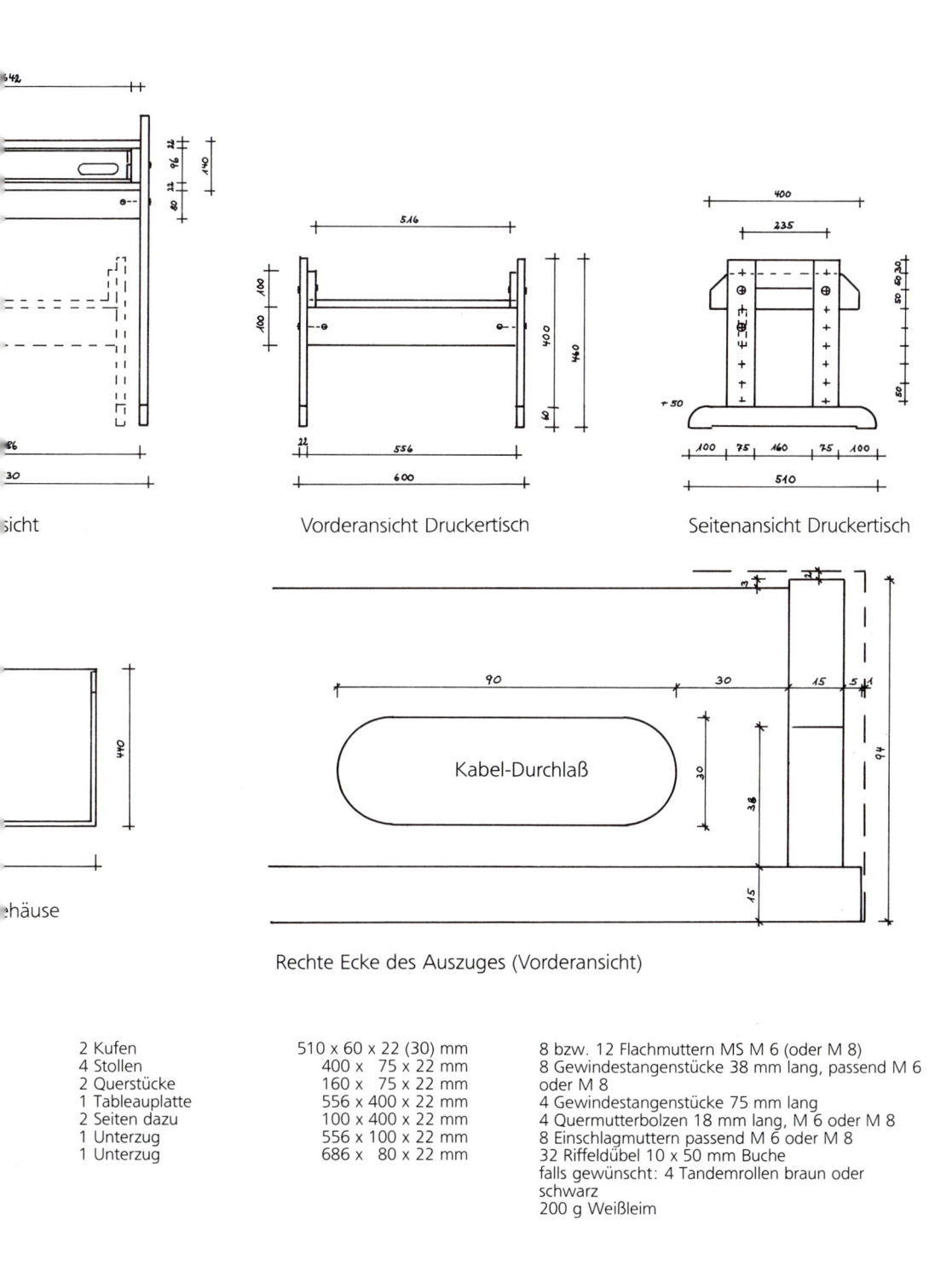

Vorderansicht Druckertisch

Seitenansicht Druckertisch

Kabel-Durchlaß

Rechte Ecke des Auszuges (Vorderansicht)

2 Kufen	510 x 60 x 22 (30) mm	8 bzw. 12 Flachmuttern MS M 6 (oder M 8)
4 Stollen	400 x 75 x 22 mm	8 Gewindestangenstücke 38 mm lang, passend M 6 oder M 8
2 Querstücke	160 x 75 x 22 mm	
1 Tableauplatte	556 x 400 x 22 mm	4 Gewindestangenstücke 75 mm lang
2 Seiten dazu	100 x 400 x 22 mm	4 Quermutterbolzen 18 mm lang, M 6 oder M 8
1 Unterzug	556 x 100 x 22 mm	8 Einschlagmuttern passend M 6 oder M 8
1 Unterzug	686 x 80 x 22 mm	32 Riffeldübel 10 x 50 mm Buche
		falls gewünscht: 4 Tandemrollen braun oder schwarz
		200 g Weißleim

SCHUBKASTEN-CONTAINER

Ein solcher fahrbarer Schubkastenschrank kann mit der richtigen Höhe zum Beispiel gut als Erweiterung der Arbeitsfläche von Schreibplätzen dienen, er paßt aber auch für die Schreibmaschine, den Computer, den Fernseher oder man schiebt ihn einfach unter die Schreibplatte.

Konstruktion

Ich beschreibe den Container hier in zwei verschiedenen Verarbeitungen, beide in 760 mm Höhe, was genau zum Schreibplatz (S. 172) paßt, 500 mm Breite und einer Tiefe von 550 mm. Wer andere Höhen braucht, muß also ändern. Dazu empfehle ich dringend als erstes einen Aufriß im Maßstab 1:1, etwa auf einem Stück weißer Hartfaserplatte oder auch auf einer anderen, zufällig vorhandenen sauberen, hellen Platte. Zeichnen Sie exakt mit den genauen Holzstärken, der vorhandenen Rollenhöhe und den gewünschten Schubkastenhöhen. Bei der Vielzahl der Einzelteile unterlaufen sonst fast immer Fehler, die während der Arbeit nicht mehr zu ändern sind. Auf der weißen Platte genügt notfalls ein feuchter Zeigefinger zum Ändern.

Je nach dem, wie weit fortgeschritten Ihre handwerklichen Fähigkeiten bereits sind, sollten Sie zwischen der gezinkten und der gedübelten Version auswählen. Gezinkt kann es ein Schmuckstück werden, aber nur dann, wenn Sie das Zinken bereits gut können. Bei so langen Zinkenreihen fallen Ungenauigkeiten leider sehr auf.

Die technische Zeichnung zeigt beide Versionen, und auch in der Stückliste finden Sie die Angaben für beide Ausführungen. Ferner habe ich bei der gezinkten Ausführung auch gezinkte Schubkästen vorgesehen; von vorn frei sichtbare Zinken! Die Laufleisten sind hier in die Schubkastenseiten eingenutet, was bei ordentlicher Verarbeitung leicht laufende Kästen ergibt.

Bei der gedübelten Version habe ich dagegen vorschlagende Blenden gewählt, die vor den gezinkten vierseitigen Kästen sitzen und lediglich angeschraubt werden. Hier können Sie also das Zinken nach Herzenslust üben, ohne daß Fehler gleich ins Auge springen. Statt hölzerner Führungen habe ich Rollenführungen vorgesehen, die einen besonders leichten Lauf garantieren (Abb. 1 und 6). Sie machen die Kästen allerdings etwa 24 mm schmäler, da sie je 12 mm Breite beanspruchen. Diese seitlichen Abstände werden im geschlossenen Zustand von den Vorderstücken verdeckt. Die nötigen Angaben zum Zinken finden Sie in diesem Buch ab S. 59ff.

Material

Bei der Herstellung des Gehäuses sind die Arbeitsgänge je nach verwendetem Ausgangsmaterial verschieden. Falls Sie fertige Leimholzplatten verwenden, müssen Sie sie vermutlich nur auf die richtige Breite und Länge schneiden, eventuell leimen Sie ein passendes Stück an, falls Sie nur schmalere Platten bekommen. Erläuterungen zu diesem Fügen genannten Arbeitsgang finden Sie auf S. 50ff. Gehen Sie dagegen von den preiswerten Hobeldielen aus, können Sie entweder an der Feder nachhobeln (s. S. 8), oder Sie schneiden Nut und Feder ganz weg und fügen stumpf, wie auf S. 51 beschrieben.

Falls Sie Fichte verwenden wollen, bekommen Sie die nötigen Vierkantbretter bereits fertig im Holzhandel; leider sind sie in Kiefer kaum irgendwo zu finden.

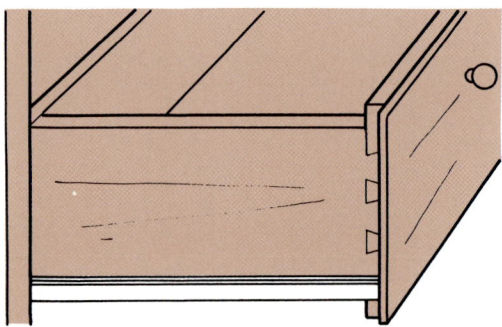

Abb. 1: Der am Schubkasten befestigte Teil der Rollenführung fällt kaum auf, besonders wenn Sie die Ausführung in beige bekommen können.

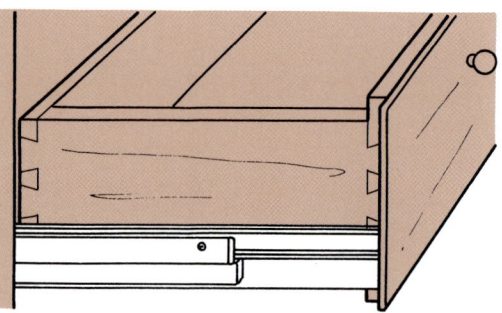

Abb. 2: Vollauszüge, auch Teleskopauszüge genannt, fallen optisch etwas stärker auf und verbrauchen mehr Platz in der Breite.

Abb. 3: Gezinkt ein Schmuckstück, aber auch gedübelt sehr ansehnlich: der Schubladen-Container.

Vorarbeiten

In beiden Fällen beginnt die Arbeit mit der Holzauswahl. Es folgt der Grobzuschnitt, das »Zeichnen«, Verleimen und »auf Breite« schneiden. Alle diese Arbeitsgänge finden sie auf S. 32ff. erläutert.

Weiter geht's mit dem Zusammenzeichnen, Anreißen und Überwinkeln. Dabei berücksichtigen Sie bitte unbedingt die Längenzugabe von 0,5 mm an

jedem gezinkten Ende, um später »Fleisch« zum Putzen der Zinken zu haben. Sie sehen sonst meistens gräßlich aus. In der Stückliste ist diese Zugabe *nicht* berücksichtigt!

Da fast immer das Außenmaß eines Bauteiles wichtiger ist, reißt man das betreffende Maß zuerst auf den Teilen an und erst als nächstes den Riß für das Innenmaß, das sich aus der tatsächlich vorhandenen Holzstärke ergibt. Man mißt es tunlichst nicht, sondern setzt das betreffende Teil direkt auf, um jede Differenz auszuschalten.

Gezinkte Seitenteile

Wenn Sie nun nach der Anleitung auf S. 50ff. die Flächen hergestellt und überwinkelt haben, spannen Sie bitte die Seitenteile, die die Zinken bekommen, mit den Innenseiten zusammen in die Hobelbank, so, daß alle Kanten genau zusammenpassen, und sichern mit zwei Zwingen. Dann tragen Sie in etwa 15 mm Abstand von beiden Enden zwei kurze Linien quer über die Fuge auf und messen die zwischen beiden liegende Strecke. Dieses Maß teilen Sie durch eine ganze ungerade Zahl so, daß sich ein Teilbetrag von etwa 18-20 mm ergibt. Damit haben Sie die Zinkenteilung festgelegt, die jetzt möglichst genau über die ganze Strecke aufgetragen wird. Um die Schräge der Zinken anzuzeichnen, verwenden Sie einen speziellen Zinkenwinkel, dessen einfache Herstellung auf S. 60 ausführlich erklärt ist. Dort finden Sie auch alle übrigen Angaben zur Herstellung exakter Zinken.

Gedübelte Seitenteile

Falls Sie dagegen die gedübelte Version gewählt haben, teilen Sie die Strecke zwischen den seitlichen Rissen (ca. 15-20 mm von den Enden) so auf, daß vier bis fünf etwa gleiche Abstände entstehen, nach denen sie Ihre Dübellöcher ausrichten. Achten Sie aber darauf, daß kein Loch direkt auf eine Fuge kommt. Da später davon nichts zu sehen ist, können Sie ohne Bedenken etwas ausweichen, nur dürfen die Abstände nicht zu groß werden. Ein Dübel mehr schadet natürlich nicht.

Zum Bohren verwenden Sie eine der angebotenen Dübelhilfen und stellen Sie zuvor so ein, daß die Löcher nicht genau in die Mitte kommen, sondern etwa 2 mm weiter *nach innen,* um so die Gefahr des seitlichen Ausbrechens der Dübellöcher in der Deckplatte zu vermindern. Zu beachten ist dabei, daß Ihr Bohrer trotzdem gut scharfe Vorschneider haben muß. Auch unten gehen Sie bitte entsprechend vor.

Wie das im einzelnen gemacht wird, auch das Übertragen der Position für die Gegenlöcher, können Sie auf S. 57 und 74 in ausführlicheren Anleitungen nachlesen.

Denken Sie bitte daran, daß die Verarbeitung beim Zinken oben und unten gleich ist; beim Dübeln jedoch muß die untere Platte zwischen den Seiten sitzen und ist aus diesem Grund entsprechend kürzer. Aus demselben Grund wird dort auch zuerst in den Unterboden gebohrt.

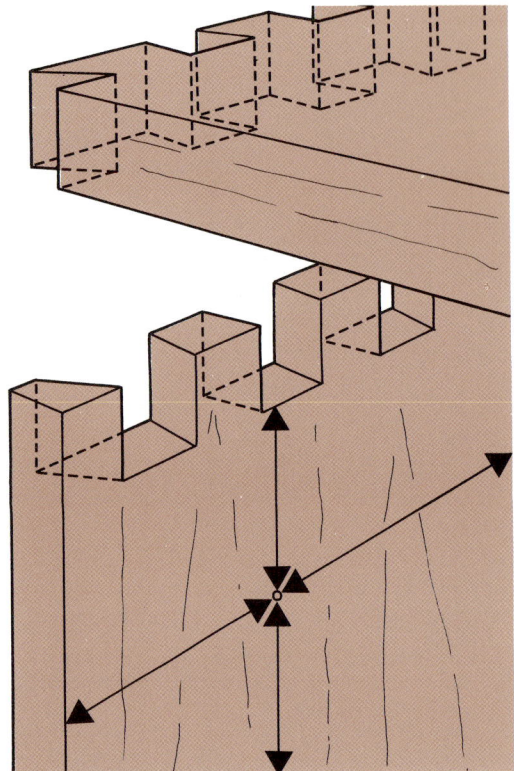

Abb. 4: Nicht nur bei der gezinkten Ausführung sollten Sie alle Schraubenlöcher für die Laufleisten bzw. Rollenführungen vor dem endgültigen Verleimen exakt festlegen und vorstechen!

Rückwand

Die Rückwände werden in beiden Ausführungen eingenutet, nicht gefälzt, weil sie ja oft frei sichtbar sein werden. Das Einpassen muß recht genau erfolgen, weil die Seitenstabilität davon abhängt. Deshalb sind die Maßangaben dazu in der Stückliste nur Anhaltspunkte. Das tatsächliche Maß hängt von der Nuttiefe ab. Falls Sie da hinsichtlich der Passung Probleme bekommen sollten, schlagen Sie auf S. 60 nach, wo auch kleine Tricks verraten werden. Und vermeiden Sie unbedingt den häufigsten Fehler: Überlegen Sie genau, wo die Nut bis zum Ende durchgehen darf und wo nicht. Zeichnen Sie das groß und deutlich an, sonst ist es schon passiert! Wie man auch dann noch helfen kann, finden Sie auf S. 60.

Falls Sie nicht über eine Oberfräse verfügen, geht das Nuten auch mit einer sogenannten Schattenfugenfräse und sogar mit den verschiedensten Kreissägen, nur muß man dabei besonders vorsichtig sein und vorher genau markieren, bis wohin man schieben darf und ab wo! Um auf die nötige Nutbreite zu kommen, sägt man mehrfach unter Verstellung des Breitenanschlages. Mit der Oberfräse geht es am sichersten mit dem von mir empfohlenen Führungssystem. Wenn Sie nur mit dem üblichen Anschlag arbeiten, versucht die Fräse gar zu gern auszuweichen. Das gibt Fehler, die nur schwer korrigierbar sind.

Schubkästen

Wenn Ihre Arbeit soweit fortgeschritten ist, sollten Sie nach dem ersten Probeaufbau (noch ohne Leim!) auf den Innenseiten des Gehäuses exakt aufreißen, wie die Schubkästen sitzen sollen und wo die Laufleisten bzw. die Rollenführungen befestigt werden (Abb. 4). Bei der zweiten Seite genügt es, wenn Sie die Position der Schraubenlöcher übertragen und die Mitte jeweils mit dem Spitzbohrer vorstechen. Daß das Übertragen seitenverkehrt erfolgen muß, ist ja klar.

Man macht diese Arbeit zweckmäßig bereits jetzt, weil man später in dem doch recht engen Gehäuse viel mehr Arbeit damit hätte. Und nicht zuletzt kontrolliert man hier selber, daß die vorgesehene Schubkastenmaße auch hineingehen. Falls nicht, gibt es jetzt noch elegante Auswege.

Für alle in diesem Buch beschriebenen Schubkästen gilt, daß sie aus einem Vorderstück, den beiden Seiten, dem Hinterstück und einem Boden bestehen. Zusätzlich kann das Vorderstück noch ein Doppel tragen, das mit dem Vorderstück lediglich verschraubt wird. Bei den Schubkästen für den gedübelten Container habe ich diese Version gewählt, weil sich der exakte Sitz der Vorderstücke bei größerer Anzahl so besser einstellen läßt.

Aus der Vielzahl der möglichen Führungen habe ich nur zwei ausgewählt: die hängende Führung mit Führungsleiste und die Rollenführung, wahlweise auch als Vollauszug, wobei der Schubkasten bis zum Hinterstück herausgezogen werden kann, ohne zu kippen.

Bei allen Schubkastenarten ist darauf zu achten, daß die Kästen an keiner Stelle im Gehäuse eingeklemmt werden können, falls sich die Massivholzteile durch Feuchteänderungen etc. leicht verziehen. Man macht deshalb die Seiten stets etwas

niedriger als die Vorderstücke, oft die Hinterstücke nochmals niedriger als die Seiten. Seitlich sorgen die Führungsleisten dafür, daß zur Gehäuseseite ein Mindestabstand von 3 mm eingehalten wird. Aber auch bei der Befestigung der Führungsleisten und Rollenführung ist auf das Arbeiten der Gehäuse Rücksicht zu nehmen: Nur vorne fest verschrauben. Hinten immer Langlöcher vorsehen und keinesfalls auf ganzer Länge leimen!

Die Schubkästen selbst stellen wir aus Massivholz her. Für die Vorderstücke habe ich durchweg die volle 22 mm-Stärke gewählt. Für die Seiten und Hinterstücke sehen dünnere Hölzer besser aus. Bei Hartholz (Buche, Eiche u.a.) genügen 13-14 mm, in Kiefer wähle ich meistens 15-17 mm.

Für die Ausführung des Schubkastenbodens und der zugehörigen Nut in den Seiten sowie die Höhe des Hinterstückes finden Sie nähere Hinweise auf S. 82. Für das Verdecken der Nut im Vorderstück und das Zinken der Kästen schlagen Sie bitte auf S. 59 nach.

Achten Sie unbedingt bei der Verwendung von Rollenführungen darauf, daß diese vorn an der Unterkante meistens einen vorspringenden kleinen Kasten haben, um die große Rolle unterzubringen. Oben stört das nicht. Beim unteren Kasten kann es aber fatal werden, wenn Sie die Schiene einschließlich Schubkasten nicht um dieses Maß höher einplanen! Notfalls kann man unten noch ausstemmen, aber gekonnt sieht das nicht aus.

Je nach Typ des Rollenauszuges kann es sein, daß Sie die Seiten und das Hinterstück des obersten Schubkastens ebenfalls niedriger machen müssen, weil sich sonst der Schub bei montierten Führungsteilen nicht einsetzen läßt! Also rechtzeitig ausprobieren. Sollte es schon zu spät sein, kann man sich helfen, indem der Kasten erst im eingeschobenen Zustand von unten durch die Schrauben mit dem abgewinkelten Teil der Rollenführung verschraubt wird. Also: Erst ausprobieren, welche Tücken der von Ihnen ausgewählte Rollenführungstyp vorrätig hat, dann die Konstruktion festlegen!

Die beim ganz gezinkten Container vorgeschlagenen Laufleisten mit dem Querschnitt 15 x 10 mm

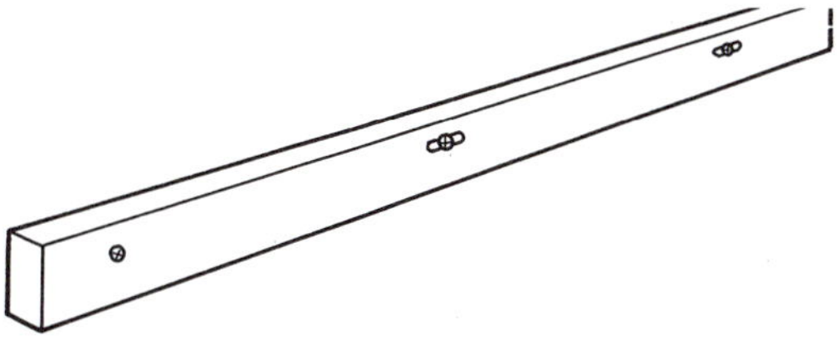

Abb. 5: Die Laufleisten für die »ganz-Holz-Ausführung« sollten aus Ramin oder Buche sein, darauf gleitet der Kasten viel besser. Etwas Gleitwachs wird dankbar angenommen.

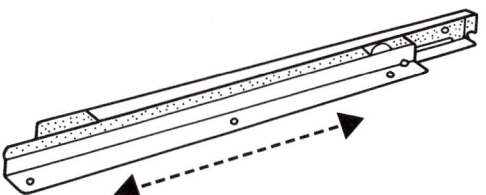

Abb. 6: Die zweiteiligen Rollenführungen mit großen, nylonbeschichteten Rollen laufen besonders leicht.

Schubkasten-Container gezinkt
Schubkästen mit vorn frei sichtbaren Zinken
und eingenuteten Laufleisten

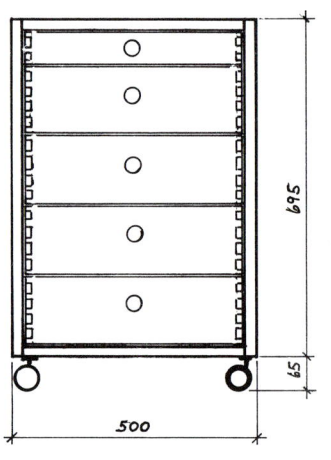

Vorderansicht

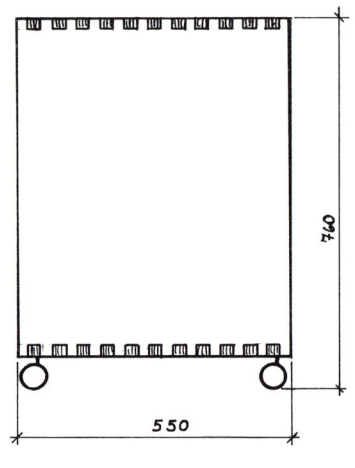

Seitenansicht

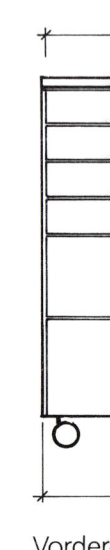

Vorder-

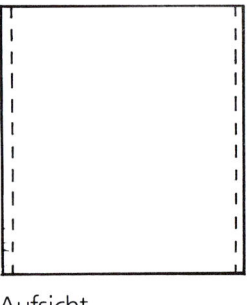

Aufsicht

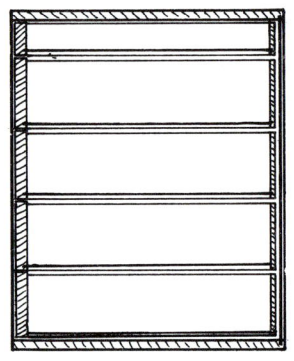

Längsschnitt

Schubkasten-Sei

Rollenführung

Spax 3,5 x 16 mm

Detail

Stückliste

Container gezinkt
Material:
ca. 22 m Leimholzplatten oder Hobeldielen aus
Kiefer

2 Seiten	695 x 550 x 22 mm
1 Deckplatte	500 x 550 x 22 mm
1 Bodenplatte	500 x 550 x 22 mm
1 Vorderstück Schubkasten	454 x 73 x 16 mm
1 Hinterstück Schubkasten	454 x 70 x 16 mm

2 Schubkastenseiten	525 x 70 x 16 mm
4 Vorderstücke	454 x 140 x 16 mm
4 Hinterstücke	454 x 133 x 16 mm
8 Seitenstücke	525 x 133 x 16 mm
5 Schubkasten-Böden	510 x 434 x 5 mm
(Sperrholz Kiefer)	
10 Laufleisten	500 x 15 x 10 mm
(Ramin oder Buche)	
4 Laufrollen Ø 50, Höhe 65 mm, mit Anschraubplatte	

Schubkasten-Container gedübelt
Schubkästen auf Rollenführungen, Kästen gezinkt
Vorderstücke aufgedoppelt, »vorschlagend«

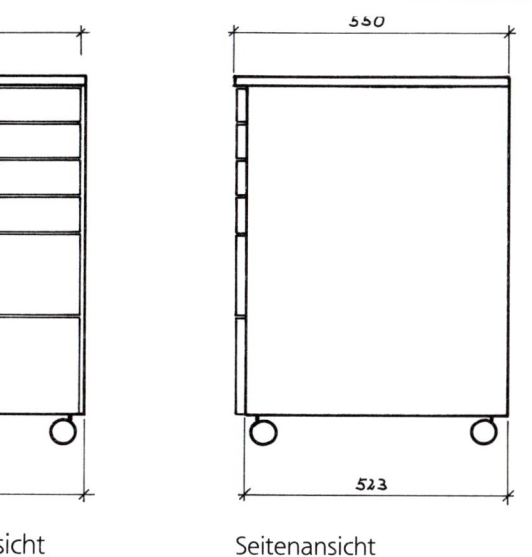

sicht   Seitenansicht

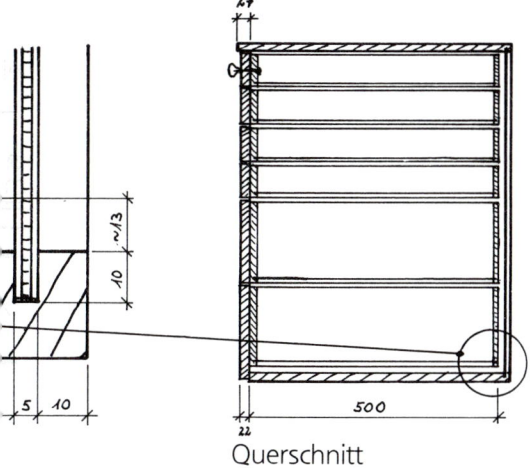

Querschnitt

1 Rückwand   676 x 476 x   5 mm
(Sperrholz Kiefer)
5 Knöpfe Ø 30, Höhe 30 mm, oder passende Griffe

30 Spaxschrauben 3,5 x 25 mm, verzinkt oder ver-
chromt, für die Laufleisten
16 Spaxschrauben 3 x 20 mm für die Laufrollen

aus Ramin oder Buche (Abb. 5) haben den Vorteil, daß sich die sonst beim klassischen Schubkasten getrennten Funktionen von Laufleisten, Streichleiste und Kippleiste in einem Teil vereinigen lassen — und das mit recht guten Ergebnissen, falls Sie die nötige Sorgfalt anwenden und genau arbeiten. Die zu den Laufleisten passenden Nuten werden in die Schubkastenseiten eingefräst, und zwar so, daß sie von vorn nicht sichtbar werden. Sowohl die Breite wie die Tiefe der Nuten muß zu den Leisten passend sein. Man gibt, um die Beweglichkeit zu sichern, nur etwa 0,75 mm Luft in der Höhe und Breite. Dann »läuft« der Schubkasten ohne Schwierigkeiten bis zu etwa quadratischen Maßen. Wird er wesentlich breiter als tief, sollten Sie doch auf Rollenführungen ausweichen.

Diese Rollenführung gibt es übrigens auch als Teleskop- oder Vollauszug (Abb. 2), was heißt, daß kein »Auszugverlust« auftriff wie beim normalen Schubkasten, den man bekanntlich tunlichst nicht ganz herauszieht, weil er sonst herausfällt. Dafür fallen die Vollauszüge fast immer stärker auf. Letztlich kommt es also auf den Verwendungszweck der Schublade an.

Laufrollen

Schließlich kommen wir zu den Laufrollen des Containers. Sie gehören an den vier Ecken soweit nach außen wie möglich montiert, denn sonst begünstigen Sie das Kippen des ganzen Containers erheblich. Vorder- und Seitenansicht zeigen das nochmals.

Der Typ der Laufrollen ist Geschmacksache. Eine sehr preiswerte und trotzdem gut brauchbare Lösung sind die angedeuteten Tandemrollen mit Anschraubplatten. Sie sind allerdings aus Kunststoff. In Metall bieten sich vor allem die sogenannten Apparaterollen an, meist mit einer Lauffläche aus gummiähnlichem Material. Sie laufen auf richtigen Kugellagern besonders leicht, kosten aber ein Vielfaches und sehen meist etwas sehr »apparatemäßig« aus. Kaufen Sie die Rollen als Erstes! Sonst wissen sie beim Bau des Containers nicht, ob Sie später die gewünschte Höhe auch bekommen.

Als Griffe für die Schubkästen verwende ich fast ausschließlich hölzerne Knöpfe von etwa 30 mm Ø und gleicher Höhe, die ganz schlichte Form, bei der die Maserung der Kiefer gut zur Geltung kommt. Natürlich können Sie auch Griffe anderer Art montieren.

Für die Schubkastenböden gilt das Gleiche wie für die Rückwände: sie sollen sehr genau passen, nur ca. 0,5 mm Luft haben und müssen wirklich genau rechtwinklig gearbeitet sein, weil sie wiederum die

Winkligkeit des Schubkastens bestimmen. Und sie sollten schon beim Zusammenbau hineingesteckt werden!

Auf die Winkligkeit der Kästen lege ich deshalb so viel Wert, weil sie zusammen mit den exakt winkligen Gehäusen erst den einwandfreien Lauf der Schubkästen ermöglicht. Bei vermurksten, schiefen Kästen, egal ob Gehäuse oder Schubkasten, hilft gar nichts, außer Neubau.

Oberflächenbehandlung

Daß ein so sorgfältig gebauter Container auch die entsprechende Oberflächenbehandlung bekommen muß, dürfte sicher sein. Als Naturholz-Fan sollten Sie eine gute Grundierung auf Leinölfirnis-Basis wählen und nach Vorschrift ein- bis zweimal sorgfältig einarbeiten, dann nach der Trocknungszeit sorgfältig wachsen und schließlich bürsten.

Je nach Beanspruchung muß das Wachsen in entsprechenden Zeitabständen wiederholt werden, meist reicht einmal jährlich.

Solange die Wachsschicht geschlossen ist, was man am schönen Seidenglanz erkennt, ist die Oberfläche recht unempfindlich, auch für Bürozwecke. Farb- und Wasserflecke sollten allerdings nicht längere Zeit einwirken können, sondern müssen schnellstens weggewischt werden.

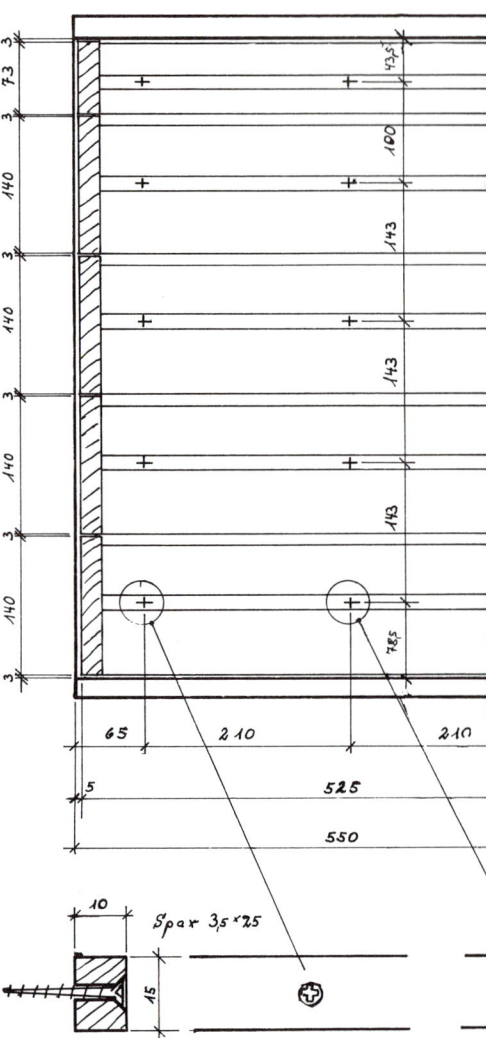

Aufriß für die Innenseite des gezinkten Containers

Auf die zweite Innenseite brauchen nur die Positionen der Befestigungsschrauben übertragen werden. Laufleiste: 10 x 15 mm Ramin oder Buche

---

Benötigtes Werkzeug

Spannsäge oder Fuchsschwanz
Feinsäge, gerade
Putzhobel
Rauhbank
Anschlagwinkel
Zollstock
Bleistift
Stahlmaßstab
Spitzbohrer
Schraubendreher Prozidrive Größe 2 und 3
Schlitzschrauben-Dreher 4+6 mm
Stecheisen 10-15 und 18-20 mm
Holz- oder Gummihammer
elektrische Bohrmaschine, Bohrer 3, 3,5, und 4 mm
Holzspiralbohrer 8+10 mm
Hammer, ca. 300 g
Kneifzange
Schleifklotz mit 80er, 100er und 120er Schleifpapier

Wünschenswert wären:

Unterflur-Kreissäge
Handkreissäge mit Führungssystem und Vielzahn-Hartmetallsägeblatt Festo oder vergleichbare Qualität
Schwingschleifer (Rutscher) mit Direktantrieb, entsprechendes Schleifmaterial
Oberfräse mit Fingerfräser 5 mm zum Führungssystem der Handkreissäge
kombinierte Abrichte/Dickenhobel

Stückliste

Container gedübelt:

2 Seitenplatten	673 x 523 x 22 mm
1 Deckplatte	500 x 550 x 22 mm
1 Bodenplatte	456 x 523 x 22 mm
2 Vorder/Hinterstücke	432 x 57 x 16 mm
2 Seiten	484 x 57 x 16 mm
1 Blende	480 x 60 x 22 mm
6 Vorder/Hinterstücke	432 x 60 x 16 mm
6 Seiten	484 x 60 x 16 mm

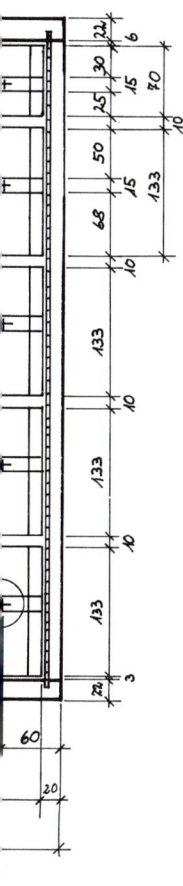

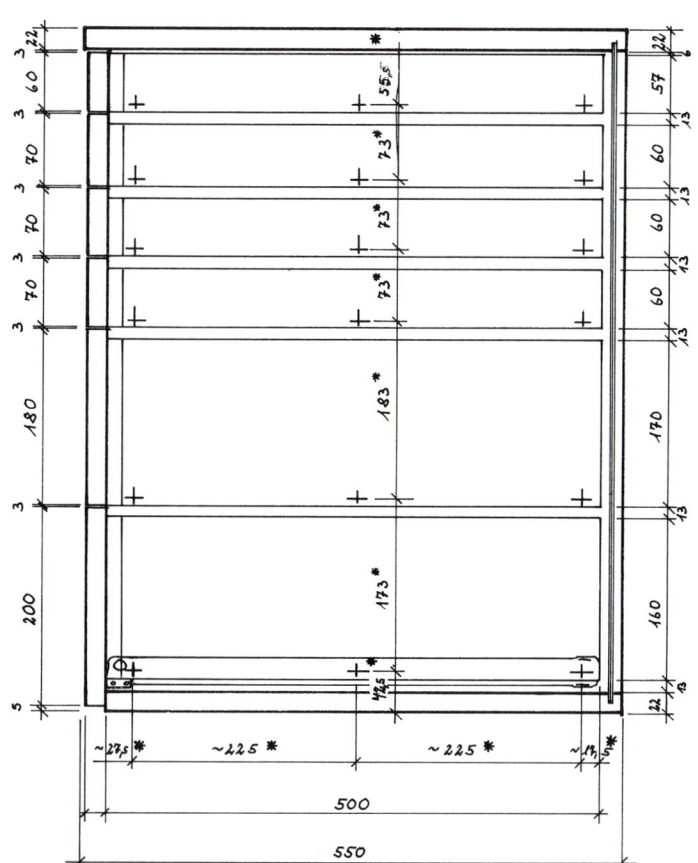

Aufriß für die Innenseite des gedübelten Containers

*Diese Maße hängen vom Typ der Rollenführung ab!
Hier verwendet: weiß oder braun emaillierte Führungen
mit 2 Nylon-Laufrollen, Innenschiene abgewinkelt

3 Blenden	480 x 70 x 22 mm	
1 Vorder/Hinterstücke	432 x 170 x 16 mm	
2 Seiten	484 x 170 x 16 mm	
1 Blende	480 x 180 x 22 mm	
2 Vorder/Hinterstücke	432 x 160 x 16 mm	
2 Seiten	484 x 160 x 16 mm	
1 Blende	480 x 200 x 22 mm	
6 Schubkasten-Böden	ca. 460 x 422 x 5 mm	
(Sperrholz Kiefer)		

1 Rückwand ca. 676 x 476 x 5 mm
(Sperrholz Kiefer)
6 Paar Rollenführungen, 500 mm lang
4 Laufrollen Ø50, Höhe 65 mm, mit Anschraubplatte
6 Knöpfe Ø 30, Höhe 30 mm oder pass. Griffe

36 Spaxschrauben verzinkt und passend 3,5 x 16
mm für die Rollenführungen
16 Spaxschrauben 3 x 20 mm für die Laufrollen
Dübel, geriffelt, Buche 8 x 50 mm, ca. 20 Stück

SESSEL

Der Sessel, den ich hier vorschlage, ist als Arbeitssessel nicht nur für das Kinderzimmer ausgelegt. Entworfen von mir ursprünglich als Schreibtischsessel mit Rollen, hat er sich inzwischen auch in der Variation ohne Rollen als Sessel am elterlichen Eßtisch bewährt. Selbst als Konferenzsessel im unkonventionelleren Sitzungsraum macht er sich gut. Wie die meisten Bauvorschläge in diesem Buch ist auch dieses Möbel sehr variabel und kann leicht in seinen Maßen der Größe der Benutzer angepaßt werden. Gebaut habe ich ihn schon von der Kindergröße bis zum Hochlehner für eine besonders große Studentin.

Material

Die viel verwendete Hobeldiele findet sich hier nur in den Sitzplatten wieder; ansonsten wird 42 mm-Kiefern-Stammware verwendet. Vielleicht bekommen Sie in Ihrem Baumarkt, Holzhandel o.ä. aber auch ca. 35 mm starke, fertig gehobelte Kiefer. Falls nicht, bleibt Ihnen nur der Kauf der ungehobelten Bohle, von der es in gut sortierten Holzhandlungen zwei Sorten gibt: die genannte Stammware und die Sortierung »astfreie Seiten«. Letztere ist zwar erheblich teurer, doch haben Sie weniger Verschnitt, denn bei der Stammware müssen Sie auf größere Äste Rücksicht nehmen. In diesem Fall ist es dann unumgänglich, daß Sie sich die Mühe machen und einige Bohlen durchsehen, um die günstigste zu finden.

Falls sie über Kreissäge und Hobelmaschine verfügen, ist die Zurichtung der Teile kein Problem. Achten Sie nur darauf, daß Sie die meist im mittleren Bereich zu findenden Risse im Abfall verschwinden lassen.

Wenn Sie nicht so gut maschinell bestückt sind, gehen Sie besser mit den nur ganz grob abgelängten Teilen zu einem Tischler und lassen sich die Teile dort zusägen und auf genaues Maß hobeln. Schneiden Sie die Teile nicht zu kurz, da sie sich viel besser hobeln lassen, wenn sie noch ca. 1 m lang oder länger sind! Wenn Sie auf der Bohle aufskizzieren, was Sie laut Stückliste benötigen, werden Sie schnell und ohne größere Probleme die richtige Stelle finden, an der Sie die 4-5 Meter lange Bohle quer durchschneiden können.

Meistens wird man Ihnen das Holz nach der Bearbeitung grob abgelängt anbieten, so daß Ihnen der Feinzuschnitt selbst überlassen bleibt. Mit der Mafell »Erika«, der »Basis Plus«, der Handkreissäge mit Vielzahnsägeblatt und Führungsschiene oder einer anderen, sehr präzisen Maschine ist das kein Kunststück. Aufgrund der gewählten Eckverbindungen geben Sie bitte überall 0,5 mm in der Länge zu, die Stücke mit zwei Eckverbindungen also 1 mm länger. Dagegen werden die stumpf zwischen anderen Teilen sitzenden auf genaue Länge gesägt. Was natürlich ebenso exakt auch von Hand

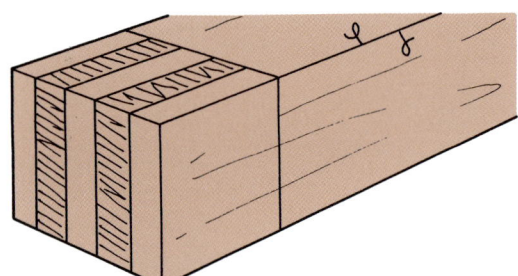

Abb. 2: Mit dem Streichmaß wurden die Fingerzinken angerissen. Die herauszuarbeitenden Teile sind durch Schraffierung eindeutig gekennzeichnet (Waagrechtes Rahmenstück).

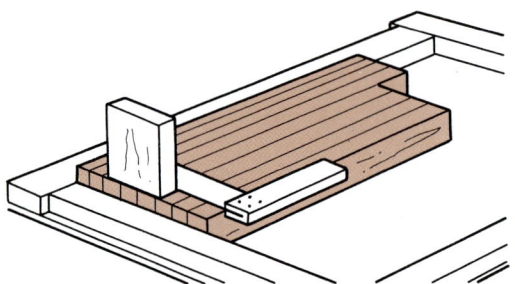

Abb. 1: Hier liegen alle acht Rahmenstücke in der winkligen Ecke der Bauplatte. Dazu ein Reststück vom Ablängen dieser Teile, um als Maß für das Anreißen zu dienen.

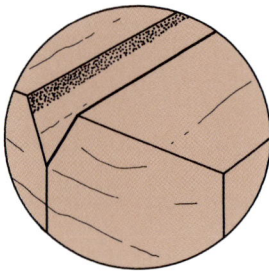

Abb. 2a: Ein »Riß« mit dem Streichmaß, hier stark vergrößert. Die dunkle Flanke entsteht durch Nachziehen mit einem spitzen Bleistift und macht es leichter, exakt den »halben Riß« stehen zu lassen.

Abb. 3: Ein Massivholzsessel, der nicht nur bequem, sondern auch sehr variabel ist.

mit anschließendem Bestoßen der Hirnholzenden möglich ist. (s. S. 48).

Eckverbindungen

Vom Tischler erwartet man, daß er die offenen Fingerzinken der Eckverbindungen mit der Absetzsä-

ge bzw. der Schlitzsäge schneiden kann, weil das recht schnell geht. In unserem Fall dürfen Sie aber getrost auch den feineren Fuchsschwanz oder gar die Feinsäge nehmen. Voraussetzung in allen Fällen ist nur, daß die Sägen gut scharf sind und sorgfältig geschränkt wurden, so daß sie richtig gerade schneiden und nicht klemmen. Vor allem sind wir aber bei der Herstellung von Hand in den Maßen ganz unabhängig, während der Fachbetrieb seine genormten Maße vorgegeben hat; meist 10 mm Breite. Hier ist aber bei der harmonisch wirkenden Holzbreite von 55 mm eine Fingerbreite von 11 mm sinnvoll.

Wählen Sie die einzelnen Stücke sorgfältig aus. Störende Äste oder kleine Risse kann man fast immer nach unten drehen, so daß sie nicht auffallen. Die beiden schönsten Stücke werden die Armlehnen, die anderen beiden gleicher Länge die unteren Rahmenstücke. Auch die aufrechten Rahmenstücke wählen Sie in dieser Art aus und bezeichnen dann die Teile wie auf S. 36 näher ausgeführt mit den Dreieckzeichen und zusätzlicher Nummerierung.

Legen Sie nun alle Rahmenteile auf der Schmalseite so nebeneinander, daß sie alle links »bündig« liegen, was Sie bitte unbedingt mit einem genauen Anschlagwinkel kontrollieren. Falls Sie eine saubere, passende Bauplatte haben, ist das noch einfacher. Sie brauchen diese Platte sowieso und sollten Sie deshalb besser gleich zu Anfang herrichten, egal ob Sie eine neue bauen oder eine vorhandene für die Verwendung umrüsten. Etwa 700 x 900 mm wäre das benötigte Außenmaß bei 50 mm Kantenleisten. Die Herstellung dieser Bauplatten ist auf S. 37 genau beschrieben!

Ich gehe davon aus, daß die Randleisten wirklich rechtwinklig montiert sind und Sie sie benutzen, wie in Abb. 2 dargestellt, um alle Rahmenstücke zunächst nach links bis zum Anschlag zu schieben. Nochmals alle leicht mit dem Finger andrücken. Dann kontrollieren Sie, ob wirklich die einzelnen Typen auch gleich lang sind. Sonst kann man jetzt noch rasch nacharbeiten.

Stimmt das, dann nehmen Sie ein Reststück vom Ablängen dieser Teile und zeichnen mit seiner Hilfe von links her einen Riß mit Kontrolle durch den Anschlagwinkel (0,5 mm Zugabe nicht vergessen!).

Dann wird alles nach rechts geschoben und die Prozedur wiederholt, also auch rechts der Riß ca. 35,5 mm vom Ende genau rechtwinklig über alle Rahmenhölzer. Sie können nun entweder das ganze Paket mit einer Zwinge sichern, herausnehmen und überwinkeln (s. S. 32), ebenso natürlich beim linken Anschlag. Sie können aber auch bei Verwendung der genauen, sauberen, spänefreien Bauplatte einfach alle Teile kippen, wieder unter ganz leichtem Zusammendrücken des Paketes exakt links (oder rechts) an den Anschlag schieben und dann mit dem Winkel überreißen. Das muß genauso exakt stimmen wie im Paket, geht aber schneller.

Dann kommt Ihr Streichmaß zu Ehren. Stellen Sie es genau auf $\frac{1}{5}$tel der Breite der Rahmenteile ein; nominell sollen es 55 mm sein, so daß sich 11 mm ergeben würden. Verlassen Sie sich aber nicht darauf, sondern messen Sie genau nach. Stimmt das, dann können Sie alle Teile von links und rechts mit dem Riß versehen. Teilen Sie danach das verbleibende Stück in der Mitte ebenfalls genau im genannten Maß und stellen Sie das Streichmaß auf die doppelte Breite ein. Nachdem Sie damit ebenfalls alle Teile mit den Rissen versehen haben, muß das in der Mitte verbleibende Stück ebenfalls das gleiche Maß haben. Stimmt das nicht (mehr als 0,5 mm Abweichung), müssen Sie auf Abhilfe sinnen. Weil die meisten Fehler beim Schlitzen (so nennt man das Einsägen in dieser Art) dadurch entstehen, daß auf der falschen Seite des Risses gesägt wird, sollten Sie ganz deutlich kennzeichnen, wel-

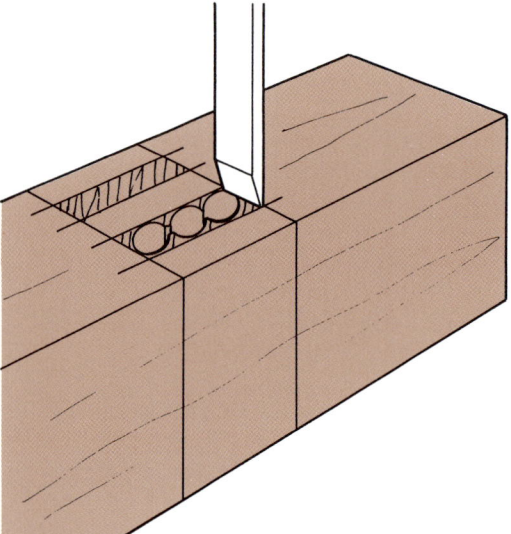

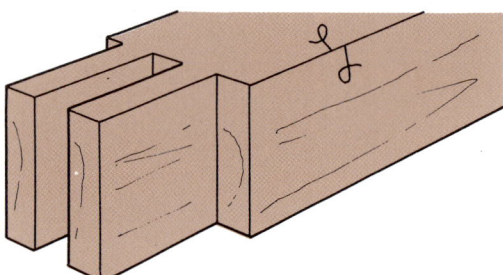

Abb. 4: Fertig bearbeitetes aufrechtes Rahmenstück. Nur das Anfasen fehlt noch.

Abb. 5: Bei der Hochlehner-Ausführung wird die hintere, obere Eckverbindung so angezeichnet und ausgestemmt. Vorbohren erleichtert die Arbeit. Von beiden Seiten her arbeiten!

che Teile entfernt werden müssen. Man kann sie einfach mit dem Bleistift schraffieren (Abb. 3). *Gesägt wird jetzt nur in den schraffierten Bereichen!* Sägen Sie so, daß genau der halbe Riß stehen bleibt, auch auf der Rückseite! Bei solchen Rissen mit dem Streichmaß geht das viel leichter als bei Bleiftrissen. Trotzdem folge ich den Rissen meist noch mit dem spitzen Bleistift, weil dann die beiden Flanken richtig schön deutlich werden (Abb. 3a). Ist alles fertig, beginnt das Ausstemmen des Grundes der Schlitze. Zunächst nur ganz leicht mit dem passenden Eisen ansetzen (11 bzw. 10 mm-Stecheisen), nur einen kleinen Keil herausstechen. Die entstandene Flanke jetzt als Stützte für den Rücken des Eisens benutzen und vorsichtig weiterarbeiten. Nie zuviel auf einmal wegnehmen wollen, weil dann meistens der Rücken zu weit in das Holz gedrückt wird, dort, wo es stehen bleiben sollte, und außerdem das Holz meist sehr häßlich ausreißt. Also lieber etwas länger, dafür aber sauber arbeiten.

Die außen liegenden, zu entfernenden Teile (Abb. 4) trennt man mit der Feinsäge ab. Den Daumen als Anlegefläche fest auflegen und fast ohne Druck ansägen.

Bei der Version mit hohem Rücken werden die Armlehnen in die Rückenteile eingestemmt (Abb. 5). Hier muß ganz besonders sauber gearbeitet werden. Man kann es sich erleichtern, wenn zum einen auch hier mit dem Streichmaß sehr genau angerissen wurde, aber auch nicht zu weit! Es ist möglich, mit 8 oder 10 mm vorzubohren, natürlich nur mit einem speziellem Holzbohrer mit Vorschneidern, so daß nichts ausreißt. Von beiden Seiten jeweils bis etwa zur Hälfte, und auch beim folgenden Ausstemmen gehen Sie bitte vorsichtshalber so vor, weil beide Arbeiten später sichtbar bleiben. Auch hier genau bis zum halben Riß wegarbeiten, dann paßt die Lehne hinterher schon ohne Leim wie angegossen! Vorsicht beim Einschlagen, damit auf der Rückseite nichts ausbricht. Auf ein ebenes Reststück stellen und zwischendurch immer mal zur Kontrolle nachsehen!

Zusammenbau der Seiten

Schließlich alles einmal zur Probe trocken zusammenklopfen, kleine Fehler mit scharfem Stecheisen und Feile beseitigen, dann zunächst die Innenseiten noch einmal durchschleifen, Leim angeben und zusammendrücken, natürlich in der Ecke der Bauplatte, so daß der Seitenrahmen garantiert winklig wird. Daß er nicht windschief wird, haben Sie ja hoffentlich beim Trocken-Zusammenbau kontrolliert!

Unter die Ecken kommen Papierstücke, obendrauf Beilageklötze und dann erhält jede Ecke ihre Zwinge. So entstehen die beiden Seiten (Abb. 6).

Wie die waagerechten Teile gedübelt und mittels Quermutterbolzen-Verbindung montiert werden, ist ausführlich auf S. 130 beschrieben. Beachten Sie bitte den Abstand der Löcher genau, weil in die Rahmen zusätzliche Löcher gebohrt werden, die die Höhenverstellung ermöglichen. Alle haben also 20 mm Abstand Mitte/Mitte. Durchgebohrt habe ich zunächst nur jenes Loch, das gleich benutzt wird. Es ist kein Problem, bei späterer Verstellung weitere durchzubohren. Man kann's natürlich auch gleich machen.

Sitz

Die beiden oberen Querstücke (Traversen) dienen nicht nur der Versteifung des Sesselgestells, sondern vor allem als Träger des Sitzes. Da dieser Sessel für einen Massivholzsessel ohne Polsterung sehr bequem ausfallen sollte, habe ich mir einiges einfallen lassen.

In der Vorderansicht bemerken Sie, daß die Sitzfläche eine Muldenform hat. In der Seitenansicht ist zu sehen, wieviel Holz dort wo weggearbeitet werden muß. Außerdem ist der Sitz um 20 mm nach hinten geneigt. Auch diese Neigung muß in die beiden Querstücke maßgenau eingearbeitet werden: siehe ebenfalls Seitenansicht. Darüber hinaus habe ich bei den Konstrukteuren von Bürositzen etwas abgeschaut: hinten ist der Sitz so ausgebildet, daß er entgegen der Neigung nach hinten dort keilförmig wieder ansteigt. Sinn der Übung ist es, daß dieser Keil das Becken des Sitzenden sanft anhebt. Daß äußert sich in einer kleinen Kippbewegung des gesamten Beckens, was die natürliche

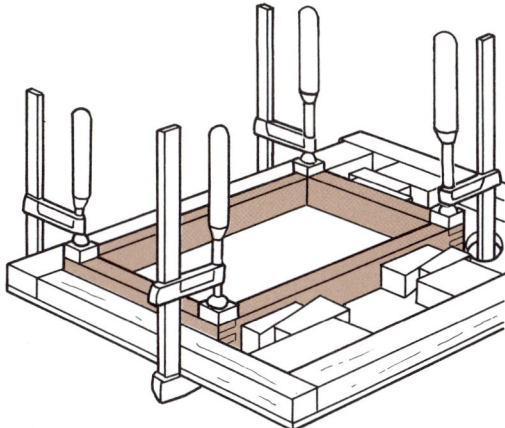

Abb. 6: Keile geben hier den Preßdruck bei der Rahmenverleimung in der Bauplatte. Die Zwingen pressen die Eckverbindungen zusätzlich und fixieren alles auf der ebenen Platte.

Krümmung der Wirbelsäule unterstützt im Gegensatz zum üblichen rundrückigen Sitzen auf Stühlen, die diese Hilfe nicht bieten.

Weil ich davon ausgehen mußte, daß nicht jeder Hobbytischler seine eigene CNC-Fräse zuhause hat, habe ich die Sitzfläche in vier Streifen aufgeteilt, die jeder für sich in die richtige Form gebracht werden und zusammen dann die gewünschte muldenförmige Sitzgelegenheit ergeben, die als angenehm empfunden wird.

Allerding verträgt sich das nicht so ganz mit der Anpassung an die verschiedenen Körpergrößen der Kinder: deshalb habe ich als weitere Alternative noch die Version mit verschiebbaren Beckenstützen hinzugenommen. Hier läßt sich dann nicht nur Sitzhöhe und Tiefe bis zur Rückenlehne verändern, sondern auch der jeweiligen Position entsprechend der Beckenstützen-Keil nachregulieren. Wie's gemacht wird, zeigen die zugehörigen Aufrißzeichnungen.

Rückenlehne

Die Rückenlehne ist ebenfalls aus 35 mm-starken Stücken verleimt. Das muß vorn keine volle Fläche sein, sondern es genügt, dort zwei Abschnitte aufzuleimen. Nach dem rechtwinkligen Bestoßen des Rohlings schneide ich zunächst auf der Bandsäge, Klotz hochkant stehend, die Rückenrundung heraus (Abb. 7 bzw. 8). Danach wird das Stück mit der Rundung nach unten, eventuell herausgeschnittenes Stück untergelegt, wie in Abb. 9 dargestellt auf der Rückseite oben und unten rund geschnitten. Je nach Qualität Ihres Schnittes, den man natürlich auch mit der scharfen Schweifsäge machen kann, haben Sie dann einiges an Schleifarbeit vor sich. Wenn Sie das Holz etwas pfiffig ausgesucht und zusammengesetzt haben, ergibt sich ein recht ansprechendes Holzbild. Die Montage erfolgt ebenfalls mit den bewährten Quermutterbolzen, die sie sehr sorgfältig vorher anreißen sollten. Leichter ist es, wenn Sie das schon vor dem Anschneiden der unteren Rundung machen, weil das exakte Anzeichnen und folgende Bohren von den noch geraden Kanten aus leichter ist, als wenn Sie später von Rundungen ausgehen müssen.

Da die Lochtiefe bei der Verwendung der Bohrlehre nicht ausreichend ist, bohren Sie anschließend ohne Bohrlehre auf die nötige Tiefe der Löcher nach. Insbesondere das 10 mm-Loch für den Quermutterbolzen sollten Sie sorgfältig auf die richtige Tiefe bohren, damit das Gewindeloch des Bolzens anschließend genau vor dem Querloch liegt. Genau anzeichnen und dann die Lochtiefe mit einem dünneren Rundholz o.ä. kontrollieren.

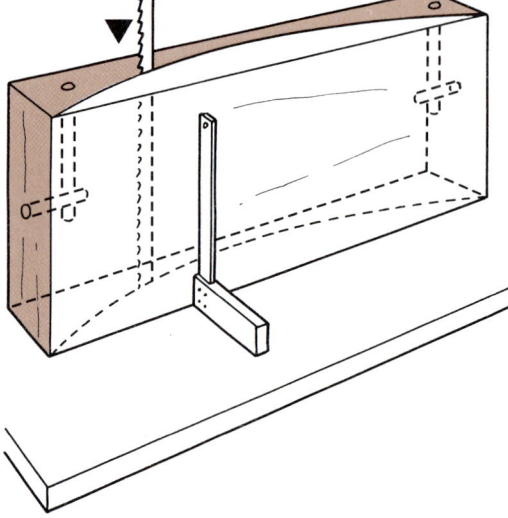

Abb. 7: Der Klotz für die Rückenlehne hat bereits die Bohrungen für die Quermutterbolzen-Verbindung. Der Anschlagwinkel stabilisiert beim Sägen auf der Bandsäge die Senkrechte.

Den Rücken kann man je nach Geschmack auch breiter oder schmaler gestalten. Ich habe beim Hochlehner 22 cm verwendet, bei der Normalausführung nur 19 cm.

Ob der Rücken drehbar oder fest sein soll, kann ebenfalls nur individuell entschieden werden. Ziehen Sie die Messingmuttern fest an, steht der Rücken nahezu unveränderlich. Legen Sie aber große Unterlegscheiben bei (sogenannte Karosseriescheiben) kann man ihn nach Wunsch zurechtdrükken. Schließlich können sie ihn auch relativ lose montieren und eine Spiralfeder integrieren, die ihn unbelastet in der Normalstellung hält. Er paßt sich dann der jeweiligen Belastung durch den Benutzer an; viele Benutzer mögen das.

Laufrollen

Bleiben — bei der Normalausführung — noch die Laufrollen. Für den Sessel dürfen nur »gebremste« Ausführungen verwendet werden. Die Bremswirkung tritt erst im belasteten Zustand ein, damit nicht, wie früher bei Bürodrehstühlen oft geschehen, bei stark einseitiger Belastung die beiden äußeren, die Last tragenden Rollen plötzlich ihren Drehpunkt verändern und der ganze Sessel katapultartig davon schießt. Wegen der großen Standfläche unseres Sessels sind die sonst inzwischen bei Bürodrehstühle vorgeschriebenen fünf Laufrollen nicht erforderlich. Verzichten Sie aber auf keinen Fall auf die gebremste Ausführung! Die genaue Montage erläutert die Aufrißzeichnung. Um die Standfläche nicht unnötig zu verklei-

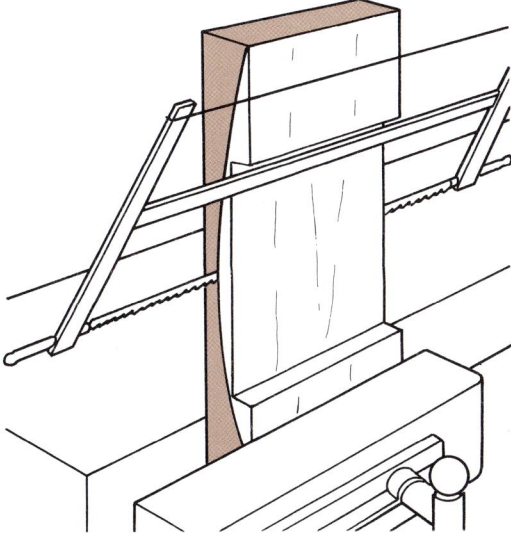

Abb 8: Mit der Schweifsäge geht das Ausschneiden ebenfalls. Unbedingt von beiden Seiten anzeichnen und fortlaufend kontrollieren, damit der Schnitt nicht »verläuft«.

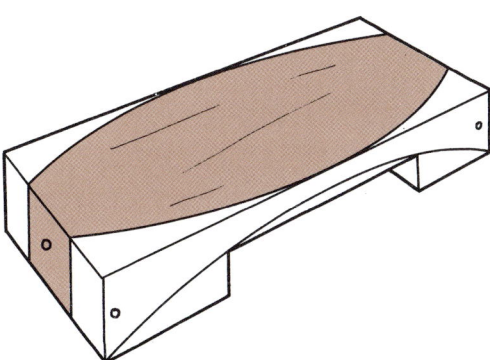

Abb. 9: Dieser Schnitt folgt erst *nach* den in Abb. 7 bzw. 8 gezeigten Schritten! Das abgeschnittene Stück wird untergelegt, um den Klotz wieder sicher führen bzw. einspannen zu können.

nern, setzen Sie die Montageplatten der Rollen soweit seitlich, vorn und hinten nach außen, wie es bei einer sicheren Befestigung durch die Schrauben noch möglich ist. Sonst passiert es schnell, daß die Sicherheit durch die mangelnde Befestigung doch wieder verloren geht!

Schlußarbeiten

Ich habe abschließend alle Kanten mit etwa 5 mm Radius mit der Oberfräse abgerundet und die Übergänge sauber verschliffen, als letztes mit 120er Schleifpapier. Dann zweimal mit Leinölfirnisgrundierung nach Vorschrift behandelt und nach entsprechender Trocknungszeit mit Bienenwachsbalsam endbehandelt. Danach wird nur noch mit einer kräftigen Bürste auf Seidenglanz gebürstet. Wenn diese Wachsbehandlung in Abständen von einigen Monaten wiederholt wird, wird die Oberfläche immer schöner.

Stückliste

Material:
Insgesamt etwa 0,8 qm Kiefernbohle 42 bzw.
45 mm stark, 1 Hobeldiele ca. 2200 x 113 x 22 mm

4 Aufrechte Rahmenstücke	600 x 55 x 35 mm
4 Waagrechte Rahmenstücke	480 x 55 x 35 mm
2 Sitzträger (Traversen)	500 x 70 x 35 mm
1 Untere Traverse	500 x 70 x 35 mm
4 Sitzunterteile	500 x 100 x 22 mm
2 Beckenstützen	175 x 100 x 35 mm
2 Beckenstützen	250 x 100 x 35 mm
2 Rückenlehnen	500 x 190 x 35 mm

8 Flachmuttern 20 mm Ø, M 8 (Messing)
8 Quermutterbolzen 20 x M 8 x 12 mm (Stahl)
8 Gewindestücke M 8 x 105 (Stahl verzinkt)
4 Tandem-Möbelrollen m. Pl. 50 Ø, 65 hoch, gebremst!
16 Spaxschrauben 3 x 20 mm
16 Spaxschrauben, Zylinderkopf, 4 x 50 mm, eingelassen

alternativ:
Teile für die Beckenstütze entsprechend Text und Zeichnung für verstellbare Beckenstütze sowie 4 Flachrundkopfschrauben M 8 x 35 verzinkt, 4 Flügelmuttern, 4 Karosseriescheiben 8,2 x 30 o.ä.

Benötigtes Werkzeug

Handsäge
Schweifsäge
Fuchsschwanz
Feinsäge
Rauhbank
Putzhobel
Anschlagwinkel
Zollstock und Bleistift, HB,
Stahlmaßstab
Stecheisen, 10 bzw. 11 mm Breite
Holz- oder großer Gummihammer
elektrische Bohrmaschine mit Holzspiralbohrern 8, 10, 12 mm Ø
Metall-Spiralbohrer 5 mm, sonst 4,5 mm
Bohrhilfe 8 und 10 mm, gut wäre auch 12 mm
Schleifklotz mit 80er, 100er und 120er Schleifpapier
Schraubzwingen 160 x 200 o.ä.

Wünschenswert wären:

Abrichte
Dickenhobel bzw. kombinierte Kreissäge oder Handkreissäge mit Führungssystem
Unterflur-Kreissäge zum Ablängen
Bandsäge mit 190 bzw. 220 mm Durchlaß in der Höhe
Schwingschleifer (Rutscher)

Schmaler Hochlehner auf Gleitnägeln

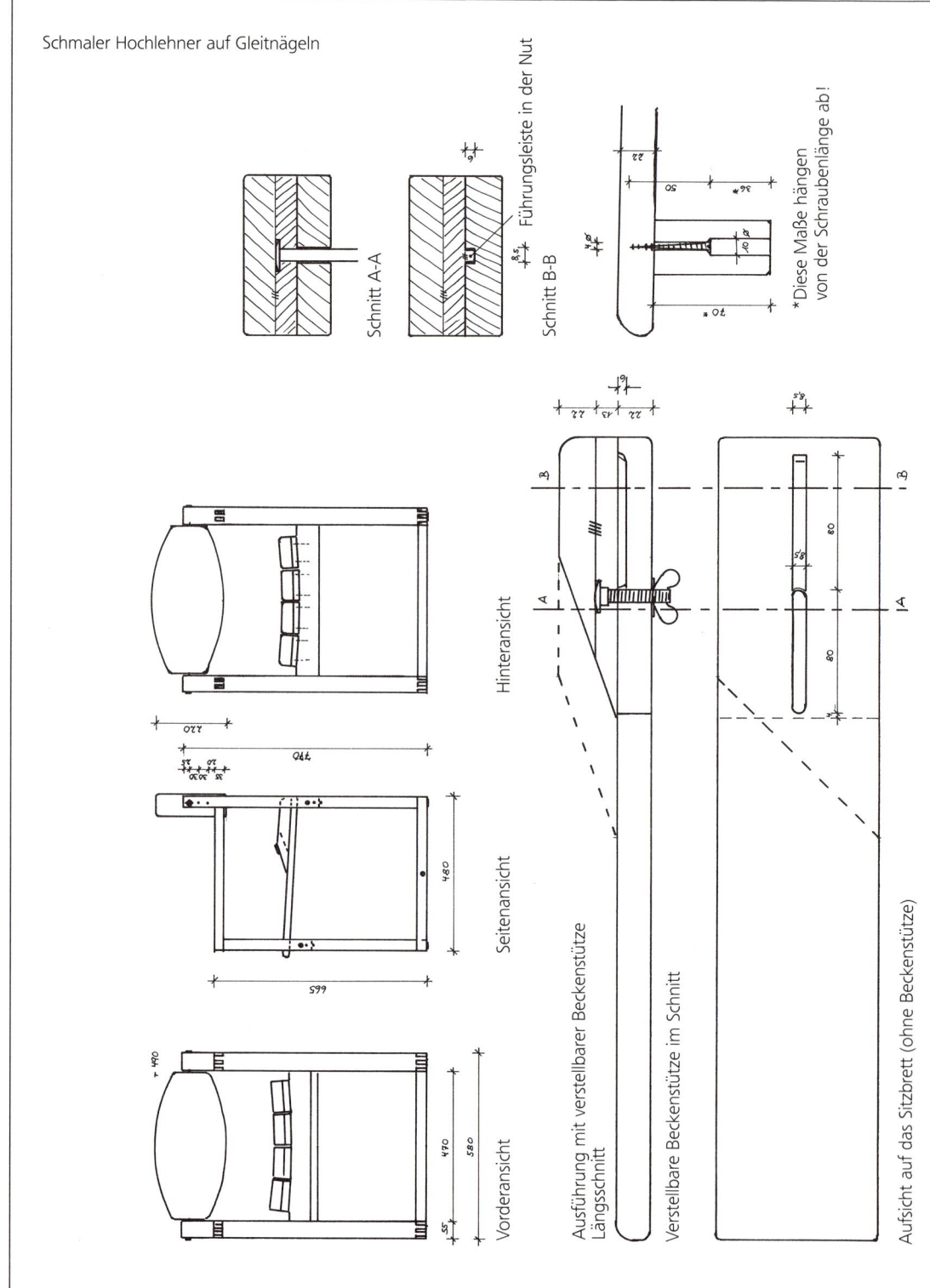

Schnitt A-A

Führungsleiste in der Nut

Schnitt B-B

*Diese Maße hängen
von der Schraubenlänge ab!

Hinteransicht

Seitenansicht

Vorderansicht

Ausführung mit verstellbarer Beckenstütze
Längsschnitt

Verstellbare Beckenstütze im Schnitt

Aufsicht auf das Sitzbrett (ohne Beckenstütze)

Verstellbarer Sessel auf Rollen

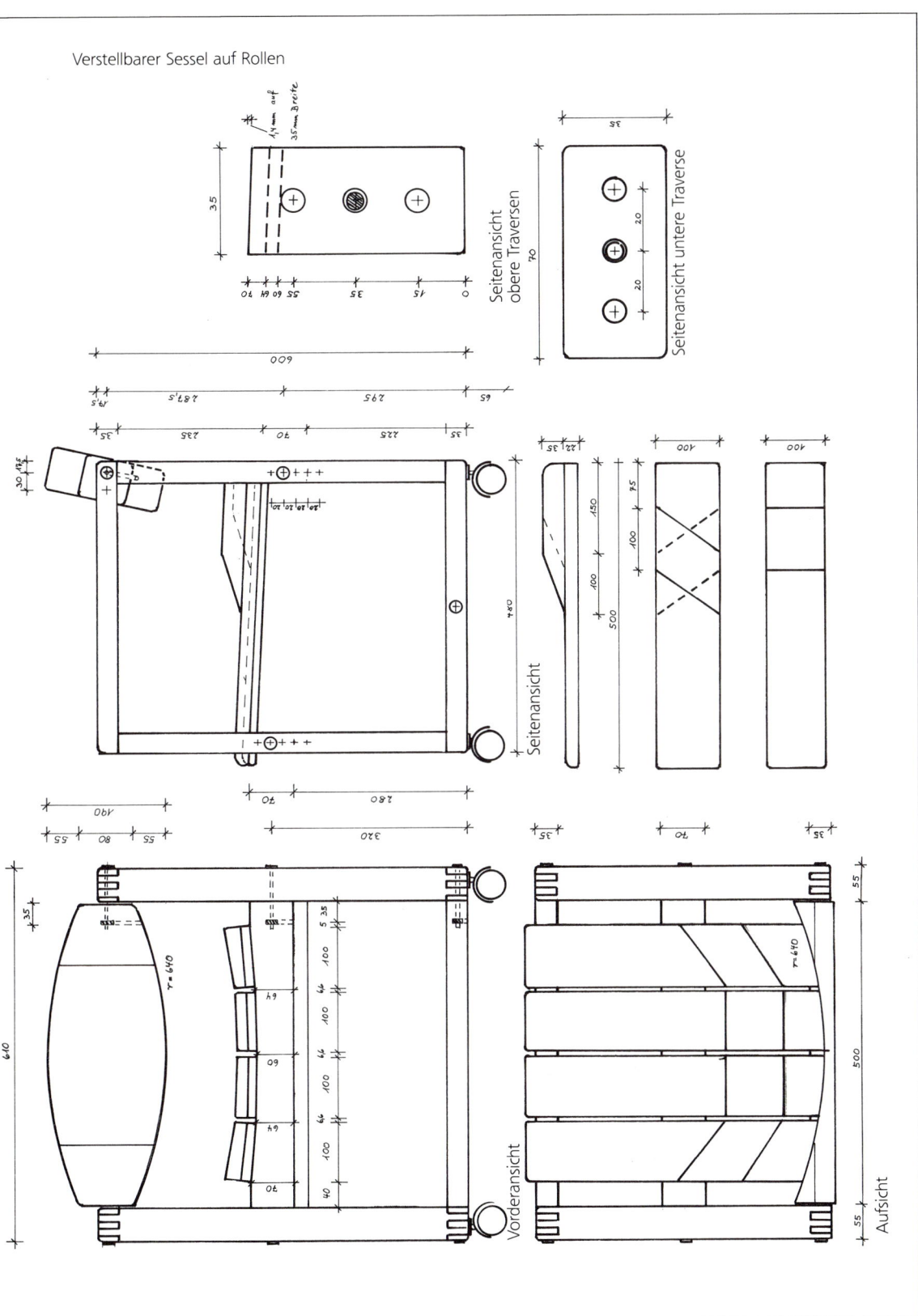

Seitenansicht obere Traversen

Seitenansicht untere Traverse

Seitenansicht

Vorderansicht

Aufsicht

HOCHBETT

Dieses Hochbett ist ein bewährter Typ, der dank der Möglichkeit des Zusammenschiebens (Abb. 2) auf engstem Raum die Funktionen Schlafen, Schreiben und Verstauen vereinigt. Er kann nach Wunsch variiert werden, wobei die Möglichkeiten beim zusätzlichen Regal unter der Schreibplatte (Abb. 3) beginnen und grundsätzlich unbeschränkt sind — ob seitenverkehrt, höher, mit tieferer Kommode oder breiterer Schreibplatte, (fast) alles ist möglich.

Konstruktion

Um das Bett leicht transportabel zu halten, sind alle Verbindungen mit den bewährten Messing-Flachmuttern entworfen, den im Durchmesser passenden Gewindestiften und teils Einschlagmuttern, teils Quermutterbolzen. So kommt man mit einem Imbusschlüssel aus, um das Bett zu montieren, dazu ein mittlerer Schlitzschraubendreher, um die Quermutterbolzen richtig zu justieren.

Das eigentliche Bett besteht aus den beiden Bettrahmen (Nr. 1 und 2 auf den Aufrißzeichnungen), deren Ecken ich meistens offen gezinkt ausführe. Sie bleiben auch beim Umzug komplette, feste Rahmen. Auf der einen Seite bilden die beiden 200 mm breiten Stollen (3) den Leiteraufgang, die andere kommt mit 140 mm breiten Stollen (4) aus.

Zwischen den breiten Stollen sitzen die Bücherbretter des breiteren Regales (15), dessen beide oberen Böden nur mit Dübeln in den Seiten gehalten werden. Nur der untere bekommt zusätzlich je zwei Quermutterbolzen-Befestigungen, um das Ganze standfester zu machen. Die Dübel sind hier nur in die Böden eingeleimt; in den Stollen sitzen sie ohne Leim, da sie ja nur senkrechten Druck aufzunehmen haben. Die Rückwand (16) sorgt für bessere Stabilität, kann aber auch wegfallen.

Um die Montage noch weiter zu vereinfachen, habe ich nach dem ersten Aufbau von innen zwischen die Schraubverbindungen noch je einen 8 mm-Riffeldübel eingebohrt, der von innen gesehen durch die Rahmen hindurchgeht, aber nur 15 mm tief in die Stollen. Leimen sie diese Dübel *nur* in die Rahmen ein und schneiden Sie das nach innen übrigbleibende Stück sauber ab, damit es nicht stört (Abb. 4 und 5). Wenn Sie jetzt das demontierte Bett wieder frisch aufbauen, geben die Dübelenden sofort den richtigen Drehpunkt, so daß das Eindrehen der Gewindestifte wesentlich erleichtert wird.

Verleimen der Einzelteile

Fast alle Teile können aus den bewährten Hobeldielen bzw. Rauhspund in 22 mm Stärke angefer-

Abb. 1: Da schlägt so manches Kinderherz höher: ein Hochbett mit Schreibplatte und Regalen. Zusammengeschoben entspricht der Platzbedarf nur der Bettgröße. Trotzdem enthält das Hochbett bis zu 3 Bücherregale und eine Wäschekommode, die auch wesentlich mehr Tiefe haben kann als gezeigt.

Abb. 2: Wenn's einmal eng wird: das Hochbett mit eingeschobener Schreibplatte.

tigt werden. Die 105 mm Breite der Bettrahmen ergibt sich aus den 113 mm breiten Dielen nach Abtrennen von Nut und Feder.

Für die Stollen verleimen Sie die entsprechenden Breiten, wie das auf S. 50 beschrieben ist. Bei den breiten Stollen mit Trittlöchern verleimen Sie zweckmäßiger aus drei Teilen: den beiden äußeren, durchgehenden Teilen und dem 100 mm breiten Mittelteil aus drei bzw. vier Teilen, wenn Sie auch oben noch ein gleiches Loch wünschen.

Passen Sie aber auf, damit Ihnen die Teile nicht in der Höhe verrutschen! Ich setze da immer mehrere ganze kleine verzinkte Zwingen auf die Fugen, die zweierlei bewirken: zum einen werden die Teile »bündig« gepreßt, zum anderen halten sie die Teile in der richtigen Lage. Verzinkte Zwingen hinterlassen auch keine Eisenflecke mit dem Leim. Haben Sie nur eiserne, müssen Sie unbedingt Papier oder Plastik beilegen.

Für die Tragleisten im unteren Bettrahmen, die als Auflage für den Lattenrahmen dienen (5 — s. auch Abb. 5), verwende ich meistens die sehr preiswert erhältlichen »egalisierten« Fichtenlatten in 3 x 5 cm Querschnitt, sonst auch in 4 x 6 cm Nennmaß und schneide sie auf die angegebenen Maße zurecht. Sie werden mit fünf bis sieben Spaxschrauben ausreichender Länge nach der Leimangabe fixiert.

Verbindungen beim Bettrahmen

Beim Zinken der Bettrahmen beachten Sie, daß das Nennmaß von 90 x 200 cm das Matratzenmaß ist, das genau eingehalten werden muß. Plus oder minus 5 mm sind wohl tolerierbar, mehr aber nicht! Reißen Sie deshalb so an, daß Sie von 900

mm bzw. 2000 mm ausgehen und die Holzstärken der Gegenstücke hinzuaddieren, plus an jedem Ende 0,5 mm für das Verputzen der Zinken nach dem Verleimen. Wie gezinkt wird, lesen Sie ausführlicher auf S. 59ff..

Machen Sie die Rahmen aber keinesfalls zu groß. Sonst drücken die serienmäßigen Federlattenrahmen und Matratzen das Bett auseinander und der Benutzer macht eine »Bauchlandung« auf der Kommode.

Kleines Regal und Schreibplatte

Für das kleinere Regal unter der ausziehbaren Schreibplatte verwenden Sie ebenfalls 22er Hobeldielen (9/10). Eine Rückwand (11) sollte eingebaut

Abb. 3: Das dritte Bücherregal kann hinten an die Schreibplatte montiert werden, ist aber nur im ausgezogenen Zustand zugänglich.

werden, um den Unterbau für die Schreibfläche auszusteifen.

Als Verbindung des Regals zur Schreibplatte (13) finden Sie im Schnitt B-B zwei Distanzstücke (12). Man befestigt sie mit langen Spaxschrauben, die durch den oberen Boden und die Distanzstücke (vorbohren!) in die Schreibplatte geschraubt werden. Bitte keinen Leim angeben, da hier Langholz und Querholz verbunden werden, die sich bekanntlich unterschiedlich ausdehnen. Vielmehr müssen die Löcher sogar reichlich groß vorgebohrt werden, besser noch als Langlöcher aufgeweitet. Falls erhältlich, nehmen Sie die Schrauben mit Rundkopf oder Zylinderkopf und legen Unterlegscheiben bei.

Das gilt auch für die obere Anschlagleiste (14) auf der Schreibplatte, die durch die Platte hindurch angeschraubt wird. Die gleitende Verbindung zwischen Schreibplatte und Hochbett besteht aus jeweils drei Leisten (6/7/8), die in der Aufrißzeichnung dargestellten Art verleimt und verschraubt werden (s. auch Abb. 5). Die obere ist zwischen die Tragleisten (5) des unteren Bettrahmens gedübelt, die obere Anschlagleiste (14) auf der Schreibplatte, die außerdem die Funktion einer Gratleiste übernimmt und zu weites Herausziehen der Platte verhindert.

Wer will, kann am hinteren Ende der Schreibplatte noch ein weiteres Bücherregal in der Art des vorne angebrachten montieren. Es ist natürlich nur im ausgezogenen Zustand der Schreibplatte zugänglich, bietet aber noch eine zusätzliche Unterbringungsmöglichkeit.

Damit der Schreibplatz besser eingeschoben werden kann, sollten Sie die Unterkante der Schreibplatte (13) und die Oberkanten der Tragleisten (8) mit Gleitwachs behandeln und *nicht* mit Leinölfirnisgrundierung einstreichen! Notfalls geht's auch mit leicht angefeuchteter Kernseife. Zum Einschieben hebt man das Ende mit dem Regal etwas an, um den Teppich zu schonen. Falls Sie ein zweites Regal montiert haben, machen Sie es einige Millimeter niedriger und versehen es an den Unterkanten mit großen Gleitnägeln. Blanke, ohne Filz bei Teppichboden; auf Kork, PVC usw. sollten Sie dagegen Filzgleiter vorsehen.

Kommode

Die Kommode (17-23) nützt den verbleibenden Raum weitgehend aus. Noch größere Tiefe bringt erfahrungsgemäß keine Vorteile mehr. Die hier gezeigte Version hat eine Mittelwand (19) und rechts zwei, links einen fest eingebauten Einlegeboden (20).

Die Türen der Kommode (22) können dem übrigen Mobiliar des Raumes angeglichen werden. Wie sie gebaut werden, ist ab S. 71 eingehend erläutert. Der Bau der Kommode selbst unterscheidet sich nicht von dem des Kleiderschrankes (s. S. 134).

Varianten

Die gewählte Höhe des Bettes mit 102 cm Stollenhöhe paßt z.B. unter vorhandene Dachschrägen mit »Kniestock«, also einem senkrechten Wandteil von etwa 1 m Höhe. Wollen Sie das Bett höher bauen, können Sie auch einen Garderobenschrank vorsehen, der bei nur 1 m Höhe nicht unterzubringen ist.

In diesem Fall sollten Sie aber zwischen den hinteren Stollen und auch an der nicht durch das Regal ausgesteiften Schmalseite noch einen breiten Querfries (24/25) anbringen, etwa in der Art eines halben Bettrahmens, dessen eine Ecke Sie ebenfalls zinken können. Die Befestigung erfolgt wie bei den Bettrahmen mit Messingflachmuttern, Gewindestangenstücken und Einschlagmuttern, beim kurzen Stück vorn wieder mit Quermutterbolzen. Ganz gleich, ob Sie nach den vorgegebenen Maßen arbeiten oder variieren — Sie sollten stets beachten, daß viele der Maße davon abhängen, ob die Dicken bzw. Breiten oder auch Längen anderer Teile genau eingehalten sind oder ob es da Abweichungen gibt. In diesen Fällen müssen die Maße der abhängigen Teile selbstverständlich erst angepaßt werden, ehe Sie absägen.

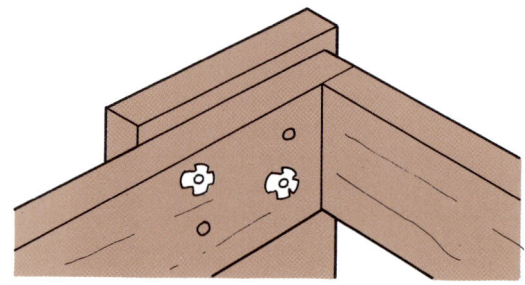

Abb. 4: So sieht eine der Rahmenecken von innen aus, hier mit zwei Führungsdübeln zur leichteren Montage gezeigt.

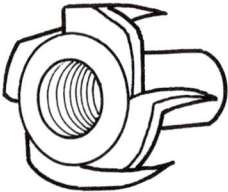

Abb. 4a: Die dabei verwendete L-Einschlagmutter. Sie werden unterschiedlich bezeichnet, je nach Hersteller!

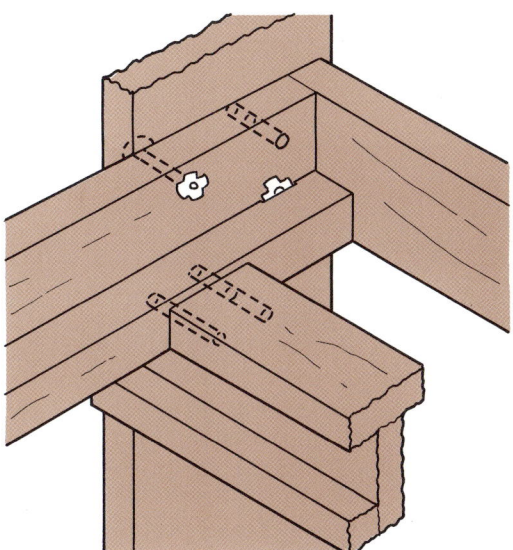

Abb. 5: Die gleiche Innenecke wie Abb. 4, nachdem die Matratzentragleiste und die Führungsleiste der Schreibplatte montiert sind. Das muß erfolgen, bevor der Rahmen verleimt wird!

Falls Sie das Bett aber wesentlich höher bauen wollen, kann auch eine andere Art des Aufstiegs sinnvoll sein. Ich denke dabei an eine schräge Anlegeleiter, wie sie auch bei käuflichen Betten oft zu sehen ist. Die Stufen kneifen weniger in die Füße, wenn Sie sie in der Art einer Trittleiter ausführen, also mit flachen Stufen von etwa 50 mm Breite. Auch die Wangen der Treppe sollten etwa 60-70 mm breit sein, so daß die Stufen sicher eingedübelt werden können.

Verwenden Sie in diesem Fall buchene Riffeldübel mit 10 mm Durchmesser und 50 mm Länge, die von außen, offen durch die Seiten in die Stufen hineingebohrt werden. Den Stufenabstand müssen Sie selbst festlegen, da er von der Betthöhe abhängt. Zwischen 18 und 25 cm sind empfehlenswert. Vielleicht steht Ihnen eine Trittleiter als Muster zur Verfügung. Damit können Sie auch gleich die richtige Schräge festlegen.

In jedem Falle muß die Treppe oder Leiter oben am Bett sicher befestigt werden. Nicht nur um das unbeabsichtigte Wegstoßen zu vermeiden, sondern auch um im Dunkeln die gewohnte Lage der Leiter vorzufinden. Bewährt haben sich gebogene Metall-Laschen, die in entsprechende Gegenstücke einrasten und auch größere Metallwinkel, die fest mit Bett und Leiter verschraubt werden.

Zum Anreißen der Bohrlöcher in den Wangen verwenden Sie eine Schmiege (ein verstellbarer Winkel) oder Sie fertigen sich rasch eine Schablone aus Sperrholz an, damit die Sache gleichmäßig wird.

Stückliste

Material:

ca. 120 m Hobeldielen Kiefer, 22 mm stark; Stücke aus anderem Holz (Fichte bzw. Buche) und Sperrholz sind separat angegeben.

4 Bettseiten	2044 x	105 x 22 mm
4 Querstücke	944 x	105 x 22 mm
2 Stollen breit	1020 x	200 x 22 mm
2 Stollen schmal	1020 x	140 x 22 mm
2 Tragleisten	1990 x	30 x 30 mm
2 Querstücke	840 x	60 x 22 mm

Die Länge ist von der Dicke (5) abhängig

2 aufrechte Tragleisten	944 x	70 x 22 mm
2 Tragleisten	944 x	22 x 22 mm

Kiefer oder Buche

2 Regalseiten	698 x	200 x 22 mm
3 Regalböden	536 x	190 x 22 mm
1 Rückwand	570 x	560 x 5 mm

Sperrholz Kiefer 5-6 mm

2 Distanzleisten	536 x	30 x 22 mm
1 Schreibplatte	940 x	620 x 22 mm
1 obere Anschlagleiste	590 x	40 x 22 mm

Kiefer oder Buche

3 große Regalböden	944 x	190 x 22 mm
1 Rückwand	620 x	970 x 5 mm

Sperrholz 5-6 mm Kiefer

2 Kommodenseiten	725 x	650 x 22 mm
2 Ober- und Unterböden	1006 x	650 x 22 mm
1 Mittelwand	596 x	615 x 22 mm
3 Einlegeböden	492 x	600 x 22 mm
1 Rückwand	620 x	1030 x 5 mm

Sperrholz 5-6 mm Kiefer

2 Türen	585 x	500 x 22 mm

Ausführung nach Wunsch

2 Knöpfe 30 x 30 mm Ø Kiefer

1 lange Traverse	2044 x	105 x 22 mm
(falls Bett höher)		
1 kurze Traverse	944 x	105 x 22 mm
(falls Bett höher)		

20 bzw. 26 Flachmuttern MS M 6 oder M 8

20 bzw. 26 Gewindestifte M 6 bzw. M 8 (von der Stange schneiden), Stahl verzinkt

4 bzw. 6 Quermutterbolzen, 18 mm lang, M 6 bzw. M 8

16 bzw. 20 Einschlagmuttern M 6 bzw. M 8, Stahl verzinkt

4 Topfscharniere, 35 Ø, 16 mm Kröpfung komplett mit Schrauben und Platten

15 Spaxschrauben 4 x 40 mm; 6 dito 4 x 70 mm; 12 dito 4 x 50 mm, Zylinderkopf

Benötigtes Werkzeug

Handsäge
Feinsäge
Anschlagwinkel
Zollstock
Bleistift
Metallmaßstab
Putzhobel
Rauhbank
Stecheisen 10, 15, 18 mm
Holz- oder Gummihammer
Hammer, ca. 300 g
Kneifzange
Bohrmaschine
Holzspiralbohrer mit Vorschneidern 8 und 10 mm Ø, 4 mm Bohrer
Bohrhilfe
Schraubendreher Prozidrive Größe 2 und 3
Schlitzschraubendreher ca. 4 und 6 mm
Spitzbohrer

Wünschenswert wären:

Unterflur-Zugsäge wie Mafell »Erika«, »Basis Plus« oder ähnliche präzise Maschinen, kombinierte Abricht/Dickenhobelmaschine (Festo)

Handkreissäge mit Führungsschiene Festo oder andere

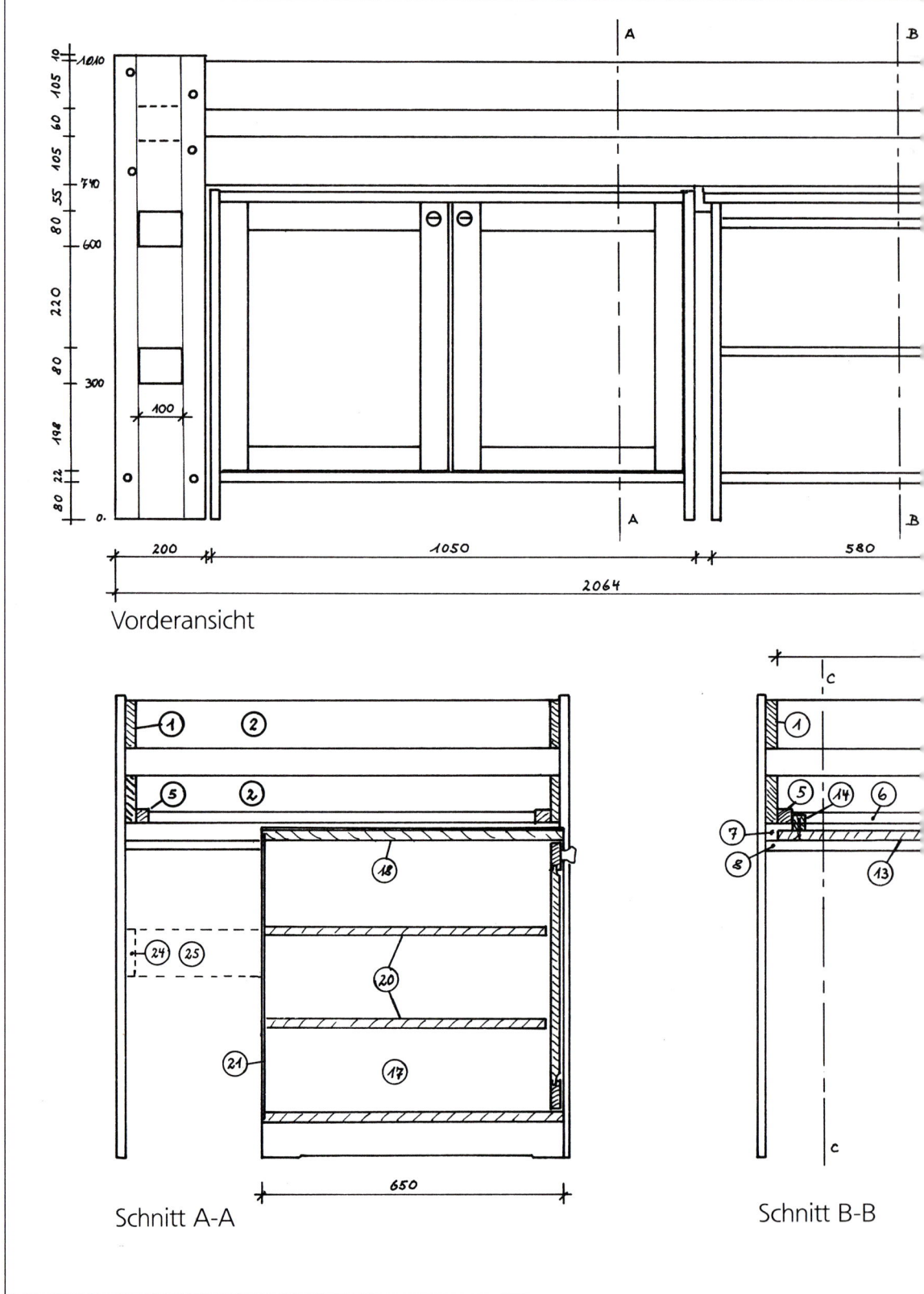

Vorderansicht

Schnitt A-A

Schnitt B-B

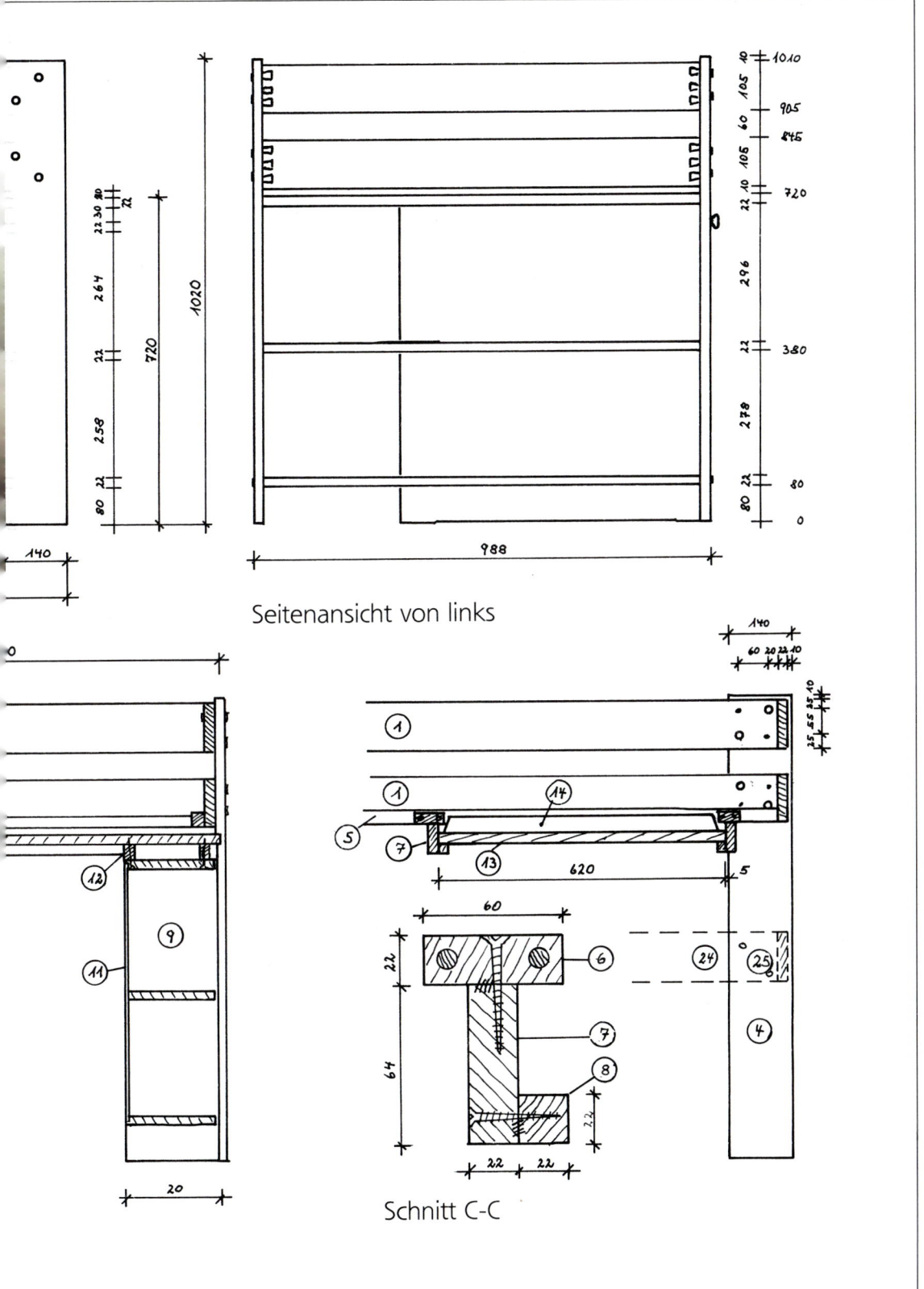

Seitenansicht von links

Schnitt C-C

REGISTER